西方制度的历史变革研究丛书

# 西方社会结构的演变

## ——从中古到20世纪

沈汉 著

山东教育出版社

·济南·

图书在版编目（CIP）数据

西方社会结构的演变：从中古到20世纪／沈汉著. —济南：山东教育出版社，2022.12

（西方制度的历史变革研究丛书）

ISBN 978-7-5701-2216-5

Ⅰ.①西… Ⅱ.①沈… Ⅲ.①社会结构－研究－西方国家－中元古代－20世纪 Ⅳ.①D56

中国版本图书馆CIP数据核字（2022）第092887号

XIFANG ZHIDU DE LISHI BIANGE YANJIU CONGSHU
XIFANG SHEHUI JIEGOU DE YANBIAN
——CONG ZHONGGU DAO 20 SHIJI
西方制度的历史变革研究丛书

西方社会结构的演变
——从中古到20世纪

沈 汉 著

主管单位：山东出版传媒股份有限公司
出版发行：山东教育出版社
　　　　　地址：济南市市中区二环南路2066号4区1号　　邮编：250003
　　　　　电话：（0531）82092660　　网址：www.sjs.com.cn
印　　刷：山东临沂新华印刷物流集团有限责任公司
版　　次：2022年12月第1版
印　　次：2022年12月第1次印刷
开　　本：710毫米×1000毫米　1/16
印　　张：28.5
字　　数：350千
定　　价：138.00元

（如印装质量有问题，请与印刷厂联系调换）印厂电话：0539-2925659

作者简介

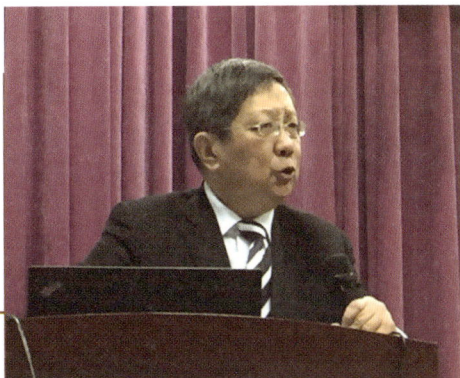

## 沈 汉

　　1949年生，江苏常熟人，教授。著作有《英国议会政治史》（合著）、《欧洲从封建社会向资本主义社会过渡研究——形态学的考察》（合著）、《西方国家形态史》、《英国宪章运动史》、《西方社会结构的演变——从中古到20世纪》、《20世纪60年代西方学生运动》（合著）、《英国土地制度史》、《资本主义史——从世界市场形成到经济全球化》（主编）、《资本主义史》（3卷）、《中西近代思想形成的比较研究》、《非资本主义、半资本主义和资本主义农业——资本主义时代农业经济组织的系谱》、《世界史的结构和形式》、《西方国家制度史和国家理论研究——从文艺复兴到20世纪初》等。译著有《资本主义社会的国家》（主译）、《近代国家的发展》、《共有的习惯》（合译）、《合法性的限度》（主译）、《宗教与资本主义的兴起》（主译）。

# 前　言

　　西方社会结构史是一个需要研究的重要问题，因为对社会结构变化的认识是理解历史和政治发展的基础。

　　在1997年本书出版之前，国人对社会结构的认识还是根据恩格斯1888年《共产党宣言》英文版序中一段关于社会发展史的通俗论述，"到目前为止的一切社会的历史（原文注：确切地说，这里指有文字记载的历史）都是阶级斗争的历史"[①]。但是，人们忘记了这样的历史事实：阶级是一个依据纯粹的经济标准来划分社会集团的概念，而人类在近代社会以前还没有进入真正的经济社会，社会是按照人的身份即按照等级来划分的。再一个问题是，当时人们关注的不过是资本主义社会中存在几个阶级的问题，停留在资本主义社会存在两个阶级还是三个阶级的讨论中，"两极分化"的概念在当时的影响还很大。笔者认为，亟待在西方社会结构史方面进行基础性的研究和阐述工作，以澄清人们混乱的理论认识。笔者当时从理论和历史研究两个方面展开了工作。一方面，当时要纠正人们对阶级这样一个重大概念已

---

[①] 中共中央马克思、恩格斯、列宁、斯大林著作编译局编：《马克思恩格斯选集》第一卷，人民出版社1972年版，第251—252页。

成定论的习惯认识，在理论上和政治上毕竟有着极大的风险。于是笔者几乎研读了马克思主义经典作家关于阶级的全部著述，找到了大量的文本证据。另一方面，需要对一个时期社会结构的图谱作出新的明晰的描述，用谱系方法取代"两阶级法"或"三阶级法"那些过于简单的概述。笔者的这一研究是从一个具体问题开始的。1987年，在南京金陵饭店举办的英国史国际学术讨论会上，我围绕着英国乡绅的性质问题，提交了以《论英国从封建社会向资本主义社会过渡时期阶级结构的模糊性》为题的报告。这篇报告论及了非典型化社会集团的存在及其性质问题、阶级界限问题，得到与会英、美学者的高度评价。此文成为本书的先声。

几年以后，我申请的"20世纪西方资本主义社会结构的变化"的项目得到了1995年国家社会科学基金中华项目的资助。我在研究中将写作内容扩展为从中世纪到20世纪的西方社会结构史。最终在1987年那篇论文提交10年之后，完成了这部书。这本书揭示了西方社会结构从中世纪等级制向近代阶级制转变这一重大的范式转变，同时引入光谱方法概述了近现代西方社会结构的宏观图谱。此书的观点和内容现在看来无须做大的修改。这一版我只是在第一编第三章末对确定阶级的标准做了一点补充。

# 目 录

# 第一编

## 社会结构史理论诸问题

# 第一章
# 经典马克思主义的社会结构理论

马克思极其重视对社会结构的研究，把它视为与政治史研究同样重要的课题。马克思还强调了要从生产关系角度来揭示社会结构的基础的唯物主义的方法。他写道："任何时候，我们总是要在生产条件的所有者同直接生产者的直接关系——这种关系的任何形式总是自然地同劳动形式和劳动生产力的一定的发展阶段相适应——当中，为整个社会结构，从而也为主权和依附关系的政治形式，总之，为任何当时的独特的国家形式，找出最深的秘密，找出隐蔽的基础。"①马克思、恩格斯和列宁在其毕生的理论工作中，经常对关于社会结构的一些问题提出自己的见解。马克思主义的社会结构理论是我们研究西方社会结构史的指导理论。

马克思主义经典作家的社会结构理论有着丰富和深刻的内容。马克思主义的创始人马克思和恩格斯生活在自由资本主义时代。他们成年之时，欧洲较先进的国家如英国已经完成了工业革命，法国工业革

---

① 中共中央马克思、恩格斯、列宁、斯大林著作编译局译：《马克思恩格斯全集》第25卷，人民出版社1965年版，第891—892页。

命也在蓬勃开展。至于他们出生和较长期生活的德国，则由于长期处于封建割据和分崩离析中，统一的民族国家尚未最终建立，国内统一市场也还没有完全形成，社会生活中保留了较多的封建残余。马克思和恩格斯熟悉历史和社会，他们研究过欧洲的历史，同时对当时的德国社会进行过调查和报导，所以他们对欧洲的社会结构有着深刻的认识。马克思和恩格斯对于社会结构的论述，不仅涉及近代工业革命完成时期和工业革命后自由资本主义向垄断资本主义过渡时期的欧洲，而且也涉及工业化以前封建主义时期的欧洲社会结构。诚然，我们看到，马克思和恩格斯对于社会结构问题在不同阶段不同著作中有不同论述，他们对社会结构的划分方式和社会群体的提法也时有不同，他们从未对阶级下过明确的前后一致的定义。[①]但是，马克思和恩格斯对于社会结构史的论述，从整体上说仍反映了西方历史的真实情况，揭示了不同历史发展阶段的社会结构和各社会集团的特征。我们还要看到，马克思和恩格斯进行社会理论研究的一个重要任务，是教育无产阶级和劳动群众认识资本主义的本质，进而投身于与资本主义制度的斗争中。因此，他们对社会阶级的划分做了典型化的概括。在这方面反映了他们作为革命家的理论思考，反映了他们理论的实践性和战斗性的特质。我们需要全面地理解马克思主义经典作家的社会结构理论，把握他们研究社会结构的科学方法和思路。

1845年至1846年，马克思和恩格斯写作《德意志意识形态》，他们在这部宏大的著作中奠定了历史唯物主义的基础，阐述了与唯心主义相对立的观点；他们在这部著作中论述了研究社会结构的基本的方

---

① 蔡声宁、王枚：《当代发达资本主义国家阶级问题》，河北人民出版社1987年版，"导言"第3页。

法论原则。书中写道：

> 由此可见，事情是这样的：以一定的方式进行生产活动的一定的个人，发生一定的社会关系和政治关系。经验的观察在任何情况下都应当根据经验来揭示社会结构和政治结构同生产的联系，而不应当带有任何神秘和思辨的色彩。社会结构和国家经常是从一定个人的生活过程中产生的。但这里所说的个人不是他们自己或想象中的那种人，而是现实中的个人，也就是说，这些个人是从事活动的，进行物质生产的，因而是在一定的物质的、不受他们任意支配的界限、前提和条件下能动地表现自己的。①

马克思、恩格斯在这段话中提出的第一个思想是社会结构和国家一样，是从人们的生活中产生的。也就是说，社会结构是与经济基础相区别的近乎国家那样的属于上层建筑范畴的客体。不同社会时期的生产关系、人与人之间不同的特定关系都决定了社会结构的形态和特征。马克思和恩格斯在这段话中表述的第二个思想包含在他们提出的彼此相区别的"社会关系"和"生活过程"的概念中。应当说，"社会关系"和"生活过程"这两个概念并不等同于"生产关系"这个我们熟知的概念，它有着更为广泛的内涵。马克思和恩格斯对于"社会关系"这个概念做了解释，认为"社会关系的含义是指许多个人的合作"②，这种合作在不同条件下可以采用不同的方式，其目的也会有所不同。具有生命的人在其活动中表现的关系除了"自然关系"外，

---

① 中共中央马克思、恩格斯、列宁、斯大林著作编译局编：《马克思恩格斯选集》第一卷，人民出版社1972年版，第29—30页。

② 中共中央马克思、恩格斯、列宁、斯大林著作编译局编：《马克思恩格斯选集》第一卷，人民出版社1972年版，第34页。

都属于"社会关系"。①马克思和恩格斯认为,人与人之间的关系不仅反映在生产中,同时反映在交往中,"生产本身又是以个人之间的交往为前提的。这种交往的形式又是由生产决定的"②。马克思和恩格斯在《德意志意识形态》中尤其对于"交往形式"进行了广泛的研究。他们指出:

> 这些不同的条件,起初本是自主活动的条件,后来却变成了它的桎梏,它们在整个历史发展过程中构成了一个有联系的交往形式的序列,交往形式的联系就在于:已成为桎梏的旧的交往形式被适应于比较发达的生产力,因而也适应于更进步的个人自主活动类型的新的交往形式所代替。

马克思和恩格斯在这里提出,决定人的交往形式的"这些条件在历史发展的每一个阶段上都是与同一时期的生产力的发展相适应的"③。马克思和恩格斯充分意识到,在人类社会发展的不同历史阶段,人们之间的交往形式即联系在形式和内容上都会有所不同,这是个重要的形态学问题。

马克思和恩格斯指出了资本主义社会的社会结构与资本主义社会以前的社会结构存在着差异。他们指出:"从封建社会的灭亡中产生出来的现代资本主义社会并没有消灭阶级对立。它只是用新的阶级、

---

① 中共中央马克思、恩格斯、列宁、斯大林著作编译局编:《马克思恩格斯选集》第一卷,人民出版社1972年版,第34页。
② 中共中央马克思、恩格斯、列宁、斯大林著作编译局编:《马克思恩格斯选集》第一卷,人民出版社1972年版,第25页。
③ 中共中央马克思、恩格斯、列宁、斯大林著作编译局编:《马克思恩格斯选集》第一卷,人民出版社1972年版,第79页。

新的压迫条件、新的斗争形式代替了旧的。"①社会结构史的研究者在大思路上应当重视马克思和恩格斯的考虑,从一般到具体地回溯和研究人类社会各个不同阶段"压迫条件"的差异,研究这些不同的"压迫条件"形成的基础,最终达到揭示社会结构演变规律的目标。

马克思主义经典作家对于西方历史上各个社会发展阶段的社会结构和社会关系都有独到的论述。马克思曾清晰地揭示了古代社会结构的特征。他在《路易·波拿巴的雾月十八日》中指出:

> 在作这种肤浅的历史对比时,人们忘记了最主要的一点,即在古代的罗马,阶级斗争只是在享有特权的少数人内部进行,只是在自由富人与自由穷人之间进行,而从事生产的广大民众,即奴隶,则不过为这些斗士充当消极的舞台台柱。人们忘记了西斯蒙第所说的一句中肯的评语:罗马的无产阶级依靠社会过活,现代社会则依靠无产阶级过活。由于古代阶级斗争同现代阶级斗争在物质经济条件方面有这样的根本区别,在由这种斗争所产生的政治人物之间,也就不能比坎特伯雷大主教与祭司长撒母耳之间有更多的共同点了。②

马克思认为古代罗马的阶级斗争和政治斗争不像现代的阶级斗争那样具有涉及所有居民的那种普遍性,那时的阶级斗争是自由民之间的斗争,而把奴隶排斥在当时的政治斗争与阶级斗争之外,他们没有参与阶级斗争的资格。为了理解马克思的这段著名论述,可以转引恩格斯在1887年说过的一段话。恩格斯写道:

---

① 中共中央马克思、恩格斯、列宁、斯大林著作编译局编:《马克思恩格斯选集》第一卷,人民出版社1972年版,第251页。

② 中共中央马克思、恩格斯、列宁、斯大林著作编译局编:《马克思恩格斯选集》第一卷,人民出版社1972年版,第599—600页。

在亚细亚古代和古典古代，阶级压迫的主要形式是奴隶制，即与其说是群众被剥夺了土地，不如说他们的人身被占有。在罗马共和国衰落时期，当自由的意大利农民被剥夺了田地的时候，他们形成了一个同1861年以前南部各蓄奴州里的"白种贫民"相似的阶级；在奴隶和"白种贫民"这两个同样无力解放自己的阶级存在的情况下，古代世界崩溃了。在中世纪，封建剥削的根源不是由于人民被剥夺而离开了土地，相反地，是由于他们占有土地而离不开它。[①]

恩格斯在这里明确指出了古代奴隶制和封建时代的社会关系的特征是"人身被占有"。

马克思和恩格斯在《德意志意识形态》中，对德国和欧洲其他国家中世纪存在的等级制社会的特征进行了论述。他们写道，还存在着这样一些国家，"在那里等级还没有完全发展成为阶级，比较先进的国家中已经被消灭了的等级还构成一种不定型的混合体而继续起着一定的作用，因而在那里任何一部分居民也不可能对其他部分的居民进行统治。德国的情况就正是这样"[②]。"在等级制中（尤其是在部落中）这种现象还是隐蔽的：例如，贵族总是贵族，平民总是平民，不管他们其他的生活条件如何，这是一种与他们的个性不可分割的品质。"[③]在中世纪，市民只是构成了一个等级而不是作为一个阶级而

---

[①] 中共中央马克思、恩格斯、列宁、斯大林著作编译局译：《马克思恩格斯全集》第21卷，人民出版社1965年版，第387页。

[②] 中共中央马克思、恩格斯、列宁、斯大林著作编译局编：《马克思恩格斯选集》第一卷，人民出版社1972年版，第69页。

[③] 中共中央马克思、恩格斯、列宁、斯大林著作编译局编：《马克思恩格斯选集》第一卷，人民出版社1972年版，第84页。

存在。"当市民等级、同业公会等等起来反对土地贵族的时候,它们的生存条件,即在其与封建体系割断联系以前就潜在地存在着的动产和手艺,表现为一种与封建土地所有制相对立的积极的东西,因此不久以后也具有了一种封建形式。"争取解放的逃亡农奴"他们不是作为一个阶级解放出来的,而是单独地解放出来的。其次,他们并没有越出等级制度的范围,而只是构成了一个新的等级"。[①]在《德国农民战争》一书中,恩格斯对德意志神圣罗马帝国社会结构的多等级特点做了描述。他写道:

> 16世纪初叶帝国各种不同的等级——诸侯、贵族、僧侣、城市贵族、市民、平民和农民形成一种极其庞杂的人群,他们的要求极其悬殊而又错综复杂。每一等级都妨碍着另一等级,都不免与所有其他等级处在持续不断的明争暗斗中。整个民族分裂成两大营垒的情形,在法国第一次革命爆发时曾经出现过,在目前最进步的国家中也正以更高的发展阶段的形式出现,但在当时德国的条件下乃完全是不可能的事。只有当被所有其余等级剥削的最下层人民——农民和平民——起来暴动的时候,那种分裂为两大营垒的情形才略有可能出现。今天的德意志民族是由封建贵族、资产阶级、小资产阶级、农民和无产阶级构成,实远不若当时情况复杂。[②]

在《共产党宣言》中,马克思和恩格斯充分地论述了封建主义时代与资本主义时代社会结构的差异。他们写道:

[①] 中共中央马克思、恩格斯、列宁、斯大林著作编译局编:《马克思恩格斯选集》第一卷,人民出版社1972年版,第84—85页。

[②] 中共中央马克思、恩格斯、列宁、斯大林著作编译局译:《马克思恩格斯全集》第7卷,人民出版社1959年版,第398页。

在过去的各个历史时代，我们几乎到处都可以看到社会完全划分为各个不同的等级，看到由各种社会地位构成的多级的阶梯。在古罗马，有贵族、骑士、平民、奴隶，在中世纪，有封建领主、陪臣、行会师傅、帮工、农奴，而且几乎在每一个阶级内部又有各种独特的等第。①

马克思和恩格斯尤其以资产者为例进行了分析，指出这个集团从中世纪到近代经历了一个从等级向阶级的历史性转变。《共产党宣言》中说："现代资产阶级本身是一个长期发展过程的产物，是生产方式和交换方式的一系列变革的产物。""从中世纪的农奴中产生了初期城市的城关市民；从这个市民等级中发展出最初的资产阶级分子。""资产阶级的这种发展的每一个阶段，都有相应的政治上的成就相伴随。它在封建领主统治下是被压迫的等级，在公社里是武装的和自治的团体，在一些地方组成了独立的城市共和国，在另一些地方组成君主国中的纳税的第三等级；后来，在工场手工业时期，它是等级制君主国或专制君主国中同贵族抗衡的势力，甚至是大君主国的主要基础；最后，从大工业和世界市场建立的时候起，它在现代的代议制国家里夺得了独占的政治统治。"②而在《德意志意识形态》中，马克思和恩格斯论及现代私有制条件下即工业资本主义时代的资产者时说："由于资产阶级已经不再是一个等级，而是一个阶级了，因此它必须在全国范围内而不是在一个地区内组织起来，并且必须使自

①　中共中央马克思、恩格斯、列宁、斯大林著作编译局编：《马克思恩格斯选集》第一卷，人民出版社1972年版，第251页。

②　中共中央马克思、恩格斯、列宁、斯大林著作编译局编：《马克思恩格斯选集》第一卷，人民出版社1972年版，第252—253页。

己通常的利益具有一种普遍的形式。"①对于后一个观点，马克思在《哲学的贫困》中用另一种方式表述说："第三等级即资产阶级解放的条件就是消灭一切等级。"②

对于"等级"和"阶级"这两个在社会集团分类中具有重要地位的概念，恩格斯在1885年给《哲学的贫困》德文版加的注中，给它们下了一般性的严格的定义。"这里所谓等级是指历史意义上的封建国家的等级，这些等级有一定严格限定的特权。资产阶级革命消灭了等级及其特权。资产阶级社会只有阶级，因此，谁把无产阶级称为'第四等级'，他就违背了历史。"③马克思在《哲学的贫困》中所下的定义是严谨的，也是和一般社会学者的概念一致的。

然而，马克思和恩格斯的著作中对于阶级是何时产生的这一问题的提法却不统一。在一些著作中的一些地方，他们有另一些提法。《共产党宣言》曾提出："到目前为止的一切社会的历史都是阶级斗争的历史。"④恩格斯在1888年为《共产党宣言》英文版加的注中又补充说："确切地说，这是指有文字记载的历史。""随着这种原始公社的解体，社会开始分裂为各个独特的、终于彼此对立的阶级。"⑤也就是说，马克思和恩格斯也曾把有压迫、剥削、贫富分化的社会

---

① 中共中央马克思、恩格斯、列宁、斯大林著作编译局编：《马克思恩格斯选集》第一卷，人民出版社1972年版，第69页。

② 中共中央马克思、恩格斯、列宁、斯大林著作编译局编：《马克思恩格斯选集》第一卷，人民出版社1972年版，第160页。

③ 中共中央马克思、恩格斯、列宁、斯大林著作编译局编：《马克思恩格斯选集》第一卷，人民出版社1972年版，第160页注1。

④ 中共中央马克思、恩格斯、列宁、斯大林著作编译局编：《马克思恩格斯选集》第一卷，人民出版社1972年版，第250页。

⑤ 中共中央马克思、恩格斯、列宁、斯大林著作编译局编：《马克思恩格斯选集》第一卷，人民出版社1972年版，第251页注2。

视为阶级社会。这两种论述的差别在于，马克思和恩格斯在使用"阶级"概念时明显有两种用法。前一种是狭义地使用"阶级"概念，或者说是从社会类型学的视野来严格使用"阶级"一词；而后一种是广义地使用"阶级"概念，即从政治斗争和教育劳动群众的目的出发，把一切奴虐压迫劳动群众的社会都划为一类。至于本书，则在绝大多数场合采纳马克思和恩格斯的第一种用法。

马克思在《政治经济学批判大纲》中，以社会关系为基本线索对人类社会的历史进行了阶段划分。他写道："人的从属关系……乃是最初的社会形态……以物的依存关系为基础的人的独立性，乃是第二种重要的社会形态……第三阶段乃是自由的个性。这种个性是以个人自由的发展为基础的，是以作为各个人的社会能力并为各个人所共有的社会生产力的从属地位为基础的。第二种社会形态创造第三个阶段的条件。"[①]在这里，马克思把人的从属关系和物的从属关系（同时是人的独立性）作为资本主义社会以前的社会和资本主义社会形态的重要区别或类型辨别的尺度。他指出，"物的依存关系"起决定性作用的社会类型是逐渐发展起来的。如果说马克思在这里的论述对于比较不同社会形态只是提供了一种方法的话，那么它对于比较研究不同社会形态下的社会结构，则提供了一种基本的研究方法。从纯粹的人的依附关系向对物的依存关系的历史性转变，是社会关系本质性的转变，这是社会结构的范式演变。

列宁曾对阶级这个概念做了一个定义性的论述，列宁的这一论述至今在很多场合仍被看作经典马克思主义对于阶级的定义。他写道：

---

① ［英］G.A.柯亨：《卡尔·马克思的历史理论——一个辩护》，岳长龄译，重庆出版社1989年版，第215页。

"所谓阶级，就是这样一些大的集团，这些集团在历史上一定社会生产体系中所处的地位不同，对生产资料的关系（这种关系大部分是在法律上明文规定了的）不同，在社会劳动组织中所起的作用不同，因而领得自己所支配的那份社会财富的方式和多寡也不同。所谓阶级，就是这样一些集团，由于它们在一定社会经济结构中所处的地位不同，其中一个集团能够占有另一个集团的劳动。"①列宁在这里对阶级下的定义是把普遍的经济联系作为阶级存在的前提，他同时把经济划分的标准作为划分阶级的唯一标准。这种看法无疑是正确的。那么，列宁对社会结构的历史又是怎么看的呢？过去人们对此讨论不多。似乎认为列宁把阶级看作人类历史上很早便存在的事实。其实不然。列宁专门研究过俄国资本主义的历史，他在《俄国资本主义的发展》一书中深刻地阐述道："资本主义社会增加人口对同盟、联合的需要，给予这种联合一种跟以前的各种联合不同的特殊性质。资本主义破坏中世纪社会的狭隘的、地方的、等级的联合，造成剧烈的竞争，同时把整个社会分成在生产中占着不同地位的几个巨大的人们的集团，给予每个这种集团内部的联合以巨大的推动。"②列宁这段话清晰地指出，近代社会建构与中世纪社会建构有本质的差异，中世纪社会是狭隘的、地方的和等级的联合，而到了近代资本主义社会，才真正按照"在生产中占着不同地位"把社会分成"几个巨大的人们的集团"。全面地把握列宁关于阶级的理论，可以说，前述列宁关于阶级的定义，是基于近代资本主义条件下社会集团划分方式的一种概括。

---

① 中共中央马克思、恩格斯、列宁、斯大林著作编译局编：《列宁选集》第一卷，人民出版社1972年版，第10页。

② ［俄］列宁：《俄国资本主义的发展》，曹葆华译，人民出版社1957年版，第506页。

阶级的定义和阶级划分的尺度都是很复杂的问题，马克思也以非常慎重的态度对待它。他在专门研究阶级的《资本论》第三卷第52章中提出了这个问题。他写道："首先要解答的一个问题是：什么事情形成阶级？这个问题自然会由另外一个问题的解答而得到解答：什么事情使雇佣工人、资本家、土地所有者成为社会三大阶级？"①马克思接着对这一问题提出假定的解答，他写道："乍一看来，好像就是收入和收入源泉的同一性。三大社会集团的成员，即形成这些集团的个人，分别靠工资、利润和地租来生活，也就是分别靠他们的劳动力、他们的资本和他们的土地所有权来生活。"但他随即又对此提出质疑性的反驳："不过从这个观点来看，例如，医生和官吏也形成两个阶级了，因为他们属于两个不同的社会集团，其中每个集团成员的收入都来自同一源泉。对于社会分工在工人、资本家和土地所有者中间造成的利益和地位的无止境的划分……也同样可以这样说了。"②马克思提醒我们，如何划分阶级的问题看来并没有完全解决好，需要加以重视和进一步研究。马克思《资本论》第三卷第52章是没有写完的一章，他在其中提出的问题尚有待以后的学者去研究解决。

马克思的阶级理论还论述了阶级在政治思想上的代表问题。他通过对1848年法国资产阶级民主革命中新山岳党的研究说明："不应该认为，所有的民主派代表人物都是小店主和小店主的崇拜人。按照他们所受的教育和个人的地位来说，他们可能和小店主相隔天

---

① ［英］马克思：《资本论》第三卷下册，中共中央马克思、恩格斯、列宁、斯大林著作编译局译，人民出版社1975年版，第1000—1001页。

② ［英］马克思：《资本论》第三卷下册，中共中央马克思、恩格斯、列宁、斯大林著作编译局译，人民出版社1975年版，第1001页。

壤。使他们成为小资产阶级代表人物的是下面这样一种情况：他们的思想不能越出小资产者的生活所越不出的界限，因此他们在理论上得出的任务和作出的决定，也就是他们的物质利益和社会地位在实际生活上引导他们得出的任务和作出的决定。一般说来，一个阶级的政治代表和著作方面的代表人物同他们所代表的阶级间的关系，都是这样。"①

马克思主义社会结构理论另一方面的重要内容是对资本主义社会阶级结构的论述。他们在这个领域的研究，体现了典型化和非典型化相结合的科学方法，对他们的观点必须从整体上加以把握。

马克思和恩格斯在研究工业革命完成后资本主义社会的阶级结构时，强调了社会阶级分化加剧和社会阶级结构是由两大相互对立的阶级构成的观点。1845年恩格斯在《英国工人阶级状况》一书中，分析了工业革命给英国造成的社会后果，指出残酷的资本主义剥削使居民迅速分化，"并把居民间的一切差别化为工人和资本家之间的对立"②。以后，马克思和恩格斯在1848年发表的《共产党宣言》中，进一步阐述了资本主义社会结构出现典型的两极分化的论点。他们写道："我们的时代，资本主义时代，却有一个特点：它使阶级对立简单化了。整个社会日益分裂为两大敌对的阵营，分裂为两大相互直接对立的阶级：资产阶级和无产阶级。"③

---

① 中共中央马克思、恩格斯、列宁、斯大林著作编译局编：《马克思恩格斯选集》第一卷，人民出版社1972年版，第632页。

② 中共中央马克思、恩格斯、列宁、斯大林著作编译局译：《马克思恩格斯全集》第2卷，人民出版社1957年版，第296页。

③ 中共中央马克思、恩格斯、列宁、斯大林著作编译局编：《马克思恩格斯选集》第一卷，人民出版社1972年版，第251页。

但是，马克思和恩格斯在其著作中，并不始终都认为资本主义社会是由两大阶级构成的。恩格斯在1851年至1852年写作的《德国的革命与反革命》中认为，在德国这样一个资本主义发展没有英国那么快，资产阶级没有英国和法国资产阶级"那样富裕和集中"①的国家中，1848年革命前夜的社会阶级结构是由多阶级构成的。他列举了德国存在的七个阶级，即封建贵族、资产阶级、小资产阶级、富农、中农、佃农、农业工人和工业工人②。马克思在逝世前写作的《资本论》第三卷中，提出了资本主义社会由三大阶级组成的论点。"单纯劳动力的所有者、资本的所有者和土地的所有者，——他们各自的收入源泉是工资、利润和地租，——也就是说，雇佣工人、资本家和土地所有者，形成建立在资本主义生产方式基础上的现代社会的三大阶级。"③

除了这一模式外，马克思还在《剩余价值理论》中明确提出了资本主义社会存在着中间阶级。他指出："无产阶级的小部分上升为中等阶级。"④他批评李嘉图说："他忘记指出，介于工人为一方和资本家、土地所有者为另一方之间的中间阶级不断增加，中间阶级的大部分在越来越大的范围内直接依靠收入过活，成了作为社会基础的工人

---

① 中共中央马克思、恩格斯、列宁、斯大林著作编译局编：《马克思恩格斯选集》第一卷，人民出版社1972年版，第503页。

② 中共中央马克思、恩格斯、列宁、斯大林著作编译局编：《马克思恩格斯选集》第一卷，人民出版社1972年版，第502—507页。

③ ［英］马克思：《资本论》第三卷下册，中共中央马克思、恩格斯、列宁、斯大林著作编译局译，人民出版社1975年版，第1000页。

④ 中共中央马克思、恩格斯、列宁、斯大林著作编译局译：《马克思恩格斯全集》第26卷第1册，人民出版社1972年版，第230页。

身上的沉重负担，同时也增加了上流社会的社会安全和力量。"①马克思在评论马尔萨斯的论点时，讨论了资本主义发展给社会结构带来的一个现实问题，即中等阶级人数的增长。马克思指出："他的最高希望是中等阶级的人数将增加，无产阶级（有工作的无产阶级）在总人口中所占的比例将相对地越来越小（虽然它的人数会绝对地增加）。马尔萨斯自己认为这种希望多少有些空想。然而实际上资产阶级社会的发展进程却正是这样。"②"实际的社会结构，——社会绝不仅仅是由工人阶级和产业资本家阶级组成的。"③马克思的上述论述把握并同时预见了当代西方资本主义社会阶级结构演变的一个重要趋势。

马克思晚年在对西方社会结构的论述中，对于那种资本主义社会阶级划分界限分明的观点进行了重要修正。在《资本论》第三卷第52章中，马克思提出了英国19世纪也还存在着过渡性社会集团的观点。他说："在英国，现代社会的经济结构无疑已经有了最高度、最典型的发展。但甚至在这里，这种阶级结构也还没有以纯粹的形式表现出来。在这里，也还有若干中间的和过渡的阶段到处使界限规定模糊起来（虽然这种情况在农村比在城市少得多）。"④马克思的这段论述和其他一些论述，修改和补充了关于资本主义社会结构"两极分化"

---

① 中共中央马克思、恩格斯、列宁、斯大林著作编译局译：《马克思恩格斯全集》第26卷第2册，人民出版社1972年版，第653页。

② 中共中央马克思、恩格斯、列宁、斯大林著作编译局译：《马克思恩格斯全集》第26卷第3册，人民出版社1972年版，第63页。

③ 中共中央马克思、恩格斯、列宁、斯大林著作编译局译：《马克思恩格斯全集》第26卷第2册，人民出版社1972年版，第562页。

④ ［英］马克思：《资本论》第三卷下册，中共中央马克思、恩格斯、列宁、斯大林著作编译局译，人民出版社1975年版，第1000页。

的论点，更接近于历史的真实情况。而且，马克思在这里提出的阶级界限模糊的论点，在其方法论上可能是第一次将模糊观念引入对客体界限的研究，而且很可能在学术史上第一次使用模糊方法。直到今天，马克思的方法对于我们尝试用谱系方法来概述一个时期社会结构的体系仍然有极大的启发性。[①]

---

①　沈汉：《论英国从封建主义向资本主义过渡时期阶级结构的模糊性》，见本书附录2。

# 第二章
# 西方各派学者的阶级和社会结构理论

    欧洲一批有影响的保守主义理论家习惯把阶级定义为在社会权力分配中的一种共同地位。属于这一派的思想家有达伦多夫、斯塔尼斯劳·安德雷斯基、维尔弗莱多·帕雷托、罗伯兹·米歇尔斯和盖塔诺·莫斯卡等。

    达伦多夫（1929—2009）是德国社会学家，20世纪60年代以后属于德国的自由民主党派别。他曾受到马克思的理论影响，在汉堡写的博士论文便以《马克思的面面观》为题。1956年达伦多夫在伦敦完成哲学博士论文《英国工业中的非技术劳动者》，1957年他出版《工业社会中的阶级冲突》一书，1974年任伦敦经济学院院长。达伦多夫认为社会有两面性，即一致性和冲突性。他认为帕森斯和功能主义者从整体上说把社会看得过于和谐、统一和静止，过分强调社会的整合，应当抛弃功能主义者创造的资本主义社会的乌托邦形象，用冲突的模型取代功能的模型。①达伦多夫认为："阶级斗争是社会科学中最重要

---

① ［美］乔纳森·H.特纳：《社会学理论的结构》，吴曲辉等译，浙江人民出版社1987年版，第177—178页。

的用于解释的范畴。阶级实际上构成了社会、社会冲突和历史发展的所有方面。"[1]但是，他在阶级的确定和划分上与马克思主义见解不同。他认为，社会冲突中的集团取决于他们是参加了还是被排斥在行使权力的强制性集团之外。[2]他否认阶级可以用经济范畴来定义的观点。他认为："阶级基本上不是或者说完全不是经济集团。"[3]达伦多夫认为社会结构是两阶级模式，一个是有权力的阶级，另一个是被统治的阶级。在任何权力结构中，被统治阶级出于他们的利益倾向于作为一个集团去反对那些当权的阶级。他在对社会的矛盾冲突进行解释时，用对权威和权力的争夺而发生的冲突代替了对生产资料的占有和不占有而发生的冲突。他进而认为："权力和对权力反抗之间的辩证法是历史的动力。"他把这种理论用于大到国家、小到乡村足球俱乐部的所有协作团体。达伦多夫在运用这一理论时，反对那种一切冲突均可得到解决的看法。[4]

帕雷托、米歇尔斯和莫斯卡提出了非常类似的关于阶级和社会不平等原因的理论。他们倾向于认为社会划分为"精英"和"非精英"两个集团。例如帕雷托说："居民中存在两个阶层，第一，一个较低的阶层，非精英阶层；第二，较高的阶层，即精英阶层。而精英阶层又分成两个部分，统治精英和非统治精英。"认为权力是阶级基础的

---

[1] Ralf Dahrendorf, *Class and Class Conflict in Industrial Society*. Stanford: Stanford University Press. 1959. p.138.

[2] Ralf Dahrendorf, *Class and Class Conflict in Industrial Society*. Stanford: Stanford University Press. 1959. p.138.

[3] Ralf Dahrendorf, *Class and Class Conflict in Industrial Society*. Stanford: Stanford University Press. 1959. p.139.

[4] ［美］乔纳森·H.特纳：《社会学理论的结构》，吴曲辉等译，浙江人民出版社1987年版，第194页。

学者又有两种不同看法：第一种看法认为，强力和军事力量既是阶级不平等发生的起源，又是它持续再生产的基础；第二种看法认为，组织和观念形态的控制是阶级不平等的起源和持续的来源。斯塔尼斯劳·安德雷斯基在《军事组织和社会》一书中认为，社会中不平等总量的变化与军事参与比率相逆，即成年男子在社会中征兵率越高，社会越民主，参与军事训练的人越少，社会分层就越厉害。安德雷斯基引入战争与社会分类程度关系理论来证明他的观点。他认为，引入步兵战术并改进了火器后使极端的封建寡头制被摧毁；引入征募的军队和在法国大革命及拿破仑战争中使用整体战争扫除了极端不平等的封建残余；要使接受过训练的农民战士保持忠诚并吸引他们，社会民主就变得非常重要，这意味着普选权和土地改革的发展。①

米歇尔斯（1876—1936）生于德国科伦，是德国社会民主党人。1928年起担任意大利佩鲁贾大学教授。他认为，一个社会没有一个统治阶级就无法存在，国家不过是少数人的机器，他不同意安德雷斯基对权力的军事基础的看法。他说："寡头政治依赖于我们所说的组织本身的心理学，也就是说，依赖于出于巩固每个有纪律的政治聚合体的策略和技术需要。如果对此进行非常简洁的表述，那么政党的基本社会学法则可以用下列公式来表示：这是一种使被选出者对于选民，或者说受委托者对于委托者，代表对于选派代表的人取得统治的组织，这里所说的组织便是寡头政制。"②他认为，对交流渠道、观念和知识的控制即大规模组织的领导，是权力的基础也是阶级的基础，

---

① Albert Szymanski, *Class Structure: A Critical Perspective*. New York: Praeger, 1983. pp.602—645.

② Robert Michels, *Political Parties: A Sociological Study of the Oligarchical Tendencies of Modern Democracy*. New York: Hearst's International Library Co., 1915. p.365.

个人心理潜势的组织化导致了统治。心理学的解释是米歇尔阶级和政治理论的核心。①

　　莫斯卡（1858—1941）生于西西里的巴勒摩，是意大利政治学家。1896年起为都灵大学宪法学教授，1923年起为罗马大学政治制度和政治学原理教授，1908年至1919年为意大利下议院议员，1914年至1916年担任殖民地事务副大臣，1919年当选为上议院议员。他著有《资政理论和议会制政府》（1884年）、《政治科学原理》（英译本作《统治阶级》，纽约1939年）。莫斯卡认为，一个垄断着权力及利禄的统治阶级，是所有社会的普遍特征。在每种政治体制中，统治者总是一个有组织的少数，由于其成员之间保持密切联系而能够统治无组织的多数人。统治阶级试图根据所谓"政治公式"，即抽象的道德和法理原则为自己的权力辩护，使之合法化；而这个"政治公式"又必须符合被统治社会的价值观念。莫斯卡根据成员交替情况及对统治阶级所负责任的不同程度，将政治阶级分成开放的和封闭的两种，并分析了致使社会阶级构成发生变化的各种社会力量。莫斯卡认为，统治精英某种程度的流动对于一种政治制度的稳定是很关键的。为下等阶级的优秀分子提供进入上层的机会，就能杜绝革命领袖的产生。一旦具有才能、雄心勃勃的人进入最上层职位，便可以加强政治体制。上层领导人中有少数来自下等阶级是无关紧要的，正是由于有这种稀有的机会，才能鼓励有才华的人相信他们能升到上层，使该制度在所有的社会阶级中得到更多的支持。莫斯卡的精英理论具有明显的反民

① Anderski Stanislav, *Military Organization and Society*. Berkeley: California University Press, 1968.

主倾向。①

西方不少学者在进行社会结构和政治研究时使用了"精英"（elite）这一术语。"精英"是一个概念模糊的术语，有时它的范围比一个阶级小，有时却又比一个阶级的范围大。使用这个术语的学者在确定谁是精英时，基本上是根据拥有的权力和声望来确定。他们将一个阶级中最有权力的那部分人称作这个阶级的精英。也有的人把两个或更多的阶级称作一个社会的政治精英。还有的人将某个单个的阶级说成是一个社会的政治精英。伦斯基评述说："这一术语仅仅意味着任何特定的社会单位中的最高层次部分，而不论这种社会单位是一个阶级还是整个社会，也不论是按人们所选择的什么样的标准所排列的。"②因此，精英的界限与精英的概念一样，通常是不准确的。严格说来，精英的概念不是社会结构适用的概念，而是一种政治学概念。在社会结构研究中引入这种概念，无助于认识统治集团和社会上层的阶级属性。

德国社会学家马克斯·维贝尔在20世纪初提出了与马克思主义的阶级理论截然不同的阶级理论。马克斯·维贝尔（1864—1920）生于德国爱尔福特，是律师和自由政治家之子，他曾就学于海德堡大学、柏林大学和哥廷根大学，攻读历史、法律和经济学。毕业后最初在大学任教，后因健康原因离开大学。1918年以后，他基本是以私人学者身份进行学术研究。

---

① ［英］迈克尔·曼主编：《国际社会学百科全书》，袁亚愚、徐小禾、沈光明等译，四川人民出版社1989年版，第438—439页；另可参阅［英］亚当·库珀、杰西卡·库珀编：《社会科学百科全书》，上海译文出版社1989年版，第501—502页。

② ［美］格尔哈斯·伦斯基：《权力与特权：社会分层的理论》，关信平、陈宗显、谢晋宇译，浙江人民出版社1988年版，第99页。

马克斯·维贝尔的阶级理论强调阶级与市场、分配和消费的关系。维贝尔认为，阶级仅仅是某一共同体内三种权力分配现象中的一种，另外两种是地位群体和政党。维贝尔认为，阶级是并非具有必然性的共同体，"只有在下列条件下我们才能谈论阶级：（1）一定数量的人们共同具有其生活境遇的某一特定组成部分，在此限度内，（2）这一组成部分是由财产占有和收入机会中的经济利益而单独地表现出来的，而且（3）是在商场或劳动力市场条件下表现出来的"。也就是说，只有在这些条件下，这些人才具有共同的阶级地位。维贝尔认为，"财产"或"财产匮乏"是"阶级地位的基本类别"，利益随着不同的商品和不同的市场机遇而发生变化，因此，这些利益并不仅仅以唯一的方式来区分出现在市场中的人。维贝尔认为有三种相互交叉的阶级类型，即由财产差别所决定的财产阶级，取决于商品、服务和技术销路的商贾阶级，以及由于阶级社会地位系列所组成的社会阶级。在这三种阶级类型中，社会阶级最有可能成为共同体。一个人依附于他所从属的阶级，这种依附随着市场形式的结构发生变化。

维贝尔认为，阶级利益通过追求这些利益的个人而产生行动。具有阶级意识的组织最容易取得成功，因为它直接反对经济上的对手。他认为阶级利益的表现形式由于地位群体的存在而复杂化了，而阶级和地位群体的利益都可以由政党来代表。

概括起来说，维贝尔进行阶级分析的出发点是权力差异而非经济剥削。尽管他在讨论资本主义时强调了商品生产和资本积累，但由于没有提到剥削，因此维贝尔的理论明显缺乏批判精神。[1]

---

[1] ［英］迈克尔·曼主编：《国际社会学百科全书》，袁亚愚、徐小禾、沈光明等译，四川人民出版社1989年版，"阶级"条，第82—84页；另可参阅［英］亚当·库珀、杰西卡·库珀编：《社会科学百科全书》，上海译文出版社1989年版，第821—824页。

英国社会学家吉登斯受到维贝尔很深的影响，是"新维贝尔派"的成员。他在《发达社会的阶级结构》一书中，扩展了维贝尔早期根据商业市场中的地位来定义阶级的方法。他认为有三种市场能力，即对生产资料即财产的所有权；对教育的拥有或技术资格的占有；对体力劳动力的占有。他把这几个因素都纳入划分阶级的标准[①]。吉登斯的阶级理论和马克思的阶级理论不同，他认为阶级是一个静态的社会学概念，他对阶级是否成为革命变革的力量并不感兴趣。他认为，随着阶级结构的形成而出现的阶级意识并不一定是革命的。吉登斯指出，并不是在成熟的资本主义社会中阶级意识才具有革命性，革命性很可能出现在从封建主义向资本主义的转变时期。到了发达工业社会阶级冲突仍然存在，但吉登斯认为到那时它并不是革命的。

以提出世界体系理论而著名的美国学者华勒斯坦也是按照维贝尔的定义即根据在世界市场中的共同地位来定义阶级的。他认为，"世界经济的分工包含了一种工作职业的等级制度。在这种制度中，要求把有高度技术和更大资本主义化的工作留给较高的等级群体。由于资本主义世界经济特别褒奖资本积累，包括在很大程度上高于'初级'劳动力的人力资本"，造成了职业技能地理上分布不公，而市场地位的作用增强了而不是削弱了这种倾向。[②]

进入20世纪以后，尤其到了第二次世界大战之后，西方发达资本主义社会内部已基本上扫除了封建残余。在中世纪和封建主义向资本主义过渡时期所见到的那种封建身份等级制的残余，到这个时期已不

---

① Anthony Giddens, *The Class Structure of the Advanced Societies*. New York: Haper&Row, 1975.

② Immanuel Wallerstein, *The Modern World-System: Capitalist Agriculture and the Origins of the European World-Economy in the Sixteenth Century.* New York: Academic Press. 1974. p.351.

再存在。那么，当代西方社会结构的联系纽带是否单纯化了呢？华勒斯坦批评一些学者"接受了19世纪的单纯想法，以为在阶级关系以外另寻其他区分社会团体的标准——如宗教、种族、性别等——是不恰当的，这些阶级以外的分类法被视为架在劳工阶级颈上的重担，是虚假的意识。然而，这种观点无法使人们正确地认识资本主义体系的运行方式。资本主义对不同的性别、民族、宗教、种族其实并未一视同仁。各种团体内资产阶级与无产阶级的比率并不相同。要解释这些差异颇费功夫"[①]。华勒斯坦认为当代西方资本主义社会结构的划分，即社会压迫的形式，仍是多元的，不仅有阶级压迫，同时还有宗教、种族、性别的歧视和压迫。而且在世界上一些最发达的资本主义国家中，后一种压迫引起的反抗常以突发的形式爆发出来，成为阶级斗争的突出事实。

再有一些学者根据职业和工作性质及生产的性质来划分阶级。理查德·汉密尔顿根据李普塞特的方法，以体力劳动与非体力劳动的区别来定义阶级。他指出，"工人阶级""蓝领"和"体力劳动者"的概念在使用时可以相互交换；而"中等阶级""白领""非体力劳动者"的概念也可以互换。他认为体力劳动与非体力劳动的界限是基本的界限。丹尼尔·贝尔和其他"后工业社会"理论家认为技术专家在当代社会成为新统治阶级。例如贝尔说："在未来的科学城，已经展现出三个阶级：有创造性的杰出科学家和高层专业管理人员；工程师和具有教授地位的中产阶级；以及由技术员、低级教职员和教育助理人员

---

① 柯志明：《资本主义世界体系与社会主义——伊曼纽·华勒斯坦访问录》，《知识分子》1986年夏季号（中文版），第98页。

组成的无产阶级。"①

西方大多数学者在谈及近代社会的阶级时，一般都把经济标准作为划分和确定阶级的主要标准，但各派学者对于是否把经济标准作为唯一确定阶级的标准仍持有异议。他们考虑到社会史中纷纭的情况，认为经济以外的地位、政治、文化等更多的因素，在划分阶级时都应予以考虑。美国社会学家斯特恩斯在研究19世纪及以后的欧洲社会史时指出："欧洲的社会阶级与四个基本的事实结果有关，即身份观念、收入、工作类型和传统。这些事实常常是相关的。""身份意识是最广泛最常见的特点，但是很难加以规定。特别对前工业社会来说，它恐怕要包括独特的法律地位。一个阶级通常通过独特的消费方式强调它的身份。阶级作为一种身份集团为大多数婚姻提供了框架；这就是一个阶级的成员承认其他成员作为唯一的婚姻伙伴。这种标准对于实际的身份关系提供了最好的评述。但是，婚姻甚至消费模式尽管存在，对其详细情况却很少有充分报导。""劳动类型能够描述和补充身份。职业的差异不仅仅反映收入的不同，它还提供了独特的联系和价值观念的基础。中等阶级下层时常挣钱比工人要少，但是他们保持一种以工作类型为依据的独特的身份意识。在贵族内部收入和地位上的巨大差异恐怕不会掩盖他们认为土地收入和政府文职比商业冒险具有更大的重要性。""传统起了一种巨大的作用，特别对贵族和工匠这样老的集团来说尤其是这样。还有，它有助于形成一种独特的价值体系。""收入对于规定一个阶级最为重要，特别是在工业时代。到了这时，甚至某种程度上在此以前，绝大多数社会阶级的成员

---

① ［美］丹尼尔·贝尔：《后工业社会的来临——对社会预测的一项探索》，高铦、王宏周、魏章玲译，商务印书馆1984年版，第240—241页。

的收入或所得都限制在一定的范围之内。从拥有这方面或那方面的特点产生了可加以比较的家庭生活和政治见解，总之，产生了一种独特的生活方式。"斯特恩斯在列举了人类历史上影响人的地位和身份的诸种实际因素后得出了结论，他说："很明显，对于社会阶级，依靠一种首要的分析单位会遇到一定的困难。"[①]斯特恩斯确定阶级的方法属多元综合决定论。当然，阶级多元决定论最突出的倡导者当数马克斯·维贝尔。

波兰社会学家、原华沙大学教授、社会学系主任斯坦尼斯拉夫·奥索夫斯基（1897—1963）著有社会结构史研究理论著作《社会意识中的阶级结构》（1957年）。他对一些重要的社会结构理论问题提出了自己的见解。关于阶级分析问题，奥索夫斯基认为，马克思曾使用了若干种不同的阶级概念，在其有关革命的著作中，阶级概念似乎是指压迫者与被压迫者之间的两极分化，但他对于阶级进行理论分析时，却对阶级做了两种不同的三分法，即把它分析为具有三个或更多阶级的社会。奥索夫斯基对于在解释社会阶级结构时处于论战关系的马克思主义和功能主义，不是去探讨两种学说中孰是孰非，而是认为这两种学说基本上都是正确的，人类社会比这两种理论体系中的任何一种所承认的都更为复杂，而这两种理论都只是提出了片面的观点，即它们各自在强调现实的某些方面时，却忽视了其他方面。他认为，对于同一个社会，既可以用马克思主义术语把它分析为具有两个阶级的社会，也能够按照功能主义的观点把它分析为具有三个或更多阶级的社会。奥索夫斯基指出，人们所运用的传统概念经

---

① Peter N. Stearns, *European Society in Upheaval: Social History Since 1800*. London-New York: Macmillan, 1967. IX—X.

常使我们的思维方式带有偏见。随着人们认识到传统概念的局限性，以及随着新的更好的概念和问题的形成，就自然而然地产生一个综合的过程。①此外，美籍比利时社会学家彼特·冯·登·博格也持与奥索夫斯基相似的思路，他认为马克思主义与功能主义理论是支配着许多社会科学的两大主要探讨方式，它们都对实在情况提出了互补的观点。②

波兰学者维萨洛夫斯基认为，在资本主义社会中，人们对生产资料的关系决定着人们的收入水平、声望、教育程度，以及在权力和权力结构中的地位及生活方式。而在社会主义社会中，社会全体成员对生产资料的关系则是相同的，所以他们的收入、工作性质、声望、机遇和政治特征的差异便不可能由这种共同关系所决定。在急剧的社会变迁中，像收入、声望、教育和权威这些决定地位不同的特征已是互不相关的了。当社会主义得以巩固，而教育变为决定地位和其他特征的新的因素时，就会出现一种地位重新构成的可能性。③

西方各派非马克思主义学者在研究社会结构时关注的一个中心问题，是社会分层的标准或方法问题。他们一般来说对分层持多元论观点。

美国社会学家格尔哈斯·伦斯基指出："分层是一个多元现象。人类总体是以各种各样的方式而分层的，这些可供选择的分层方式

---

① ［美］格尔哈斯·伦斯基：《权力与特权：社会分层的理论》，关信平、陈宗显、谢晋宇译，浙江人民出版社1988年版，第27—29页；另可参阅［英］迈克尔·曼主编：《国际社会学百科全书》，袁亚愚、徐小禾、沈光明等译，四川人民出版社1989年版，第471—473页。

② ［美］格尔哈斯·伦斯基：《权力与特权：社会分层的理论》，关信平、陈宗显、谢晋宇译，浙江人民出版社1988年版，第28页。

③ ［英］迈克尔·曼主编：《国际社会学百科全书》，袁亚愚、徐小禾、沈光明等译，四川人民出版社1989年版，第657页。

中，每一个都为一个不同的阶级概念提供一个基础。""在经验上，这些阶级有着大量的重叠交叉，但是在分析上，它们每一个又是相当独特的。""围绕着这一术语的混乱在很大程度上是它所代表的现实的复杂性，以及学者们对其过分简单化的结果。"伦斯基认为："'阶级'这一术语不应该被定义得太窄。如果宽泛地定义这个术语，然后在不同类型的阶级之间作出仔细的区分，那我们的收获会更大些。因此，我们最好把阶级定义为：一个社会中一些人们的一种聚合体；这些人按他们同权力、特权或声望的某种形式的关系而处于相似的地位上。"①他自信地认为："像诸如马克思与莫斯卡或达伦多夫与帕森斯的理论一样，各种矛盾着的理论都可以在一种单一的、统一的构架中去理解。"②

伦斯基根据技术的发展，对人类社会每一发展阶段的社会分层做了一个总览的尝试，这体现在他的《权力与特权》一书中。他在论述自己的方法时说："我试图要通过将其基本的命题与尽可能宽广的人种学、历史学和社会学的资料联系起来，从而提炼这一综合的陈述，使之变得鲜明。"他认为，在理论建构中，归纳方法的重要性并不亚于演绎方法，目前在一些社会学者圈子里，流行着将理论建构等同于纯粹演绎推论的观点，所以有些人可能会对大量地依赖于归纳探索提出质疑。幸好，随着其必然的无效性越来越明显，以及随着归纳理论上的重要性更清楚地为人们所认识，这一时尚也就正处于消逝之中了。伦斯基指出，在研究社会结构确定定量模型时，不仅有集中趋势，还

① ［美］格尔哈斯·伦斯基：《权力与特权：社会分层的理论》，关信平、陈宗显、谢晋宇译，浙江人民出版社1988年版，第93—94页。

② ［美］格尔哈斯·伦斯基：《权力与特权：社会分层的理论》，关信平、陈宗显、谢晋宇译，浙江人民出版社1988年版，第1页。

有其变化全距、离差，以及有时出现的不对称趋势。关于社会结构研究中运用计量方法的问题，他认为从方法论角度来看，在检验这一理论所用的资料时是很不理想的。[①]他对人类社会结构的历史概括说："人类群体结构一般包含着共存的许多并行的垂直的等级制，它们通常并非彼此完全相关联。"伦斯基1954年在对美国底特律社会的研究中指出有四种等级制，即收入、职业、教育和种族的等级。在各种等级制中，处于相同地位的个人或家庭表现出其地位和谐或地位一致，反之，地位不和谐则发生于其地位级别存在一种或多种重要差别的个人或家庭中。[②]伦斯基属于以多元论来进行社会分层研究的学者。

美国社会学家威廉·多姆霍夫认为，"上等阶级"出身的主要标志是：第一，父亲或岳父母列入社会名人录；第二，在著名的私立预科学校上过学；第三，参加过某个上等阶级的俱乐部。多姆霍夫强调的是上等社会阶级的社会心理和象征性的标志。戴伊则认为鉴别"上等阶级"时应当有下列另外几个标志：第四，父母是工业大公司、银行、保险公司或公用事业的高级职员或董事；第五，父母是政府的高级官员或军队的将级军官；第六，父母是第一流律师事务所的律师、报纸老板或董事、大学校长或理事及基金会、重要民间或文化团体的主席或理事。按照戴伊的定义，中下等阶级或下等阶级的出身者，是以没有学校或大学教育为标志的。美国全国人口大约79%是适合于中下等阶级和下等阶级定义的。[③]多姆霍夫和戴伊对上等阶级定义域的

---

① ［美］格尔哈斯·伦斯基：《权力与特权：社会分层的理论》，关信平、陈宗显、谢晋宇译，浙江人民出版社1988年版，第3页。

② ［英］迈克尔·曼主编：《国际社会学百科全书》，袁亚愚、徐小禾、沈光明等译，四川人民出版社1989年版，第656页。

③ ［美］托马斯·戴伊：《谁掌管美国——里根年代》，张维、吴继淦、刘觉涛译，世界知识出版社1985年版，第208—209页。

确定方法，是教育和职业的划分方法。

联邦德国学者弗里德里希·菲尔斯滕贝格认为，不能用一元论的模式来论述联邦共和国的社会结构。德国的现代社会是纷繁复杂的，个人在这个社会中的地位取决于多种因素。汉斯·施派尔也反对依靠社会经济指数来进行研究工作的一元论的结构理论，他早在1933年就已经指出："既不能用中等阶层这个一成不变的概念，又不能用资本家阶级与工人阶级之间的对立来准确解释现代德国社会的具体形态。上述这两种做法充其量只能从过去的情况出发来对目前的社会进行一种'注解'。"[①]科隆社会学研究所制订的划分社会阶层的指标是三个主要参数的综合，即经济状况、职业和文化水平。1961年联邦议会选举时对联邦共和国全体居民进行的民意测验，就是根据这一标准来划分的。关于社会阶层划分标准的参数，不仅存在于社会学者之中，而且也存在于社会各阶层民众之中。根据1957年对科隆的调查，持马克思主义模式来进行社会阶层划分的人占公众的3.6%，按收入和生活水平来划分阶层的占35.2%，按职业类别来划分阶层的占24.6%，认为社会存在等级制的占11.8%，持其他划分模式的占公众的15.6%。根据1959年对联邦共和国的调查，被调查者中持马克思主义社会分层模式的只占0.9%，持收入和生活水平来划分社会阶层的占7.8%，按职业类型来划分社会阶层的占37.5%，认为社会存在等级制的占3.7%，按其他模式来划分社会的占40.7%。对于社会冲突的存在状况，持对抗型模式见解的1957年在科隆为33%，持非对抗型模式的为47.6%。1959年在全联邦德国被调查者中持对抗型模式的占3.5%，认为属非对

---

① ［联邦德国］弗里德里希·菲尔斯滕贝格：《德意志联邦共和国社会结构》，黄传杰、任友林、杨真译，上海译文出版社1987年版，第6页。

抗型模式的为87.1%。[①]

在西方众多研究社会结构的学者中，美国学者米尔斯是一位引人注目的激进社会学者。赖特·C·米尔斯（1916—1962）毕业于得克萨斯大学，在威斯康星大学获得跨学科研究生专业博士学位，后在马里兰大学和哥伦比亚大学任教。他早年阅读过马克思的著作，这对他形成独立的激进学术观点有很大影响。他著有《白领：美国的中等阶级》（1951年）、《权力精英》（1956年）、《社会学的想象》（1959年）和一些政论著作。米尔斯关注权力的使用，他尖锐批评权力被滥用的现象。他认为，美国是被权力精英集团统治的国家，其底层是无权的大众，处于权力精英和劳动大众之间的是由雇员组成的中产阶级。他在《权力精英》一书中认为，正是由政治家、商人、军人结合而形成的精英集团，决定着美国政策的方向。米尔斯在对权力精英的研究中，有过分估计军人作用的倾向，这受到当时特定社会背景的影响，因为在第一次世界大战刚刚胜利之后，军人的威望很高。但是，正如社会学家莫里斯·贾威茨指出的："任命军人担任负责的政府职务的做法虽然还在继续，但从1950年起便急剧减少，军人的政治威望在20世纪50年代与70年代有很大不同。"在《白领：美国的中产阶级》一书中，米尔斯指出老的中产阶级成分如农场主、小商人已经没落。今天，他们已被领取薪金的专业人员、经理、办公室职员和推销人员组成的新中产阶级所取代。这些依靠科层制为他们提供职业的人，其实是无权的顺从者。米尔斯尖锐地抨击操纵民众的精英和大财团，但他没有提出任何用以取代现存资本主义的社会制度。米尔斯在

---

① ［联邦德国］弗里德里希·菲尔斯滕贝格：《德意志联邦共和国社会结构》，黄传杰、任友林、杨真译，上海译文出版社1987年版，第129页表17。

《社会学的想象》一书中，批评了帕森斯等美国社会学家偏爱对事件进行统计性调查，过分注意社会的抽象性质，而忽视对现存的大量社会问题作研究的缺点，反对当时在美国流行的功能主义社会学。米尔斯的著作吸引了大量读者，他从伦理道德角度对社会学的研究、对资本主义所持的批判态度、对古巴革命的同情态度，对美国新左派的出现产生了重要的影响，米尔斯成为20世纪60年代美国新左派心目中崇拜的对象。

在20世纪西方研究阶级和社会结构的学派中，"西方马克思主义"所属各派有一批重要的理论家和学者，对于社会结构的理论体系，尤其对当代资本主义条件下的社会结构做了大量的研究工作，提出了很多值得注意的问题和结论。

"西方马克思主义"思潮最初的系统表现，是匈牙利共产党人卢卡奇（1885—1971）在1923年发表的论著《历史和阶级意识》。该书为论文集，共包括八篇文章，其主要论题就是"历史"和"阶级意识"。卢卡奇从对历史唯物主义原理的研究着手，阐述了对社会结构较为系统的看法。卢卡奇论述说：

> 历史唯物主义大概在19世纪中叶成为科学方法，这并不是偶然的。当时代精神表现在社会真理中时，总是可以发现社会真理的，这也不是机遇的结果……
>
> 在资本主义条件下经济学成为一门独立的学科，这也不是偶然的。由于资本主义的商品和通讯系统的布局，资本主义社会为其自主性、内聚性以及对内在规律的唯一信赖性而赋予整个经济生活一种身份显赫的地位，这是以前的社会形态中未被人们所认识的事情。……正如恩格斯所指出的那样，经济体系所关心的只

是那些只被理解而不被支配的规律，关心的是——再引用恩格斯的话——生产者丧失对自己社会的生活条件的支配权的局面。作为社会客观化、物性化的结果，生产者的经济关系得到完全的自主，它们导致一种独立的生活，构成了一个封闭的、自我证实的体系。因此，资本主义社会成为运用历史唯物主义的传统领域并不是偶然的。[①]

如果我们把历史唯物主义看作科学方法，那么，它也可以明显地运用到资本主义以前的社会。其实人们已经这样做过，也不是没有获得成功。总之历史唯物主义已经导致了某些十分引人注意的发现。但是如果我们真的把历史唯物主义对准前资本主义时期，就会感到一个十分根本而又重要的方法论困难，即一个在资本主义批判中未出现的困难。[②]

马克思在其主要著作中多次注意到这一困难，恩格斯在《家庭、私有制和国家的起源》中明确地对此做了系统的阐述：这一困难在于文明时代与这个时代以前的结构差异。……马克思认为："在土地所有制居支配地位的一切社会形式中，自然联系还占优势。在资本居支配地位的社会形式中，社会、历史所创造的因素占优势。"恩格斯在给马克思的一封信中也有相同的观点，他尖锐地阐述道："这正好说明，在这个阶段，生产方式不像部落的旧的血缘关系和旧的两性相互共有关系之解体程度那样具有决

---

① ［匈］卢卡奇：《历史和阶级意识》，王伟光、张峰译，华夏出版社1989年版，第234—235页。

② ［匈］卢卡奇：《历史和阶级意识》，王伟光、张峰译，华夏出版社1989年版，第235页。

定性的作用。"[1]

卢卡奇的这些关于社会结构史的论述，反映了他的历史洞察力。事实证明，卢卡奇这些论述基本上是正确的。

在20世纪60和70年代，"西方马克思主义"者对阶级理论进行了一系列的再认识。关于阶级理论在这个时期之所以会展开讨论，是因为战后资本主义发展过程中明显地出现了生产资料的所有权和控制权的分离、管理者对于工人比率的下降、劳资双方各自内部的分化都在增长，以及在职业结构中第三产业大规模地扩张的现象。使得人们感到，重新考察阶级社会两极分化的命题显得十分必要。这些"西方马克思主义"者对于劳资对抗的命题仍然一如既往地坚信不疑，但是，他们在对待哪些人构成资产阶级、哪些人组成无产阶级，尤其是对"中间阶级"存在的问题看法发生分歧。有的学者根据"西方马克思主义"学者对这些问题的回答，把他们划为三派。[2]

第一派为受阿尔都塞影响的波朗查斯。波朗查斯（Nicos Poulantzas，1936—1979）原为希腊共产党员，后在法国大学任教，著有《政治权力与社会阶级》（1973年）、《法西斯主义与独裁》（1974年）、《当代资本主义的阶级》（1975年）、《独裁的危机》（1976年）、《国家、权力和社会主义》（1978年）等。波朗查斯《当代资本主义的阶级》一书提出的基本框架如下：第一，社会阶级主要但不完全根据他们在社会生产中的地位来定义。经济在生产方式或社会形态中起决定的作用，但是政治和意识形态（上层建筑）也起

---

[1] ［匈］卢卡奇：《历史和阶级意识》，王伟光、张峰译，华夏出版社1989年版，第235—236页。

[2] ［英］迈克尔·曼主编：《国际社会学百科全书》，袁亚愚、徐小禾、沈光明等译，四川人民出版社1989年版，第84—86页。

非常重要的作用。第二，定义阶级时不能排除阶级斗争，也就是说，并不是首先有了阶级社会的存在，只是在那以后才进行阶级斗争。社会阶级与阶级的实践即阶级斗争相合，并且只能根据相互对抗来定义阶级。阶级根据他们介入的关系来定义，并不能只停留在意识形态上。第三，阶级指谓社会劳动分工中某种客观的地位，阶级结构不仅发生在生产关系中，而且发生在政治和意识形态的统治与从属关系中。第四，阶级的结构决定并不一定必须与各种集团和代理人在特殊环境中采取的立场相一致。这就是说，作为一个特定集团的意识形态和行为的变化，不一定必然表示其阶级立场的变化。[①]

波朗查斯对于阶级持多元决定论的观点。他在确定阶级界限时有三个标准。第一个标准是经济标准。波朗查斯认为经济标准主要指社会承担者与生产资料的关系，也就是个人是否拥有生产资料。资产阶级由于占有生产资料，并以此剥削雇佣劳动者，因此构成一个阶级。对于完全不拥有生产资料，同时都受资本家剥削的雇佣劳动者，无产阶级和新小资产阶级，则需要把生产资料所有制标准同剥削关系联系起来考察。工人直接为资本"创造剩余价值"，从事生产劳动；而"新小资产阶级"只为资本"提供剩余劳动"，他们受到的剥削不是资本主义剥削的"主要形式"，他们从事的是"非生产性劳动"，他们的报酬则是非生产性开支。也就是说，波朗查斯在分析无产阶级和"新小资产阶级"时，经济标准用从事生产性劳动还是非生产性劳动的标准取代了。凡直接从事生产性劳动的则是无产阶级，凡从事非生产性雇佣劳动者则属于"新小资产阶级"。波朗查斯把所有公用事业

---

① Nicos Poulantzas, *Classes in Contemporary Capitalism*. London: New Left Books, 1975. p.14.

工人、流通领域的工人和所有国家雇员都排除在工人阶级以外。[①]

第二个标准是政治标准。波朗查斯的政治标准主要是看一个人是否处在统治其他社会成员的地位，是否对其他人有"支配权"。资本主义企业中的一般技术人员和中、下层管理人员直接参加生产过程，按照经济标准来说似乎可以将其划入工人阶级行列，但他们在社会地位上与工人阶级不同，他们对劳动过程的监督管理是资本家统治工人阶级的一种"直接表现形式"，他们与工人的关系是资本家阶级与工人阶级之间"统治与被统治"关系的"体现"。"他们在劳动分工中所占的地位，都为他们所维系的政治关系支配着"，"他们执行着由资本的地位产生的权力"。[②]他们既有被资本统治的一面，也有统治工人阶级的一面，因此可以将他们划为"新小资产阶级"的一部分。

第三个标准是意识形态标准。波朗查斯的意识形态标准是指阶级分析的对象对资产阶级意识形态的态度。他认为资本主义社会的"科学"从来不是以"纯粹的"或"中性的"形式存在的，而从来就是以"为统治阶级所支配的"形式存在的，科学技术的应用有助于资本主义生产力发展，更表明它们是直接为资本主义生产服务的性质。因此，尽管这些科学家、工程技术人员从事生产劳动，不"统治"任何人，但由于他们在资本主义物质生产和意识形态生产过程中的作用，他们不能被认为是工人阶级，而应划为"新小资产阶级"的一部分。工人阶级不仅在经济上被剥削、政治上被统治，也在意识形态上被统治。意识形态统治的主要来源是直接生产者与生产过程的知识相

---

[①] Nicos Poulantzas, *Classes in Contemporary Capitalism*. London: New Left Books, 1975. pp.214—226.

[②] Nicos Poulantzas, *Classes in Contemporary Capitalism*. London: New Left Books, 1975. p.228.

分离。①

关于"新小资产阶级",波朗查斯认为它和传统的中等阶级一样,是在无产阶级和资产阶级之间的阶级斗争中不断两极分化的阶级,他们中只有少数人可能上升到资产阶级的地位,而绝大多数人都不可避免地要加入工人阶级的行列。他认为在"新小资产阶级"中有三部分人地位最接近工人阶级。他们包括商业部门中绝大多数级别比较低的工作人员、在劳务行业和国家机关部门工作的一般雇员、服务性部门的工作人员,他们职业稳定程度低,升迁机会少,提职加薪的限制条件多,最易受工人阶级思想影响;第二部分包括办公室一般工作人员、普通文职人员,他们受过良好教育,文化程度一般较高,生活水平也较高,但由于发达资本主义国家的教育水平普遍提高,这类人数量增多,竞争激烈,供过于求;第三部分是一般技术人员和低级工程师,他们从事创造剩余价值的生产劳动,但在政治和意识形态方面仍受资产阶级的严重影响,工人阶级较有可能与这三种人结成联盟。②

第二派"西方马克思主义"者把那些资本主义社会特有的集团与那些也将在未来社会主义社会中发挥作用的集团相区别。他们认为土地所有者、食利者、财产投机者等都是不可救药的资产阶级,社会主义将消灭他们;而另外一些社会集团,包括新中等阶级,则有不同的长久的利益,它们在社会主义社会中前途是有保障的。这一派学者对工人阶级内部的分化相当关注,认为技术人员在技术发达的工业国家中加入了熟练工人的行业,从而形成了"新工人阶级"。

---

① Nicos Poulantzas, *Classes in Contemporary Capitalism*. London: New Left Books, 1975. pp.230—270.

② Nicos Poulantzas, *Classes in Contemporary Capitalism*. London: New Left Books, 1975. p.193.

　　图雷在1955年发表的《雷诺工厂工人劳动的进化》和弗雷德曼在1956年发表的《剩余劳动》等书提出，无产阶级并不是统一的，他们在工作、技能和薪金的类型上存在很大差别。1959年在法国《论证》杂志第12和13期上展开了"法国新工人阶级是什么"的讨论，众多理论家写文章参加了讨论。这场讨论涉及了战后法国社会生活和阶级结构中发生的变化和出现的新现象，引起了人们极大的注意。稍后，一些受存在主义影响的作家写出了几部著作，进一步阐述了关于"新工人阶级"的理论。

　　伯勒维叶在1963年发表了《一个新的工人阶级》，他根据对一些技术比较发达的企业的研究，认为由科学家、工程师、技术人员组成的"新工人"与资本家的斗争，主要不是在薪金上而是在对企业的控制上。他举例说，法国一次罢工中，"新工人"抗议的是企业管理政策。伯勒维叶同时指出，这些"新工人"缺乏无产阶级的心理状态，而只是在"潜在的"意义上才是新劳工运动的一个组成部分。他还认为工人阶级日益贫困化的理论已经过时，因为它不能说明工人阶级的新的模型。1959年马勒发表了《一个变化中的工人阶级》一文，认为不再存在铁板一块的"工人阶级"实体。1963年马勒出版了《新工人阶级》一书，认为资本主义社会的全面结构已经从根本上发生了变化，这也改变了工人阶级的本质。他认为不能把工人阶级看成一个"同质体"，工人阶级内部有差异，"只有卷入最发达的技术文明过程中的积极的人民阶层"，才是"新工人阶级"。"新工人阶级"不仅包括受过高度训练的工人，而且还包括那些"生产生产条件"的工程师、研究单位的组织者。他认为"新工人阶级"在20世纪60年代初发生的罢工中表现出一系列特征。这些特征包括："新工人阶级"由每个企业中的工人组织起来，没有行业的区别和巨大的工会官僚层；它和以前工会系统的工人不同，在自己的岗位上进行创造性劳动，对整个企业感兴趣；它发动的罢工不是总体的、全面的停工，而是经过仔细准备以后在高度同步化的某个环节上进行罢工，使资本家大为破费而陷于瓦解；"新工人阶级"不会被更高的物质好处所收买，它在文化中拒绝了小资产阶级伦理。马勒认为，"新工人阶级"处于现代资本主义最复杂的机械装置的中心，它比其他任何人都更快地认识到这个制度的固有矛盾，他们提出的疑问涉及到工业等级制的本质。"新工人阶级"和19世纪的无产阶级一样，把它的利益同社会主义联结起来。"新工人阶级"对技术发展的后果有直接兴趣：如工作时间的下降、新的职业状态及雇佣关系的变化、资本主义具有的阻碍生产力发展的趋势使利润下降和越来越依靠资本主义无法支配的具有社会性质的经济工具。在资本主义发展的第三个时期即《资本论》以后的时期出现的"新工人阶级"，认识到自己在生产企业中的地位，要求根本改造社会关系，要求广泛参加对生产的管理，提出了"新工团主义"（即"企业工团主义"），主张通过工人自治的道路，把资本主义的生产结构改变为社会主义生产结构，这条道路具体体现在法国1968年的"五月风暴"中。

在1964年图雷出版了《后工业社会》一书，他在该书中提出，工人运动的总的问题是统治者和被统治者之间的权力关系这个本质问题。在这方面，发达资本主义社会要求工人作出新的反应。在现代社会，阶级的运动主要通过政治和文化活动而不是经济活动表现出来，它主要关心的不是薪金、雇佣或财产，而是关心权力。因此，后工业社会的工人阶级运动同自由资本主义时期的劳工运动有巨大差别。[①]

第三派意见被称为中间派，他们的理论集中在对新生小资产阶级内部的区分作研究。这一派把劳动的社会协作所必要的从事管理的劳动者和白领专业人员，同仅对资本循环是必要的管理者相区别。属于这一派的学者有卡切蒂、E·O·赖特等。

意大利学者古格利尔莫·卡切蒂在研究当代发达资本主义社会的社会结构时，提出了"新中等阶级"这一概念。卡切蒂基本上是以社会承担者在资本主义生产过程中完成的"职能"为标准，来划分社会阶级的。他在分析资本主义生产发展过程中，对资本主义发展三个阶段生产过程影响社会阶级划分的变化做了分析。第一阶段是从封建生产方式向资本主义生产方式过渡的阶段，劳动者是作为个人加入资本主义劳动过程的，其职能是"完成整个劳动过程"。这个阶段的阶级划分较为简单。凡不占有生产资料、经济上受压迫剥削、以工资为收入的劳动者都属于工人阶级。在第二阶段，即自由资本主义阶段，劳动者不再作为个人，而是作为一个"总体"，作为"总体劳动者"加入资本主义劳动过程，整个劳动过程成为复杂的科学的组织过程，完成这个过程不是靠某一个劳动者，而是靠作为一个"整体"的劳动者即"总体劳动者"。工人阶级队伍在这个阶段进一步扩大，凡是不占有生产资料、经济上受剥削和压迫，并且其收入为工资的每一个完成总体工人职能的劳动者，都属于工人阶级。在资本主义发展的第三阶段即垄断资本主义阶段，劳动的"职能"没有再发生新的变化。这个时期，法律上的生产资料所有权与生产资料的实际控制权相分离，法

---

① 徐崇温：《"西方马克思主义"》，天津人民出版社1982年版，第602—617页。

律上的生产资料所有者即股东完全处于资本主义生产过程之外，他们不完成这个过程的任何职能。完成资本主义发展职能的不是少数高级管理人员，而是一个复杂的形成一种等级结构的整体，官僚机构的全体成员"集体"来完成过去由资本家个人完成的、监督和控制劳动过程的"总体资本的职能"和"统一和协调"劳动过程的"管理"职能即"总体工人的职能"。在资本主义的官僚机构中，只有少数人占有生产资料，其他大部分人在法律上和实际上都不占有生产资料。卡切蒂概括说，垄断资本主义阶段的资本家阶级是那些实际控制生产资料、从事经济剥削和压迫、收入来源于剩余价值的人。而"新中等阶级"指那些在完成总体资本职能的"官僚机构"中承担资本的监督和控制职能，并且承担总体工人的协调和统一职能的社会承担者。他所说的"新中等阶级"不同于那些工业革命后出现的老中等阶级。[①]

卡切蒂把新中等阶级的主要特点归纳为以下几点。第一，他们在法律上和事实上都没有生产资料所有权。第二，他们既履行资本的一般功能，也履行劳动者集体的功能。第三，由于他们并没有拥有对生产资料真正的所有权，他们履行的资本的一般功能并不一定就是统治功能，这种作用也可以转变成劳动者集体的功能。第四，当他们履行劳动者集体功能时，他们既是被剥削者也是被压迫者；当他们履行一般的资本功能时，他们既是剥削者又是压迫者。由于他们并没有拥有真正的生产资料所有权，当他们履行后一功能时，他们同样也是经济上受剥削者。第五，由于他们不是真正的所有者，由于资本整体的功能并不一定就是统治功能，他们的基本作用不一定必然是剥削者和压

---

[①] 王宏周：《西方马克思主义的社会结构理论》，载于何建章主编：《当代阶级结构和社会分层问题》，中国社会科学出版社1990年版。

迫者的功能。第六，根据上述论点，他们部分处于资本一方，部分处于劳动者一方，这是他们所处立场的矛盾性，甚至即使他们处于资本方面时，他们也既是剥削压迫者，又是被压迫者，这便是他们立场所具有的矛盾性。[①]

另一位注意研究中间阶级的学者是美国学者布雷弗曼。布雷弗曼的代表作是《劳动与垄断资本》。布雷弗曼在研究中间阶级时注意到阶级划分的方法论问题，他揭示了进行阶级划分时使用简单化方法和绝对化方法在研究不同历史时期的阶级关系时，都遇到了困难。他说："那些在第一次世界大战前打算给办公室工作人员的阶级地位下'定义'的人所遇到的困难，和今天人们在给现代职业中这一中间阶层下定义时所必然要遇到的困难差不多是一样的。归根到底，这些困难来源于这一事实：各阶级、阶级结构和整个社会结构都不是固定不变的实体，而是正在进行的富于各种各样变化的过程，不能简化为一些公式。"布雷弗曼在分析当代资本主义社会的阶级时说，垄断资本主义制度除了造成工人阶级外，还造成了另一支就业队伍，他们人数不少。但是，他们在进行阶级分析分类时，并不简单地符合经济和社会的两极概念。这批人员像工人阶级一样，没有经济的或职业的独立性，他们受资本及其支系雇佣，除受雇以外无法进入劳动过程或接近生产资料，而且为了生存，必须不断地更新自己的劳动以供资本使用。这部分就业人员包括工程科技人员、较低级的监督和管理人员，在购销、金融和组织管理机构等方面，以及不属于资本主义工业本身的在医院、学校和政府部门从事工作的大量专门和"专业"雇员

---

① 王宏周：《西方马克思主义的社会结构理论》，载于何建章主编：《当代阶级结构和社会分层问题》，中国社会科学出版社1990年版。

等等。这批人员在美国大约占就业人口的15%—20%之间，而且这批人员呈迅速增长的趋势。"如果我们和许多人一样，把这个阶层叫作'新中等阶级'，那么要看到，这个新中等阶级与在资本原始积累过程中不起直接作用的旧中等阶级不同。'新中等阶级'是处于资本增殖过程的一部分，它具有双重性的特点。它不仅享有小小的一份资本的特权和报酬，而且还带有无产阶级身份的标记。"①布雷弗曼指出了中间阶级具有双重性质的特点。

美国学者埃里克·赖特在研究当代资本主义的社会结构时，提出了"矛盾的阶级地位"的论点。1976年他在《新左派评论》上发表了《发达资本主义社会的阶级结构》一文，以后此文收入《阶级、危机和国家》一书。他认为，在社会阶级结构中，一些社会集团阶级地位不明确的情况不是个别例子，而是时时可见。赖特指出，有两种矛盾的阶级地位，一种是位于资产阶级和无产阶级之间，一种是位于小资产阶级与无产阶级以及小资产阶级与资产阶级之间。②管理人员和监工处于工人和资本家之间矛盾的阶级地位上。例如，工头对劳动力行使控制，但他们对物质生产资料却几乎毫无控制。但是早期工头时常和工人一起直接参加生产过程，甚至保护工人免遭老板严酷的对待。另一方面，19世纪的工头常常比今天有更多的个人裁决权和个人权力，尤其在当时，资本主义工厂是按军队形式组织起来的，工头在这样的工厂中具有行使小小的专制的潜在倾向。③此外，小业主处于小资产阶级与资本家之间的矛盾的阶级地位；半独立的雇员处于小资产

---

① ［美］哈里·布雷弗曼：《劳动与垄断资本》，方生、朱基俊、吴忆萱等译，商务印书馆1978年版，第361—363页。

② Erik Olin Wright, Class, *Crisis and the State*. London: Verso Editions. 1979. p.74.

③ Erik Olin Wright, Class, *Crisis and the State*. London: Verso Editions. 1979. p.77.

阶级与工人阶级之间的矛盾的阶级地位上。关于处于小资产阶级与其他阶级之间矛盾的阶级地位的集团，赖特举例说，一是独立的技工，他们一方面被资本作为工资劳动者雇佣，但他们控制着如何从事生产，至少部分地控制着他们生产什么。一个很好的例子是实验室的研究人员和大学中的教授，他们并不介入对其他人劳动力的控制，但是却相当直接地控制着工作与研究条件。此外像白领技术雇员和某些高级的熟练技工，至少他们对其生产过程有一种有限的自主权，雇主对其体力劳动方式控制较少。[1]

英国马克思主义政治学家密里本德对于发达资本主义国家的阶级结构作出了概述。他指出："在所有这些国家发现，数量相对来说较小的一部分人拥有很明显不相称的个人财产。"[2]"再则，在这些国家中，社会阶梯的另一端为一个工人阶级所占有，它主要由工业劳动者和构成一个日益减少的劳动力组成部分的农业工资收入者组成。"[3]"在所有资本主义社会中，人们都可以分辨出一个很大的并且正在增大的自由职业阶级人士——律师、会计、中等董事、建筑师、专家、科学家、行政官员、医生、教师等——他们构成了'中等阶级'两个主要部分之一。""这个'中等阶级'的另一个部分是与中小企业家相联系着。一些雇佣了少数工人的实业家和一些小的或中等的使用雇佣劳动者的农场主也属于这个阶级。"[4]在发达资本主义社

---

[1] Erik Olin Wright, Class, *Crisis and the State*. London: Verso Editions. 1979. p.81.

[2] ［英］拉尔夫·密里本德：《资本主义社会的国家》，沈汉、陈祖洲、蔡玲译，商务印书馆1997年版，第15页。

[3] ［英］拉尔夫·密里本德：《资本主义社会的国家》，沈汉、陈祖洲、蔡玲译，商务印书馆1997年版，第20页。

[4] ［英］拉尔夫·密里本德：《资本主义社会的国家》，沈汉、陈祖洲、蔡玲译，商务印书馆1997年版，第21页。

会中，"这个由自我经营的小商、技工和工匠构成的阶层仍然远未消亡。事实上，尽管通常存在着报酬很低，而辛苦和使人烦恼的忧虑却时时不断这样的事实，资本主义历史的一个持续存在的特点就在于小规模经营者（这对小实业家也同样适用）不屈不挠地抵抗着为其他被雇佣等级所吸收。"[1]密里本德强调指出了在当代发达资本主义社会里，中等阶级和小生产者仍然继续存在的事实。

密里本德还比较研究了发达资本主义国家的社会结构系统与第三世界国家社会结构系统的差别。他指出：

> 如果以这些国家为一方，以非工业化或集体主义国家为另一方作比较的话，这就非常明显了。这样，许多可以在发达资本主义国家找到的阶级也可以在第三世界国家找到，例如大土地所有者、小实业家和小商人、自由职业者、白领雇员或产业工人。但是，正如已经提到的，它们在那里很明显占有完全不同的比例，例如在产业工人和农业工人之间，或者在大企业主（在那里除了外资企业外，他们也完全存在）和大土地所有者之间。一个在发达资本主义社会中具有极大重要性的阶级，在非工业化条件下只占很小的比例或者说根本不存在；一些在前一类国家中只占从属地位的阶级——如地主和农民——常常在后一类国家中成为社会综合体中主要成分。[2]

这两种社会结构的差别还在于，在非工业化社会中，在社会金字塔的顶端"缺少了一个资本主义所有者阶级和雇主阶级"，而出现了

---

[1] ［英］拉尔夫·密里本德：《资本主义社会的国家》，沈汉、陈祖洲、蔡玲译，商务印书馆1997年版，第22页。

[2] ［英］拉尔夫·密里本德：《资本主义社会的国家》，沈汉、陈祖洲、蔡玲译，商务印书馆1997年版，第24—25页。

"从一个特殊的政治制度产生而同样深刻地影响着社会系统中其余每个部分的杰出人物集团。不论它们彼此间有什么不同，和发达资本主义国家相比较，这是一些完全不同的世界。"①密里本德这种社会结构的比较研究，对我们认识当代资本主义社会的阶级结构是很有启迪的。

1982年牛津克拉伦敦出版社出版了密里本德的新著《分裂的社会：当代资本主义的阶级斗争》。该书讨论了在当代英国、美国和其他发达西方国家中发生的阶级冲突的特征和性质问题。他认为，马克思在19世纪中叶精心建构的阶级斗争和阶级冲突的理论框架，已经不足以解释20世纪以来的社会现实，必须根据马克思以后历史发展的事实，对马克思的模式进行实质性的修改。②密里本德指出，发达资本主义条件下的社会冲突"来自下层的压力"。它不仅来自有组织的劳工运动，而且也来自被称为"新社会运动"的力量，包括妇女运动、黑人运动等基于性、民族及种族划分、性别的选择以及环境保护和裁军展开的运动和斗争等，此外还要加上神学解放运动。这些斗争就其重要性和意义来说也可以看作工人阶级的斗争，它们在过去几十年中与有组织的劳工很有限的具有阶级合作性质的斗争相比，显得格外激进、富有创新精神和富于挑战性。③新社会运动因为它们提出的问题而具有重要性，它们围绕这些问题把群众组织起来，并且在事实上形成对当代资本主义社会的冲击。这些运动固然绝大多数是由资产阶级

---

① ［英］拉尔夫·密里本德：《资本主义社会的国家》，沈汉、陈祖洲、蔡玲译，商务印书馆1997年版，第25页。

② Ralph Miliband, *Divided Societies: Class Struggle in Contemporary Capitalism*. Oxford: Clarendon Press, 1989. vi.

③ Ralph Miliband, *Divided Societies: Class Struggle in Contemporary Capitalism*. Oxford: Clarendon Press, 1989. pp.17, 95.

或小资产阶级领导的，而它们的支持者主要也不是工人阶级，但不管它们的构成如何混杂，新社会运动具有共同之点，即它们与流行的权力结构、目前的政治决策及一般的思想模式相对立，这就是为什么可以视之为具有持不同政见者的使命。正是在这个意义上，它们的活动构成了来自下层的压力，因为它们为居民中受剥削压迫的那部分人说话，为少数人的事业说话。"这种来自下层的压力的许多方面与阶级斗争密切相关，而且真正是属于阶级斗争的一部分。"①密里本德甚至认为，到现在为止它们是劳工运动真正的代表。

西方一些马克思主义学者还研究了近现代资本主义国家存在的阶级的数量问题。澳大利亚学者R·S·尼尔在研究1680年到1850年这个时期英国的阶级结构时，提出了"五阶级模式"。他认为，第一个阶级是上等阶级（best class），它由贵族、大土地所有者、当权人物组成。第二个阶级是中产阶级（middle class），它由大工业和商业财产所有者、高级军人和为上等阶级服务的自由职业者构成。第三个阶级为中等阶级（middling class），它包括小资产阶级、抱负不凡的自由职业者、文学家和艺术家等等。第四个阶级是工人阶级A，它包括持集体主义态度、主张解放工人的那些在工厂区工作的工业无产阶级、家庭工业的工人。第五个阶级是工人阶级B，这个集团包括农业劳动者、城市中其他非工厂劳工、家内仆役、城市贫民和大多数工人阶级妇女。②尼尔提出了近代工业社会由多阶级构成的理论。

① Ralph Miliband, *Divided Societies: Class Struggle in Contemporary Capitalism*. Oxford: Clarendon Press, 1989. pp.96—97.

② R.S. Neale, *Class in English History, 1680—1850*. Oxford: Blackwell Publishing, 1981. p.134.

# 第三章

# 西方社会结构史研究中有待进一步探讨的若干理论问题

社会结构史的研究是社会科学研究的重要领域之一，但是目前为止对这个领域的研究在研究方法即理论方面仍然有许多工作要做。因为在这个领域的研究中虽然已有为数不少的著作，它们也各自提出了一些研究观点和理论，但至今尚缺乏综合的系统的理论方法。拉卡托斯曾说："我主张典型的描写重大科学成就的单位，不是孤立的假说，而是一个研究纲领。"[①]马克·布洛克指出，历史学如果不能提供"合理的分类和不断提高的理解力以取代简单的、杂乱的、而且实际上是无限的堆砌物的话，便没有权利在严肃的知识形态中争得一席地位"[②]。布罗代尔则更具体地说："历史学家往往停留于事物的表面，以为自己仅需在事后评说某些个人的千秋功罪。其实，历史学家的任务不仅要重新找到'人'，而且要认出相互对立的、大小不等的

---

① ［英］伊·拉卡托斯：《科学研究纲领方法论》，兰征译，上海译文出版社1986年版，第5页。

② 《史学理论研究》1995年第1期，第81页。

社会集团。"①历史学大师要求研究者在系统地研究社会结构史时解决整体的方法论问题。

西方社会结构史研究属于历史社会学的研究范畴，而历史社会学是社会学和历史学相互渗透的结果。历史社会学是一个较晚才兴起的学科，它在20世纪50年代以后逐渐形成并取得一些进展，但由于这是一门新兴的学科，所以在其研究方法上尚缺乏理论性。对西方社会结构史的研究虽为人们所关心，却又缺少系统的探讨。因此，当我们面对这一具有探索性色彩的题目时，首先要对研究的一些原则和方法在理论上做些探讨和整理。霍布斯鲍姆曾指出，社会史特定的研究对象和复杂的内容要求研究者注重对它的理论思考。"社会的历史需要我们提出一个如果不是定型的和细致的模式结构，那至少也是一个近似的研究前提和研究假设的规则，这是关于什么构成了主题的中心联系或复杂关系，当然，这些问题隐含着模式。每个社会史学家实际上都在进行这种假设，并占有这些前提。"②

霍布斯鲍姆在论述如何建立社会结构模型的框架问题时，指出并分析了历史学方法与社会学方法的差异，他强调不能也不可能通过纯历史学的方法来完成这一任务。霍布斯鲍姆概括了历史学者通常使用的归纳方法，指出，这种方法"是一再把经济运动（广义的经济）当作分析的核心"。也就是说，"历史学家从物质环境和历史环境着手，进而研究生产力和生产技术（其中有些地方涉及人口统计学），随后产生的经济结构——劳动分工、积累、剩余产品分配等等——和由此产生的社会关

---

① ［法］费尔南·布罗代尔：《15至18世纪的物质文明、经济和资本主义》第二卷，顾良、施康强译，生活·读书·新知三联书店1993年版，第499页。

② 蔡少卿主编：《再现过去：社会史的理论视野》，浙江人民出版社1988年版，第10页。

系。而随之而来的制度、社会和功能成为物质环境和历史环境的基础。于是社会结构的框架建立起来了，产生社会结构的其他因素的特征和细节通过比较研究确定下来"①。但是，霍布斯鲍姆认为，应当倡导和采取更富于理论性的方法。他说："我的目的恰恰相反，提出模糊的假设，在此基础上进行精确的研究，问一问自己这一方法是不是描述自然和社会结构及其历史变迁或稳定机制的最佳方法，研究其他问题的方法与之是否相容，或者比它更可行，或者用这一方法可以得到与毕加索的可以同时看到正面和侧面的肖像画相同的效果。"②"简言之，假如社会历史学家想要建立有效的社会动态系统的模式的话——这对于社会科学所有学科都有益——就必须使实践和理论结合成一个更大的整体，这在目前阶段首先意味着明确我们正在做什么，对此加以概括，并以进一步的实践来纠正它。"③

美国政治社会学家S·M·利普塞也指出社会学研究与历史学研究在对象和方法上的不同，他说："根据理想的典型观点，社会学家的任务是在大的理论框架上建立总体的假设，并去验证它们。""历史学家所关注的是对某些特定事件或过程的分析。社会学家寻找的是包含了许多描述性的特殊范畴，而历史学家着重于实际发生的情况。"④

就笔者所见到的国外学者在研究中涉及的和本人在社会结构史研究中遇到的问题，我觉得有这样一些较重要的相关理论范畴需要罗列出来加以讨论，以求最终得到解决。

---

① 蔡少卿主编：《再现过去：社会史的理论视野》，浙江人民出版社1988年版，第11页。
② 蔡少卿主编：《再现过去：社会史的理论视野》，浙江人民出版社1988年版，第11—12页。
③ 蔡少卿主编：《再现过去：社会史的理论视野》，浙江人民出版社1988年版，第12页。
④ 蔡少卿主编：《再现过去：社会史的理论视野》，浙江人民出版社1988年版，第211页。

**社会结构研究的范围：广义的和狭义的**。社会结构及其历史演变研究的一个基本问题是社会结构的概念及其范围问题。西方各派学者对这个问题有不同的看法。英国社会学家哈罗德·帕金把社会结构的范围界定得比较宽泛。他认为："社会结构远远大于其阶级体系"，"它包括对每个社会成员所生存的已给定的'社会要素'、社会的规模和形态，亦即人口及人口的地理分布、其职业、年龄、社会地位；社会制度的形式，从婚姻到财产继承习俗到封建效忠、庇荫或者雇佣契约；以及社会团体的复合体……""社会结构是动态的而不是静态的，即使当它维持物质平衡时也是如此。"此外，对社会结构的研究还要考察"社会结构怎样发挥其作用，国家怎样实现其功能"[①]。也就是说，社会结构的研究既要包括对所有成员社会生活的研究，也要涉及社会集团与权力的关系。

美国社会学家伦斯基规定了社会结构研究的范围，即"将社会分层等同于人类社会中的分配过程——稀有价值的分配过程"。他相信，"这一定义比大多数现有的定义都更为准确地反映了大多数分层问题研究者们所集中关心的问题"，"阶级或阶层都只是有时表现为分配过程所造成的后果的一些结构单位，而这一过程本身才是基本的现象"[②]。伦斯基的定义强调对形成特定社会结构的政治和经济背景的研究，把这等同于社会经济史和分配研究，具有一种扩大研究对象的范畴的倾向。

---

① 蔡少卿主编：《再现过去：社会史的理论视野》，浙江人民出版社1988年版，第132—133页。

② ［美］格尔哈斯·伦斯基：《权力与特权：社会分层的理论》，关信平、陈宗显、谢晋宇译，浙江人民出版社1988年版，第4页。

英国社会理论家朗西曼认为，社会集团应当依据它们拥有的不同权力来进行划分。"只要它的成员有关的行为的基本意义没有被误解，一个社会的结构从一开始就能够按照人们不同的作用占有共同赋予（或缺少）的权力在它内部来划分构成的集团和类型。但是，对于研究者来说，实际确定它们需要回答这样的问题，即社会结构有多少种维，或者换一种说法，有多少种权力。正确的回答是三种，即经济权力、观念形态的权力和强制权力。"[1]

波兰社会学家奥索夫斯基就社会结构的概念阐述说，"结构"一词之前事实上是研究空间世界时使用的术语，就"结构"一词字面上的意义来说，是对作为整体的各个部分和各种因素之间构成的关系体系中相互关联的空间关系。"从比喻的意义上说，结构是一种对这一种类和另一种类之间距离和关系的一种象征性的解释体系。"[2]奥索夫斯基认为，因为被我们视为社会结构成分的集团不一定是社会阶级，因此，社会结构的概念比阶级结构的概念要宽泛得多。他认为社会结构是一种在距离上和分层上既可以是有组织的也可以是无组织的形式构成的一种人类关系的体系，而阶级结构只是社会结构中一个特别的和重要的方面。[3]奥索夫斯基认为对社会结构的研究具有极其重要的意义，因为被广泛接受的关于社会结构的见解是社会关系的一种因素，因此能对人类关系的性质产生影响。[4]

---

[1] Walter Garrison Runciman, *A Treatise on Social Theory*. Vol. Ⅱ. *Substantive Social Theory*. Cambridge: Cambridge University Press, 1989. p.12.

[2] Stanislaw Ossowski, *Class Structure in the Social Consciousness*. London: Routledge&Kegan Paul, 1963. p.9.

[3] Stanislaw Ossowski, *Class Structure in the Social Consciousness*. London: Routledge&Kegan Paul, 1963. p.11.

[4] Stanislaw Ossowski, *Class Structure in the Social Consciousness*. London: Routledge&Kegan Paul, 1963. p.6.

就西方学者对于社会结构的两种定义范围来说，本书所研究的属于狭义的社会结构。我希望在这部著作中，对于西方历史发展各个主要阶段大的社会集团的形成和性质进行分析，同时对特定时期社会结构的整体图谱做粗浅的概述。

**社会结构的哲学范畴属性**。在对社会结构的历史作研究之前，需要对这一研究对象的哲学范畴属性进行定位。因为这种定位将决定社会结构史研究的框架基础和方法基础。从历史唯物主义观点来看，社会结构属于基础还是属于上层建筑呢？马克思和恩格斯指出："社会结构和国家经常是从一定个人的生活过程中产生的。"[1]他们把社会结构看作是由经济生活所决定的东西。俄国历史学家克柳切夫斯基在研究俄国中世纪社会结构时曾清晰地阐述说："ordo或status，或者如法语的état，德语的stand，这是国家法的一个术语，它意味着一定系列的政治设施。人们把按权利和义务划分的社会等级称之为阶层。国家最高当局通过法律来表达自己的意志，向这些阶层授予或为他们规定权利和义务。因此，阶层划分完全是法律上的划分，它同根据经济条件、智力条件、道德条件乃至体力条件进行的其他社会划分不同，是经法律认可的。在阶层划分中，重要的以及比较容易察觉的标志是权利的差异，而不是义务的差异。"[2]克柳切夫斯基对此还更具体地做了论述，他写道："当代国家中的个人，其政治地位动荡莫测，不断浮游于各政治集团之间，随个人在经济斗争中的成败而起伏波动。如生活于阶层国家中的唐吉诃德，只要他胯下有一匹驽马，并具有骑

---

① 中共中央马克思、恩格斯、列宁、斯大林著作编译局编：《马克思恩格斯选集》第一卷，人民出版社1972年版，第29页。

② ［俄］B. O. 克柳切夫斯基：《俄国各阶层史》，徐昌翰译，商务印书馆1990年版，第1页。

士阶层的身份，他就绝不会失去这个身份，即使他征服了整个美洲，情况也不会有所改变。把当代欧洲国家，准确些说是成长中的未来欧洲国家，同正处于消亡中的阶层国家相比，说明等级划分的基础是各阶级在权利和义务上的不平等，而当代制度的基础则是经济状况的变化无常。"①克柳切夫斯基在这里以中世纪社会结构为例说明，中世纪的等级制度是一种用法律确定下来的社会划分，它的基础与社会经济地位有关，但它本身却具有一种政治设施的性质。因此，可以认为社会结构是一种区别于经济基础的具有上层建筑性质的特殊的历史社会范畴。

**社会结构研究方法的历史性特征**。社会结构是一种随时间推移变化很大的历史客体。因此在研究社会结构史时在方法论上不可能把一种单一的不变的方法贯穿于整个社会结构史研究的始终。人类学家摩尔根指出，"社会结构是一种制度，产生于社会的经验生活，社会组织的划分及划分的标准，都是以经验事实为根据的，有着时代的客观实在性。而社会结构的演变，反映了人类的进步"。②研究一个时期社会结构选择的主导方法，应当随这个时期社会结构的特征而定。克柳切夫斯基注意到这一点，他说："研究俄国各阶层时，我们应该首先对自己提出一个问题：我们社会在形成过程中走的是哪一条道路——政治的，还是经济的？它的出发点是什么，是武力征服社会还是在经济上屈从于统治资本？"③他认为俄国的等级（或称阶层）组成的社

---

① ［俄］B.O.克柳切夫斯基：《俄国各阶层史》，徐昌翰译，商务印书馆1990年版，第170页。

② ［美］路易斯·亨利·摩尔根：《古代社会》，杨东莼、马雍、马巨译，商务印书馆1977年版，序言第Ⅱ页。

③ ［俄］B.O.克柳切夫斯基：《俄国各阶层史》，徐昌翰译，商务印书馆1990年版，附录1，第171页。

会结构有双重起源，即政治的起源和经济的起源。起源的一种途径是，"在由自然联合体向政治共同体过渡时，社会通常随着居民的劳动分工而分化，社会划分为阶级，按劳动种类和资产种类划分为不同的阶级，各阶级的相对意义取决于一定的资产在当时当地所具有的意义。"这种社会结构起源的途径是经济途径。"但有另外一种情况，那就是当一国遭到外力武装入侵，或国内出现某种武装力量，它征服整个社会并攫取支配居民劳动的权利之时。这种力量可以是外来的部族，也可能是社会内部为了抵御外敌而形成，后来又利用这种力量的优势把整个受它保护的社会置于其控制之下的特殊阶级。"[①]这第二种社会结构形成的途径是政治途径。克柳切夫斯基上述论述提出了社会结构依其形成途径不同而具有差别的论点。笔者认为，因为社会结构史的研究是对各个不同的社会历史时期及不同国家的社会结构客观的存在形式及其发展的研究，因此，社会结构史研究方法原则上应当依该时期社会结构形成和当时客观划分的方法而定，研究对象的历史性特点决定了研究方法也应当具有历史性的特征。从史前社会到当代资本主义社会，社会结构的研究中应当按逻辑顺序考虑用人类学、法学、经济学和政治学的方法。无论如何我们不能把一个社会当时还没有意识到的和还没有使用的社会结构分类标准强加于那个社会。由于社会结构包括社会集团的称谓，都是从一定社会条件下派生出来的为法律和习惯所承认的客体，我们在研究时必须非常注意在当时社会意识中的社会结构概念，把这一要素作为建立理论的一个重要的参照系统。在社会结构的理论概括过程中，从原则上说允许并要求把当时人

---

① ［俄］B.O.克柳切夫斯基：《俄国各阶层史》，徐昌翰译，商务印书馆1990年版，第170页。

们已接受的或表达得相当朦胧的不成熟的认识，加以系统化和明晰化，但决不可以把那个时期尚不存在的社会分类方法和观念，强加给那个时代的人们。

**关于资本主义社会和前资本主义社会的社会结构范式差异问题。**正如马克思主义经典作家在论述阶级在人类历史上从何时开始在其理论性著作中有严格的限定那样，国外诸学者一般认为资本主义社会和封建社会的社会结构存在着根本性的范式差异。他们重视对"阶级"和"等级"两个概念的辨析。

研究古代史的学者芬利教授指出："'等级'（order）在拉丁文中作ordo，但是罗马并没有在精确的社会学意义上使用它，不像我们在英语中使用这个概念那样。等级是法律规定的居民集团，它在一个或多个活动领域，如政府、军事、法律、经济、宗教、婚姻中，以及在与等级制中其他等级的关系上拥有正式的特权。"[1]

卢卡奇分析了资本主义社会以前的社会结构特征。他认为："前资本主义社会中的各阶级利益，从来没有得到完全（经济上）清楚的表达。因此，社会结构分为等级和阶层，意味着经济要素不可避免地同政治、宗教的因素结合在一起。与此相对照，资产阶级的统治意味着废除等级制度，这导致了按阶级线索来组织社会。"[2]

社会分化为阶层和等级，实际上意味着，用不着意识到其经济基础，便能在概念上和组织上确定这些"自然的"形式。它意味着，在经济自然增长的纯粹传统主义和它采取的法律制度之间没有任何中介。与松散的社会经济结构相适应，政治和法律制度

---

[1] Moses I. Finley, *The Ancient Economy*. Berkeley: California University Press, 1985. Chapter 2.
[2] ［匈］卢卡奇:《历史和阶级意识》，王伟光、张峰译，华夏出版社1989年版，第55页。

（在这里，社会分化为等级、特权阶层等等）在客观上和主观上发挥着与在资本主义社会中不同的功能，在资本主义社会中，这些制度仅仅意味着纯粹经济力量的稳定作用……它们经常使自身适应改变了的经济结构，而不必在形式和内容上改变自身。相反，在前资本主义社会，法律制度从根本上干预经济力量之间的相互作用，事实上没有出现任何纯粹的经济范畴，或者说没有给这些范畴赋予法律形式（根据马克思的观点，经济范畴是生活的"存在形式""存在规定"）。经济范畴同法律范畴在客观上和实质上交织在一起，以致不可分割（这里考虑的是前面引用的关于地租、赋税以及奴隶制等例子）。

当然，这并不否认社会制度具有客观经济基础。相反，"封建"等级制度的历史非常清楚地表明，在起源上曾以稳定的形式出现的"自然的"经济存在，开始随着隐蔽的"无意识的"经济发展而瓦解。也就是说，它不再是一个现实的统一体。它们的经济内容摧毁了它们的法律形式的统一体……然而，尽管法律形式与经济内容之间存在着这种冲突，但法律（产生特权的）形式对于处于瓦解过程中的各等级的意识来说，仍具有很大的、时常有至关紧要的意义。因为等级形式掩盖了——真实的但"无意识的"——等级的经济存在和社会的经济总体之间的联系。①

当代英国社会学家吉登斯认为，结构原则指导着对社会整体的组织。他解释说："结构原则可以理解为组织原则，它造成了各种在明确的社会整合的基础上相连贯的、在时空上相分离的形式。"吉登斯

---

① ［匈］卢卡奇：《历史和阶级意识》，王伟光、张峰译，华夏出版社1989年版，第57—58页。

认为，根据基本的结构原则，存在着三种基本的社会类型。第一种是氏族社会，它是根据这样的结构原则组织的，即亲缘和传统是跨时空的社会关系背后的调节力量。第二种是等级社会，它在城乡分化的基础上组织起来；城市地区具有明显的政治制度，它可以和其他各种制度相分离，如经济制度、法律的正式条文或立法制度、符号协调方式或经由文字流传的经书或章程。第三种是阶级社会，在这种社会中，结构原则把所有这几方面的制度，尤其是经济制度和政治制度既相互分离，又互相联系起来。①吉登斯否认社会阶级是前资本主义社会的主要结构。他论证说，在前资本主义社会或封建社会，统治是以政治不平等为基础的，存在着非经济的剥削形式，封建社会的压迫主要是政治压迫。"封建主义不是一个阶级社会，不如说它是一个'前阶级'社会。"作为一个深受马克斯·维贝尔政治理论影响的学者，吉登斯解释说："封建主义和其他传统形式的秩序一样，并没有被卷入资本主义市场的范围。"②他所持的是维贝尔阶级理论中关于市场地位的标准。吉登斯从比较狭义的观点来定义阶级，他认为阶级仅仅是许多剥削关系类型中的一种③。

法国学者穆尼埃论述说："社会根据地位划分为'等级'（estates）（在德语中写成'Stände'，在法语中写成'Etats'）极为常见。它由一个等级［degree，'等级'（estates）或'身份'（conditions）］的系统组成，其中每一个（等级）有别于另一个，它

① ［美］乔纳森·H. 特纳：《社会学理论的结构》，吴曲辉等译，浙江人民出版社1987年版，第574—575页。

② Anthony Giddens, *The Class Structure of the Advanced Societies*. New York: Harper&Row, 1975. pp.132—133.

③ ［美］罗伯特·戈尔曼编：《"新马克思主义"传记辞典》，赵培杰译，重庆出版社1990年版，第321—324页。

并不是根据其成员的财产，也不是根据他们的消费能力，也不是根据他们在物质商品生产中的作用，而是根据与物质商品生产毫无联系的社会分配的社会功能决定的评价、荣誉和地位构成的。"[1]而与等级制社会相区别的"以阶级为基础的社会是一个开放的社会，在这个社会中所有个人在法律上是自由和平等的。法律只承认个人而不承认社会集团。社会阶级是活生生的事实，但它们在法律中不存在。一个阶级没有由法律规定的控制集团，没有任何法定的规定，对于它在行为中违反它心照不宣接受的它的成员承认的规范，法律也不加以任何惩罚。社会阶级是一个同质的集团的形式，是具有同样态度、起同样作用、具有同样的本能和同样基本观念的个人的集合体"[2]。

丹尼尔·贝尔对资本主义社会也进行了类似的评述，他认为："资本主义是这样一个社会经济系统，它同建立在成本核算基础上的商品生产挂钩，依靠资本的持续积累来扩大再投资。然而，这种独特的新式运转模式牵涉到一套独特文化和一种品格构造。在文化上，它的特征是自我实现，即把个人从传统束缚和归属纽带（家族或血统）中解脱出来。"[3]

**阶级和阶级意识问题。**阶级和其他形式的社会集团，都是在一定的历史条件下由从事社会活动的有思维的人组成的。人们属于哪个阶级，从根本上说是由他们所处的经济社会地位决定的。但是，在历史上活动的有思维能力的人们是有意识的，他们在进行经济活动的同时，随着社会交往和对政治的逐步参与，到了一定的阶段，

---

① Roland Mousnier, *Social Hierarchies: 1450 to the Present*. London: Croom&Helm, 1973. p.23.

② Roland Mousnier, *Social Hierarchies: 1450 to the Present*. London: Croom&Helm, 1973. p.39.

③ ［美］丹尼尔·贝尔：《资本主义文化矛盾》，赵一凡、蒲隆、任晓晋译，生活·读书·新知三联书店1992年版，第25页。

也会自觉地或不自觉地考虑自己这个群体的社会地位和历史命运，会对本集团的政治态度作出选择，这就是通常所说的产生了阶级意识。从研究视角来说，对于社会结构的研究，看来也不能漠视对一定历史时期一个阶级是否具备阶级意识这样的问题的研究，并且应当从一般的理论意义上，讨论阶级意识是否具备与判断一个阶级是否形成二者之间的关系。

马克思和许多研究社会结构的学者，都极为重视研究阶级意识与阶级的重要关系。马克思在《路易·波拿巴的雾月十八日》这一重要著作中，对法兰西第二帝国时期农民的研究，便是研究这一问题的典型例子。马克思写道：

> 小农人数众多，他们的生活条件相同，但是彼此间并没有发生多种多样的关系。他们的生产方式不是使他们互相交往，而是使他们互相隔离。这种隔离状态由于法国的交通不便和农民的贫困而更为加强了。他们进行生产的地盘，即小块土地，不容许在耕作时进行任何分工，应用任何科学，因而也就没有任何多种多样的发展，没有任何不同的才能，没有任何丰富的社会关系。每一个农户差不多都是自给自足的，都是直接生产自己的大部分消费品，因而他们取得生活资料多半靠与自然交换，而不是靠与社会交往。一小块土地，一个农民和一个家庭；旁边是另一块土地，另一个农民和另一个家庭。一批这样的单位就形成了一个村子；一批这样的村子就形成了一个省。这样，法国国民的广大群众，便是由一些同名数相加形成的，好像一袋马铃薯是由袋中的

一个个马铃薯所集成的那样。①

马克思在指出了法国小农的分散性后说:"既然数百万家庭的经济条件使他们的生活方式、利益和教育程度与其他阶级的生活方式、利益和教育程度各不相同并互相敌对,所以他们就形成一个阶级。"②小农是"法国社会中人数最多的一个阶级"③。但是,"由于各个小农彼此间只存在有地域的联系,由于他们利益的同一性并不使他们彼此间形成任何的共同关系,形成任何的全国性的联系,形成任何一种政治组织",由于"他们不能以自己的名义来保护自己的阶级利益,无论是通过议会或通过国民公会",由于"他们不能代表自己",一定要作为他们主宰的、"高高站在他们上面的权威"来代表他们,这表现出他们没有形成自己的阶级意识,因此,马克思得出了法国小农"他们没有形成一个阶级"的结论。④波托摩尔认为,根据马克思研究法国小农的后一种结论,如果社会地位相同的一批人尚未形成自己的阶级意识,他们不能算形成了一个阶级。马克思的阶级分析强调人的自我意识。马克思对法国小农的研究,引起了当代研究社会结构的学者的关注。在运用这种方法时也引起了很多争论,它涉及到在判断一个阶级形成时如何把阶级意识和政治意识标准,放在一个适度的位置上。

---

① 中共中央马克思、恩格斯、列宁、斯大林著作编译局编:《马克思恩格斯选集》第一卷,人民出版社1972年版,第693页。

② 中共中央马克思、恩格斯、列宁、斯大林著作编译局编:《马克思恩格斯选集》第一卷,人民出版社1972年版,第693页。

③ 中共中央马克思、恩格斯、列宁、斯大林著作编译局编:《马克思恩格斯选集》第一卷,人民出版社1972年版,第692页。

④ 中共中央马克思、恩格斯、列宁、斯大林著作编译局编:《马克思恩格斯选集》第一卷,人民出版社1972年版,第693页。

到了20世纪，卢卡奇曾集中探讨了阶级意识的历史。他强调："意识形态因子不仅标志着阶级利益，它们不仅是旗帜和口号，它们是构成现实斗争的部分、组成因素。"①卢卡奇对资本主义社会中各阶级的意识及其表达做了精彩的分析。他指出："农民的阶级意识所采取的意识形态的形态，比其他阶级更经常地改变它的内容：因而这种内容总是从别的地方借来的。"②他还指出："但对资产阶级本身来说，罩在资产阶级社会本质上的面纱是必不可少的。因为资本主义体系内在的无法解决的矛盾日益赤裸裸地显露出来，所以它的支持者面临一个选择：他们要么必须有意地无视那日渐至关重要的见解，要么必须约束他们自己的道德本能，以便能以良心来支持那种只为他自己的利益服务的经济体系。"③卢卡奇指出："资产阶级常把他们的阶级意识在意识形态上隐蔽起来。"卢卡奇还从历史时间表上考察了阶级意识的出现。他认为："阶级意识在前资本主义时期和资本主义时期有着完全不同的历史关系。""在前资本主义时期，人们绝不可能意识到'历史中人们行为的动机背后存在的真正推动力'。这种推动力隐藏在动机的背后，实际上是盲目的历史力量。"④阶级意识"这种历史知识只有随着资本主义的出现才成为可能"⑤。乔治·古尔维奇

---

① ［匈］卢卡奇：《历史和阶级意识》，王伟光、张峰译，华夏出版社1989年版，第59页。

② ［匈］卢卡奇：《历史和阶级意识》，王伟光、张峰译，华夏出版社1989年版，第61页。

③ ［匈］卢卡奇：《历史和阶级意识》，王伟光、张峰译，华夏出版社1989年版，第66—67页。

④ ［匈］卢卡奇：《历史和阶级意识》，王伟光、张峰译，华夏出版社1989年版，第59页。

⑤ ［匈］卢卡奇：《历史和阶级意识》，王伟光、张峰译，华夏出版社1989年版，第58页。

也认为，阶级斗争的先决条件是各阶级都清醒地意识到斗争和对抗，而这种意识在工业社会之前并不存在。①

爱德华·汤普逊把工人阶级的阶级意识作为工人阶级形成的重要标志。他在《英国工人阶级的形成》中说："当某些人由于一种（继承的或拥有的）共同经验的结果，由于与其他利益与他们不同的（通常是反对他们的）人的对立，感觉到并表达出他们之间利益的同一性的时候，阶级出现了。阶级的经验在很大程度上为他们出生于其中的或者说无意识进入的生产关系所决定。阶级意识是这些经验以包括传统、价值体系、观念和制度形式在内的文化言辞来陈述的方式。"②

芝加哥大学的政治学者亚当·普尔泽沃尔斯基也是从主体性来定义阶级的。他说："值得强调的是，阶级并不是先于他们的组织存在：阶级组织的概念并不意味着只有当它们组织起来时才成为阶级，而恰恰相反，阶级作为一种历史的主体，只有当它们组织起来，只有当生产关系的携带者通过集体的同一性和组织性而具有社会关系的特征时才成为阶级。"③斯坦尼·阿尔诺维兹认为，只有当一批人具有阶级意识和进行政治活动时，他们才形成一个阶级。他说，在社会结构中形成的人的集团，如果说他们构成一个阶级，他们必须具备下列特征之一：（1）作为（a）联系方式、（b）劳动分工或（c）一种允许社会交往的物质文化层次发展的结果，他们必须参加各种关系；

---

① ［法］费尔南·布罗代尔：《15至18世纪的物质文明、经济和资本主义》第二卷，顾良、施康强译，生活·读书·新知三联书店1993年版，第504页。

② Edward P. Thompson, *The Making of the English Working Class*. Middlesex: Penguin Books, 1968. pp.9—10.

③ Albert Szynanski, *Class Structure: A Critical Perspective*. New York: Praeger, 1983. pp.627—628.

（2）他们应当具有使他们与其他阶级相互竞争的不同的生活方式、利益和文化形态；（3）他们必须在政治上代表他们自己，即用他们自己的名义来说话。

当代美国学者米尔斯也很注意研究阶级意识在确定一个阶级时起何种作用的问题。他提出，不能因为人们并不是时时处处都有"阶级意识"而得出"不存在阶级"的结论；也不能像阿尔弗雷德·宾格海姆所说的"阶级集团总是朦胧不清，分析到最后，只剩下叫作阶级意识的模糊概念了"，以至于得出阶级不存在的结论。[①]米尔斯指出，一些中等人士可能并不了解他们自己在社会和政治中的地位情况，"这些人缺乏'阶级意识'的事实在任何时候任何地方都不意味着'不存在任何阶级'，或者说'在美国所有的人都属于中等阶级'。经济和社会事实是一回事，精神感觉可能是也可能并不是以理智的表达方式伴随着他们。两者都是重要的。如果精神感觉和政治见地并不与经济和职业上的阶级相一致，我们必须找出原因何在，而不是把经济的婴儿随同精神的浴盆一同泼掉，那样就无法了解两者都是适合国情这个浴盆的"[②]。"如果政治意识和客观定义的阶层不符，这种不符就是一个需要解释的问题，它也确实是社会阶层心理学的重要问题。客观定义的阶层成员在政治警觉性、政治面貌、政治忠诚上是否保持一致，他们的政治意识和行为与他们的客观位置以及接受的价值观并列所要求的利益是否一致，都和阶层化与政治意识的一般性问题有关。"[③]

---

① C. Wright Mills, *White Collar: The American Middle Class*. New York: Oxford University Press, 1951. pp.329—330.

② C. Wright Mills, *Power, Politics and People: The Collected Essays of C.Wright Mills*. New York: Oxford University Press, 1963. p. 317.

③ C. Wright Mills, *White Collar: The American Middle Class*. New York: Oxford University Press, 1951. p.330.

　　美国社会学者约翰·莱格特把阶级意识考察的指标理论化，并在运用系统资料考察工人阶级的意识方面做了许多尝试。他提出可以用四个标准来考察阶级意识的水平，即阶级词语化、怀疑主义、斗争性和平等主义。他把这四个指标用于对底特律蓝领工人群众的访问调查。莱格特对阶级意识产生的两个根源即经济不稳定和工人阶级的组织极为重视，他还指出就业者和失业者之间在阶级意识方面存在重大差别，他发现，有萧条时期的经历往往成为激烈地主张阶级斗争的那部分工人的共同点。莱格特通过研究说明，有八个预报因子对阶级意识的形成均有影响。这八个预报因子是：种族—民族性、工会成员资格、迁移、向下流动性、技能水平、代际、职业地位及个人收入。而在影响阶级意识的八个因子中尤其以种族—民族性、工会成员资格和迁移最为关键。[①]

　　安东尼·吉登斯则把阶级意识分成三个层次。第一个层次的阶级意识表现为一种关于阶级同一性及各个阶级差别的概念；第二个层次的阶级意识是一种关于阶级冲突的概念，在这里阶级同一性的概念与承认和其他阶级或其他诸阶级的利益既相互对立又相互联系；第三个层次的阶级意识是革命的阶级意识，它承认全面地改造权力中介制度，并且相信这种改造能够通过阶级行动来完成。[②]

　　英国马克思主义历史学家霍布斯鲍姆同样极为重视对阶级意识的研究，他在一篇题为《历史上的阶级意识》的文章中指出，马克思使用"阶级"这一术语有两个主要的范畴。其中之一认为，阶级

---

　　① ［美］丹尼斯·吉尔伯特、约瑟夫·A.卡尔：《美国阶级结构》，彭华民、齐善鸿等译，中国社会科学出版社1992年版，第292—295页。

　　② Anthony Giddens, *The Class Structure of the Advanced Societies*. NewYork: Harpen&Row, 1975. pp.112—113.

首先是"剥削者或被剥削者集团",他认为这一点属于被大量使用的、我们称之为马克思主义的理论。他还指出,对于那些不同于把社会历史转变看作相当抽象模式的人的历史学家即微观历史的研究者,或者那些把历史看作是出现的人来说,他们注意阶级意识。他认为:"对于历史学家来说,阶级和阶级意识的问题是不可分离的……充分意义上的阶级只是在这样一个历史时刻才存在,即当各阶级开始意识到他们自己是这样的时候。"马克思主义学者波托摩尔也作出了类似的论述,他认为,马克思决不是简单地倡导技术决定论和经济决定论,相反,他极其重视和强调人的自我意识。马克思坚决认为,一个上升阶级的胜利依赖于这个阶级对它的处境、目标、政治组织力量的了解,以及对它所处的实际经济地位的了解,马克思正是这样来研究工人阶级的。马克思阶级理论的一个重要特点是它极为注意个人在生产过程中的真实地位、他们形成的关于他们处境的认识和社会、政治活动路线之间的相互关系。马克思在毕生的研究中,对资本主义社会其他团体意识的成长很少加以注意,但他极其关注工人阶级的觉悟和斗争。

综合各家学者关于阶级意识和阶级形成的研究论点,可以说,在有些方面他们大致是一致的。这就是,对历史上阶级的考察不仅要考察其客观的经济社会地位,还必须考察其自我意识的形成状况;阶级意识作为一种历史现象,是历史发展到一定阶段的产物;阶级意识是考察一个阶级是否形成或成熟的重要指标之一,但能否把具备阶级意识作为判断一个阶级是否形成的绝对尺度,尚待讨论。

**形态历史学方法及其在社会结构史研究中的视野**。形态历史学方法是适合于宏观或亚宏观历史研究的一种有效的方法,尤其对于历史中结构的研究极有帮助。但迄今为止，国内学术界对于形态学方法的讨论和运用尚不够。我国学者集体编纂的《辞海》没有设立"历史形态学"或"形态历史学"的条目。1980年出版的《苏联百科辞典》也没有设立"形态历史学"的条目。1985年上海辞书出版社出版的《世界历史辞典》中，设立了"历史形态学"的条目，它所指的内容，则是施宾格勒和阿诺德·汤因比的"文化形态学"或"文化形态史观"。该条目的释文说："历史形态学亦称文化形态史观。现代西方资产阶级史学流派。1917年2月德国历史哲学家施本格勒出版其所著的《西方的没落》，首倡文化形态史观。后英国历史学家汤因比撰写《历史研究》，更发展了这个学派的观点。他摒弃传统国别史和断代史的概念，把文化作为历史研究的最小单位，认为文化是一个具有生、长、盛、衰等发展阶段的有机体，并比较各种文化的兴衰过程，显示其不同的特点，以分析、解释人类历史发展的过程。施本格勒认为，世界曾存在一种自成体系的文化，但不管其特点如何，都要遵循同样的规律，走向衰亡。汤因比则进一步把世界历史分成若干文明（或社会），认为历史上存在过21种文明（一种说法是26种），妄说其他文明均已消亡或濒于衰亡，只有西方基督教文明仍保持着'创造性的活力'。这种主观臆断，是为资本主义制度进行辩护。"就研究方法而论，施宾格勒和汤因比的"历史形态学"，实质上是研究文化的一种类型研究方法。除了文化这一对象以外，他们没有把这种方法运用于其他领域或对象。退一步说，即使就文化研究方法而论，他们也没有对这种方法的内构作出更加详细的阐释。可以认为，施宾格勒和汤因比的"历史形态学"还不是一种成熟的可以广泛运用于历史学诸多对象和范畴研究的一般性的理论方法。

根据施宾格勒和汤因比的有限方法论而派生出的这个应当有包容量的"历史形态学"概念，却没有一种方法论体系应有的丰富内涵，颇有以偏概全之嫌。所以施宾格勒和汤因比并没有建立运用于一般历史对象研究的形态历史学体系。

在20世纪二三十年代比较史学形成的过程中，法国年鉴学派大师马克·布洛克初涉了形态历史学方法。马克·布洛克在《欧洲社会历史的比较研究》（1928年）和《封建社会》（1939—1940年）两部著作中，否定了过去惯用的过程比较方法，开始转向具体的更深入的结构比较方法。布洛克认为，进行历史比较研究有两个必要条件，即作为比较研究的事实之间必须有一定的类似性，又必须具有一定的不同点。他把历史比较研究分成两种基本类型，一种是在时间和空间上都显著隔离的对象比较研究，一种是对邻近的同时代社会的平行比较研究。但布洛克以后的学者并不重视和发展他的比较研究导向结构研究的思路。当代西方史学家认为，比较研究可用于五个领域：一是对文明体系的整体发展进行比较研究；二是对社会过程和制度进行比较研究；三是对集团、事件、机构和观点进行比较研究；四是结构比较研究；五是国家与国家之间的比较研究。也就是说，当代史学家仍然把主要兴趣放在过程研究方面，没有充分重视对历史范畴、对象的内在构成和表征特征的深入解剖上来，也缺少对具有相似性的对象系统加以研究的方法论体系。[①]这样，对解释历史结构和历史形式在发展过程中的演变特征以及一种形态向另一种形态过渡的内在特征，无法取得具有概括力的实证和理论成果。

---

① ［英］杰弗里·巴勒克拉夫：《当代史学主要趋势》，杨豫译，上海译文出版社1987年版，第270—280页。

　　直到晚近，德国籍历史社会学家诺伯特·埃利亚斯在《什么是社会学？》（1970年）一书中提出了一个新的学术概念——"形态社会学"（Figurational Sociology），朝着构建科学的"形态历史学"迈出了一步。"figuration"不是一个为人们熟悉的常用词。《牛津英语词典》将该词解释为"有既定形式的行动和过程"。显然，埃利亚斯赋予其强烈的过程性和动态性，以区别于社会学中常常使用的诸如"社会结构"或"社会体系"之类的具有固定性特征的概念。埃利亚斯上述"形态社会学"的概念与他提出的过程社会学的方法直接相联系。他的过程社会学有四个出发点。他认为人们的社会生活介入并共同形成了社会形态，这些形态持续不断地发生各种类型的变化，这种长时段的发展在很大程度上是非计划的和不可预想的，人类知识的发展发生在人类的形态中，并且是人类形态全部发展的一个重要方面。埃利亚斯所使用的"figuration"一词的含意包括"定形""赋形""外形""形态"等，即侧重于描述客体的存在形式和外观，而缺乏对客体的内在结构分析的内容。因此，埃利亚斯的形态学理论尚不能使人满意。

　　"形态历史学"的英文学名不应当是"Figurational History"，而应当是"Morphological History"。"形态学"在英语以外的其他语种中都已有固定的词汇。在俄语中是морфология，在法文中作morphologie，在德文中作Morphologie。笔者在这里不采用埃利亚斯使用的"figuration"一词，而使用"morphology"一词，是因为这种历史学方法所研究的对象或着眼点不是历史"行动和过程"纯粹的"形式"，而是历史的"行动和过程"及其他历史上存在的客体（对象）的整体内构（包括形式在内）。词语学告诉我们，无论在英语、俄语、法语和德语中，"形态学"的内涵不是指纯粹的"形式"（form）研究，这从该词在运用于历史学之前在各学科的运用中可以看出。各类辞典的释义告诉我们，"形态学"大致有三种运用，第一种是用于生物学，指对生物组织结构的研究；第二种是用于语言学，指对语素的研究；第三种是用于地学中，指对矿物的结构和生成之研究。从这三种形态学的运用我们可以看出，形态学的方法偏重于对对象内构的研究，而几乎与形式无关。而笔者认为，形态学方法也应纳入对历史形式的研究中。

形态历史学方法不能离开历史过程论的方法，因为不考虑历史范畴的不断运动演变这一基本事实，历史形态就变成了僵化的东西而毫无价值。但形态历史学的研究角度和方法又不同于历史过程论的研究方法，它们是两种互补的研究思路。形态历史学侧重研究的不是历史客体的发展变化过程或轨迹，相反，它采取"横过来"的研究视角，侧重对历史发展的内构和外观的某个横断面进行一种构成的分析研究，看一看历史的运动变化使得某一历史范畴在一个横断面上表现为怎样一种斑斓纷杂的多样化图像。因此，运用形态历史学的一个必要条件，是要有意识地忽略研究对象系统的诸客体在存在时间上的细微差别和一个客体自身在不同时间坐标上的内构的细微差别，而把它们视为同时态的存在物。

形态历史学的具体研究方法或研究时所重视的着眼点，大致有以下几点：

第一，用结构分析的方法研究某一历史客体或范畴的内在构成和外部形式表征。它强调要注意到历史客体内构的复杂性，以及由于它在历史中运动发展变化而引起的不同构成因素的产生、演变和消失。

第二，通过对历史客体的结构研究，解决一种历史客体的发生学即起源的科学解释。

第三，研究各种历史客体之间的边界问题。它注意到，历史的存在形式与一种客体的理论存在形式（理论抽象）之间总是存在很大的差别。不同的历史结构在进行理论概括时，它们之间的差别是泾渭分明的，但是在现实的历史存在中，它们各自常以非典型化的形式出现。此外，还有更多的亚形态蜂拥重叠交错地存在于具有典型性的客体之间。因此，人们在确定历史客体的边界时，往往找不到一条明晰的界线。为此，形态学方法提出过渡带的概念，来取代简单的边界的概念。

第四，形态学的方法并不仅仅停留在对单个历史对象的研究上，它的研究方法具有比较研究的视野。它在把属于同一类型的历史客体归为一类进行比较综合研究时，引入物理学中的光谱概念，把这样的供研究的历史系统视为一个谱系，努力揭示构成谱系的各客体形态各维的差异，以及各客体在组成该谱系时所处的位置，以便全面把握一个历史客体的类型学属性及其个性特征。

第五，形态历史学吸收了社会学的"范式"概念，致力于对各个社会形态系统内构特征，即它的纽带或参数的研究，注意不同历史形态和社会结构的构成是否存在着根本构成方式的差别。

形态学方法的新视野，可以使历史学者摆脱那种单纯对事件、个人、过程进行研究的方法，有助于提出一些新的研究视野，以使揭示历史发展规律的工作上升到一个更高的层次。

较好地把形态学方法用于某个学科研究对象的，是列宁格勒大学的美学教授卡冈。莫·卡冈撰写了《艺术形态学》一书，在把形态学方法运用于艺术种类的研究中，做了大胆的尝试。但卡冈此书的成功之处倒不是他对艺术门类的分析，这方面的研究多少带有牵强的色彩。该书的成功之处在于，它对形态学的基本理论原则和方法做了极好的阐述。

**典型化的社会集团和非典型化的社会集团。**在社会结构史的研究中，与其他历史研究一样，研究者会遇到不同的历史客体，会遇到典型化的社会集团与非典型化的社会集团问题。我们知道，马克思主义经典作家在其理论工作中，一般来说极为重视对典型性历史客体的研究和概括，因为他们所处的历史时代赋予他们的一个重大任务，就是通过对历史上典型案例的分析，揭示历史发展的本质性规律，唤醒无产阶级和劳动群众的觉悟，认识资本主义生产关系和资本主义社会制度的本质。马克思和恩格斯强调对典型化对象的研究不一而足。例如，恩格斯在《共产党宣言》1888年英文版的注释中写道："一般说来，这里是把英国当作资本主义经济发展的典型国家，而把法国当作资产阶级政治发展的典型国家。"[1]再如，恩格斯在给马克思的《路易·波拿巴的雾月十八日》第三版序言中写道，马克思深知法国历史，"法国是这样一个国家，在那里历史上的阶级斗争，比起其他各国来每一次都达到更加彻底的结局；因而阶级斗争借以进行、阶级斗争的结果借以表现出来的变换不已的政治形式，在那里也表现得最为鲜明。法国在中世纪是封建制度的中心，从文艺复兴时代起是统一的等级君主制的典型国家，它在大革命时期粉碎了封建制度，建立了纯粹的资产阶级统治，这种统治所具有的典型性是欧洲任何其他国家所

---

① 中共中央马克思、恩格斯、列宁、斯大林著作编译局编：《马克思恩格斯选集》第一卷，人民出版社1972年版，第253页注1。

没有的。而奋起向上的无产阶级反对占统治地位的资产阶级的斗争在这里也以其他各国所没有的尖锐形式表现出来。"[①]因此，马克思特别注意研究法国的历史和现实。强调对典型化对象的描述，也体现在恩格斯的著作中。恩格斯在《致玛·哈克奈斯》的信中谈及现实主义创作原则时，针对哈克奈斯的作品《城市姑娘》批评说："您的小说也许还不是充分的现实主义的。据我看来，现实主义的意思是，除细节的真实外，还要真实地再现典型环境中的典型人物，您的人物，就他们本身而言，是够典型的；但是环绕着这些人物并促使他们行动的环境，也许就不是那样典型了。"[②]

但是，马克思还提出了在历史和现实生活中存在着非典型化的形式或对象。他说："在英国，现代社会的经济结构无疑已经有了最高度的、最典型的发展。但甚至在这里，这种阶级结构也还没有以纯粹的形式表现出来。在这里，也还有若干中间的和过渡的阶段到处使得界限规定模糊起来（虽然这种情况在农村比在城市少得多）。"[③]

历史客体的存在形式与理论化的概述相比是有所差别的。理论概述中的形态是历史形态的抽象，它反映了历史上存在的形态的本质特征和典型性。但是，历史客体的活动或存在形式受到当时当地特定环境的种种影响，因此常常带有个性化的形式，而与理论形态存在一定的差别。具体的历史研究必须注意到历史存在的多样性，

① 中共中央马克思、恩格斯、列宁、斯大林著作编译局编：《马克思恩格斯选集》第一卷，人民出版社1972年版，第601—602页。
② 中共中央马克思、恩格斯、列宁、斯大林著作编译局编：《马克思恩格斯选集》第四卷，人民出版社1972年版，第462页。
③ ［英］马克思：《资本论》第三卷下册，中共中央马克思、恩格斯、列宁、斯大林著作编译局译，人民出版社1975年版，第1000页。

必须说明这一个与那一个之间的不同。法国学者穆尼埃指出："纯粹的社会形式是非常稀罕的。历史学家时常遇到不属于任何一种分类，但是表现出两种社会式样逐渐融结成另一种的特征。他也经常遇到一些显然属于一种占统治地位类型的社会，但是，它包含了属于其他社会分类类型的社会的特征。"①在历史多样化中存在着非典型化的结构。而尤其在历史上的过渡时期，更是大量地存在着过渡型的或者说非典型化的社会集团。我们在社会结构史研究中，不仅应当重视对典型化的社会集团的研究，而且也应当注意对特定历史时期非典型化社会集团的研究。

**关于确定阶级的标准。**尽管经典马克思主义认为，阶级是按经济标准来划分的社会集团。但是，在近现代资本主义社会中，除了经济标准之外，决定人的阶级地位的还有其他标准。譬如，一个人在政治上是否已经跻身于统治集团，是否属于权力集团的成员，当然是确定这个人的阶级地位的又一个标准。此外，一个人究竟是归属于处于统治地位的资产阶级意识形态还是对这种意识形态持否定态度，一个人自我宣称自己属于哪个大的社会集团，即他的自我认同和定位，也是判断他的阶级属性时要考虑的因素，即划分阶级要有意识形态标准。总之，划分阶级时除了经济标准外，还必须要有现实的政治考量。所以，对资本主义社会进行阶级划分时，标准不应当是一元的，而是经济、政治和意识形态三维的。

---

① Roland Mousnier, *Social Hierarchies: 1450 to the Present.* London: Croom&Helm, 1973. p.41.

# 第二编

## 中世纪社会结构

# 第一章
# 欧洲中世纪社会等级制

西方中世纪的社会结构既不同于近代资本主义社会的结构，也不同于古代社会的结构。一些学者指出了中世纪社会结构与古代社会结构存在的差别。黑格尔指出，在古典世界中，不分社会的与政治的，不分社会与国家。阿维里尔指出："当政治国家只是社会经济生活的一种形式，只是物质国家的一种形式时，共和国意味着公众生活、个人生活的真正内容。所以，任何人的私人生活缺乏政治地位，他就是一个奴隶；政治不自由意味着社会奴役。"丹尼尔·贝尔指出："中世纪颠倒了这种关系，每个人都由他的社会学地位所规定，他是一个特殊的等级或地位的成员，这就规定了他的权利和义务。社会是社会和政治地位的基础；地位这个词指的既是社会阶层又是政治组织。"[①]

等级制是中世纪西方社会结构的基本线索。在中世纪历史文献中，很早就对等级制的观念有很多记载。杜比提出："研究社会的历史学家必须详细地考察任何强加于集体心智的社会分类体系。社会行

---

① ［美］丹尼尔·贝尔：《后工业社会的来临——对社会预测的一项探索》，高铦、王宏周、魏章玲译，商务印书馆1984年版，第94页。

为是直接为这种观念体系统治的，因为人民正是通过它们才领悟到他们在这个世界上的地位以及他们相互之间的联系。"[1]为此，在研究等级制实际的历史之前，须提及等级制观念。

社会分成等级的观念在中世纪第一个阶段便已巩固确立了。等级制在中世纪基督教会组织中首先体现出来[2]。公元747年教皇撒加利给矮子丕平和法兰克主教及显贵的信中，特别提到僧侣和贵族这两个上层等级。"三等级"的名词出现在821年法兰克主教给法王虔诚者路易的奏章中。以后在828年的诏令中，出现了"各等级"的提法。在9世纪末的《圣柏腾的奇迹》中，区分了三个等级。在撒克逊时代的英国，一份手稿中写道："每个公平的王坐在三只脚上，这样，它立得完全对。一只脚是僧侣，一只脚是劳动者，第三只脚是贵族。僧侣是祷告的人，他们奉祀上帝并日日夜夜为民族代求神佑。劳动者是做工的人们。"[3]

在一些国家的文献中，对于中世纪社会结构的等级划分，又加进了职能分工的原则。10世纪时，英格兰恩舍姆修道院长、散文家艾尔弗雷克根据王权的三个支柱，对社会结构做了三重划分：

> 劳作者系为我等提供衣食之人，唯犁耕播种者专事于此。
>
> 说教者系为我等求助上帝，并在基督的臣民中间弘扬福音之僧侣，唯有此专事圣职者方使我等蒙恩受惠。
>
> 作战者系以武器防范即将临近之敌，为我等护卫城市及家园

---

① Georges Duby, *The Chivalrous Society*. translated by Cynthia Postan, London: California University Press, 1977. p.88.

② 汤普逊：《中世纪经济社会史》下册，耿淡如译，商务印书馆1963年版，第264页。

③ 汤普逊：《中世纪经济社会史》下册，耿淡如译，商务印书馆1963年版，第333—334页。

之人。①

大约在1000年前后，阿德尔伯罗—拉昂主教在给法王虔诚者路易的奏章中，用神学的语言对中世纪社会结构做了与艾尔弗雷克类似的阐述。他写道："上帝的庭宇，人们以为是单一的，其实是三重的；有的人在那里祈祷，有的人在那里战斗，有的人在那里工作。"②在这个阶段，正如法国历史学家杜比评述的，尽管人们对等级分类十分熟悉，但它的历史仍然多少有点含糊。③

7世纪初期，塞维利亚的伊西多曾对当时社会的等级序列做了叙述，这就是从国王、王公到公爵和伯爵这样的等级序列。他的叙述日后多为人引用。例如13世纪英格兰的政治著作家——威尔士的杰拉尔德和法学家布莱克顿，都引用了伊西多笔下的等级序列。1030年初，拉尔夫·格拉勃谈论了"人的等级"，其中国王在这个等级序列中处于高位。1100年时，诺曼底的威廉死后，出版的赞辞中有这样的文字："他通过了从伯爵开始的相继的等级。不久，他将超过这些等级，从公爵攀登到皇帝这一高位。"④

1363年，英国颁布了一项限制私人花销的法律，对不同等级人士的服饰作出了限制。1463年的限制服饰法规定：具有骑士以上等级身份的人及其夫人，方可身着丝绒和锦缎衣饰。在英国，1597年制订了

---

① ［英］阿萨·布里格斯：《英国社会史》，陈叔平、刘城、刘幼勤等译，中国人民大学出版社1991年版，第58页。

② ［美］汤普逊：《中世纪经济社会史》下册，耿淡如译，商务印书馆1963年版，第334页。

③ Georges Duby, *The Chivalrous Society*. translated by Cynthia Postan, London: California University Press, 1977. p.88.

④ David Crouch, *The Image of Aristocracy in Britain, 1000—1300*. London: Routledge, 1992. pp.43—44.

最后一项这种法令。①这些法律表明，各个等级集团尤其是特权集团日益关注对于身份地位的规定，贵族等级的服饰越来越浮华，也越来越讲究时髦。伯爵和男爵的服饰明显有别于骑士，骑士的服饰也不同于乡绅、自耕农或租佃农。人们在穿着上既追求华丽，又追求体现身份等级，等级意识日益强烈，等级界限日益鲜明。②在封建主义衰落时期，博尔努瓦尔谈到了三个等级，"两个等级即贵族出生的人和自由人，以及由农奴构成的第三等级"。1443年，枢机主教鲍福特把英国社会分成三部分，一部分由高级教士和豪富组成，另一部分由骑士、绅士和商人构成，最后一部分由劳工、技工和工人构成。15世纪中叶，人们把里昂的市民分成三个部分，即靠财产收入为生的资产者、商人和教士。到15世纪，封建社会分为三个等级的观点逐渐成熟了，它把教士视为第一个特权等级，把世俗贵族作为第二个特权等级，而把城市和乡村的富有者及穷人划入第三等级即最后一个等级。1429年，那慕尔一份地方文件在西方第一次谈到了第三等级。稍后，乔治·查斯特兰谈到了"第三个成员"。这种提法最初来自低地国家，以后路易十一在1482年和查理八世在1484年的两封信中，在法国第一次提到了"第三（等级）、平民和最低的等级"，递交给1484年等级会议的请愿书提到了"第三和平民等级"。再以后，托马斯·巴赞在其著作中称民众为"第三和最低的等级"。术语学的历史从一个侧面说明了一个事实，即欧洲大陆国家到1500年前后，教士、世俗贵

---

① ［英］阿萨·布里格斯：《英国社会史》，陈叔平、刘城、刘幼勤等译，中国人民大学出版社1991年版，第129页。

② ［英］阿萨·布里格斯：《英国社会史》，陈叔平、刘城、刘幼勤等译，中国人民大学出版社1991年版，第100—101页。

族和第三等级已被人们承认构成了法律上限定的等级。①

在英国，乡村牧师威廉·哈里森在1577年对英国等级制社会结构做了概述。他说，"我们通常将我们的居民划分为四类"，第一类是绅士，"其为首者是国王，其次是贵族，再其次是骑士、骑士扈从与普通乡绅"；第二类是"担任官职的城市富裕市民"；第三类是乡村中的"自耕农"；处于社会最底层的第四类居民是"受治于人而非治人者"，其中包括"雇工、贫穷的自由小农与各行业工匠，如缝衣匠、制鞋匠、木匠"，"这些人在我们的国家里既无权又无势"。哈里森把门第和财产作为确定社会等级身份的决定性因素。②

在17世纪的英国，社会等级的观念仍然强烈地存在于各阶层民众中。英国革命时期平等派领袖之一理查德·奥佛顿在1646年的《千百万公民的抗议书》中写道："为了保障个人和等级的正当的自由，一切被压迫的人民、富人以及宗教人士，有什么不可以做呢？"③等级制观念在17世纪英国社会史的重要文献——格里高里·金根据灶税纳税资料编制的1688年英国家庭收支表中，也清晰地反映出来。这份表格中人们仍是按照"等级、阶层、头衔和资格"的高低顺序排列的。④

1695年1月8日，法国王室发布了一份征收人头税的宣言，该宣言

① Bernard Gueneé, *States and Rulers in Later Medieval Europe*. New York: Basil Blackwell, 1985. pp.157—158.

② William Harrison, *The Description of England*. edited by Georges Edelen. New York: Connell University Press, 1968. pp.94—95.

③ ［英］阿萨·布里格斯：《英国社会史》，陈叔平、刘城、刘幼勤等译，中国人民大学出版社1991年版，第158页。

④ Joan Thirsk and J.P. Cooper, eds., *17th Century Economic Documents*. Oxford: Clarendon Press, 1972. pp.780—781.

把法国全体居民除贫民外分成22个等级，以便征税，其中把贵族也分成若干等级。第一等级每个成员征收人头税2000锂，属于这一等级的有法国王太子、其他王室血统的王子和公主、大臣、总征税官；第二等级每个成员征收人头税1500锂，属于这一等级的有穿袍贵族、巴黎法院院长、王公、公爵、陆军元帅、国王的高级官吏和监督官；第三等级每个成员征收人头税1000锂，属于这个等级的有神圣骑士团的骑士、各省的少将以及巴黎其他法庭的院长、各省法院的院长；第四等级每个成员征收人头税500锂，它包括一大批王室官员、国务会议的成员、巴黎法院的总检察长和代理检察长等；第五等级和第六等级有较次一级的穿袍贵族和其他官员；第七等级包括全王国的法官和非穿袍贵族，即所有的侯爵、伯爵、子爵和男爵；第八等级包括巴黎五个国王司法委员会的委员；第九等级包括外省的一些官员；第十等级包括上层乡村贵族、有圣职授予权的领主、教区领主贵族；从第十一等级到第十五等级，包括都市和王室的下级官员、拥有城堡和采邑的乡绅；第十六等级以下，包括没有采邑也没有城堡的乡绅、城镇工匠、日工和士兵等。[①]这个等级表不仅包含了身份规定性，同时也包括了官阶的因素。

俄国历史学家克柳切夫斯基从理论上阐述了等级的概念，他说：

等级这是国家法的一个术语，它意味着一定系列的政治设施。人们按照权利和义务划分的等级称阶层，国家最高当局通过法律来表达自己的意志，向这些等级授予或为他们规定权利和义务。因此，等级划分完全是法律上的划分，它同根据经济条件、

---

① Franklin L. Ford, *Robe and Sword: The Regrouping of the French Aristocracy after Louis XIV.* Cambridge: Harvard University Press, 1953. pp.32—33.

智力条件、道德条件乃至体力条件进行的其他社会划分不同，是法律认可的。①

他强调"法律规定的世袭不平等地位是等级划分的基础"。T·H·马歇尔指出："一个等级可以被定义为一群具有同样身份的民众。律师是在这个意义上使用该词的，即身份是一种地位，附属于它有一系列权利和职责、特权和义务、法定的资格和无资格，这些都是社会承认的，它们能够由公共权力、在许多情况下由法律规定并强制推行。"②苏联研究中世纪史的学者古列维奇则从更广阔的社会文化范围，论述了中世纪这种由法律确定的身份等级制度。他说，在中世纪，"法律被视为整个社会的根本的结构因素。但是，不仅如此，法律身份还是每个社会成员社会特征的最重要的因素。封建制度与蛮族社会一样，身份地位与人是不可分的"。"一般说来，身份是从父亲那里继承下来的。但是，身份也是可以改变的。统治者可以把新的身份授予某个人并给予他更多的权力。""一切社会范畴首先都是法律范畴，如果每个人或群体的地位没有得到法律的认同和确定，那么中世纪人绝对不会承认这个个人或群体实际上所拥有的地位和身份。"③

欧洲中世纪的等级制划分，使经济地位处于社会阶层划分中的次要地位（非决定性地位），甚至有些地区在规定贵族身份时有意加进

---

① ［俄］B.O.克柳切夫斯基：《俄国各阶层史》，徐昌翰译，商务印书馆1990年版，第1页。中译本将сослове译为"阶层"，现改译为"等级"更贴切。

② 托尼评述说："中世纪把社会等级视为一种由那些对精神目标贡献不同的成份组成的结合得很好的组织概念。"（［英］R.H.托尼：《宗教与资本主义的兴起》，赵月瑟、夏镇平译，上海译文出版社1999年版，第106页。）

③ ［苏］A.古列维奇：《中世纪文化范畴》，庞玉洁、李学智译，浙江人民出版社1992年版，第196页。

反经济的规定性。欧洲一些国家把脱离经济活动作为成为贵族的必要条件。例如，威尼斯共和国接纳贵族的条件之一，是要有证据表明这个家庭在两代人中没有人参加过工商业活动。[1]古列维奇概括说，在这种社会体系中，"一个人价值的大小主要不是取决于他财产的多少，而是取决于他被赋予的权力的大小。最贫穷的骑士也比最富有的自由民的社会地位高。钱，甚至所占的土地财产本身都不能使人们获得官方的承认，都不能获得特权。要么出身高贵，要么接受过皇帝的恩赐，才能被划入贵族阶层，享有全权。出身高贵和享有全部法律权限——是判断人们是否属于社会统治阶层成员的标准。通常情况下，财富与这些标准有关，但是财富本身并不能说明其所有者是贵族。封建社会是一个按法律定等级的社会"，"在封建社会，法律把社会结构高度程式化了"。[2]马克思和恩格斯在《德意志意识形态》中也指出了等级制的特点："在等级中……例如，贵族总是贵族，平民总是平民，不管他们其他的生活条件如何；这是一种与他们的个性不可分割的品质。"[3]

一般说来，社会结构是政治的基础，但是常常是政治制度组织把社会结构的特质用夸张的形式表现出来。在欧洲中世纪的第二个时期，即从11和12世纪到绝对主义王权时期开始以前，等级制度得到巩固和加强，通过制度化的政治组织形式得到典型化的体现，这就是在

---

[1] M.L. Bush, *The European Nobility*. Vol. II. *Rich Noble, Poor Noble*. Manchester: Manchester University Press, 1988. p.105.

[2] ［苏］A.古列维奇：《中世纪文化范畴》，庞玉洁、李学智译，浙江人民出版社1992年版，第197页。

[3] 中共中央马克思、恩格斯、列宁、斯大林著作编译局编：《马克思恩格斯选集》第一卷，人民出版社1972年版，第84页。

法国和欧洲许多国家出现的等级代表制会议。通过等级会议的建立，1300年到1500年贵族等级的政治优势得到加强。欧洲中世纪历史上广泛存在的等级会议和议会，其构成和性质与日后近代议会差别很大，它们大都是以贵族为主的等级会议或国王的御前会议。当时国王召开这类会议的基本动机，是遇到外来侵略或内部反抗而发生了财政或政治困难，需要地方贵族及市民代表批准征收新的税金。它们基本上是按特权等级和非特权等级分别组成团体或议院来议决。贵族是等级会议的主要成员，贵族通过等级会议的组织成为一支全国范围内制度化的政治社会力量，并以不同程度和不同形式介入国家政治运行或占据统治地位。[①]G·德·拉加认为中世纪的等级会议与教会有密切联系，"等级"这一术语来自教会。参加会议的每个人有自己的身份，与当权者也有不同的关系。这样，在同一等级的成员中就发展起了一种紧密结合的关系，同时在各个等级之间也建立了这种关系。

在法国，1302年腓力四世召开了第一次三级会议，参加会议的除教会贵族与世俗贵族的代表外，还有市民的代表，三个等级的代表名额由国王决定，开会时各等级分开讨论，各等级只有一票表决权。腓力四世以后，三级会议在法国逐渐制度化，他们主要讨论税收和财政问题。除全国的三级会议外，法国王室领地内各个地区也相继建立了自己的三级会议。在法国的贝亚恩，贵族和教士组成了"大会议"，它取得了对由所有非贵族代表组成的"第二会议"的优势地位。在多菲内省，三级会议由270名贵族、36名教士和115名第三等级的代表组

---

[①] 研究中世纪等级会议和议会的代表性著作可参阅意大利罗马大学教授安托尼奥·马隆吉乌所著《中世纪议会比较研究》（意大利文1949年初版，1968年出版英译本）。但该书主要讨论了中世纪欧洲各地和意大利的等级会议是否具有议会代表制性质这一问题。

成，贵族在三级会议中占有明显的优势。<sup>①</sup>在德意志东部的匈牙利和波兰，贵族不仅占据了统治地位，而且议会中的全部代表也都是贵族，以至于1444年德国大使使用匈牙利语中"国家"一词来指谓匈牙利贵族。在15世纪初期的匈牙利，只有大贵族寡头的会议可以批准国王征收必要的赋税，久而久之，其他贵族也参与施加这种影响。到1453年，国王正式同意，没有贵族参加的议会的批准，国王不得征税。从那以后，每年有两三个星期，大贵族在布达城堡集会，后来发展成为议院，而大批中小贵族则在多瑙河岸边搭起帐篷居住，召集他们的议院。在波兰，类似的制度也有所发展。在14世纪，唯有贵族拥有权力并可以对国王施加影响。但后来把城镇代表和农民代表排斥出国家立法过程后，大贵族便与中小贵族共同享有特权。1453年，在波兰第一次举行各地区贵族的集会。到15世纪末，波兰政治已由全国议会行使，议会中大贵族组成上院，而其他贵族代表则集中在下院发挥作用。<sup>②</sup>中世纪第二个时期，欧洲各国普遍出现的等级会议，从一个方面标志着封建等级制的正式确立。

在俄国中世纪，社会等级制的形成和划分与西欧、中欧国家稍有不同。在11至12世纪编成的《罗斯法典》中，按照臣民对国家承担的义务，把社会居民分成三个等级，即王公臣仆、自由民和家奴。<sup>③</sup>在《罗斯法典》偏后的条款中，可以看出社会进一步分化的痕迹，在

① Bernard Gueneé, *States and Rulers in Later Medieval Europe*. New York: Basil Blackwell, 1985. p.187.

② Bernard Gueneé, *States and Rulers in Later Medieval Europe*. New York: Basil Blackwell, 1985. pp.190—191.

③ ［俄］B.O.克柳切夫斯基:《俄国各阶层史》，徐昌翰译，商务印书馆1990年版，第36页。

原先几个基本等级中分化出了新的等级。在具有立法权的罗斯国家政权建立起来以后，社会发生了分化。在12世纪，按照公民权利把人们分为六个阶层，即大贵族、城市自由纳税民、庶民（自由的国有农民）、典身农（地主的半自由农）、奴头（特权家奴）、普通家奴。[①]在莫斯科公国时期，社会划分为大大小小的等级，当时把这些等级称为品级。凡担负与其经济地位相符的对国家的义务的社会阶层，均可称为品级。按照人们在社会中的经济地位和在国家中的地位，又分为三类，即服职品级、纳税品级、非纳税品级。也就是说，这个时期俄国社会等级划分有两个标准，即政治标准和经济标准，一方面要看人们承担哪些专门的政治义务，另一方面看人们的财产状况。[②]米留科夫曾说，"在我国，国家对于社会组织有很大的影响"[③]，这是一个不可忽视的因素。

在论及欧洲社会等级制时，需要指出另一种相反的现象，即社会结构的金字塔愈是接近下层，那些民众便与政治权力和特权愈远，而与直接的物质生产关系愈密切，等级的划分和身份在他们中便有一种淡化的现象，或者说社会划分的参数变成双重的了。对欧洲中世纪农民的划分，还必须考虑到经济标准。马克·布洛赫指出，对农民进行阶级划分时要同时注意到两个标准，"一个是为领主服役，它反映了地位和权力的差别，另一个是更为经济性的，即耕畜的拥有或缺

---

① ［俄］B.O.克柳切夫斯基：《俄国各阶层史》，徐昌翰译，商务印书馆1990年版，第42—43页。

② ［俄］B.O.克柳切夫斯基：《俄国各阶层史》，徐昌翰译，商务印书馆1990年版，第71页。

③ ［俄］戈·瓦·普列汉诺夫：《俄国社会思想史》第一卷，孙静工译，商务印书馆1988年版，第12页。

乏"。布洛赫还提醒人们，村民的法律身份在不断变化着，同时存在着不同法律身份规定的农民之间在生活方式上的类似和命运的近似。不能仅仅从身份上去把握农民的社会地位，不能把身份规定性看作是绝对的。[①]乔治·杜比在论述法国农村社会结构特点时指出，先前的阶级划分是根据世袭的和外在的界限把自由人与非自由人加以区分。但是到1300年时，人的经济地位显得最为重要。希尔顿也作出了类似的论述。他指出，在13世纪的欧洲大陆，在农民阶级中可以看出两种不同的区别。第一种是存在着经济资源的划分，也就是说在那里存在着有足够的土地可以养活自己家庭，要求使用犁以及由牛、马牵引的犁进行耕作的农民，也有一些不得不为他人劳动而获取生计的人。第二种区分则根据个人的身份，除了那些已取得自由身份的农民外，农奴与农民之间大致根据他们是否为奴隶后代来区分，但从属于领主的农民很难真正与农奴区分开。在法国和德国讲法语的地区，维兰当时被视为典型的农民阶级。农民阶级与这两种划分不一定相符，例如富裕的labourenus既可以是农民也可以是维兰。[②]而对于英国来说，要过一个世纪或稍多一些时候，那时农民才摆脱控制，从经济活动中获利。[③]

从总体上说，等级制对人的规定和束缚程度远不如种姓制度。从实际情况来说，欧洲中世纪后期封建制度和等级制度在一些国家变得

---

① ［法］马克·布洛赫:《法国农村史》，余中先、张朋浩、车耳译，商务印书馆1991年版，第212—213页。

② Rodney Howard Hilton, *The Decline of Serfdom in Medieval England*. London: Macmillan, 1969. p.14.

③ Rodney Howard Hilton, *The Decline of Serfdom in Medieval England*. London: Macmillan, 1969. p.56.

松弛。随着社会交往和商业经济的发展，各国君主纷纷把一些富有的新兴阶级人士或他们中有才智者吸收进贵族集团，出售爵位的做法变得普遍，经济观念和标准逐渐进入社会分层标准。至于在法律、政治和文化观念上彻底摧毁等级制度的任务，则是通过资产阶级革命完成的。

# 第二章
# 贵 族

　　欧洲贵族是在7至9世纪拓殖和农业生产的过程中，在氏族社会末期公有制瓦解和部落及乡村公社的财产遭到一系列打击和破坏的过程中，以及军事征服的过程中逐渐形成的。[①]中世纪贵族是一个非常复杂的集团，它在不同国家和地区有不同的来源，其形成和发展经历了不同的历史阶段。因此，欧洲贵族引起了各国学者众多的研究和讨论。不同的学者对贵族这一概念的解释各不相同，对贵族划定的社会界限也很混乱。法国学者拉·布律耶尔说："贵族这一概念除了表明其德行外不能说明任何东西。"而另一位学者布莱维列则说，"贵族具有智慧"，"贵族和统治权相联系"，"贵族是对特权、虚伪的辩解"。[②]而汉伯格在研究了俄国的情况后认为，19世纪俄国贵族的等级法律界定、职业、收入和土地所有情况彼此有很大不同，缺乏共同性。[③]马

---

　　① ［法］P. 布瓦松纳：《中世纪欧洲生活和劳动——五至十五世纪》，潘源来译，商务印书馆1985年版，第82—84页。

　　② Franklin L. Ford, *Robe and Sword: The Regrouping of the French Aristocracy after Louis XIV.* Cambridge: Harvard University Press, 1953. p.22.

　　③ G. M. Hamburg, *Politics of the Russian Nobility, 1881-1905.* New Jersey: Rutgers University Press, 1984. pp.67—68.

克·布洛克简练地概括了作为贵族所必备的两个特点，即它必须拥有确定其至上地位和社会特权的法律身份，这种身份必须是世袭的。[1]伦斯基指出："贵族也是一个可变的概念。""贵族概念……在不同的社会、不同的地区都有十分不同的含义。共同的一个特征是贵族是和一个法定的特权相联系。"[2]

欧洲贵族的形成经过了两个历史阶段。12世纪以前是欧洲贵族形成的初期阶段，这个阶段在欧洲各地区都出现了未具成熟形态的贵族。而到了12世纪以后，才出现了有确定法律身份和特权的各个等级的贵族，贵族具有一种制度化的形态。[3]

在11和12世纪以前，东、西欧各地都存在着贵族。东欧学者一般认为，在波兰、波希米亚和匈牙利地区存在过部落贵族，但这些地区的部落贵族在10至11世纪的历史发展过程中衰落了，取代它们的是兵役贵族。这些兵役贵族逐渐扩充自己的权力而不受王室的控制，成为与国王的政治统治相抗衡的政治力量。[4]在丹麦、挪威和瑞典，王权在9至11世纪扩张的过程中，创立了一个由王族后代构成的王侯阶层，他们通过为国王服役而维持着自己的权力。有的学者认为，在11至13世纪的挪威，一批新人取代了老的血族贵族。在丹麦、挪威和瑞典，尽管对自由婚姻未加限制，但贵族都倾向于与同等级的人结婚。[5]在英国，盎格鲁-撒克逊后期看来存在着一个统治集团，但

---

① Marc Bloch, *Feudal Society*. London: Routledge, 1962. p.281.

② ［美］格尔哈斯·伦斯基：《权力与特权：社会分层的理论》，关信平、陈宗显、谢晋宇译，浙江人民出版社1988年版，第303页。

③ Marc Bloch, *Feudal Society*. London: Routledge, 1962. p.283.

④ Timothy Reuter, *The Medieval Nobility: Studies on the Ruling Classes of France and Germany from the Sixth to the Twelfth Century*. Amsterdam: North-Holland Publishing Company, 1979. p.10.

⑤ Timothy Reuter, *The Medieval Nobility: Studies on the Ruling Classes of France and Germany from the Sixth to the Twelfth Century*. Amsterdam: North-Holland Publishing Company, 1979. p.11.

人们知之不详。可能在维京时代以前的盎格鲁–撒克逊各王国中存在着血族贵族。在条顿族征服不列颠时期，由国王的军人（warband）构成了gesiths，他们后来在除肯特以外的各条顿王国里成为贵族。到9世纪，他们又为郡长（ealdorman）所取代。在阿尔弗雷德时期，郡长依附于凭借国王权威的王室官员，可以撤换，他们的儿子即使继承了他们的封号，仍不能继承其领地。[①]在凯尔特地区似乎也存在一种血族贵族，但是在苏格兰、威尔士和爱尔兰缺乏关于贵族的叙述性史料，只是在一些英雄史诗和法典中有所记载，因此无法详加叙述。[②]晚近，学者们对中世纪初期的贵族进行了广泛的研究，但历史资料很零散。学者一般认为，贵族作为当时的统治集团来说并不是封闭的，贵族的家族灭绝、贵族身份的丧失和贵族的更新是经常发生的。而贵族的更新受到政治稳定的程度、经济发展和衰落的程度很大的影响，因时因地而异。[③]贵族在其形成初期，固然在长时期内拥有土地、官职或武装力量，但直到10至12世纪，贵族的地位才在法律上得到确立。根据马克·布洛赫的研究，这是通过获得骑士资格而实现的。[④]

贵族的形成和它在中世纪欧洲社会中地位的变化，是与中世纪国家在社会中地位的变化直接相联系的。从欧洲政治制度发展的历史来看，到10世纪，欧洲处在持续的动荡中，君主和国家权力都处在不稳和危急之中。在这以后的11和12世纪，欧洲各国都经历了一个君主国

---

① Frank M. Stenton, *Anglo-Saxon England*. Oxford: Oxford University Press, 1970. pp.388—389.

② Timothy Reuter, *The Medieval Nobility: Studies on the Ruling Classes of France and Germany from the Sixth to the Twelfth Century*. Amsterdam: North-Holland Publishing Company, 1979. p.11.

③ Timothy Reuter, *The Medieval Nobility: Studies on the Ruling Classes of France and Germany from the Sixth to the Twelfth Century*. Amsterdam: North-Holland Publishing Company, 1979. p.17.

④ Timothy Reuter, *The Medieval Nobility: Studies on the Ruling Classes of France and Germany from the Sixth to the Twelfth Century*. Amsterdam: North-Holland Publishing Company, 1979. p.23.

发展的重要时期，王权和政府机构有很大的发展。与欧洲君主国制度和权力的加强相伴随，欧洲各国贵族的身份和特权在法律上固定下来。国家赋税制度的发展，从一个方面刺激了贵族所享有的财政豁免特权的发展。[1]国家司法制度的发展则刺激了贵族司法特权的发展。在这个时期，各种文献中关于社会划分为等级的观念有了更多的表述，各国贵族内部的等级也有所发展。

法国北部在1000年前后建立起了国王以下的贵族系统。贵族等级制以公爵地位最高，公爵的地位有时甚至相当于王公，构成了贵族的最上层。在公爵以下是较晚才形成的侯爵，侯爵以下是伯爵。在诺曼底，罗伯特二世（1087—1106年在位）时期，伯爵最多时为5人，与王子处于同等的社会等级，伯爵处于对国王承担军事义务的封臣之首。伯爵以下是子爵。[2]在法国，后来形成了40个公爵领地和郡，还有不计其数的城主、子爵和小贵族。12世纪初，阿奎坦公爵曾率领1.2万名贵族参加十字军远征。在低地国家，布拉邦公爵属下有陪臣不下3000人，在大领主之下，有由男爵、子爵、城主和武士组成的人数众多的军人等级，此外，还有在乡间过绅士生活的无数小地主。[3]在法国，贵族的封闭性非常突出，任何非贵族人士休想进入贵族之列。但在贵族内部并没有什么严格的等级，贵族内部的等级划分非常松散，例如一个伯爵可以受封于另一个伯爵，甚至低级贵族也可以当

---

[1] M. L. Bush, *The European Nobility*. Vol. I. *Noble Privilege*. Manchester: Manchester University Press, 1983. p.10. See Marc Bloch, *Feudal Society*. London: Routledge, 1962. Ch. 6.

[2] David Crouch, *The Image of Aristocracy in Britain, 1000—1300*. London: Routledge, 1992. p.44.

[3] ［法］P.布瓦松纳：《中世纪欧洲生活和劳动——五至十五世纪》，潘源来译，商务印书馆1985年版，第128页。

作最高等级的贵族。①

在德意志，封建等级分为以下诸级别：第一，国王；第二，作为国王附庸的教会公侯；第三，大公爵和侯爵，以及后来享有王权的伯爵；第四，持有教会封邑的世俗公侯；第五，作为世俗大王公附庸的伯爵和男爵，例如1180年弗里德里克·巴巴罗萨在美因茨议会召集到75个公爵；第六，自由骑士，即伯爵和男爵的附庸；第七，"半骑士"，即一些原先出身于非自由人，后来由于在军役中表现勇猛而从农奴提拔到半骑士地位者。②在伊比利亚诸王国，由于对外征服使贵族地主大量增加。贵族地主分成两级：第一级称为"富人"，他们几乎和阿拉贡的国王一样强大有力；第二等级的贵族地主称为贵族、陪臣和骑士。意大利南部遗留下来的一份官方名册《贵族名册》表明当时存在4000多个贵族，他们大多数属于第二等级的陪臣即武士、男爵、小男爵。③

在诺曼征服以后的英国，等级制也发展起来。来源于切斯特大教堂的一份1100年左右的宪章谈到切斯特伯爵属下的各种等级，如他的大男爵、其他男爵、骑士、市民和"其他自由人"。一个世纪以后的文学作品《德莫特伯爵之歌》中，记载了"伯爵、男爵、骑士、绅士、巡官、骑马的或步行的军人"这样一个等级系列。在诺曼公爵领地的法令中提到的等级序列如下：首先是大主教和主教，然后是公爵、子爵（副公爵）、公爵家庭官员，然后是园地土地拥有者和平

---

① ［美］汤普逊：《中世纪经济社会史》下册，耿淡如译，商务印书馆1963年版，第335页。

② ［美］汤普逊：《中世纪经济社会史》下册，耿淡如译，商务印书馆1963年版，第335页。

③ ［法］P. 布瓦松纳：《中世纪欧洲生活和劳动——五至十五世纪》，潘源来译，商务印书馆1985年版，第129页。

民。①1085年的一份宪章中把伯爵排在首位，其子紧跟其后，他的妻子、女伯爵排列在家庭成员最后，以下依次是郡长、勋爵，最后是伯爵的总管。②我们从这些文件中可以看到整个社会及贵族内部的等级制情况。在英国，伯爵最初是国王在各郡的主要代表，拥有地方政治和行政权力，后来这一职务趋于世袭，伯爵在各郡指挥地方军事力量并担任郡法庭主席。到11世纪，伯爵治理地方行政的权力渐被郡长取代，到12世纪伯爵成为一种贵族头衔。③公爵在英国作为一个贵族等级是14世纪中叶形成的。1337年爱德华三世授予他的儿子伍德斯托克的爱德华英国历史上第一个公爵称号，称康沃尔公爵。以后，爱德华三世也把公爵称号授予没有王室血统的爱尔兰人罗伯特·德维尔。以后，公爵成为贵族中最高的等级。④侯爵在英国授封较晚，到14世纪末才成为一个贵族等级。理查德二世（1371—1399年在位）把他的亲戚约翰·博福特封为多塞特侯爵。子爵这一贵族等级在英国到15世纪中叶才设立。⑤最低的贵族等级为男爵，理查德二世在1387年授予霍尔特的约翰·德·比彻姆男爵称号，这是英国国王授封的第一个男爵⑥。

欧洲各国中世纪贵族的特征及内部等级构成也存在着一些差别，例如古代罗斯和莫斯科公国的贵族在依附关系和权利上，就和西欧贵族有所差别。在基辅罗斯时期的《罗斯法典》中，最初把罗斯社会分

---

① David Crouch, *The Image of Aristocracy in Britain, 1000—1300*. London: Routledge, 1992. p.34.

② David Crouch, *The Image of Aristocracy in Britain, 1000—1300*. London: Routledge, 1992. p.34.

③ David Crouch, *The Image of Aristocracy in Britain, 1000—1300*. London: Routledge, 1992. pp.45—48.

④ David Crouch, *The Image of Aristocracy in Britain, 1000—1300*. London: Routledge, 1992. p.96.

⑤ David Crouch, *The Image of Aristocracy in Britain, 1000—1300*. London: Routledge, 1992. p.100.

⑥ David Crouch, *The Image of Aristocracy in Britain, 1000—1300*. London: Routledge, 1992. p.114.

成三个等级，为首的等级为王公臣仆，王公臣仆是为王公个人效劳的阶层。但法典对于王公臣仆这个等级的权利没有作出什么明确的规定。王公臣仆是王公手下的军政要员[1]，看来是在早期国家军事征服过程中形成的军人官僚阶层，这是一个政治等级。在《罗斯法典》较后的条款中，出现了新的等级，即在王公臣仆中分化出了大贵族。但是，《罗斯法典》对于大贵族这个阶层的记载和叙述非常模糊，其法律面貌和经济状况都难以辨认。到了13世纪初至15世纪中叶俄国封建领主时期，贵族集团由大贵族和自由职役即贵族组成，他们可以自由地在各领地王公的宫廷中选择服役地点，但他们仍拥有先前取得的庄园，并且要向田庄所在的领主公国交纳赋税。[2]

15至17世纪，莫斯科公国内部等级制进一步发展，各种大大小小的等级当时统称为品级，品级相当于官阶，其特征是承担一定的国家义务。世袭服职品级分为三类，其中议政品级有大贵族、近侍贵族和议政贵族几个等级，均由担任高级管理职务和在国务会议任职的政府官员构成。莫斯科服职品级有侍臣、侍从、莫斯科贵族、随侍几个等级。外地服职品级有选任贵族、廷差小贵族、外地小贵族几个等级。[3]莫斯科公国的贵族等级划分非常繁琐，但它有一个突出的特点，即他们都是由于为大公承担服务任职而取得贵族身份的，具有近似于中央集权化国家官僚的性质。他们也拥有土地，但与西欧贵族和

---

① ［俄］Б.О.克柳切夫斯基：《俄国各阶层史》，徐昌翰译，商务印书馆1990年版，第36页。

② ［俄］Б.О.克柳切夫斯基：《俄国各阶层史》，徐昌翰译，商务印书馆1990年版，第58—59页。

③ ［俄］Б.О.克柳切夫斯基：《俄国各阶层史》，徐昌翰译，商务印书馆1990年版，第71—72页，79页。

封土制相联系有所不同。由于在莫斯科宫廷任职可以得到很大的利益,所以莫斯科的大贵族不愿去外地,而大批地方的大贵族却涌入莫斯科,在宫廷谋职。15世纪中叶,在莫斯科宫廷的显贵中,外来贵族家族成员极多。如有来自沃伦的沃伦斯基,来自基辅的克瓦什宁,来自切尔尼戈夫的普列谢耶夫和福明,来自斯摩棱斯克的福明斯基和弗谢沃洛日斯基,来自立陶宛的帕特里克耶夫-格季米诺维奇王公,来自克里米亚的霍夫林-戈洛温,来自普鲁士的札哈林和科雷切夫等。①在东北罗斯并入莫斯科以后,东北罗斯一大批显赫的领主王公放弃了世袭的宝座,有一部分则自愿交出领地,臣服于莫斯科君主,承担部分宫廷和国家的管理工作。②莫斯科国家中央集权的政治特征在贵族问题上也有所表现。17世纪以前主要是通过法律规定贵族对国家的义务,从17世纪开始才通过特权书状的形式,向包括贵族在内的诸阶层授予特权。17世纪的法令还承认了服职的地主有权占有依附农民的劳动,这便是强化农奴制给贵族地主带来的一种特权。③

有的学者在对俄国社会进行研究时,指出俄国地主贵族与欧洲其他地区的贵族之间,存在着重大差别,认为俄国贵族缺乏封建传统,他们和土地没有必然的联系。一位学者写道:"俄罗斯的、大俄罗斯的贵族现在不是地主贵族,大概他们从来也不是这种人;他没有城堡,没有经过骑士和封地的时期,他总是为王室效劳的贵族,总是住在大、小王子宫廷中和住在城市里,为朝廷在军事和民政方面效劳。

---

① 〔俄〕B.O.克柳切夫斯基:《俄国各阶层史》,徐昌翰译,商务印书馆1990年版,第95页。

② 〔俄〕B.O.克柳切夫斯基:《俄国各阶层史》,徐昌翰译,商务印书馆1990年版,第96页。

③ 〔俄〕B.O.克柳切夫斯基:《俄国各阶层史》,徐昌翰译,商务印书馆1990年版,第156页。

他们中住在农村中的人平安地从事农业，但是实际上他们是无足轻重的，也是无能力的。甚至在今天，大多数大俄罗斯贵族在农村也没有住宅，没有像我们在欧洲其余地区所看到的那种经济。属于贵族的所有土地——耕地、草原和森林，都交给了农民的农村公社来经营，并为此向贵族缴纳租谷。即使贵族拥有一座乡间住宅并住在其中，他们仍然没有经济，而是像一个食租者一样生活。大多数贵族都有乡间住宅，但是，他们一般都住在都市里，只是到乡下去的时候才在那里住上几个星期或几个月。"①

欧洲中世纪的贵族享有各种特权，包括财政特权、司法豁免权、政治参与特权、荣誉特权和领主权几个方面。

贵族的财政特权又具体包括财政豁免权，私人征税权，估税、征税和允诺征税的权利。

赋税的豁免权是几个世纪中贵族引人注目的一种特权。贵族豁免的赋税主要是某些直接税，部分欧洲贵族在一定时期内曾享有这种特权。勃兰登堡和匈牙利的贵族长期拥有赋税豁免权。勃兰登堡贵族在1281年取得土地税豁免权，1653年的条令准许他们免交土地税和绝大部分关税，到1667年和1680年政府决定限制向城市征收消费税，这样就准许贵族免交供自己消费的货物购买税。以后，到了绝对主义王权时期，普鲁士贵族一度合法拥有在财政上大量免税的权利，1799年以

---

① ［美］卡尔·A. 魏特夫：《东方专制主义——对于极权力量的比较研究》，徐式谷、奚瑞森、邹如山等译，北京，中国社会科学出版社1989年版，第290页。普列汉诺夫评述说，"在俄国历史过程中，有些特点使它显然有别于所有西欧国家的历史过程，而与东方伟大专制主义国家发展过程类似"。

后普鲁士贵族才不再享有免税的权利。[①]在东普鲁士，自1655年设立消费税制度以来，贵族便拥有啤酒的消费税豁免权，它限于购买和生产供自己消费的啤酒。在英国，贵族在购买一定数量供家庭消费用的葡萄酒时享有免税权。波兰贵族在1454年获得盐税豁免权，1496年获得州的过境税和关税的免税权。1500年获得酒类饮料的免税权，但这只限于贵族自己生产或购买直接供自己消费的货物。在1629年上述豁免权取消前，贵族始终必须交纳土地税，到17世纪末以前波兰贵族有义务交纳人头税，18世纪末以前得交纳收入税以及烟囱税等。[②]但是也有一些国家的贵族只是短期享有过这种特权，并且很快就丧失了。例如，威尼斯的贵族和西里西亚的贵族可能从未享有过这种特权，而英国贵族只是在很短的时间内得到过这种特权。丹麦直到17世纪后期为止、瑞典直到19世纪后期为止，不仅贵族地主而且他们的租户都免交传统的土地税。[③]

有一些作为国王的总佃户、领主或得到国王授权的贵族，可以私人征税或者把为国王征收的税金据为己有。例如在15世纪中叶，法国布列塔尼公爵、勃艮第公爵、波旁公爵、安茹公爵和奥尔良公爵，便享有王室授予的在各自领地上征收公共税并据为己有的权利。在中世纪的卡斯提尔、纳瓦里、阿拉贡，一些贵族从12世纪以后便取得把国王的赋税征为己有的权利。在中世纪后期和近代初期的那不勒斯和西

---

① M. L. Bush, *The European Nobility*. Vol. Ⅰ. *Noble Privilege*. Manchester: Manchester University Press, 1983. p.28.

② M. L. Bush, *The European Nobility*. Vol. Ⅰ. *Noble Privilege*. Manchester: Manchester University Press, 1983. pp.29—30.

③ M. L. Bush, *The European Nobility*. Vol. Ⅰ. *Noble Privilege*. Manchester: Manchester University Press, 1983. p.39.

西里，国王把征税的权利恩赐给某些宠臣。在1300到1536年间，威尔士边境地区的贵族得到了无须向国王上交自己所征税收的权利。在中世纪的葡萄牙，某些贵族得到了国王授予的无须上交税收和本地区过境关卡税的权利。[①]此外，贵族还有其他免税特权。如13至14世纪的法国贵族获得了免交灶税的特权，15世纪又取得免交人头税的特权。在1396年瑞典贵族取得免交土地税的特权，15世纪波兰、巴伐利亚、萨克森、奥地利、西西里和那不勒斯贵族也取得某些财政豁免权。[②]

贵族还享有司法、服役等豁免权。在司法上，贵族享有程度不等的特权。在16世纪的立陶宛，平民诋毁贵族要被割掉舌头。在英国和法国建立了骑士法庭来保护骑士的声誉。1768年以前的波兰，当贵族杀死一个农民时，无须被处死，付一笔罚款即可。在法国，贵族免施鞭笞刑，在西班牙，贵族免施鞭笞刑、做划船苦工和被拷问。在西班牙、英格兰和丹麦，贵族仅犯民事罪行时将免于囚禁。在法国和西班牙，贵族被处死时将不被处以绞刑，因为绞刑被视为不高尚的刑罚，而用斩首来执行死刑。在司法审判中，贵族可免于某些低级法庭的司法审讯，而把较高级的法院作为初审法院。在17和18世纪的英国和法国，贵族犯罪将直接提交王室高等法院审理。在欧洲各地较普遍地实施了由贵族来审判贵族的刑事案件的原则。在北欧的瑞典，从1614年起一些涉及贵族的重大案件如死刑罪，交由贵族组成的专门的高等法庭来审理，这种做法持续到1789年。在波兰，1578年建立了波兰王国的国王法庭。在立陶宛，1581年建立了公爵法庭，它们被授权专门审

---

① M. L. Bush, *The European Nobility*. Vol. II. *Rich Noble, Poor Noble*. Manchester: Manchester University Press, 1988. pp.39—41.

② M. L. Bush, *The European Nobility*. Vol. II. *Rich Noble, Poor Noble*. Manchester: Manchester University Press, 1988. p.47.

理贵族案件。匈牙利的贵族审判法庭从中世纪后期建立后一直存续到1848年。在波希米亚和奥地利，贵族审判制度一直持续到1783年。[①]贵族还免于服兵役和对市政事业承担义务。在法国和丹麦，贵族免于承担维护道路的义务。俄国贵族在1785年取得免服军役的特权，匈牙利、法国、西班牙和普鲁士贵族则在更早的时候便取得同样的特权。早在1050年，法国诸侯便免除了40天以上的军役，12世纪中叶英国和德意志贵族也享有同样的特权。瑞典的贵族从16世纪起便没有任何个人的军事义务，只要求他们向国王提供装备完善的骑兵。[②]

中世纪欧洲各国贵族都拥有政治参与特权，贵族有权参加或派出代表参加议会，一些国家重要的官职规定要由贵族充任。1660年至1809年，丹麦的中央机构由一系列院组成，王室规定每个院的官职一半由贵族控制，贵族在官职任命和提升时有优先权。[③]在法国、俄国、奥地利哈布斯堡王朝和霍亨索伦王朝时期，大量的官职为贵族占有。在法国国王路易十四于1683年制订的一项计划中，规定在新建的海军中只有贵族才能担任军官。1788年瑞典国王古斯塔夫三世规定所有军队长官均由贵族担任。从中世纪起，在丹麦、瑞典和俄国便建立了由高级贵族组成的委员会，以保护贵族的利益。在波希米亚，贵族委员会的成员成为选举的议会成员并代表骑士等级。所有这些委员会都享有指导政府政策的权利。贵族干涉行政工作的特权一直持续到17

---

① M. L. Bush, *The European Nobility*. Vol. I. *Noble Privilege*. Manchester: Manchester University Press, 1983. pp.65—69.

② M. L. Bush, *The European Nobility*. Vol. I. *Noble Privilege*. Manchester: Manchester University Press, 1983. p.73.

③ M. L. Bush, *The European Nobility*. Vol. I. *Noble Privilege*. Manchester: Manchester University Press, 1983. p.81.

和18世纪，在丹麦持续到1665年，在瑞典持续到1789年，在俄国持续到1711年，在波希米亚持续到1749年至1782年间。①欧洲各国贵族中政治参与特权最持久的是波兰和匈牙利的贵族，二者又以波兰贵族为最甚，他们从1374年到1791年垄断了国家所有的公职。在匈牙利，非贵族阶层直到1843年才获得担任社会公职的一般权利。在德意志诸邦国，在绝对主义王权建立起来以后，由于贵族占统治地位的议会对国王施加的压力，极多官职留给了贵族。1610年勃兰登堡政府宣布，所有的官职都必须由贵族担任。1560年，在波希米亚只有贵族才能担任县最高行政官。在约瑟夫二世时期，12个委员会的负责人都必须是贵族。在法国，从15至18世纪市镇官员一律由贵族担任。在19世纪欧洲各国实行议会改革以前，法国以外的欧洲大陆国家除了全国和省设有议会外，地方上也设有议会，但地方议会通常只有贵族等级的代表参加，很少召集其他等级代表参加。在意大利的城市国家如威尼斯、热那亚、佛罗伦萨、米兰，都颁布了贵族法，规定市政官员只能从贵族中选择。②

贵族拥有的领主权是贵族特权的一部分，它集中反映了贵族与农民之间的封建关系。贵族的领主权包括下列诸种权利：征收领主税、个人税和劳役的权利，世袭的司法裁判权，代国家征税和募兵的权利，任命地方公共官员的权利，垄断地拥有烘面包房、磨坊、葡萄酒酿造作坊，同时占有所属土地上鱼类、猎获物及领地上产品的权利，商业上的先买权和先卖权，对佃户的迁居、婚姻、变动职业及使用土

---

① M. L. Bush, *The European Nobility.* Vol. I. *Noble Privilege.* Manchester: Manchester University Press, 1983. pp.84—85.

② M. L. Bush, *The European Nobility.* Vol. I. *Noble Privilege.* Manchester: Manchester University Press, 1983. pp.86—87.

地的控制权。上述诸种贵族的领主权，有一些是由于贵族领有土地而享有的，有一些特权是由于贵族拥有爵位而得到的，有的是由于拥有古代贵族血统而享有的。[①]

到了中世纪后期，欧洲各国的封建贵族逐渐衰落。贵族集团的人数迅速减少，贵族拥有的土地和持有的封建特权也在削弱。造成贵族衰落的原因除了社会经济原因外，贵族家族谱系也出现了严重的危机。

在波希米亚和奥地利，包括无地贵族和拥有土地的大领主在内的贵族人数急剧下降。波希米亚在1620年有1128家骑士，1700年下降为228家，到1789年仅剩51家。[②]许多贵族家族由于谱系灭绝而从贵族集团中消失了。在法国福雷，13世纪时有215个贵族家族，其中66家在1300年时已经消失，占总数的30.7%。在1400年至1500年间，余下的69家贵族消失了38家，占55%。到1789年法国大革命爆发时，当地残存只有5家贵族。据此估计，一个贵族家系存在的时间最长为3至6代，即100年至200年。[③]在英国，1300年至1500年间收到通知参加议会的贵族共有357家，到1559年时只剩下63家，到1641年仅有22家贵族尚存。[④]英国的准男爵在17和18世纪以每30年17%的比率消失。詹姆士一世授封的204家准男爵，到18世纪中期只有88家幸存。1611年

---

① M. L. Bush, *The European Nobility*. Vol. I. *Noble Privilege*. Manchester: Manchester University Press, 1983. pp.2—3.

② M. L. Bush, *The European Nobility*. Vol. II. *Rich Noble, Poor Noble*. Manchester: Manchester University Press, 1988. p.39.

③ Edouard Perroy, *"Social Mobility Among the French Noblesse in the Later Middle Ages."* in *Past and present*, no. 21. April, 1962.

④ Lawrence Stone, *The Crisis of Aristocracy, 1558—1641*. Abridged edition. Oxford: Oxford University Press, 1967. p.769.

至1701年间授封的946家准男爵，到1789年有667家已经绝种。在1575年瘟疫前的威尼斯，贵族（包括夫妇和子女）人数至多有1万人，这是威尼斯历史上贵族最多的时候，占威尼斯共和国总人口的5%。但是在这些贵族中，有不少破产贵族地位往往下降到靠政府布施为生，流落在圣巴纳巴贫民区。在1630年瘟疫以后，富裕贵族大大减少，以致只剩下十四五人能出任国家最高职位。[①]1670年威尼斯的192家贵族中，到1699年有45家已灭绝，占贵族总数的23%。在瑞典，1650年的贵族有57%在一个世纪后灭绝。1650年米兰的贵族有66%到1850年已消失。1789年法国博韦大法官管辖区的58家贵族中只有10家是17世纪以前起源的。[②]贵族谱系的中断，主要是由于家族中没有男性后代造成的。因为封建欧洲各国大概都有类似的规定，一个地位不高的妇女倘若和一个贵族结婚，便可以获得贵族头衔；而不论一个女子血统如何高贵，只要她嫁给一个平民，便丧失其贵族身份。这样，婚姻常使贵族女性继承人丧失头衔。旧制度下的法国实行了这种制度，1569年至1622年瑞典也实行过这种制度。在德意志的里森也实行了这种制度。[③]在英国，16世纪出生的贵族中有26%没有男性后代继承产业。这样，贵族以每25年消失1/4的比率骤减。[④]在英国，贵族的衰落还尤其因为1455年至1485年发生的玫瑰战争，英格兰两大贵族家族兰开斯特家族和约克家族长期血战，相互杀戮，使当时有头衔的贵族几

———————

① ［法］费尔南·布罗代尔：《15至18世纪的物质文明、经济和资本主义》第二卷，顾良、施康强译，生活·读书·新知三联书店1993年版，第510页。

② M. L. Bush, *The European Nobility*. Vol. Ⅱ. *Rich Noble, Poor Noble*. Manchester: Manchester University Press, 1988. p.97.

③ M. L. Bush, *The European Nobility*. Vol. Ⅱ. *Rich Noble, Poor Noble*. Manchester: Manchester University Press, 1988. p.93.

④ K. B. McFarlane, *The Nobility of Later Medieval England*. New York: Oxford University Press, 1973. pp.173—176.

乎消灭殆尽。1509年亨利八世即位时，仅剩下42家贵族，其中男爵30家，男爵以上者仅12家，其中还包括亨利八世初年恢复的4家男爵。以后由于生理原因，贵族数量继续减少，公爵中仅剩伯金汉公爵爱德华·斯塔福德，侯爵中仅剩多塞特侯爵托马斯·格雷。[1]亨利八世在位期间，两家伯爵死后无人继承爵位，一家伯爵继承人因被褫夺公权而取消伯爵爵位，另有6家男爵绝后无嗣，[2]因此亨利八世统治的贵族基础非常薄弱。贵族谱系灭绝的另一个原因是当时有相当一部分贵族采取了独身的生活方式。而贵族次子中独身的比率也很高，这就促使贵族直系亲属中男性继承人的灭绝。根据对1463年至1666年这200年间居住在法国贝叶选区贵族的统计，最初的贵族家族中有63%无嗣灭绝了，只有13%的贵族家族起源于15世纪中叶。1716年法国普罗旺斯的439家贵族中，只有180家起源于16世纪初以前。[3]

由于欧洲各国制订了关于剥夺那些过于贫穷而无法履行其义务的贵族头衔的法律，因此各国都有大量放弃贵族身份的现象。在丹麦，1475年至1519年间，原有的312家贵族中有79家放弃了贵族身份，其中一部分是因为后继无人，另一些则是让出贵族身份。在16世纪的瑞典，一些乡村贵族由于无法履行军事义务而丧失贵族身份，沦为平民或农民。[4]

欧洲一些国家还颁布法律，禁止贵族从事被视为不高尚的经济活

---

[1] Helen Miller, *Henry VIII and the English Nobility.* Oxford: Oxford University Press, 1986. p.7.

[2] Helen Miller, *Henry VIII and the English Nobility.* Oxford: Oxford University Press, 1986. p.39.

[3] M. L. Bush, *The European Nobility*. Vol. II. *Rich Noble, Poor Noble.* Manchester: Manchester University Press, 1988. pp.100—101.

[4] M. L. Bush, *The European Nobility*. Vol. II. *Rich Noble, Poor Noble.* Manchester: Manchester University Press, 1988. p.95.

动，并依法取消违抗者的贵族身份。法国在1295年便颁布过这种禁令。到1500年时，在法国被认为是堕落的职业不仅有贸易和制造业，而且扩大到农耕和宗教职业。1407年宣布农耕为堕落职业，以后在1540年对此项禁令加以修改，允许贵族务农，但耕种面积不得超过四犁地。[①]15世纪以后则把宗教工作定为不高尚的工作，1600年禁止贵族担任某些教职。在布列塔尼，违反禁令的贵族将被剥夺贵族身份。

在几个世纪里，欧洲各国在贵族犯有重罪或作出不符合其身份的某些行为时，采取剥夺贵族头衔的办法。在法国，贵族因犯罪而被国王收回贵族头衔的做法，在15至18世纪初非常流行。在1665年至1674年和1696年至1727年间，中央曾派人去法国各地调查贵族的情况。在下诺曼底，在1463、1523、1540、1555、1576、1598、1624、1634、1641、1655和1666年分别对贵族进行考查，中央在调查后对犯罪的贵族采取了惩治措施。1660年至1710年，布雷顿的贵族经考察后有1/3被剥夺贵族头衔，沦为平民。在1634年至1635年刘卡昂财政区进行调查后，宣布994家贵族中有114家犯有欺诈罪，占11.5%。1463年对贝叶地区的贵族的调查结果表明，225家贵族中有14家"不诚实"，1666年的调查表明630家贵族中有38家"不诚实"。3次调查后共取消了30家贵族的头衔。[②]1570年法国宣布，不再因为土地所有者拥有采邑而授予其贵族身份。一个家族至少要有三至四代人拥有这块采邑，才能获得贵族身份。

在16至17世纪欧洲商品经济急速发展和价格革命给社会经济生活

① M. L. Bush, *The European Nobility*. Vol. Ⅱ. *Rich Noble, Poor Noble*. Manchester: Manchester University Press, 1988. p.86.

② M. L. Bush, *The European Nobility*. Vol. Ⅱ. *Rich Noble, Poor Noble*. Manchester: Manchester University Press, 1988. pp.84—85.

带来猛烈冲击的情况下，贵族的经济地位发生了急剧动荡和衰落。当时货币贬值，物价上涨，而封建贵族中有相当一部分人仍以传统方式经营地产，这样他们的实际收入骤减。然而贵族挥霍无度，继续维持很高的消费水平，所以普遍入不敷出，负债累累，贵族的经济地位逐渐衰落。在英国，1550年至1650年间大约有120家贵族欠下债务，其中大部分在1580年以后债务巨大。例如索尔斯伯里伯爵1611年欠下5.3万镑债务，索福克伯爵1618年欠下4万镑债务，多塞特伯爵1624年时的债务为6万镑，伯金汉公爵1628年时的债务为5.87万镑，前两家贵族在沉重的债务重压下再也无法恢复元气。到17世纪30年代，英国贵族的债务又有大幅增长，索福克伯爵的债务上升到9.9万镑，斯特拉福伯爵的债务为10.7万镑，阿伦戴尔伯爵的债务为12.1万镑。英国到资产阶级革命开始后的1642年，121家贵族中有57家欠有债务。1641年贵族负债总额为150万镑，按年息8%计算，每年仅利息就需付出12万镑。而这时贵族每年的各种收入累计约为73万镑，他们已无力偿还债务。[①]

贵族在经济上衰落的另一个表现是他们拥有的地产迅速减少。在英国，1559年62家贵族中有8家拥有70个以上的庄园。到1641年，121家贵族中仅有6家拥有70个以上的庄园。尽管庄园大小有差别，但这些数字表明贵族拥有的地产减少了。[②]斯通综合各方面的情况后表示，如果一个贵族在1559年收入为2200镑，到1602年仅有1630镑，实际收入下降了26%。从1585到1602年，英国贵族的土地减少了1/4，

---

[①] Lawrence Stone, *The Crisis of Aristocracy, 1558—1641*. Abridged edition. Oxford: Oxford University Press, 1967. pp.245—246.

[②] Lawrence Stone, ed., *Social Change and Revolution in England, 1540—1640*. London: Longman, 1966. p.72.

到1641年又减少了1/5。[①]贵族成员从军征战的能力也日益丧失。16世纪40年代，每个贵族家族的成年男子都能为国王服役打仗，但到1576年，只有1/4的贵族有军事经验，到17世纪，这一比例下降到1/5。[②]在丹麦，在1660年已是贵族而在1700年仍保持贵族身份的家族中，只有54%是地产所有者，6%为无地文官，35%为无地军官。在18世纪中叶的俄国，担任文职和军职的贵族中有30%没有土地，在1个世纪后，上述贵族有75%没有地产。[③]在丹麦，由于允许平民获得贵族的地产，造成贵族地产数量迅速下降。1660年贵族尚拥有原先贵族地产的97%，到1710年贵族只拥有56%的地产。1625年担任文职和军职的无地贵族占贵族总数的5%，到1700年这一比例上升为35%。1625年有84%的丹麦贵族主要从事土地经营，到1700年这一比例下降为64%。[④]

① Lawrence Stone, *The Crisis of Aristocracy, 1558—1641*. Abridge edition. Oxford: Oxford University Press, 1967. pp.68,71.

② Lawrence Stone, ed., *Social Change and Revolution in England, 1540—1640*. London: Longman, 1966. p.72.

③ M. L. Bush, *The European Nobility*. Vol. II. *Rich Noble, Poor Noble*. Manchester: Manchester University Press, 1988. p.124.

④ M. L. Bush, *The European Nobility*. Vol. II. *Rich Noble, Poor Noble*. Manchester: Manchester University Press, 1988. p.126.

# 第三章
# 农　民

　　欧洲中世纪各种类型的农民，构成了从古代社会残存的奴隶到富裕的自由土地所有者之间一个多层次的谱系。从奴隶、隶农、农奴、公簿持有农到自由持有农，其自主权和自由度逐渐增大。而这个类型系列从时间坐标来看又是一个历史系列。从东罗马帝国到地理大发现时代，对西欧来说，是人的自由程度逐渐增大的过程。在易北河以东的欧洲地区，作为中古人身奴虐制度再现的再版农奴制，则表现为社会结构谱系历史的折叠。它使农民的依附制度在300年间再次出现，到19世纪重新再来一次农奴的解放过程。

　　在西方中世纪，农民居人口的多数，他们的社会地位和身份关系经历了几个历史阶段的转变。第一个阶段为5至10世纪，即欧洲实行封建化以前的时期，这个时期欧洲社会结构处在从奴隶制向封建制的过渡时期。第二阶段为10至12世纪，即西欧典型的封建化时期。第三个阶段为12世纪以后，欧洲封建主义开始瓦解和向近代社会的过渡时期。总的说来，欧洲农民在整个中世纪是结构极其复杂的混合体，需要仔细加以分析，其中需要注意到地区间的差别，不可简单地一概而论。

在欧洲中世纪初期，奴隶尽管处在消亡中，但仍然存在。在法兰克高卢，在庄园中领取领主禄粮的各种人中，不仅有自由职业者、士兵、仆从，还有奴隶。奴隶构成了一部分庄园劳动力。当时把奴隶作为劳动力用于农耕有两种方法，一种是把奴隶当作仆役，每天受领主或其代理人的指派从事耕作；另一种是分配给奴隶一块土地，任其耕作，收获时根据不同的规定在领主与奴隶之间进行分配，奴隶在领地上还要服一些徭役。①在5世纪末或6世纪初编纂的《萨利克法典》中，有一些条款表明了奴隶的存在。例如：

关于盗走奴隶。1，如果有人盗走奴隶、马匹或牲畜，应罚付1200银币，折合30金币。

关于释放奴隶。2，如果有人当着国王的面，因接受银币把人家的奴隶释放而被揭发，应罚付奴隶的身价于其主人，另加35金币。

关于杀死或抢劫奴隶。1，如果，有一个奴隶杀死另一个奴隶，让主人之间自己处理凶手……5，如果某人家的奴隶或半自由人把自由人杀死，应把凶手移交被杀死者的亲属，作为一半补偿，而该奴隶的主人应付另一半补偿。等等。②

在加洛林王朝时期，法兰克贵族也和罗马贵族一样蓄养奴隶。奴隶被用于服役，被任意驱使，处境极为悲惨。格雷戈里在《法兰克人史》中有记载说，弗雷德贡德王后本人犯有谋杀罪行，此事传遍

---

① ［法］马克·布洛赫：《法国农村史》，余中先、张朋浩、车耳译，商务印书馆1991年版，第81—83页。

② 郭守田主编：《世界通史资料选辑·中古部分》，商务印书馆1981年版，第20—22页。

全国，"她为了从这种指控中洗刷自己，就命令把一个奴隶抓起来鞭挞"。后来，该奴隶被遭到谋杀的主教普雷特克斯塔图斯的侄子"剁成碎块"。①布洛赫指出，在加洛林时代，绝大多数奴隶是佃农，他们拥有自己的住所，拥有一定的耕地，但大部分奴隶已获得自由，却必须留在采地上生活。在加洛林时代，获取奴隶的源泉并未枯竭，奴隶的市场交易非常普遍。有一些奴隶在领主产业上没有自己的住宅，听命于主人，他们提供劳役，是耕作领地的一种劳动力来源，但不是主要的劳动力来源。②

在5到10世纪的东罗马帝国，由于社会受到从罗马国家继承下来的较完善的军事制度的保护，所以较为稳定。这个时期东罗马帝国存在着一个由自由地主组成的中等阶级，它包括取得采邑并承担军役的军人和其他中小自由地主。③在东罗马帝国乡村，绝大多数居民在中世纪初期是隶农。这个时期乡村奴隶制趋于消亡。当时主教、僧侣、皇帝和一些思想家都对奴隶制持反对态度，而且，在现实生活中奴隶劳动也无法为社会创造很多财富。东罗马帝国的法律禁止自由人占有奴隶，允许奴隶与有自由身份的人通婚，并解放了参加牧师和军队行列的奴隶，禁止出卖奴隶，并且承认奴隶的个人财产所有权，蓄奴制仅仅限于家务劳动。奴隶的转化和奴隶的解放使得隶农和教皇地产上的农奴人数迅速增长。④

---

① ［法兰克］都尔教会主教格雷戈里：《法兰克人史》，寿纪瑜、戚国淦译，商务印书馆1991年版，第426—427页。
② ［法］马克·布洛赫：《法国农村史》，余中先、张朋浩、车耳译，商务印书馆1991年版，第83页。
③ ［法］P.布瓦松纳：《中世纪欧洲生活和劳动——五至十五世纪》，潘源来译，商务印书馆1985年版，第32页、41—42页。
④ ［法］P.布瓦松纳：《中世纪欧洲生活和劳动——五至十五世纪》，潘源来译，商务印书馆1985年版，第43页。

隶农是在奴隶劳动衰落之际在罗马帝国发展起来的。隶农原来是自由的佃农，定期租种地主的土地，期满后可以离开另寻工作。但一些隶农世世代代居住在一个地方，实为地主的世袭佃农。罗马帝国晚期，战俘不再卖作奴隶，大部分转而成为隶农，可能被释放的奴隶也补充了隶农队伍。隶农从地主那里分得一块土地，交纳地租，受地主剥削。这时的隶农属于独立小生产者。但是，在戴克里先税制改革以后，隶农失去了自由，地位降低。365年规定，隶农未经主人同意，不得出让自己的财产。396年规定，除非主人提高租额，隶农无权控告主人。此外还规定隶农不得出任公职，不得参军，不得担任教职，主人有权把隶农从一个地方迁到另一个地方，甚至可以连同土地把隶农一起出卖。《查士丁尼法典》中认为隶农与奴隶相差不大。除了这种与奴隶地位相近的隶农，还有自由隶农。[①]隶农是奴隶制衰落过程中处于奴隶和自由农民之间的过渡型农民，其本身也由多种成分构成。[②]在罗马帝国晚期形成的隶农制，在拜占廷帝国内非常普遍。一些负债无力偿还的人、依附于公地的自由民、身无分文的个人、无财产而来到别人土地上劳作的外来人、分配在公共地产上的战俘，都是隶农的来源。隶农被迫签订一种严厉的依附契约，以耕种田地为谋生手段。隶农被列入人头税征税名册中，国家可以向他们征收应征的税。隶农耕种土地却对土地没有财产权，他们要向地主交纳奴役税或贡赋以及实物税，其结果是把土地收益的大部分用货币或实物的形式

---

① 马克垚：《西欧封建经济形态研究》，人民出版社1985年版，第17—19页。

② ［法］P.布瓦松纳：《中世纪欧洲生活和劳动——五至十五世纪》，潘源来译，商务印书馆1985年版，第43页。

付还给地主。他们对耕种的土地拥有可转让的世袭的永久使用权。[①]

以后，隶农内部又分成两部分，其中一部分成员仍以隶农相称，他们有大部分的公民自由特权，无需户籍条件便有与人签订婚约的自由，拥有夫权或父权，以及有立遗嘱的资格。另一部分处境较差，他们属半奴隶式的农民，称为依附于土地的农奴。他们在婚姻以及份地与个人财产方面没有自由转移权，受到苛刻的限制，而他们的负担则大大增加，被固定在土地上，没有迁居的自由。到8世纪以后，他们甚至丧失离开领地的权利，成为依附于土地的农奴。

中世纪欧洲农民中有相当一部分具有世袭的被奴虐的身份，这便是农奴。农奴是一个不同于奴隶的社会集团类型。中世纪农奴的来源极为复杂。这反映在到12世纪为止的各个欧洲国家的各种私人文件中，用于指谓这个被奴虐的农民集团。一些农奴是晚期罗马帝国隶农的后代，他们由于土地所有者和国家加给他们的沉重负担而沦为农奴。还有一些农奴是真正的奴隶的后代，他们的祖先是罗马帝国时期的奴隶，其他一些则是在黑暗时代的战争中沦为奴隶的。再一些农奴是自由民的后代，这些自由民以各种形式依附于领主，他们中一些人放弃了他们拥有的地产及身份，以取得有权势的俗人的保护，有些人出于同样的原因成为教会的农奴，还有一些人是没有土地的人，他们为了取得土地而成为农奴。到了10世纪，作为农奴的农民内部的这些差别都逐渐消除了。农奴的主要来源是农奴化的农民。这种农奴化的过程是与中世纪后期领主私人司法权的膨胀相联系的。[②]

---

① ［法］P.布瓦松纳：《中世纪欧洲生活和劳动——五至十五世纪》，潘源来译，商务印书馆1985年版，第43页。

② Rodney Howard Hilton, *The Decline of Serfdom in Medieval England.* London: Macmillan, 1969. pp.12—13.

　　中世纪农奴的基本特征在其身份方面而不是经济地位方面，农奴人身不自由，他们的人身属于主人。法国中世纪把农奴称为人身属于主人的人。1166年法国一位修道院长在谈到他的农奴时说，"他从头到脚都是我的"。英国12世纪的《棋盘署对话集》谈到英国的农奴即维兰时说："按照这个国家的习惯，维兰不仅可以由他的主人从这一份地移至另一处，而且他的人身也可以出售或用其他方法处置，因为他本身以及他为主人耕种土地均被认为是领主自营地的一部分。"①在欧洲中世纪，庄园的主要劳动力是农奴，大多数土地耕种者和牲畜饲养者都属于农奴。原来，隶农、半自由农民或者奴隶是存在区别的，但后来都成为农奴，属于一类人。每个农奴获得单块的份地，这在不同国家有不同的名称。在高卢和德意志，份地面积有10至30公顷大。农奴并非份地的主人，但农奴对份地享有永久使用权，主人不得把农奴逐出他的份地，农奴的家属可以继承这块份地，即使父亲被判死刑也是如此。农奴可以在份地上过一种稳定和安全的生活。②但是，正如布洛赫所说，"农奴就是世代相传的人身属于主人的人"，这是一种身份强制，农奴自己无力解脱，也无权解脱，农奴世世代代要做主人及主人后代的农奴。一般说来，农奴缺少迁徙自由、买卖土地和其他重大财物的自由、支配自身劳动的自由、婚姻自由、财产继承自由等等。农奴还缺少自由人拥有的某些法律方面的权利。③农奴可

---

　　① David Douglas, ed., *English Historical Documents.* London: Eyre&Spottis Woode, 1956. p.525.

　　② ［法］P. 布瓦松纳：《中世纪欧洲生活和劳动——五至十五世纪》，潘源来译，商务印书馆1985年版，第96—97页。

　　③ 马克垚：《西欧封建经济形态研究》，人民出版社1985年版，第199页。

以被卖掉、被交换、同土地和家畜一同被转交给其他人。[①]所以，农奴仍处于束缚之下，缺少公民人格，是受支配的人。一般说来，在西欧，农奴阶层的形成是在当时封建依附关系迅速发展的历史背景下，不同法律身份的人如茅屋奴、隶农、解放的奴隶、自由土地所有者的后代逐渐融合入农奴阶层的，这是一种不知不觉的过渡，并没有通过一种明确的契约，有的是自愿放弃自己的自由。[②]

　　法国在卡佩王朝时期广泛存在着农奴。领主对农奴拥有审判权，有权判处农奴死刑或截肢等重刑。这种审判权加强了领主的权力，并给领主带来极大的利益。农奴无论男女只能在同一领主所属的农奴中寻找配偶，这是保证领主对农奴后代统治的必要措施。有时领地上的男女青年农奴可以支付一笔钱，请求领主同意他们与领地外的人通婚。男女农奴都要向领主交纳年赋，这是维持农奴对于领主的永久性依附关系的一种手段。在某些情况下，领主有权继承农奴的遗产。在英国、德国和法国北部流行一种做法，领主在农奴死后有权获得其一小部分遗产，如最好的家具、最好的牲畜或一小笔钱。在法国还普遍流行一种制度，如果死去的农奴有后代，那么领主什么也得不到；如果农奴死后没有儿子，但有旁系亲属，则一切遗产都归领主所有。以后又规定，死去农奴的孩子必须是与双亲一同生活的，才可以继承遗产。[③]农奴是当时等级制社会中最低下、最被人鄙视的阶层成员，他

---

① ［法］P.布瓦松纳：《中世纪欧洲生活和劳动——五至十五世纪》，潘源来译，商务印书馆1985年版，第98页。

② ［法］马克·布洛赫：《法国农村史》，余中先、张朋浩、车耳译，商务印书馆1991年版，第106页。

③ ［法］马克·布洛赫：《法国农村史》，余中先、张朋浩、车耳译，商务印书馆1991年版，第103—104页。

们没有法律地位，在与自由人发生冲突时，农奴不准出庭作证。[①]

欧洲东部和西部农村在中世纪后期社会发展有不同的倾向。在西欧，这个时期农民的依附程度已极大削弱，自由度不断增加，农奴制已迅速衰落。但是在易北河以东的东欧，从14世纪末开始却经历了一个农奴制强化的历史倒退过程。再版农奴制的过程在俄国出现最早，程度也最深。在此之先，从基辅罗斯到15世纪，一般说来对俄国农民束缚不多，他们可以去自己愿意去的地方，可以加入任何一个公社，他们不隶属于任何一个领主。[②]但是从14世纪开始，俄国开始用一系列立法来规定农民离开其主人的日期，例如《普斯科夫宪章》便属于这样的文件。它的一项条款规定，每年11月14日即圣菲利普日开始时，为农民土地租借期的结束，那时农民可以离开他的主人。瓦西里二世在1455年和1462年在圣三一修道院颁布两个《宪章》，授权修道院的修道士把从修道院土地上逃走的农民追捕回来，规定任何生活在修道院上地上的农民不得离开。到15世纪末，俄国农民流动的权利已遭到极大限制。1497年伊凡三世颁布《法典》，规定只有在每年秋天犹里日前后各一个星期，才允许农民离开领主。而且规定离去的农民必须向领主支付昂贵的外出费，作为租佃期内他和他的家属租用房屋的补偿金，补偿金数目与农民住在哪一类土地上以及居住时间长短有关。[③]显然这种规定的目的是阻止农民离开其领主。但此时表面上仍

---

① ［法］马克·布洛赫：《法国农村史》，余中先、张朋浩、车耳译，商务印书馆1991年版，第104页。

② Jerome Blum, *Lord and Peasant in Russia: From the Nineth to the Nineteenth Century*. Princeton: Princeton University Press, 1961. p.106.

③ Jerome Blum, *Lord and Peasant in Russia: From the Nineth to the Nineteenth Century*. Princeton: Princeton University Press, 1961. pp. 110—111, 247.

承认农民自古以来享有的迁徙自由,农民有权向政府投诉要求保护这种自由。除了犹里日以外,有时在其他节日也允许农民离开其主人。例如在大斋期前后18天、忏悔节前后17天、复活节前后6天、圣诞节前后5天、耶稣显灵节前后3天、圣彼得日前后2天、冬季圣尼古拉日和圣菲利普日,允许农民离开其主人。[①]1550年的法典对1497年的条款做了补充,把农民的离去费提高到4戈比。在这个时期农民已很难离开原来的主人,因为有些规定制约着他们。例如农民离去时必须给地主一个正式的通知,否则将来他们希望回到原来领主的土地上来时会遭到拒绝。[②]1649年沙皇阿历克塞·米海依诺维奇颁布了《会典》,规定农民及其子女都属地主所有,农民没有自由,不准随意迁徙。这标志着广大农民的人身自由被剥夺,农奴制在俄国确立。

16世纪,在东欧和中欧,也出现了强化农奴制的现象。1550年至1580年,波兰庄园农场上的劳动力63%是农奴,而到1606年至1630年间农奴的比例上升到68%。1551年至1558年,波兰地主收入的93.9%来自使用农奴劳动力的庄园经济。17世纪中叶,在易北河以东德意志的许多地区,地主榨取剩余价值的形式已从货币地租转为强制性劳役,这些地区的农民丧失了经济资源和财政上的独立性,他们只拥有劳动力。[③]1653年,选帝侯与勃兰登堡等级会议达成妥协后,容克地主的权力扩大了,这就加速了农民的农奴化。农民被认为没有土地和

---

[①] Jerome Blum, *Lord and Peasant in Russia: From the Nineth to the Nineteenth Century.* Princeton: Princeton University Press, 1961. pp. 247—248.

[②] Jerome Blum, *Lord and Peasant in Russia: From the Nineth to the Nineteenth Century.* Princeton: Princeton University Press, 1961. p.250.

[③] T. H. Aston and C.H.E.Philpin,eds., *The Brenner Debate: Agrarian Class Structure and Economic Development in Pre-Industrial Europe.* New York: Cambridge University Press, 1987. p.98.

财产的继承权，贵族可以随意夺走他们的土地。到18世纪，德意志东部经营大农场的土地所有者强迫农民每年服劳役104天。在少数地方如吕内堡的一些庄园，一年中甚至要农民带上牲口拉的车服劳役156天，相当于每周服劳役2至3天。在靠近柯尼斯堡的埃尔梅兰区，私人地产上的农民每周每户要出2个人和4匹马为地主服劳役。王室领地上的农民一年劳役在9至60天之间。在麦克伦堡，领主要求每户农民每周出3个劳动力和6头牲畜为领主服6天劳役。在萨克森，农奴一年要服劳役30至80天。①

在中欧的波希米亚，1627年通过了修改的土地条例，规定乡村居民没有得到领主同意就不得移居他地。在收获季节，农民可以外出干活，但收获季节结束就得回来。这一规定加强了对农民的束缚，把农民变成了农奴。1680年波希米亚颁布的封建劳役敕令规定，农奴有义务每周为他的领主庄园提供3天劳役，但是在农忙季节特别是收获季节，劳役日数可以随领主意愿而增加。许多材料表明，18世纪甚至有的领主要求农奴每周服6天劳役。1738年的封建劳役敕令规定，不论农奴是否拥有土地，都要为领主服劳役，居住在庄园上或近处的农奴可以在庄园服劳役，而居住在较远地方的农奴则通过交纳货币来替代劳役。1775年的劳役敕令把服劳役的农奴分成11个等级，最低一等无地农奴每年要为领主服13天劳役，拥有茅舍的农奴要求每年服劳役26天，拥有较多土地的农奴要求每周服劳役3天。②

---

① Jerome Blum, *The End of the Old Order in Rural Europe.* Princeton: Princeton University Press, 1978. pp.53—54.

② T. H. Aston and C. H. E. Philpin, eds., *The Brenner Debate: Agrarian Class Structure and Economic Development in Pre-Industrial Europe.* New York: Cambridge University Press, 1987. pp.196—199.

在西欧，到了15世纪，随着商品经济和市场的发展，贵族如果没有商品经济意识将一无所获。当时仅仅把农奴束缚在领主土地上已无太大意义，所以，领主纷纷采取农奴交付现金便可以获得解放的做法。这也是他们从农奴身上获利的最后手段。在法国，国王早在1246年就采取了这种做法。在英国，1364年汉普郡斯特拉菲尔德·塞耶庄园解放了所有的农奴，价格是55英镑。富有的维兰有时为了获得解放付出比这更高的代价。当然，这种交易也讨价还价。1317年有农奴花50马克从贵族约翰·巴特陶特处买得人身自由，当时也有花20英镑或6英镑获得自由的，赎买人身自由的价格并无定规。1549年罗伯特·凯特起义时提出了"农奴（bondmen）应该取得自由"的口号。[1]这时，农奴制在英国已经衰落。以诺威奇的福恩塞特庄园为例，1400年至1575年间维兰的人数急剧下降，一些维兰没有男性后代，另有一些维兰为摆脱领主的束缚而迁居。有67个维兰迁居到离福恩塞特10英里以内的其他地方，有382人迁到离庄园10至20英里的地方，有22人迁到离庄园12英里的诺威奇，还有14人迁到雅茅斯、萨莫顿等城镇。以前的农奴成了裁缝、织工、制革工人、鞋匠、木匠等，有的仍在农场做工和做家内仆役。[2]1485年，亨利七世解放了自己地产上的农奴，并且宣称："开天之初，造物主赐所有人予自由，故吾国法律当摒弃所有奴役之轭。"[3]托尼说，1485年时英国至少有500家

---

① Rodney Howard Hilton, *The Decline of Serfdom in Medieval England.* London: Macmillan, 1969. p.52.

② B. H. Slicher Van Bath, *The Agrarian History of Western Europe: A.D. 500—1850.* London: Arnold, 1963. p.147.

③ Ephraim Lipson, *An Introduction to the Economic History of England.* London: A&C Black Ltd., 1931. p.130.

维兰，到伊丽莎白时期约有250家被解放。[1]

英国在诺曼征服以后便存在着自由农民，科斯敏斯基根据13世纪百户村案卷，对散布在5个郡的10个百户村的9934户农民进行了分类研究，其中4120户是自由农民，占农户总数的42%。[2]在剑桥郡，1086年时自由民的比例为4%。在莱斯特郡，1279到1280年时有两个百户村自由民的比例达28%。1279到1280年在牛津郡的一些地方，自由租户占居民的20%。13世纪末汉普郡的租户中有30%是自由农民。[3]在诺丁汉、诺桑伯兰郡和东密德兰，12和13世纪自由租户数量增长很快[4]，赫尔福德主教的庄园地产上40%的租户是自由租户[5]。

在法国中世纪早期高卢时期，便存在着自由农民。那时候被招来从事耕种荒地的拓荒者被称为客户，他们保持着人身自由，不负担结婚税、继承税等与身份有关的义务。还有一些佃农或分益佃农，他们凭自愿的契约对地主承担义务。9到10世纪高卢的一些自由农民根据租约耕种土地，交纳占产品1/12  1/3的年贡或徭役地租。[6]在整个中世纪，个体农民在法国长期存在。在普罗旺斯地区，小农得到罗马法传统影响的保护，他们圈占部分公地，脱离公共放牧制，进行农业个体经营。法国个体农民是在人口稀少和存在广阔的

① R.H. Tawney, *The Agrarian Problem in the Sixteenth Century*. London: Longman-Green Ltd., 1912. p.41.

② E. A. Kosminsky, *Studies in the Agrarian History of England in the Thirteenth Century*. Oxford: Blackwell, 1956. p.205.

③ Rodney Howard Hilton, *The Decline of Serfdom in Medieval England*. London: Macmillan, 1969. pp. 21—22.

④ Rodney Howard Hilton, *The Decline of Serfdom in Medieval England*. London: Macmillan, 1969. p.23.

⑤ Rodney Howard Hilton, *The Decline of Serfdom in Medieval England*. London: Macmillan, 1969. p.25.

⑥ ［法］P.布瓦松纳：《中世纪欧洲生活和劳动——五至十五世纪》，潘源来译，商务印书馆1985年版，第90—91页。

休闲地和敞地、牧场的条件下出现的，在那里土地竞争没有英国那样尖锐，农民的分化和土地集中化过程在法国也就不十分明显。[1]法国个体农民的存在及个人土地所有制得到领主和王室的承认。1469年普罗旺斯公爵勒内在批准普罗旺斯三级会议的一项申请时写道，"鉴于提案公正无私，人人都应有权占有并支配自己的财产"，肯定了小农所有制。[2]

在农奴制废除后，农奴及其后代转化为不同类型的租佃农民，这些租佃农民已不承担人身义务，地主只是在土地租佃期限、租佃面积和租佃条件方面要挟和束缚他们，他们中自由度较大的农民拥有世袭租佃权。英国农民中那些维兰的后代，他们使用庄园土地时不是自由的，例如庄园可以任意驱逐他们而无须给予任何补偿。他们死后，其儿子若希望继续持有这块土地，则需要向庄园主献上贡献物，并沿袭庄园的所有惯例。他们中一些人取得庄园法庭关于他们租佃权文件的副本，他们应承担的劳役以及租种保有地的期限都记载在这个文件上。到了都铎王朝初期，用"公簿持有农"的名称来指谓上述这类农民。公簿持有农的租佃权从1439年起得到英国衡平法院的认可，从1467年起得到高等法院的保护。在理论上，公簿持有农除了向领主交纳地租外，还要交纳附带的费用以代替劳役，但实际上领主很少这样做。[3]公簿持有农对土地的租用是有期限的，在1540年以前通常为40或60年，甚至达99年。1540年以后公簿持有

① ［法］马克·布洛赫：《法国农村史》，余中先、张朋浩、车耳译，商务印书馆1991年版，第225—277页。

② ［法］马克·布洛赫：《法国农村史》，余中先、张朋浩、车耳译，商务印书馆1991年版，第209、220—221页。

③ ［英］约翰·克拉潘：《简明不列颠经济史》，范定九、王祖廉译，上海译文出版社1980年版，第156—159页。

农租用土地的年限变短了。在英格兰东部为7年、14年或21年，每7年更换一次租约，在英格兰西部为一代人、两代人或三代人，每一代人要更换租约。16世纪，围绕着租佃权问题，领主和佃户之间经常发生争端，司法审判官根据租地契约通常会支持公簿持有农的租地使用权，公簿持有农稳定的长期的租佃权得到法律和习惯的保护，使其积极地改进农业，根据市场需要从事农业生产。尽管在17世纪英国革命之前封建法律和封建关系尚未最后废除，但是已为农民提供了致富的机会。

在中世纪的中欧和东欧也存在着自由农民。从基辅罗斯时期到15世纪，俄国农民不受任何契约或合同束缚，他们可以到任何自己愿意去的地方，可以加入任何一个公社，他们不隶属于任何一个领主。[①]《罗斯法典》把居民分成三个等级，其中第二个等级是自由民等级，其中包括自由农民。王公土地上自由耕作者被称为庶民，他们使用的土地不属于他们自己，他们是一种自由租佃农民。[②]在基辅罗斯，市民和农村百姓通称自由民。他们同领主的关系建立在订立个人契约的基础上，但乡村百姓只能以社团为单位与领主订立契约。[③]到15至17世纪的莫斯科公国，在当时划分的纳税民这个等级中，有自由农民与农奴两类，自由农民又分为官田农民和官庄农民，他们依附于一定的村社，但享有人身自由。[④]

---

[①] Jerome Blum, *Lord and Peasant in Russia: From the Nineth to the Nineteenth Century*. Princeton: Princeton University Press, 1961. p.106.

[②] ［俄］B. O. 克柳切夫斯基：《俄国各阶层史》，徐昌翰译，商务印书馆1990年版，第36、40页。

[③] ［俄］B. O. 克柳切夫斯基：《俄国各阶层史》，徐昌翰译，商务印书馆1990年版，第56、61页。

[④] ［俄］B. O. 克柳切夫斯基：《俄国各阶层史》，徐昌翰译，商务印书馆1990年版，第26页。

# 第四章
# 手工业者

　　在中世纪欧洲各国社会结构中，都存在着手工业者。但是，他们在一定时期内尚未摆脱与农业劳动最后的联系。在相当一个时期里，他们与行会的行东之间保持着温情脉脉的传统关系。而在手工业者集团内部，也受到等级制的影响，师傅与未满师的学徒之间存在着界限。从整体上说，这类工人尚未发展成一个成熟的阶级。然而，作为工资劳动者，手工业者与资产者的矛盾在中世纪中期以后迅速展开，他们发动了罢工甚至暴动等各种斗争，国家用立法和暴力的手段来对付反抗的手工业者，阶级斗争已初见端倪。

　　在早期中世纪的历史资料中，很少能找到记叙那些地位最低的劳动者的资料。史籍在提到那些没有加入行会的、临时受雇佣的劳动者阶层时，常把他们称之为"季节工人"①。

　　佛兰德斯的工业发展得较早。早在凯尔特时代，利斯河和些耳德河流域已有羊毛织品制造业，当地的牧羊业为之提供了原料。在罗马

---

　　① ［美］汤普逊：《中世纪经济社会史》下册，耿淡如译，商务印书馆1963年版，第440页。

人占领时期，佛兰德斯的手工业者从征服者那里学会了地中海地区的技术与方法，他们原始的毛纺织工业发展得十分完善。2世纪时，佛兰德斯的毛织品出口已远及意大利。10世纪末，佛兰德斯出产的羊毛已经不能满足需要，因而不得不从英格兰进口羊毛。12世纪，整个佛兰德斯纺织匠和漂染匠到处可见，毛织品的制造从乡村集中到商业城市，以满足对外贸易日益增长的需要。它们由海路销至诺夫哥罗德，或大批运到热那亚，改称法兰西呢绒，再运往利凡特地区诸港口。①在城市，纺织工匠可以得到商人运来的羊毛原料，漂匠和染匠可以得到商人运来的肥皂和染料。而且，从这时候开始，由妇女承担的纺织业工作转到了男子手中。不过，对于这种工业从乡村向城市的转移，尚缺乏详细的历史资料来加以说明。②马斯河流域的冶金工业和制铜业，可以追溯到罗马占领的时代，当时制铜业集中在纳缪尔、惠伊、迪囊等地，人们曾到萨克森的矿区去寻找铜矿原料。③

在9世纪，君士坦丁堡的手工业已有相当的发展，出现了相当数量的手工业工人。从皇帝利奥（886—912）所编订的《总监便览》一书对手工业组织严密的规定中，可一瞥当时形成的手工业工人这个阶层的规模已相当大。当时，罗马政府从4世纪开始的对手工业进行监督的行业团体制度依然存在。那里有丝业商人、紫色染工、香料商人的行会等多种行会，他们控制着大量原料并且在政府监督下进行制

---

① ［比利时］亨利·皮朗:《中世纪欧洲经济社会史》，乐文译，上海人民出版社1964年版，第33—34页。

② ［比利时］亨利·皮朗:《中世纪欧洲经济社会史》，乐文译，上海人民出版社1964年版，第39页。

③ ［比利时］亨利·皮朗:《中世纪欧洲经济社会史》，乐文译，上海人民出版社1964年版，第40页。

造，国库收入的大部分来自向行会征收的捐税。君士坦丁堡工人组织的首脑是城市总监，凡是有关新会员的加入、职员的推选、各行会团体间的关系、团体的有机活动，都由他控制和决定，由他来审判并处罚一切违犯规则的行为。不同行业间的交流为法律所禁止，任何一个手工业团体的活动也受到诸多条款的限制。国家规定工人的工资、每种商品出售的日子、地点和价格，制造者不得直接采购、选择他们所需的原料。当原料运入城市时，制造者领受社团分配给他们的部分。国家相当严格地限制各种行会成员人数的增加，雇主无权与工人签订契约，甚至无权决定他们认为必要的学徒人数。为了保证城市对某些工业技术的独占地位，严格限定陌生人在城内居留的时间，他们被囚禁在旅馆中。一般人只得经营一种行业，不得兼营其他行业，并且必须在指定地点营业。雇主预雇工人一般不得超过一个月，预付工资也不得多于30天，凡违犯者就要将其超出部分没收。这使得当时地中海城市无法吸引更多的工人并留住他们。总监还利用法律在君士坦丁堡所有的商人和工人之间推行互相告发的制度，来加强对手工业者的控制。[1]在这些地区，商人和工匠集中在城市中，逐渐形成一个完全脱离土地的阶层。这样，原先受雇于大地主，由庄园代理人断续经营的工商业，发展成了独立的行业。分工使得一个新的阶级的前身出现了。[2]

10至11世纪在德意志从事手工业的基本上是农业人口，由妇女从事纺织和缝纫业。在世俗和教会的庄园上有各种各样的手艺工人，如

---

① ［美］汤普逊：《中世纪经济社会史》上册，耿淡如译，商务印书馆1961年版，第422—423页。

② ［比利时］亨利·皮朗：《中世纪欧洲经济社会史》，乐文译，上海人民出版社1964年版，第40—41页。

铁匠、车轮匠、马鞍匠、鞋匠、制肥皂工匠、啤酒工、葡萄酒工、锯木工、木匠、盾牌制造者、硝皮匠、刻木匠、刀剑匠、漂布匠、箍桶匠等等。在一些教会的大庄园或大领主的庄园中开设了工场，在那里从事制造业的工匠主要是农奴。据记载，993年的一天，主教君士坦丁·革布哈召集他的仆人，指派他们中最好的分别充当厨师、烘面包匠、店员、漂布者、靴匠、园丁、车轮匠以及其他各种行业的技师。他在哈勒、萨尔斯堡、赖肯哈尔、伦涅堡、图耳、弗尔达和哥尔兹拥有盐场，有手工工人在盐场生产。在磨坊、啤酒酿造工场、葡萄酒厂和盐场中，工人是依附劳动者，他们分得一块土地和茅舍以维持日常生活，管理者则拥有较多的田地。这些土地的产权逐渐由原来的所有者转移到管理人和依附工人手中。工人在生产时可以得到原料、一定数量的食品和饮料。在工余时间，他们就依靠田地生产来维持家庭的生计，他们拥有的田地一般都不大。

德意志手艺者中技术最好的当数矿工、金属匠和刻石匠，他们从事了班堡和喜得尔珊大礼拜堂以及11世纪早期城垣的建造。喜得尔珊大礼拜堂精致的铜门显示了他们极高的技术。记载中说，建造这座建筑的工人曾要求得到较高的工资，他们看来是已经取得自由人身份的劳动者。[①]

J·W·汤普逊教授从历史术语学角度探讨了手工业者的来源。他说，在法国，用以称呼手艺人的是一个指谓封建主的农奴的旧名词，他们的活动叫"役务"（ministeria），以后演变为法文的"手工业"（métier）一词。但他们已不再替封建主做工，他们是售货员。

---

① ［美］汤普逊：《中世纪经济社会史》上册，耿淡如译，商务印书馆1961年版，第365—366页。

在北欧国家里，"商人"（mercatorer）是"市民"（burgenses）的同义词，包括手艺人和商人在内。他们或者在自己住所的窗槛上或者在市场上出售东西。在城市生活初期，大批手艺人都是亲自携带自己制造的产品到市场上去出售，在生产者和商人之间尚未有区别。[①]

行会是手工业者进行工商业活动和政治活动的组织。在中世纪初期欧洲城市中，各种手工工匠和商人组织在同一行会中，同一行会的工人常常集中在城市的某一街区中，因此，按工种组织起来的行会常常带有地区性质。在这个时期，手工业行会具有民主精神和温情脉脉的关系，匠师和学徒之间的关系是家长式的，学徒被看作是匠师家庭的成员，寄宿在匠师家中，所有合乎资格的手工业者，可以逐渐从学徒上升为匠师。然而，随着手工业的发展，行会逐渐变得强大和富裕，13世纪末以后，行会内部发生了分化，匠师成为行会中的贵族，并拒绝普通工人参加行会，会员及行东身份资格限于该行业的富裕家庭，成为一种父传子、子传孙的资格或职位。行东身份对有钱的帮工也是开放的，但对贫穷工人则是高不可攀的。普通工人从行会匠师那里领取原料，在家内制造产品，成为工资工人。他们也常有失业和艰难时期，为此，他们用罢工来反对削减工资或争取更高的工资。但通常这种劳动者没有组织，他们唯一的差别是技术分工的差别。在布鲁塞尔，一个普通的补锅匠要付出300佛罗林才准开设门面。从候补者到行东必须经过很长的时间并跨越很多阶段，学徒和帮工阶段一般长达12年，帮工和学徒都要经过考试，缴纳入会费和会费。这种规定使行东对他们有一定的控制力。小手工业工人尽管有帮工组织，但不得

---

① ［美］汤普逊：《中世纪经济社会史》上册，耿淡如译，商务印书馆1961年版，第415页。

不屈服于行东的统治之下，不得不接受行会或城市强加给他们的工资率。在佛罗伦萨有十几个"小行会"，便是属于手工工匠的行会，包括屠夫、鞋匠、铁工、皮革工人、石匠、葡萄酒商、烘面包房工人、锁匠、武器匠、马具匠、马鞍匠、木匠的行会。[①]从农村流入城市的劳动者补充着下层手工工人的队伍。而行会中富裕的商人通过联姻，与土地贵族建立商业和社会联系，他们通过这种联盟保持自己对行会的控制权，通过修改行会章程，排斥较低等级的工人。行会常常要求工人完成一件杰作，作为提拔成师傅的条件，这种手段对工人的提升起了限制作用。学徒制度中对学徒期限的规定，从两三年延长到七年。行会还严格限制或禁止劳动者为自己谋利益，限制工人的工资和延长工作时间。[②]这样，在城市手工业中发生了阶级分化，下层手工业劳动者与行会上层贵族之间形成一道鸿沟，劳动者受到剥削和歧视。城市中资产者与劳动者之间的冲突加剧，到一定时候最终暴露出来。

国际性商业活动的发展扩大了市场对商品的需求，因而需要越来越多的工人从事生产，手工工人和行会工人的数量迅速增加。14世纪中叶根特有4000多名织工、1200多名漂工，当时根特的总人口不超过5万人，工人占有相当的比例。[③]大工业城市工人群众的生活受到危机和停工的威胁。如果遇到战争和国家政策禁止原料进口时，织机就

---

① ［美］汤普逊：《中世纪经济社会史》下册，耿淡如译，商务印书馆1963年版，第438—440页。

② ［美］詹姆斯·W.汤普逊：《中世纪晚期欧洲经济社会史》，徐家玲译，商务印书馆1992年版，第539—540页。

③ ［比利时］亨利·皮朗：《中世纪欧洲经济社会史》，乐文译，上海人民出版社1964年版，第168页。

会停工，失业队伍旋即徘徊街头，或到乡下去漂流乞讨。受雇佣的帮工与行东、所有者、作坊租佃者的生活水准相差甚大。大部分帮工按星期租住房屋，除身上穿着外一无所有。他们从一个城市到另一个城市，受雇于雇主。虽然当时城市有用现金支付工资的规定，但实物工资制仍然十分流行，工人深受其害，处境很差。因为有大批劳动力待业，所以行东可以苛刻地对待他们。因为只要他们被赶走，就会有新人来补缺。由于帮工处境恶劣，从13世纪起就发生了帮工组织的罢工。例如，布鲁日1241年的法律把伪造货币者、小偷和手艺工人同等看待。在那里，从13世纪起便展开了以经济和社会要求为目的的阶级斗争。在工业区伦巴底、多斯加纳和佛兰德斯经常发生罢工和暴动。1244年在杜厄发生了一次工人暴动。1248年在布鲁日、伊普尔、根特和杜厄发生了大规模的工人反抗事件，工人大批逃亡。当时制定的引渡逃亡工人的法律，就像农奴制时期追捕逃亡农奴的法律一样。在压迫和阶级斗争加剧的背景下，工人也试图像行会首领一样与附近城市的工人建立联合。但除了佛罗伦萨在短时期内建立职工联合会外，其他地方工人的努力都没有取得任何成果。[1]1274年，根特的织工与漂工全体采取抵制态度，离开根特前往布拉奔特，但布拉奔特的参议会拒绝雇佣他们。1245年在尼德兰建立城市同盟以引渡逃亡的工人、嫌疑犯、谋叛者，任何尝试反抗的工人都受到从驱逐直至死刑的惩处。[2]1301年，由于加征人头税激起了由纺织工人彼埃尔·科南克领导的布鲁日下层人民发动的起义，他们杀死和关押了一些市政官吏，

---

① ［美］汤普逊：《中世纪经济社会史》下册，耿淡如译，商务印书馆1963年版，第441页。

② ［比利时］亨利·皮朗：《中世纪欧洲经济社会史》，乐文译，上海人民出版社1964年版，第169—170页。

夺取了这座城市的领导权。①1358年，普鲁士各城镇的富裕市民代表起草了一项严厉的法规，恐吓那些呼吁改善工人待遇的熟练工人，法规宣称要割掉每一个罢工者的耳朵。但泽的行会师傅联盟在以后一年内相约不接受任何可疑的工人进他们的工场。1387年，伦敦一些熟练工人组成兄弟会，展开对行东集团和官办行会的斗争。当地的工人仿效他们的行动。但是城市资产者采取立法手段来压制工人的抱怨和要求。②1379到1382年在佛罗伦萨，以及1382年在法国里昂、巴黎、卢昂以及莱茵河畔的科隆，都爆发了城市武装斗争。在这个时期工人的反抗斗争中，他们有自己激进的思想武器，这就是宗教极端教派的思想。在英国，罗拉德派积极展开活动，约翰·保尔和瓦特·泰勒都是其信徒。在巴黎和伦敦则有根特派、激进的托钵僧团小兄弟会即方济各会在活动，他们利用民众的不满，在给工人们治疗疾病的同时进行宣传，他们混入群众中参与每一次密谋，煽动和激发群众暴动。此外，还有一些文学作品如《耕者皮尔斯》和《玫瑰花传奇》的传播，也起到了推波助澜的作用。

　　佛罗伦萨是欧洲工业发展最早的城市，这里最不安宁、最为动荡。佛罗伦萨的普通劳动者不断发动起义。早在14世纪最初25年，佛罗伦萨的工人就通过斗争迫使雇主让步，后来被控制着政权的雇主通

　　① ［法］雷吉娜·佩尔努：《法国资产阶级史》上册，康新文等译，上海译文出版社1991年版，第142页。
　　② ［美］詹姆斯·W.汤普逊：《中世纪晚期欧洲经济社会史》，徐家玲译，商务印书馆1992年版，第548页。

过立法镇压下去。①1379年至1382年在佛罗伦萨爆发了褴褛汉起义，所有的下层民众都参加了暴动。据估计，马基雅维里一夜之间有6000人参加了暴乱。起义民众的领袖是贫穷的梳毛工米凯莱·兰多，他率领起义者占领了议会大厦，下层民众控制了城市，起义者推选兰多为正义旗手，他安抚群众，推行改革，起义者的统治从1379年6月20日维持到8月31日。褴褛汉起义要求自己组织行会和参加政府管理。他们建立了三个新行会，这就是裁缝、剪毛工和理发工人行会，刷毛工和染匠行会，褴褛汉行会，这些都是最下层工人的行会。下层工人的代表进入市政府，在市政府八名成员中占五名。1382年，城市贵族夺回了政权，起义领袖兰多和斯特罗齐被流放，161名起义者被处死，新行会被取缔，贵族寡头集团重新控制了这座城市。②

在法国巴黎，工人为反对重新征收炉灶税，在1382年3月1日爆发了骚动，起义者攻击了市政大厦。同年2月24日卢昂爆发起义，领导起义的是铜匠和布商，起义者袭击了大资产者的商行和犹太人区，迫使市长对市内市场和磨坊征收年租。起义后来自行平息，但国王的军队进入卢昂，处决了起义者的首领，并杀害了许多起义者，镇压了卢昂公社，取消了该城的自治权，收缴了市民的武器，又逮捕了上千人，监狱中满是囚徒。1383年3月1日，在巴黎宫廷广场举行了大会，司法官达热蒙发表演说，历数巴黎人民的罪行，为首的40名起义者遭

---

① 例如1324年佛罗伦萨的一项法令写道："由于在合理的托辞下经常发生起义，所以未经共和国政府许可，任何群众团体或协会都不得成立。"1338年羊毛业行会禁止工人组织任何集会甚至宗教集会。（见［美］詹姆斯·W.汤普逊：《中世纪晚期欧洲经济社会史》，徐家玲译，商务印书馆1992年版，第554页。）

② ［美］詹姆斯·W.汤普逊：《中世纪晚期欧洲经济社会史》，徐家玲译，商务印书馆1992年版，第556—557页。

到惩处。[①]

在根特，1375年至1385年间发生了工人反对资产者和城市贵族的武装暴动，领导人一个是船工简·约恩，另一个是同情下层人民的富有者腓力·范·阿特维尔德。根特的起义工人打退了人数八倍于己的佛兰德尔政府军队，布鲁日为起义者占领，佛兰德尔几乎所有的城市都响应了根特的暴动，阿特维尔德被选为佛兰德尔的监护人。以后，法王查理六世进行军事干涉，起义失败，阿特维尔德被杀。[②]

发生在欧洲各大城市的这种工人起义和暴动，已经提出了直接反对资产者的要求，具有新时代的特征。它们表明，到14世纪前后，欧洲城市中原先与行东和资产者结成联盟的手工工人，已经开始与资产者决裂，展开了本集团独立的具有阶级斗争性质的活动。手工业者在这种社会冲突中，已开始表现出一个独立社会阶层的形象。马克思在《资本论》中指出："雇佣工人阶级是在14世纪下半叶产生的，它在当时和后一个世纪内，只占居民中很小的一部分……"[③]

中世纪劳工立法内容的演变，也从一个侧面反映了手工工人的成长。最初制定的章程和立法往往具有温情主义的性质。因为这个时期劳资双方的对立和冲突尚未发展到典型化阶段，减缓劳资冲突，保持正常生产秩序，有利于资产者的利益。例如，法国的市政条例对工人的工作条件和工作时间作出过种种规定，这类条例几乎一直禁止夜间

---

① ［美］詹姆斯·W.汤普逊：《中世纪晚期欧洲经济社会史》，徐家玲译，商务印书馆1992年版，第560页。

② ［美］詹姆斯·W.汤普逊：《中世纪晚期欧洲经济社会史》，徐家玲译，商务印书馆1992年版，第563—564页。

③ ［英］马克思：《资本论》第一卷下册，中共中央马克思、恩格斯、列宁、斯大林著作编译局译，人民出版社1975年版，第806—807页。

工作，只有少数行业可不受此规定的限制，如磨坊可以在夜间开工。在1277年制定的一项法令中，巴黎市长对老板和缩绒工之间的争端作出仲裁，禁止工人在夜间工作，若老板违反规定将处以罚款。此外，一项在1244年制定的法令对轮革矾鞣工做了同样的限制，星期日和节日规定要停工休息，必须庆祝的宗教节日多达30或33个，还有半停工休息日。在某些地方规定中，甚至提到放"暑假的可能性"，如果帮工愿意，他们可以在淡季8月份休假。①

　　但随后制定的劳工立法则反映了城乡手工业者反抗的加剧和阶级矛盾的尖锐化。在欧洲各国，14世纪制订了一批旨在压低工人工资和限制农民和工人为提高工资而罢工的法令，其中最重要的是1349年英国的劳工法案和1351年法国的劳工法案。英国1349年的劳工法案之所以颁布，是因为工资劳动者不满和反抗的加剧。据编年史记载，"劳动者是如此高傲和顽固，甚至连国王的命令也置若罔闻。因此，凡欲雇佣他人者，都需付给他们所要之物"，因此导致"国王将许多劳工逮捕，关进监狱；许多人退却，逃进丛林中"。劳工的反抗引起土地所有者和当局的恐慌，王室于1349年6月颁发了劳工法案。法案称：

　　　　鉴于大部分人民，主要是工人和雇工死于黑死病，并且某些人趁主人需要和缺乏雇工之机要求主人付给他们极高的工资，否则不愿为主人劳动；而另一些人游手好闲，宁愿乞讨糊口而不愿劳动谋生……根据我们的高级教士和贵族及其他有技能者的建议，特规定：王国内凡身强力壮之男人和女人，年龄在60岁以下者，无论自由还是不自由者，若不是靠做活维生，或无钱财以维

---

　　① ［法］雷吉娜·佩尔努：《法国资产阶级史》上册，康新文等译，上海译文出版社1991年版，第67—68页。

持生计者……若需要为别人工作，其工资得按朕即位后第二年（按：即黑死病发生前一年——1347年）的惯例支付。

如果说英国1349年的法案主要是针对乡村工人的话，那么法国1351年的劳工法案则表现了对城市手工工人的控制。法国1351年劳工法案共有250多项条款，由于黑死病使工人工资和食品价格以及工业品价格均大幅度提高，1351年法案规定了女工和全年受雇的家庭佣人的雇佣工资限额，规定了行会的工资，并且强调，雇主可以随心所欲地雇佣学徒，并且可以夜间开工。此外，1351年法国的劳工法案还有调节手工业关系、在行会中实施开放政策，以及废除某些限制的规定。①

14世纪在欧洲普遍流行的黑死病造成的劳动力缺乏和工人的反抗斗争，使得手工工人的工资得到普遍提高。在意大利和西班牙，工资提高到从前工资的2到3倍不等。意大利工人的平均日工资从41生丁提高到1法朗54生丁。在法国，巴黎建筑工人1450年的日工资为4法朗60生丁，与同一工会的工资劳动者在19世纪中叶的收入一样多。英格兰建筑工人的日工资由3便士增加到6便士。英国工人名义工资的实际价值为12世纪时的2倍。德意志一些行业工人的工资在15世纪由13便士增加到25便士。②

---

① ［美］詹姆斯·W.汤普逊：《中世纪晚期欧洲经济社会史》，徐家玲译，商务印书馆1992年版，第533—536页。

② ［法］P.布瓦松纳：《中世纪欧洲生活和劳动——五至十五世纪》，潘源来译，商务印书馆1985年版，第313页。

# 第五章
# 资产者

欧洲资产者的前身是市民，而市民是和中世纪最初城市的兴起直接相联系的。

现在能找到的记载市民最初要求的史料是10世纪后期的一份文献——967年塞纳河畔莫尔维尔城的自治证书。当时该城居民归神圣罗马帝国管辖，不是法兰克国王的臣民，他们要求摆脱农奴身份，这一要求得到了满足。①1007年安茹伯爵富尔凯斯·内拉签署了一份特许自治证书，在洛歇附近紧靠博里厄修道院的地方建造一座"自由城"。这块土地有神圣不可侵犯的权利，住在自由城里的自由居民从此免除了一切奴役，修道院主教不得向他们强征人头税和其他任何赋税。就是在这一文件中，首次使用了"burgensis"（资产者，市民）一词，以后这个词逐渐演变出近代"资产者"的概念。这份自治证书写道："如果资产者攻击僧侣或他们的奴仆、抢劫他们的财产，将被

---

① ［法］雷吉娜·佩尔努：《法国资产阶级史》上册，康新文等译，上海译文出版社1991年版，第13页。

处以60锂的罚金。"①这个确认市民权利的文件同时也写入了约束他们的内容，这就是中世纪市民社会地位的两重性。

市民们组成了城市公社，他们在公社自治证书中发誓把公社作为集体的领地，相互帮助并讲究信用。1215年瓦卢瓦的克雷皮公社自治证书说："他们发誓在他们认为正确的事业中相互帮助，发誓决不允许一个人夺取另一个人的任何东西或向他们课征人头税。"阿布维尔的居民在1184年获得自治权时曾保证，所有的宣誓者在正义需要时互相信赖、互相支持、互相帮助和互相协商，使每个人都能在必要时像保全自己兄弟一样保全他人。②

早期资产者主要由两部分构成，一是商人，二是作坊主。

关于商人的起源至今争论甚大。他们最初的成员似乎都是出身低微者。皮朗认为他们在欧洲最初都是无地的人，作为次子，他们命中注定无法继承父辈的地产，他们面临着一种选择，要么在艰难的环境中过单身汉的日子和依靠兄长过半奴仆的生活，要么另外寻找机会。他们面临这种选择时一般年龄在14至25岁之间，因此他们大多数都选择了经商。他们没有继承权是个很不利的因素，使得他们在经济上没有稳定的收入和依靠，这迫使他们发挥灵活性去闯荡世界。比如，在发生饥荒的年代，一个人只要在粮食充足的地方买进便宜的粮食，再贩到缺粮处，便能赚一大笔钱，这笔钱又可以用同样的办法继续增

---

① ［法］雷吉娜·佩尔努：《法国资产阶级史》上册，康新文等译，上海译文出版社1991年版，第1—2页。

② ［法］雷吉娜·佩尔努：《法国资产阶级史》上册，康新文等译，上海译文出版社1991年版，第21—22页。

殖。冒险去打捞沉船的货物也能发财起家。① 例如，法国马赛有个叫艾蒂安·德·芒迪埃尔的商人，最初同西西里岛做生意，后来从叙利亚港口贩运食品，以后他的贸易活动规模扩大，委托几个商人进行北非和叙利亚的海外交易，积累了大量财产。他的两个儿子贝尔纳和约翰日后在城市政治中发挥了很大的作用，13世纪下半叶，约翰因参与资产者反对马赛领主安茹的查理而被斩首。②

英格兰的戈德里克则是从农村庄稼汉成为商人的一个例子。戈德里克11世纪末出生在林肯郡的一个农民家庭，随着年龄的增长，他对田间劳作越来越不感兴趣，渴望丰富多彩更能赚钱的生活，这位头脑灵活的年轻人对商业产生了兴趣。开始时他只是做些小本生意，"买卖些不值钱的小东西，但却从中寻到了赚钱的艺术。就这样，这位年轻人逐渐开始运用他在少年时代就表现出来的才能，从事起赚大钱的买卖"。此后，他同一些大贸易商合伙从事海上贸易，他们的买卖兴旺发达，他成为一条商船的两个股东之一，并在另一条船上拥有1/4的股份。③ 他们在英格兰、苏格兰、佛兰德斯、丹麦沿岸从事贸易，把海外缺乏的东西运到海外去，把运回来的货物送到需求最大、获利最高的地方去。④ 就这样，戈德里克在16年中成为财运亨通的大航海商。但他又是个虔诚的教徒，他到过当时客商云集的叙利亚各港口，

---

① ［美］格尔哈斯·伦斯基：《权力与特权：社会分层的理论》，关信平、陈宗显、谢晋宇译，浙江人民出版社1988年版，第269页。

② ［法］雷吉娜·佩尔努：《法国资产阶级史》上册，康新文等译，上海译文出版社1991年版，第89页。

③ ［法］雷吉娜·佩尔努：《法国资产阶级史》上册，康新文等译，上海译文出版社1991年版，第5—6页。

④ ［比利时］亨利·皮朗：《中世纪经济社会史》，乐文译，上海人民出版社1964年版，第42—43页。

在那里可以买到最受欢迎也最赚钱的东方香料，同时他也去耶路撒冷和罗马朝圣。他去罗马第三次朝圣回来后，便把自己的一部分财产施舍给穷人，其余全部变卖，然后弃家而去，过隐士生活。[①]但是，并不是所有商人都出身于贫苦农民，许多船夫和装卸工有机会做小本生意，他们中的精明之辈便成了富户。[②]

从12世纪下半叶起，意大利商人开始做呢绒生意。13世纪热那亚输出的呢绒来自利尔、根特、康布雷、图内尔等地，其中不少是法国大城市的产品。香槟集市衰落后，意大利大商业公司在布鲁日设立代办处，经办弗兰德斯和布拉邦特的呢绒批发。从13世纪起，威尼斯人、佛罗伦萨人、西班牙人、布列塔尼人、汉萨人都在布鲁日设立各自的仓库和账房，建立南北方商业联系固定的枢纽。[③]13世纪，大批意大利人在伦敦定居，他们除进行金融活动外，还经营羊毛贸易，他们把羊毛运到佛兰德斯或者直接运到阿尔卑斯山以南的呢绒中心佛罗伦萨。[④]在低地国家中，商人同时也经营银行业务，他们中最富有者构成了名人贵族，在科伦就有600人。在意大利，商人地位接近贵族。在威尼斯，贵族团是由大商人组成的，当时共和国的总裁就是大商人。[⑤]佛罗伦萨附近的普拉托寺院保存了有关商人塔丁尼（死于

---

① ［法］雷吉娜·佩尔努：《法国资产阶级史》上册，康新文等译，上海译文出版1991年版，第6页。

② ［法］雷吉娜·佩尔努：《法国资产阶级史》上册，康新文等译，上海译文出版1991年版，第7页。

③ ［比利时］亨利·皮朗：《中世纪经济社会史》，乐文译，上海人民出版社1964年版，第134页。

④ ［比利时］亨利·皮朗：《中世纪经济社会史》，乐文译，上海人民出版社1964年版，第137—138页。

⑤ ［法］P. 布瓦松纳：《中世纪欧洲生活和劳动——五至十五世纪》，潘源来译，商务印书馆1985年版，第195页。

1410年）的资料，包括10万封信件。这是塔丁尼与他在意大利、西班牙、非洲、法国及英国的代理人的通信，信件数量之大，说明中世纪意大利商人营业范围之广。①

获得大量利润的商人把巨额款项贷给诸侯们，出资在自己居住的城镇中建造教堂，并从领主那里买得免交人头税的权利。在圣奥梅尔等城市中，商人同业公会自行负担了铺修街道和建筑城墙的费用。在里尔、布鲁日、图尔内等地，他们参加了市区的财政组织。意大利和尼德兰最富裕的商人从12世纪起就进行金融活动，把大宗款项借给国王与诸侯。以原料供给佛兰德尔和布拉邦特诸城市的羊毛进口商、出售大宗成批呢绒的呢绒商和在利凡特诸港口进行贸易的威尼斯、热那亚和比萨的船主们，其分支机构遍布整个欧洲，还有那些在伦巴底和佛罗伦萨同时经营商业和银行业务的大公司，他们是欧洲早期商业资产者的代表。②马克思指出："商人对于以前一切都停滞不变、可以说对于世袭而停滞不变的社会来说，是一个革命的要素。商人是这个世界发生变革的起点。"③

早期资产者的另一个来源是作坊主。由于历史久远，关于作坊主的个案资料已很难获得，但有一些间接的资料可作佐证。我们在中世纪的史料中看到一份1292年法国巴黎人头税的登记表④，它反映了13

① ［比利时］亨利·皮朗：《中世纪经济社会史》，乐文译，上海人民出版社1964年版，第192页注2。

② ［比利时］亨利·皮朗：《中世纪经济社会史》，乐文译，上海人民出版社1964年版，第149—150页。

③ ［英］马克思：《资本论》第三卷下册，中共中央马克思、恩格斯、列宁、斯大林著作编译局译，人民出版社1975年版，第1019页。

④ ［德］伟·桑巴特：《现代资本主义》第一卷，李季译，商务印书馆1958年版，第169—170页。

世纪巴黎制毡帽人的收入状况：

表1 13世纪巴黎制毡帽人的收入

| 收入 | 手工业者人数 |
| --- | --- |
| 1万法郎以上 | 1 |
| 5000—1万法郎 | 6 |
| 1000—5000法郎 | 121 |
| 250—1000法郎 | 375 |
| 50—250法郎 | 821 |

根据这份登记表，毡帽制造者的收入悬殊。有一个毡帽制造人有1.9万法郎的年收入，一个织布业者有9000法郎的年收入，还有几个手工业者各有5000法郎以上的年收入，有120余个手工业者年收入在1000至5000法郎之间，而大多数被调查的手工业者（821人）年收入却在250法郎以下。笔者在阅读这份调查表时产生了一个疑问和判断：诸如年收入9000法郎的织布者和年收入1.9万法郎的制毡帽业者这样收入颇丰的生产者，是靠本人及家庭成员合作的劳作获得这些收入呢，还是靠雇佣一批工人获得这些收入的呢？符合逻辑的推断是：这些富裕的手工业从业者早已超出了个体生产的范围。这可以用当时巴黎的行会法规来佐证，当时的规定是：凡是手工业老板和每个未婚的儿子、一个侄儿和一个兄弟在家中生产经营，其配置织机的最大限度是每个人两台宽织机和一台狭织机。所以每家屋子中最多配置15—20架织机，其产量和利润绝达不到9000法郎的收入，因此其中势必有雇佣劳动即资产者的生产方式。再如1395年在英格兰西部，当地织布者生产出的供量布师检验的布一个人为1080匹，另一个人为狭布1005匹，其他9人共有狭布1600匹。如果说这是一年的产量，那么可以判

定，其中产布最多的织布从业者其手下的劳动者达到30人，而其主子便是作坊主资产者。[①]

13世纪末法国杜埃城的约翰·布瓦纳布罗克是一个商人兼工场主，他是一个典型的资产者。布瓦纳布罗克是佛兰德尔地区的呢绒商。呢绒业是该地区最活跃的产业，在当地经济中占有重要地位。他出生年月不详，有四个孩子，二男二女。布瓦纳布罗克进行半工半商的活动，他购进羊毛，出售给杜埃城的织工织造呢绒。他拥有一个养羊场，但他仍和大多数呢绒商一样，主要从英国购进原料，他经常从坎伯兰郡的霍尔姆库尔彻姆、林肯郡的奈博特、诺森伯兰郡的纽明斯特等产地大量购买羊毛。布瓦纳布罗克在自己的作坊里加工羊毛并染色。他拥有的一间作坊就在他的屋子后面，此外在城里还有其他染房主为他工作，这些人大多是带一名学徒或帮工的小业主。布瓦纳布罗克向他们提供羊毛、明矾和染料，然后收回他们加工好的产品。他从国外购买染色植物和媒染剂，但他也在杜埃城郊生产一种叫茜红草的染料。此外，他本人还拥有一间纺毛作坊，他在小作坊中完成纺织、缩绒和剪毛这些工序，然后推销呢绒，他大概把生产的呢绒销往香槟地区的交易会。[②]

布瓦纳布罗克是杜埃城最富有的大地主之一，他和同时代的资产者一样，认为不动产才是最保险的财富，因而他们往往把手中的现金变换成土地和房产。他购置了许多有建筑物和没有建筑物的地产，添置了许多住宅。他在富隆街拥有一整套住宅和其他供工业生产用的房

---

① ［德］伟·桑巴特：《现代资本主义》第一卷，李季译，商务印书馆1958年版，第171—172页。

② ［法］雷吉娜·佩尔努：《法国资产阶级史》上册，康新文等译，上海译文出版社1991年版，第132—134页。

产，如纺毛作坊和染房。他还在奥利韦门附近拥有房产、园圃和各种建筑物，在城外靠近普雷圣母修道院的地方有大片土地，在森勒诺布勒林拥有一处乡间别墅，在距杜埃城五六公里的几个地方拥有不少耕地。1279年他在埃莱斯姆村买下一座庄园，在亚眠城内购置了房产，并把杜埃城两处房产出租，坐收房租。布瓦纳布罗克有多种收入方式来谋利。①

拥有巨额财富的布瓦纳布罗克在处世中完全奉行唯利是图的资产者伦理，不惜用一切不光彩的手段欺诈勒索。他死后，受他侵害的人控诉说，他曾向他们提供过发霉的劣质羊毛，在出售产品时向他们敲诈勒索、多收钱钞，每次交易都由他定价，而不管价格是否公平，甚至常常干脆"忘记"付钱。一名精梳工、一名磨刀匠和多名织布工人控告说，他们常常因此而"身无分文"。不过，他催债时则毫不留情，他曾两次在期限未到时就逼债，甚至从一个仅欠他20苏的债务人手中夺去了两处房产。有一次，布瓦纳布罗克去市场出售一批羊毛，刚交完货，买下这批货物的小制造商就发现袋子里的羊毛只有表面一层符合交易的质量，下面全是一文不值的废料，于是买主要求退货，但布瓦纳布罗克的答复是："你买下的就是这种货，不要不行。"有一次，他的一位代理人去国外参加交易会不幸客死他乡，布瓦纳布罗克马上向死者遗孀索取了一笔钱，其数额远远超出她丈夫所欠的数额。②有一次他看中了一块茜草田并知道茜草价格会上涨，而这块茜草田已按单价30法郎卖给另一个呢绒商了；布瓦纳布罗克带着两名帮

① ［法］雷吉娜·佩尔努：《法国资产阶级史》上册，康新文等译，上海译文出版社1991年版，第134页。

② ［法］雷吉娜·佩尔努：《法国资产阶级史》上册，康新文等译，上海译文出版社1991年版，第135页。

工来到田里，命令他们收割茜草并运回自己的仓库，根本不考虑别人已达成的交易，而且没有给土地的主人分文。①

拥有经济和社会势力的布瓦纳布罗克也拥有政治权力，从1243到1280年，他先后九次出任市政长官，控制了司法机构。当时市政府规定呢绒商必须用现金支付报酬，但他多次公然实行"实物工资制"，用田里收获的小麦支付打毛工的工资，用羊毛支付一些工人的工资。一位在杜埃城拥有一处房产的剪毛女工要求他支付拖欠的房租，而他反以罚款60锂相威胁。②布瓦纳布罗克的剥削和压迫引起了反抗，1280年在他任市政长官时，小纺织业主们起来造反，发动暴乱，被他亲手镇压。在1298年发生的严重反抗暴乱中，他的两个儿子作为他的替罪羊被驱逐出城，他们的财产也被没收。③

中世纪资产者的再一个组成部分是高利贷者和银行家。当时的高利贷活动十分普遍，1176年，亚历山大三世给热那亚城大主教的训谕中，曾谈到禁止高利贷。这时银行家出现了，他们系由兑换商发展而来，今天我们熟悉的银行营业方法和规程当时已被采用。银行家兼营仓库业，代顾客汇划账款，代收银钱。12世纪，银行业用划汇票代替货币的转移，当时佛罗伦萨人和伦巴底人都从事过这种划汇业务。伦巴底银行家充当了法国国王和英国国王的财政代理人，在法王腓力四世和英王爱德华一世的政府中，都可以见到他们的身影。13世纪，银

---

① ［法］雷吉娜·佩尔努：《法国资产阶级史》上册，康新文等译，上海译文出版社1991年版，第136页。

② ［法］雷吉娜·佩尔努：《法国资产阶级史》上册，康新文等译，上海译文出版社1991年版，第137页。

③ ［法］雷吉娜·佩尔努：《法国资产阶级史》上册，康新文等译，上海译文出版社1991年版，第137页。

行家开始收取利息，经营放款和贴现业务。[①]伦巴底的银行家甘杜夫莱·达尔切莱聚集了大量财富，1292年前后他位于纳税人名册之首。他向包括国王、修道士、资产者和农民在内的各种人放债，例如圣日耳曼代普雷修道院便向他借款1300锂。他在临终时交出高达9000锂的退赔巨款，他在遗嘱中作出大量详细的遗赠，想通过这种途径来使所有认识他的人永久怀念他。[②]

意大利银行家的足迹很早就遍及欧洲，是各国宫廷财政的支持者。例如，热那亚公司为支持法王路易九世的十字军东征埃及，预付了大约8万巴黎锂。从佛罗伦萨和锡耶纳流亡而来的圭尔夫的银行家，在1265年借给安茹的查理大约25万里佛图尔努瓦，资助十字军东征。在1372年至1376年间，阿尔贝蒂·安希基给教皇格里高利十一世的借款超过了40万佛罗林。[③]两名佛罗伦萨银行家比乔和穆夏托·圭迪·德弗兰泽尔获得法国王室的信任，被指派掌管金库，征收什一税和代表国王从事所有金融交易。[④]此外，意大利的大公司也在从事银行业务。佩鲁齐家族的公司在1308年至1310年其放款利率为每年20%，1310年至1312年为每年14.5%，1312年至1319年为每年14.3%，1319年至1324年为每年18%。[⑤]佛罗伦萨银行家的交易所遍及各地，

① ［美］汤普逊：《中世纪经济社会史》上册，耿淡如译，商务印书馆1961年版，第534—535页。

② ［法］雷吉娜·佩尔努：《法国资产阶级史》上册，康新文等译，上海译文出版社1991年版，第139页。

③ ［意］卡洛·M.齐波拉主编：《欧洲经济史》第一卷，徐璇译，商务印书馆1988年版，第269页。

④ ［法］雷吉娜·佩尔努：《法国资产阶级史》上册，康新文等译，上海译文出版社1991年版，第171页。

⑤ Raymond de Roover, *Money, Banking and Credit in Medieval Bruges: Italian Merchant-bankers, Lombards and Money-Changers: A Study of the Origins of Banking.* Masschusetts: Cambridge University Press, 1948. p.42.

仅佩鲁齐家族就有16处，分布在伦敦、布鲁日、巴黎、阿维尼翁、马略尔卡、比萨、热那亚、威尼斯、法马古斯塔、卡利亚里、那不勒斯、巴勒莫及莫里亚的克拉伦察、罗得岛、塞浦路斯、突尼斯。[①]佩鲁齐和巴尔迪公司曾给欧洲封建君主以大宗贷款。那不勒斯国王曾拒付巴尔迪和佩鲁齐银行近20万佛罗林的债务，英国国王爱德华三世（1327—1377年在位）欠下佩鲁齐银行的债务为90万佛罗林，欠巴尔迪银行的债务为60万佛罗林，后者成为这两家银行破产的原因之一。而给大胆的查理、勃艮第的玛丽和马克西米连的贷款，则造成布鲁日的美迪奇银行分行停业整顿。[②]

意大利文艺复兴时期最著名的银行家是美第奇家族。美第奇银行在巴尔迪和佩鲁齐银行兴盛时期尚不引人注目，1415年以后美第奇银行的黄金时代才到来。15世纪美第奇银行控制了两大重要财源，使其大获其利。一是它有权收取佛罗伦萨的商业和工业税，二是它充当了教皇的御用银行家，教皇把全部财政事务都委托给美第奇家族的罗马银行办理，罗马关税也全部包给美第奇银行。他们还拥有托尔法教皇明矾工场的特许权，这是教皇收入的重要来源之一。[③]美第奇家族的银行由于其特殊地位，使得佛罗伦萨的其他银行相形见绌。这个家族的乔万尼·美第奇1428年去世时，财富达到179221金佛罗林，乔万尼有二子柯西莫和洛伦佐，洛伦佐1440年死时留下遗产235137金佛

---

① ［美］詹姆斯·W.汤普逊：《中世纪晚期欧洲经济社会史》，徐家玲译，商务印书馆1992年版，第567页。

② ［意］卡洛·M.齐波拉主编：《欧洲经济史》第一卷，徐璇译，商务印书馆1988年版，第264页。

③ ［美］詹姆斯·W.汤普逊：《中世纪晚期欧洲经济社会史》，徐家玲译，商务印书馆1992年版，第572—575页。

罗林，柯西莫之子皮埃罗1469年去世时留下遗产237982金佛罗林。而从1434到1471年，美第奇家族为慈善事业、公共建筑的捐款不少于663755金佛罗林。[①]其他一些意大利银行家的财富也很可观。根据《威尼斯编年史》记载，威尼斯的安托尼奥·格利马尼有现款10万杜卡，他为儿子当枢机主教付出了3万杜卡。银行家奥古斯丁·齐古在1520年遗留下一笔总数达80万杜卡的财产。[②]

在欧洲中世纪，资产者是在封建制度的法律框架下潜滋暗长发展起来的，封建制度把资产者确定为一个有身份规定的等级。这不是一个有财产就能成为其成员的集团。资产者的身份经过了一定的演变，习俗规定也经过一些变化，立法则把这种演变制度化地规定下来。在欧洲中世纪一段时间里，要想成为资产者，就必须符合一定的条件。在法国的波尔多，要进入资产者阶层，就必须在城里居住一个月以上，并拥有"房产、住宅和家庭"，缴纳居留税。居留税的数额不大，在1408年为一个银马克，并且要举行忠诚宣誓，接受资产者应承担的全部义务。在厄城有这样的规定：资产者应当是体面的人，不应是"打家劫舍的盗贼"。当地还规定：资产者的权利只属于个人，资产者的儿子要成为资产者，必须履行宣誓手续。而在鲁昂和博韦等城市，只有在城里住满一年零一天以上的人，才能成为资产者。在桑利斯城，资产者的女婿甚至无需宣誓就可以成为资产者。拉昂城在1128年作出规定，新的资产者必须在城里建造一所房屋，期限为一年。

---

　　① ［美］詹姆斯·W.汤普逊：《中世纪晚期欧洲经济社会史》，徐家玲译，商务印书馆1992年版，第574页；另可参阅［瑞士］雅各布·布克哈特：《意大利文艺复兴时期的文化》，何新译，商务印书馆1979年版，第77页。

　　② ［瑞士］雅各布·布克哈特：《意大利文艺复兴时期的文化》，何新译，商务印书馆1979年版，第79页。

　　法国1287年的法令明确规定了作为"国王的资产者"的基本条件，其中提出："这些资产者必须改掉有时偶尔产生的恶念和舞弊的恶习，因为国王的臣民深受其害并对此怨声载道。"法令规定，谁要是希望取得某个城市的资产者身份，就必须履行一种手续，在这个城市的市政长官面前宣布："先生，我向您恳求获得本城资产者的身份，我具有履行我应该履行的一切义务的能力。"这些义务包括保证交入城税，并保证在一年零一天之内在城内建造或购买一座价值不低于60巴黎苏的房屋。到13世纪，对资产者增加了地域规定，资产者的身份只限定在某个城市，犹如农奴是某个领地的农奴一样。"国王的资产者"有权利在某个王室城市中注册并拥有资产者的证书，但不一定必须居住在这个城市。一些外来的资产者到了那些不属于王室领地的城市，可以通过出示他们持有的在某个王室领地城市的资产者的身份证，来寻求国王的法律保护。由于国王的资产者可以得到保护、享有特权，也有其他人通过王室领主舞弊而开具倒填日期的资产者身份证，证明他们早就是国王的资产者。[①]在15世纪的布鲁日城，要获得资产者的权利并能够在城市的"资产者花名册"上注册，必须出生在资产阶级家庭，否则，只有通过联姻或在城里居住一年零一天，或赎买资产者的权利，才能成为资产者。布鲁日的"资产者花名册"制度建立于中世纪后期的1418年，一直保持到旧制度末年。花名册中共有五行是新资产者，上面记载着他们的姓名、父名、出生地、从事的职业和注册日期，他们大部分是在15世纪注册的。[②]

---

　　① ［法］雷吉娜·佩尔努：《法国资产阶级史》上册，康新文等译，上海译文出版社1991年版，第129—130页。

　　② ［法］雷吉娜·佩尔努：《法国资产阶级史》上册，康新文等译，上海译文出版社1991年版，第128—129页。

中世纪资产者的身份得到城市习惯和国王立法的承认和保护。另一方面，在某些时候国王也迫使资产者承担在当地的义务。例如圣·路易曾命令居住在欧塞尔城的资产者为重修一座大桥出资。大胆的菲利普则强迫居住在普罗万的国王的资产者缴纳他们在该城集体罚款中应该缴纳的份额。[①]直到17世纪初，在法国，资产者仍然是一个等级集团[②]。雅克·勒戈夫说得很好，"我们还必须记住，如果说中世纪的城市（换以资产者一词也是这样）用某种方式攻击封建社会，如它使用社会平等（这种平等也只限于一定范围），使用经济上的企业精神或者使用它计算上的精明，但是无论如何，中世纪的城市终究是存在于封建社会之中。因为它必须使自己适应封建制度，而适应方式之一是它本身也像封建领主一样行事"[③]。这是中世纪资产者身上带有的封建主义时代的印记。

资产者在其经济力量成长起来后，为保护自己的利益，建立了一些组织。在11世纪，商人组织了行会、同业公会、同志会和兄弟会，并使这些组织得到官方的承认，具有合法性。在商人自己的力量增大时，便对封建领主贵族的权力展开斗争。在法国马赛，商人同业公会"圣灵"在群众支持下，成立了一个市政自治团体。勒芒、科培、亚眠的商人在11世纪初期和中期，展开了争取自由贸易的斗争。在康布雷、科勒，富有的商人同大主教展开激烈的斗争。他们在争取政治权

---

①　［法］雷吉娜·佩尔努：《法国资产阶级史》上册，康新文等译，上海译文出版社1991年版，第130页。

②　［法］雷吉娜·佩尔努：《法国资产阶级史》上册，康新文等译，上海译文出版社1991年版，第90页。

③　［意］卡洛·M. 齐波拉主编：《欧洲经济史》第一卷，徐璇等译，商务印书馆1988年版，第77页。

利和政治自由的斗争中，甚至采取过革命手段。在意大利的伦巴底、托斯卡纳和米兰，资产者和人民同大贵族展开了流血斗争，才赢得了独立。1134年，普瓦蒂埃和普瓦图等法国城市仿照意大利的榜样，建立了都市同盟。康布雷、贡比涅、亚眠、奥尔良、芒特、韦泽雷和桑兰斯，以及根特、图尔内、列日、科伦、美因兹、特利尔等城市，都发生了保护商人经济利益，反对领主和君主专横权力的暴动。贸易商人和工匠在拉昂举行了三次武装起义，在韦泽雷发动了五次起义，在图尔发动了12次起义。[①]

在一些城市中，商人和手工工场主组成具有法律权力和特权的市政团体。它们能够行使接纳权，让来城市避难的农奴和贱农、工人和商人得到保护，并拥有平等的权利和特权。巴黎、伦敦、卢昂、马赛、巴勒摩、墨西拿的市政团体，都取得了合法的存在权利。在法国、低地国家、英格兰、德意志的莱茵河和多瑙河地区、意大利的北部和中部，有380个城镇取得经济和行政自由权，有权在地方行政官的选举、财政和经济事务方面行使自治权。市政管理以市民协会的名义进行，市民选出其代理人，以市民的名义进行管理。[②]到14世纪，在城市公社制度结束以后，资产者的代表人物直接掌握了佛兰德尔一些城市的行政权。雅克·德·阿尔特韦尔德曾任根特的收税官，他本人是一个成功的商人，财产几乎遍布根特地区。1338年阿尔特韦尔德担任根特的特别行政官。他和他的同伴依靠各行业的力量，同时又通过与英国的结盟，保持了当地经济发展

---

① ［法］P. 布瓦松纳：《中世纪欧洲生活和劳动》，潘源来译，商务印书馆1985年版，第209—211页。

② ［法］P. 布瓦松纳：《中世纪欧洲生活和劳动》，潘源来译，商务印书馆1985年版，第199—203页。

的势头。在掌握根特政权的"五巨头"中,有两人是呢绒商,一人是殷实的织匠,另一个人可能与阿尔特韦尔德一样,也是富有的资产者,当时就是这些人掌握了根特的政权。[①]在法国,13世纪就发财致富、在14世纪以贸易为主要活动的著名资产者有科隆家族、维吉埃家族和罗斯唐家族。[②]

到了15世纪,资产者的活动有更多的记载。约萨尔家族是法国里昂的一个资产者家族。这个家族的于格·约萨尔是附近小镇阿尔布勒斯特勒一个呢绒商之子。他在巴黎完成法律学业后,继承了父亲的一笔财产,在科斯纳河沿岸与弟弟合开一座含银的铅矿。后来他娶大房产主的女儿为妻,妻子带来几处房产和一座磨坊。他定居里昂后任该城上诉法庭的法官,1398年被封为贵族,1402年担任王室顾问。他被封为贵族后,购置了达泽尔领地和波莱米厄领地的两处地产,他在里昂有五处供出租的房产和五张供出租的肉案。他的三个女儿分别嫁给领主和贵族。约萨尔家族是一个城市资产者家族,但却靠收取地租来聚敛财富,鄙弃城市生活而满足于土地贵族的地位。这个家族同时具有资产者和土地所有者的属性。里尔城的弗勒莫尔特家族的祖先是行吟诗人,14世纪拥有昂甘和韦让里让两处领地,这个家族的洛塔尔·弗勒莫尔特是葡萄酒商,后担任市长职务。其子是兑换商和弗莱尔的领主,1426年被封为贵族。这个家族从1384年至1440年,一直担任里尔的市政长官。[③]

---

① [法]雷吉娜·佩尔努:《法国资产阶级史》上册,康新文等译,上海译文出版社1991年版,第185—186页。

② [法]雷吉娜·佩尔努:《法国资产阶级史》上册,康新文等译,上海译文出版社1991年版,第233—234页。

③ [法]雷吉娜·佩尔努:《法国资产阶级史》上册,康新文等译,上海译文出版社1991年版,第233—234页。

雅克·科尔（1395—1456）是价格革命以前法国资产者的一个典型代表，他既在宫廷供职，又是商人和工业家。雅克·科尔的父亲原为圣布尔桑的皮货商，后来成为贝里公爵的承办人。科尔在1420年娶了布尔日的总监贝尔·德·莱奥德珀尔的女儿玛塞为妻。玛塞的爷爷是布尔日铸币厂的管事，后来科尔谋得了铸币的包税权。20年后他的财产多到惊人的地步。他在鲁昂、布尔日、里摩日和里昂等城市设有商行，在博凯尔、贝洛耶、蒙波利埃和马赛也有商号。他在里奥内拥有铜矿和铅矿，独立经营着庞帕伊和布雷韦纳两座矿山，并和别人合办了舍锡、圣彼埃尔勒帕吕德和达拉河畔的儒伊等几处矿山。1447年以后，他在马赛买下一处房产并开办船运公司，他的货船畅通无阻地来往于罗得港和亚历山大港之间。雅克·科尔购置了大量地产，除了拥有圣法尔若的领地，还在拉沃、摩尔德尔、梅齐耶等地拥有二十几处地产。他担任朗格多克盐税局的总检察官后，进行免税盐的贩运，获取暴利。1436年科尔任财政总监代理人，1439年成为财政总监。1446年科尔经教皇恩准，获得与异教徒进行五年贸易的特权。他曾参与建立全国统一的人头税制度。由于他在任财政总监期间大肆贪污，聚敛了万贯家财，被人告发。1451年他被捕，判处退赔10万埃居，罚款30万埃居。他被捕后承认自己有50万至60万埃居的财产，是宫廷中大部分人的债主。①

在德意志地区，14和15世纪，资本所有者团体建立的合资采矿组织与由采矿手工业者组成的合资采矿组织同时存在，至迟到1470年，在库滕贝尔矿区和蒂罗尔地区便出现矿业股票。1470年以后，

---

① [法]雷吉娜·佩尔努：《法国资产阶级史》上册，康新文等译，上海译文出版社1991年版，第267—279页。

铜矿和银的开采业迅速发展，在施内贝格和安纳贝格矿区出现了一批矿山公司，奥格斯堡、韦尔约、戈桑布罗特、黑尔瓦特、毛伊廷等地一批贵族家族转化成为商业资本家，但大部分资本家是从手工业者发展起来的。在南德意志出现了两个著名的资产者家族，这就是富格尔家族和韦尔泽家族。富格尔家族的汉斯·富格尔是在1367年作为织工从奥格斯堡附近的格拉本村迁入城市的。这个家族的第二代亚科布·富格尔（1459—1525）最初是一个牧师，1480年成为商人和公司决策者，15世纪80年代初去过威尼斯。富格尔公司先是进行银钱交易，后转而从事金属生产和金属贸易。1487年亚科布成为哈布斯堡西吉蒙德大公爵银行的股东。以后，亚科布用贷款支持哈布斯堡王朝马克西米连和查理五世，使其势力有很大发展。1491年富格尔利用马克西米连争夺匈牙利继承权之机，投资匈牙利的金属贸易，和图尔佐家族联合建立匈牙利联合贸易所，开辟了矿石开采和销售业务，向威尼斯和安特卫普供应银和铜。该公司大规模的贸易遍及整个欧洲，无人能与之竞争。马克西米连1519年死后，亚科布·富格尔在帝位角逐中，在财政上支持马克西米连的外孙勃艮第公爵查理，拒付德意志选侯和反对查理的银行家的汇票。1524年富格尔同查理达成协议，把属于王国政府骑士团首领的租税，移交一定数量给富格尔。1511年亚科布被封为伯爵，1524年又被确认为众贵族之首领。亚科布·富格尔承担各项财政义务，参与王朝的政治决策。[①]1591年富格尔家族加入一个欧洲范围的国际财团，参加这个财团的除德意志的韦尔沙尔外，还有意大利的罗瓦莱斯卡与吉拉

① ［民主德国］汉斯·豪斯赫尔：《近代经济史——从十四世纪末至十九世纪下半叶》，王庆余、吴衡康、王成稼译，商务印书馆1987年版，第69—78页。

尔多·帕里斯、西班牙的弗朗塞斯科和佩德罗·马尔本达、葡萄牙的安德雷亚和托马斯·希梅内斯。欧洲各个中心城市都有这个财团的代表。①富格尔家族还掌握了萨克森、图林根、蒂罗尔的铜矿和银矿，建立了矿石提炼厂。②当时规模与富格尔公司不相上下的还有韦尔泽公司。韦尔泽早年的活动从亚麻布和罗纹布贸易开始，后参加葡萄牙人在印度的殖民经济活动，1528年同卡斯提尔王国政府签订一系列协议，进行开发委内瑞拉的活动。但由于韦尔泽家族的档案已毁，历史学家无法掌握更加详细的史料。③

欧洲16至17世纪大的资产者还有荷兰的特里普家族，这个家族参与了铁、铜、军火在内的各种贸易，还从事航运和证券交易，其活动几乎遍及全球，不仅涉及德国沿内河的贸易，还涉及斯堪的纳维亚和俄国、利凡特地区、东印度公司和西印度公司的部分贸易。④荷兰还有格特·迪雷克斯兹和汉斯·布勒尔斯等人组成的公司，政府军火商和城市金融家菲利普·伯拉马奇的公司。在意大利的罗马，基吉家族、伯拉维奇诺家族与绍利家族租借了教皇国内的托尔法明矾矿，这个企业拥有劳动力800人左右，可能是近代初期欧洲最大的企业之一。⑤

① ［意］卡洛·M.齐波拉主编：《欧洲经济史》第二卷，贝昱、张菁译，商务印书馆1988年版，第419页。

② ［意］卡洛·M.齐波拉主编：《欧洲经济史》第二卷，贝昱、张菁译，商务印书馆1988年版，第353页。

③ ［民主德国］汉斯·豪斯赫尔：《近代经济史——从十四世纪末至十九世纪下半叶》，王庆余、吴衡康、王成稼译，商务印书馆1987年版，第71页。

④ ［意］卡洛·M.齐波拉主编：《欧洲经济史》第二卷，贝昱、张菁译，商务印书馆1988年版，第445页。

⑤ ［意］卡洛·M.齐波拉主编：《欧洲经济史》第二卷，贝昱、张菁译，商务印书馆1988年版，第353页。

　　16世纪，英国成长起来的新兴资产者的代表人物有格拉善和克兰菲尔德。汤姆斯·格拉善（1519—1579）的父亲和伯父都是伦敦商业区的大资本家，他本人是大商人和银行家。1551年，他成为英国王室驻安特卫普的金融代理人和财政顾问，1560年，他在伦敦建立著名的王家交易所，是交易所的主持人。伊丽莎白女王即位后，格拉善掌管公债和女王的其他事务，主持过王室债务偿还事务。他是伦敦商业区的"商人之王"，是高利贷者，并拥有大宗地产。他极为富有，许多大臣都欠他的债。英国商人中引人注目的还有中塞克斯的商人莱昂内尔·克兰菲尔德，他因经商有功被封为伯爵。

　　在西班牙，大资本家西鲁·鲁伊斯在1597年死后，留下40万弗罗林的财产。阿法伊诺迪家族的商业活动从荷兰扩展到葡萄牙，在塞尔维亚、巴利亚多利德、罗马、伦敦都有其分行。这个家族的一个成员通过达·伽马的第二次航行，得到了价值5000杜卡托的香料。①

　　到了近代前夜，资产者的经营规模有的已发展到相当大的程度。1782年法国波尔多的资产者开出的310艘船装载了价值1300万锂的货物去西印度群岛，营业额达到2.5亿锂，占革命前法国海外贸易额的1／4。1782年至1784年间，在波尔多有400个以上的批发商，他们有半数的资产在20万锂以上，他们的商业活动规模很大，生活则极端奢侈。②法国金融家萨米埃尔·贝尔纳的父亲是皇家学院的犹太画师，他本人起先并不富有，但很有经营头脑，在银行只干了几年便获得巨额财富，他和大部分大型金融和贸易企业都有联系。在约翰·劳以

　　① ［法］雷吉娜·佩尔努：《法国资产阶级史》上册，康新文等译，上海译文出版社1991年版，第346页。

　　② Roland Mousnier, *The Institutions of France Under the Absolute Monarchy, 1598—1789*. Vol. I. *Society and the State*. London: Chicago University Press, 1979. p.238.

前，他的财产已达1亿锂，10年后增至1.5亿锂，摄政王和朝廷大臣都是他的债务人。他曾经把一笔400万锂的巨款赠送给别人。他的买卖不断破产，但每次破产以后他都变得更加富有，很明显他的钱财来路不正。①约翰·劳出身于爱丁堡一个金银器商家庭，他凭着自己在阿姆斯特丹、热那亚和威尼斯积累的丰富经验，在1716年5月创建了一家通用银行，从政府那里获得为期20年的特权。1718年通用银行改为王家银行。除银行外，约翰·劳又开设了一家殖民公司即西方公司，该公司后来于1719年改名为印度公司，它还垄断了烟草、征税和制造货币。西方公司的股票在发行时每股仅值500锂，几个月后便增加到1.8万锂，增长率为3600%。②

当资产者还是作为第三等级的一部分存在时，他们的自我意识有时还很模糊。法国1614年举行的三级会议上，商业界代表米龙曾向国王陈述，是第三等级整体承担了整个国家物质资料的生产。他说："如果穷人不工作，则属于教会的什一税和大地产，属于贵族的美好土地和巨额封建财产，属于第三等级的房屋、地租和遗产，有何意义呢？其次，谁给陛下资金去维护国王的尊严，满足帝国内外的迫切需要呢？如果不是农民，谁给您以征集军队的资金呢？"米龙的这番话，表明当时作为第三等级组成部分的资产者，是把自己作为包括农民、工人在内的整个等级的代表，资产者当时尚未把自己看作一个独立的阶级。③

---

① ［法］雷吉娜·佩尔努：《法国资产阶级史》下册，康新文等译，上海译文出版社1991年版，第165页。

② ［法］雷吉娜·佩尔努：《法国资产阶级史》下册，康新文等译，上海译文出版社1991年版，第165页。

③ ［俄］戈·瓦·普列汉诺夫：《俄国社会思想史》第一卷，孙静工译，商务印书馆1988年版，第219页。

资产阶级在中世纪末期的不成熟性在术语学中也表现出来。后来在近代被译为"资产阶级"的"bourgeois"一词，在17和18世纪的法国语言中有几种含义。在一些文件中，"bourgeois"指一个城市所有的居民，在另一些文件中，"bourgeois"指城市中与贵族和教士相区别的第三等级。有的时候这个词具有司法含义，指居住在城市中承担城市财政义务、军事义务的一个有法律身份的自治共同体。从这个意义上说，显贵（贵族）可以成为bourgeois的一员，下贱的技工和工匠在某些城镇也可以成为bourgeois。卢瓦基说，bourgeois包括商人和那些主要从事商业而不是体力劳动的手工业师傅。在某些文件中，bourgeois指那些拥有一个为他工作的工人的人。[①]

在欧洲中世纪后期，不仅资产者作为一个经济实力逐渐上升的社会集团发展起来了，而且出现了为资产者利益服务的、有时也为宫廷服务的律师等自由职业者阶层。他们中有些人为近代资产阶级政治自由观念的形成起过作用，有些人则直接投身于与君主和王朝的斗争之中。在英国，这批人的一个代表性人物是爱德华·科克（1552—1634）。科克是英国著名的法学家和律师，1589年被选为下院议员，曾任下院议长、首席检察官、高等民事法院院长、王座法院院长。他曾参与弗吉尼亚公司在英属北美殖民地的商业活动，力主自由贸易和取消封建所有权。科克是英国普通法的专家，他研究并评注了从大宪章到詹姆斯一世的各种法令和法庭判例，对英国普通法进行了整理、汇编。他努力通过对封建法律的解释，得出有利于新兴阶级反封建斗争的结论。他把自己的任务称为是"老的土地必须长出新的庄

---

① Roland Mousnier, *The Institutions of France Under the Absolute Monarchy, 1598—1789.* Vol. I. *Society and the State*. London: Chicago University Press, 1979. pp.236—237.

稼"①。他反对国王的特权，认为唯有普通法才是国家至高无上的法律，而它的唯一解释者是律师。他认为议会的立法权至高无上，不得加以限制。科克所著的《英国法学原理》于1628年出版后，对反对斯图亚特王朝的议会反对派和各种反封建斗士产生了很大的影响。②17世纪在法国也存在着相当一批自由职业者的律师。当黎塞留和马札然进行法国政府机构建设时，在设置的查案官官署中便吸收了律师和管理财务的专门人士参加工作。从自由职业者中招募行政人员，成为法国一种常见的做法。③

律师等自由职业者大多来自土地所有者的后代。威廉·哈里逊在《英国纪实》中指出，英国的地主由于长子继承制，让其长子继承其产业，而让次子和幼子进入商业和从事自由职业。他们常常先进大学或法学院学习研究，毕业后从事自由职业。④

---

① Donald Veall, *The Popular Movement for Law Reform, 1640—1660.* New York: Oxford University Press, 1970. p.66.

② Frederic William Maitland, *The Constitutional History of England.* Cambridge: Cambridge University Press, 1908. pp.268—270.

③ Franklin L. Ford, *Robe and Sword: The Regrouping of the French Aristocracy after Louis XIV.* Cambridge: Harvard University Press, 1953. p.132.

④ Donald Pennington and Keith Thomas eds., *Puritans and Revolutionaries: Essays on Seventeenth-Century History Presented to Christopher Hill.* Oxford: Clarendon Press, 1978. pp.356—359.

# 第六章
## 贵族和资产者的相互渗透

在欧洲封建社会的最后一个阶段，贵族和资产者相互渗透和流动的趋势迅速增强。

这是一个封建贵族急剧衰落的时期，贵族面对着封建土地所有制的衰落和资本主义经济因素的发展，一部分贵族转而采取资本主义经营方式获取利润，出现了贵族资产阶级化的趋势。而在此同时，也有一部分取得经济势力但尚无社会地位的资产者极其眼热于传统的地产和贵族头衔，这批人采取了土地贵族的生活方式。

在这个时期，欧洲各封建国家或者由于旧的封建贵族的自然衰落，使其统治的阶级基础崩溃，或是随着绝对主义王权国家采纳了具有资本主义性质的重商主义经济政策，需要有一批富有生气的新人来充当推行者，或者是由于王室国家财政困难、入不敷出，只得靠卖官鬻爵来弥补财政亏空，在欧洲各国都出现了一批出身于市民和资产者的人士进入贵族阵营和国家权力机构的现象。

资产者向贵族的渗透在封建等级制条件下还有另一方面的原因，它是资产者自身的迫切愿望。在几百年的欧洲封建社会中，贵族作为特权等级，享有一系列政治和经济特权，贵族的声望对富有的资产者极具诱惑力。贵族身份还伴随着经济利益，一个人只要有了贵族的姓氏和爵位，就可以减免赋税。罗马法中有承认官员和贵族享有免税权的规定，16世纪起罗马法的影响在欧洲扩大，进一步确认了贵族的免税特权，这使得贵族身份对资产者更有吸引力。其次，贵族身份在中世纪是一种特有而稳定的社会地位，中世纪人们在观念上认为地产比动产更稳定。富有起来的资产者无法抗拒这种传统观念，他们在心理上感到自己的财富和地位具有暂时性和过渡性的特点，仅靠财富不足以获得永久性的优越地位。他们必须获得社会的承认，抹掉自己地位不稳定的阴影。于是，他们千方百计地大量购买地产，按照贵族的生活方式去生活，以获得爵位。[①]科尔伯曾提出过一个典型的论点："欲维持家族兴旺，唯有以地产作为其牢固的基础"[②]，便是资产者这种观念的表达。

在英国，贵族集团扩大化的现象集中发生在都铎王朝时期。由于都铎王朝建立前夜的玫瑰战争使贵族阵营人数大大减少，王朝缺少统治的阶级基础，都铎王朝的第二个国王亨利八世即位后，大量授封和提升贵族。托马斯·莫尔和托马斯·克伦威尔，均是在这个时期进入贵族阵营的新兴资产者的典型代表。

托马斯·莫尔（1478—1535）出生于伦敦一个世袭的富有市民家庭，这个家族祖祖辈辈的生活都与伦敦商业区密切相连。他的祖父是

---

[①] ［法］雷吉娜·佩尔努：《法国资产阶级史》下册，康新文等译，上海译文出版社1991年版，第81—82页；另可参阅 Roland Mousnier, *The Institutions of France Under the Absolute Monarchy, 1598—1789.* Vol. I. *Society and the State.* London: Chicago University Press, 1979. p.216.

[②] ［法］雷吉娜·佩尔努：《法国资产阶级史》下册，康新文等译，上海译文出版社1991年版，第102页。

伦敦面包铺主，祖母是啤酒酿造工人的女儿。他的父亲约翰·莫尔1475年加入伦敦的林肯法学会，后来成为一个青云直上的律师，担任王家高等法院的法官，获得贵族爵位。他作为律师，与伦敦商业区商会中富有的市民保持着密切的业务联系。约翰·莫尔的第一任妻子即托马斯·莫尔的母亲，是市参议员托马斯·格伦杰尔的女儿。托马斯·格伦杰尔在1503年担任伦敦的执行官。约翰·莫尔家庭十分富裕，在富人聚居的街区拥有漂亮的住宅。托马斯·莫尔在圣安东区文法学校学习多年后，到坎特伯雷大主教约翰·莫顿家中做少年侍卫，莫顿曾一度担任过英国的大法官。1492年，托马斯·莫尔进入牛津大学的坎特伯雷学院学习。在15世纪末16世纪初，牛津大学是英国人文主义文化的中心。莫尔在这里受到希腊文化研究者格罗辛、托马斯·林纳克和约翰·科雷特的教导和影响。莫尔在牛津学习了两年，1496年2月进入林肯法学会学习，1502年成为律师，后来短暂担任过林肯法学会的教师。大概托马斯·莫尔当时在伦敦资产者中威信很高，所以1504年当选下院议员。他曾在下院反对国王勒索封建补助金的要求，并得到下院的一致支持。1510年，托马斯·莫尔被任命为伦敦市的副执行官。1513年莫尔作为伦敦金融中心的发言人，会见了威尼斯新任大使塞巴斯切扬·朱斯蒂尼阿尼。1515年莫尔到英国驻荷兰使馆中从事商务工作。在荷兰期间，他结识了人文主义者伊拉斯谟斯的密友彼得·贾尔斯，并开始撰写人文主义和空想共产主义的著作《乌托邦》①。后来，莫尔引起了亨利八世的注意，被吸收为国王的政务会成员，1521年授封为骑士，1523年担任下院议长。在沃尔西倒

---

①　［苏］N.H.奥西诺夫斯基：《托马斯·莫尔传》，杨家荣、李兴泽译，商务印书馆1984年版，第1—6、8、88—89页。

台后，莫尔被任命为大法官，他是第一个担任此职的世俗人士，他还担任过兰开斯特公爵领地大臣。

托马斯·克伦威尔（1485—1540）出生于伦敦近郊，其父是一个酿造过啤酒、当过铁匠、从事过漂布业，后成为呢绒商的乡绅。托马斯·克伦威尔早年在意大利的法国兵营中过军旅生活，后到安特卫普学习经商，经营过对佛兰德斯的贸易，并与佛罗伦萨的银行家有交往。回国后在沃尔西大主教府中工作多年，1524年被接纳为格雷法学院成员，从事律师工作多年。1523年和1529年他两度当选为下院议员，同商人、法律界人士有密切联系，崇尚法治。他懂得法文、拉丁文、希腊文和意大利文，熟悉亚里士多德、马基雅维里、马尔西里乌斯、卡斯托格利昂的著作。1530年托马斯·克伦威尔宣誓进入宫廷政府，1531年进入枢密会议，负责起草法令。1533年担任财政大臣，执掌财政、司法、行政、外交及宗教事务等方面的大权。1534年4月被任命为国务大臣，常常代表国王出席枢密会议。1536年任枢密院院长，同年被封为勋爵，1540年被封为男爵。

斯图亚特王朝继续了都铎王朝这种授封和提升贵族的政策。从1615年底到1628年底，英国贵族由81名增加到126名。其中伯爵增加得尤其多，由之前的27名增加到65名。[①]身为政府高官而封为贵族的有培根、康韦、考文垂、达德利、卡利顿，他们只付了很少的钱或者未付钱就获得了贵族头衔。莫汉、韦斯顿和戈林是因为有上院显贵伯金汉做后台而被封为贵族的。此外，英国新封的贵族中还有一类完全是出钱买得贵族头衔的。例如1616年因派遣海勋爵出使巴黎和马德

---

① Lawrence Stone, *The Crisis of Aristocracy, 1558—1641*. Abridged edition. Oxford: Oxford University Press, 1967. pp.50—51.

162

里需要资金，这时出售了两个男爵爵位，由约翰·霍利斯爵士和约翰·罗帕尔爵士各出资1万镑购得。1624年伯金汉公爵出使巴黎时，政府因需要资金再次出售勋爵爵位，价格上涨到3万镑。[①]当时贵族爵位的价格同其他商品一样受到供求关系支配。如男爵爵位在1615到1621年值1万镑。而到17世纪20年代中期价格下降了50%；子爵爵位的价格1620年为1万镑，1625年为8000镑，1727年则下降到4000至5000镑。出售爵位的做法一度在英国被禁止，查理一世在17世纪40年代初重开这一做法。英国最后一例出售爵位之事发生在1648年10月。处死查理一世后才最终结束了出售爵位的做法[②]。在购得爵位的人中，大多数为新兴土地所有者、商人和手工工场主。

在法国，资产者向贵族流动由来已久。卡尔丹·勒佩尔蒂埃15世纪中叶在鲁昂经商，1445年成为该城的资产者。他用鲱鱼从巴西换回葡萄酒、纸张、香料、棉花，也从地中海和里斯本进口香料。他的儿子理查·勒佩尔蒂埃继承父业继续经商，并沿袭传统做法购买地产，收取地租。他买下蒂翁维尔领地、于勒普雷沃斯庄园和凯斯努瓦庄园等多处地产，1471年被封为贵族。[③]

在法国，1520年以后进入贵族行列变得很容易，取得贵族资格的途径之一是通过法律调查，即只要有人担保被调查人能够以不劳而获的"贵族方式生活"，并且他的父母和祖父母也众所周知地以贵族方

---

① Lawrence Stone, *The Crisis of Aristocracy, 1558—1641*. Abridged edition. Oxford: Oxford University Press, 1967. p.53.

② Lawrence Stone, *The Crisis of Aristocracy, 1558—1641*. Abridged edition. Oxford: Oxford University Press, 1967. p.55.

③ ［法］雷吉娜·佩尔努：《法国资产阶级史》上册，康新文等译，上海译文出版社1991年版，第308页。

式生活，便可以取得贵族资格。①法国由资产者向贵族流动的例子很多。皮埃尔·塞吉耶（1588—1672）是依靠土地、官职和高利贷积累起殷实家产的新贵族，他无条件地为君主制效劳，政治上平步青云，1635年执掌国家司法行政大权。②

16世纪以前法国实施了官职税制度，即官员在任职之前要交纳给掌玺大臣公署一笔税金，有点像学徒出师时交纳的出师税。后来，由于国家需要大量税金以应付专制主义时期国家庞大机构的开支，逐渐提高这种收入，使得这种税金的征收演变为卖官鬻爵。从此，只有通过购买才能在王室行政部门得到某个官爵。资产者希望得到这些官职，不仅是希望从中得到荣誉，而是由此可以免交某些赋税，获得俸禄、礼品及其他额外收入。16世纪下半叶，宫廷需要金钱，于是便大量增设官职。1602年起国家每年收取官职价值的1/60作为官职税。与此同时确认了官职的世袭性，以及官职在官员临终时可转售。③随后，官职价格不断上涨。1604年法官推事售价相当于4万锂，1611年巴黎最高法院首席院长的官职卖到15万锂。继承官职的年龄限制也在降低。1665年科尔伯向国王提出的改革方案中，把巴黎最高法院院长职位售价定为30万锂，审查官为15万锂。④富有的资产者通过获取官职而被封为贵族的例子很多。例如波尔多商人埃康家族的成员曾任高

① ［法］费尔南·布罗代尔：《15至18世纪的物质文明、经济和资本主义》第二卷，顾良、施康强译，生活·读书·新知三联书店1993年版，第530—531页。

② ［法］费尔南·布罗代尔：《15至18世纪的物质文明、经济和资本主义》第二卷，顾良、施康强译，生活·读书·新知三联书店1993年版，第533页。

③ ［法］雷吉娜·佩尔努：《法国资产阶级史》下册，康新文等译，上海译文出版社1991年版，第78页。

④ ［法］雷吉娜·佩尔努：《法国资产阶级史》下册，康新文等译，上海译文出版社1991年版，第79页。

等法院推事，后来以父亲不久前购置的一块地产为姓称蒙泰涅。法国古典主义戏剧创始人彼埃尔·高乃依的祖父出身于孔舍城的皮革商家庭，先是在鲁昂高等法院任副书记官，后来成为律师，其子于1637年受封为贵族。[①]

有一些贵族祖辈为平民，经数代人上升而来。法国拉瓦勒的贝尔塞家族就是如此。1620年彼埃尔·贝尔塞任王室洗衣总管，他说自己连签名也不会。1653年他的后代、商人兼王室洗衣总管雅克·贝尔塞开始自称拉克鲁瓦布朗什的老爷。这个家族的贝尔塞·德·拉库佩利埃在世时，身为贸易商、银行家、国王秘书，又是领主。1789年的调查表明，在博韦城获得贵族身份的人中，有五人名叫"当斯"，五人名叫"勒尼翁瓦尔"，六人名叫"米歇尔"，这些名字足以说明他们出身平民。[②]那些出身平民的贵族往往尤其珍惜自己的贵族特权。

在法国，资产者加入贵族阵营有着特定的背景，即君主这种与资产阶级结成联盟的做法是由于专制君主受到封建贵族的反对和挑战，而采取的一种政治策略。在法国，早在1624年至1642年红衣主教黎塞留任首相时，便组织了对贵族的坚决斗争。1627年至1628年围攻了拉罗希尔，但随后1648年至1653年的福隆德运动使路易十四受到很大的刺激，路易十四亲政时采取了坚决抑制旧贵族的策略。国王在此前后选择了勒·泰利埃、柯尔伯、卢瓦、巴布鲁厄为自己的大臣、顾问和

① ［法］雷吉娜·佩尔努：《法国资产阶级史》下册，康新文等译，上海译文出版社1991年版，第80页。
② ［法］雷吉娜·佩尔努：《法国资产阶级史》下册，康新文等译，上海译文出版社1991年版，第259页。

助手，封他们为贵族，允许他们进入宫廷。[①]

在法国，由市民阶层进入贵族阶层的人士称为穿袍贵族，他们无须履行军事义务，也不担任军事职务，他们中进入宫廷政府者均担任文职，各级司法、行政和国王参议机构的成员，大都是从穿袍贵族中挑选出来的。从弗朗索瓦一世执政起，三个参政机构的成员几乎全部来自大资产阶级。从1624年起，行政法院成为主管财政等事务的高级行政机构，负责处理日常司法和行政事务，该机构的30名推事中，有24名是穿袍贵族，另外各有3名是宗教和佩剑贵族。[②]路易十四时期穿袍贵族在巴黎法院有185人，在佩皮尼昂法院有16人，在图卢兹、鲁昂、雷恩的法院各有100人以上，而在波尔多、第戎、梅斯的法院则稍少一点。18世纪初法国所有15个法院中，穿袍贵族总计大约120人。参加各地审计法院的还有大约800名穿袍贵族。审理间接税的最高法庭有将近150名穿袍贵族，国王的大委员会中有63名穿袍贵族。总计18世纪上半叶在国王的法庭中，穿袍贵族大约总数在2000到2300人之间。[③]

非贵族人士进入贵族行列后，并没有充分地与旧贵族相融合。他们在贵族中构成了一个特殊的集团。例如旧贵族对法国国王选择科尔伯等人做他的大臣和顾问尤其不满，圣西门曾忿忿地抱怨说："这是

---

① ［法］米歇尔·博德：《资本主义史：1500—1980》，吴艾美、杨慧玫、陈来胜译，东方出版社1986年版，第36、51页。

② ［法］雷吉娜·佩尔努：《法国资产阶级史》下册，康新文等译，上海译文出版社1991年版，第87页。

③ Franklin L. Ford, *Robe and Sword: The Regrouping of the French Aristocracy after Louis XIV.* Cambridge: Harvard University Press, 1953. pp.53—54.

下贱的资产阶级的统治。"①他还说:"国王把一些人列为授封贵族,而不是贵族。"被授封的贵族在习惯和生活方式上始终无法与旧贵族合流。他们在出身、身份和资格上比后者要低一等。在1787年和1788年上诺曼底的议会中,新封的贵族勒·科托·德·康提留只是代表第三等级。在1789年三级会议选举时,在一些地区被授封的贵族与旧贵族一同选举,但在一些地区旧贵族却把他们赶到一边去。1789年在奥尔良,仍然把授封为贵族的资产者与"绅士"(gentilshommes,专门用以指谓旧贵族的词)区分开。18世纪中叶,阿莱·德·科比子爵在他所写的《对古代精骑兵团的探讨》(1759年)和《贵族的起源》(1766年)等著作中,仍然重复着一种旧的理论,认为"绅士"构成了一个种族,他们是条顿时代早年服从于高卢人的军人的后代;而那时平民也构成了一个等级,他们是被征服者的后代。即使王室颁发专利特许证,也无法改变一个人的种族。他认为授封贵族仍处于较低的社会地位。②

把资金投入地产是资产阶级贵族化的一种表现。17世纪以后,伴随着穿袍贵族人数的增长,资产者重视地产的倾向更为突出。拉杜里指出,在蒙彼利埃,1547到1577年间,司法界人士拥有的产业差不多翻了两番,金融界人士产业的增长更是惊人,他们在1547年平均占地仅6公顷,到1680年间猛增至220公顷。③陆军统帅波旁犯叛国罪后,

---

① [法]米歇尔·博德:《资本主义史:1500—1980》,吴艾美、杨慧玫、陈来胜译,东方出版社1986年版,第36页。

② Roland Mousnier, *The Institutions of France Under the Absolute Monarchy, 1598—1789.* Vol. I. *Society and the State.* London: Chicago University Press, 1979. pp.215—216, p.230.

③ [法]雷吉娜·佩尔努:《法国资产阶级史》下册,康新文等译,上海译文出版社1991年版,第100页。

他的40处庄园全部被没收，在拍卖时除三处地产被旧贵族买去外，其余地产全部被资产者买下了。[①]法院院长布耶记叙说，存在着农民和资产者相反方向流动的情况。"从前只知道在祖传的土地上以种田维生的农民，现在却认为在城市里可以找到更舒服的生活，于是纷纷离开农村。城市里的资产者则利用农民的错误乘机而入，买下他们放弃的产业。"[②]此外，资产者还通过与贵族联姻来获得乡村的地产。如法院院长巴尔除了通过联姻获取米勒博庄园外，又先后购买了吕费、埃西雷、库泰农等地的地产。[③]

贵族或僧侣转而成为资产者的例子，在中世纪便很常见。中世纪银行业发达的城市阿拉斯有四大家族，其姓氏表明他们出身于贵族。如其中有一个"朗斯蒂埃"家族，其姓氏的含意为"执长矛的人"。在修道院或领主城堡周围形成的城市里，可以肯定许多商人本来就是高级教士。他们最初负责修道院或领主的采购事务，同时兼为自己的利益从事一些商业活动。在意大利，有一部分靠贸易发财致富的家族是王室贵族的后代。[④]

土地贵族资本主义化的现象是与资产阶级贵族化同时发生的。在中世纪后期经济变动、商品货币关系发展、封建经营方式已无利可图的背景之下，贵族经济地位下降。一部分贵族不再依靠领主权剥削农

---

① ［法］雷吉娜·佩尔努：《法国资产阶级史》下册，康新文等译，上海译文出版社1991年版，第100页。

② ［法］雷吉娜·佩尔努：《法国资产阶级史》下册，康新文等译，上海译文出版社1991年版，第101页。

③ ［法］雷吉娜·佩尔努：《法国资产阶级史》下册，康新文等译，上海译文出版社1991年版，第102页。

④ ［法］雷吉娜·佩尔努：《法国资产阶级史》上册，康新文等译，上海译文出版社1991年版，第7页。

民，转而经营商业性农场，使用雇佣劳动力，即采用资本主义方式经营农业。[①]在奥地利帝国的大部分地区，出现了租地农场制。16世纪末，波兰、立陶宛小地主的收入94%来自出售领地上的农产品，大土地所有者70%的收入来自出售领地的产品。波兰贵族在1510年获得过维斯杜拉河免交过境税的权利后，遂大肆进行谷物、羊毛和青鱼的贩运。[②]16世纪30年代，驻但泽的佛兰德尔公使写道："从前大地主们不知道如何处理他们的谷物"，"然而近25年来，他们发现可以将谷物运往下游的但泽，然后在那里卖掉。这样一来，波兰王国和那些大地主们都发了大财"。[③]17世纪，波希米亚的贵族大地主拥有出售食盐的专利权，波兰贵族拥有出售食盐、烟草和青鱼的特权，匈牙利贵族拥有出售肉类的特权，他们积极投身于商业活动。波兰和俄国贵族取得了酒类饮料生产和销售的特权，完全占有酒吧、啤酒酿造和酒坊的经营。匈牙利贵族在16世纪展开了销售葡萄酒的活动，在匈牙利1543年和1567年分别取消在国内和边境地区贩运家畜的关税后，匈牙利贵族纷纷从事把在土耳其统治地区购买的家畜贩运到奥地利、波希米亚、摩拉维亚、西里西亚和威尼斯的活动。18世纪在法国东北部和巴黎盆地之间，土地贵族把领地出租给大农场主，自己收取改进型的地租。15和16世纪初，热那亚和欧洲其他地区的一些贵族开展了与新大陆、非洲和印度的贸易，并与利凡特地区展开贸易。17世纪到18世纪，法

---

① M. L. Bush, *The European Nobility.* Vol. II. *Rich Noble, Poor Noble.* Manchester: Manchester University Press, 1988. p.111.

② M. L. Bush, *The European Nobility.* Vol. II. *Rich Noble, Poor Noble.* Manchester: Manchester University Press, 1988. p.142.

③ Terzy Topolski, *"The Origins of the Early Modern Manorial Economy in Europe",* in Jaroslaw Pelenski, ed.,*State and Society in Europe from the Fifteenth to the Eighteenth Century.* Warsaw: Warsaw University Press, 1985.

国一些富有的贵族展开了海外批发贸易，这种活动得到专制主义王朝的积极支持。[1]

欧洲各国的一些贵族直接投身于资本主义矿业和制造业经营，他们中有些人的经营规模已相当可观。在英国，1627年艾克里勋爵获得了炼铜的特许状。16世纪，不少地主在自己的土地上设置工场生产锡。法国冶金业集中的内韦尔省的一些冶金工场在18世纪已为贵族控制。维尔梅兰拥有阿娜·德·朗格和夏托·勒诺的工场。加斯科因的领主拥有德梅的冶金工场。都尔收税区的13个冶金工场分别为13个贵族所拥有，他们中有索塞特侯爵、微拉尔公爵、柏托马侯爵等。法国贵族对开采煤矿尤其热心，蒙托泽尔公爵在路易十四时代取得开采煤矿40年的权利。18世纪下半叶，拥有煤矿营业权的法国贵族有米拉波侯爵、拉法耶特侯爵、塞内侯爵等19家。此外，法国贵族还参加纺织业活动，经营纺织业手工工场的有科朗库侯爵、卢维库侯爵、拉麦伯爵夫人等多人。18世纪法国贵族经营的纺织工场数目很多。[2]在16世纪的奥地利，矿山业主有一大半是贵族。

---

[1] Roland Mousnier, *The Institutions of France Under the Absolute Monarchy, 1598—1789. Vol I. Society and the State.* London: Chicago University Press, 1979. p.230.

[2] ［德］伟·桑巴特：《现代资本主义》第一卷，李季译，商务印书馆1958年版，第572—575页。

# 第三编

## 近代阶级社会的结构

# 第一章
# 从中世纪向近代社会结构的演变

西方近代资本主义国家的奠基人是在批判封建制度的基础上构思理想的政治制度蓝图的，他们也是在批判封建社会的等级特权制度的基础上构思理想的社会制度蓝图的。那些作为资产阶级革命先驱的思想家在揭露封建社会极大的弊病时，尤其鄙视那种制度下贵族特权阶层无所顾忌、肆意妄为，以及封建法律制度保障贵族的身份特权的现象。封建社会制度是以人的身份不平等为前提的，人生来便有高低贵贱之分，贵族奢侈享乐、不劳而获，对社会无所贡献，却在国家政治经济生活中拥有特权。有才干、富于智慧、勤勉地创造物质和精神财富的各阶层劳动群众和资产者，却因身份低下无法参与国家的政治活动。这种人在身份上不平等的规定，时时侮辱和压抑着大多数人，同时也给社会经济生活带来极大的障碍。因此，资产阶级早期法学家和启蒙思想家认为，未来的国家应当是废除等级特权和身份的不平等的国家。[①]法国出身中产阶级的政治家、

---

① 沈汉：《西方国家形态史》，甘肃人民出版社1993年版，第193—194页。

1787年三级会议和1792年国民公会的参加者西耶斯，在法国大革命前夜的1788年11月所著的题为《论特权》的小册子中，揭露了封建社会等级特权制度的不合理性，他写道："在我们眼皮底下出现了众多的特权者，他们带着宗教般的信仰，宣扬他们仅凭出身便有权获得荣誉，仅因生存便有权享受人民奉献中的一份。"[①]在这种制度下，"一方面，等级偏见不断地促使特权者挥霍自己的财富，另一方面，等级偏见又绝对地禁止他们依靠几乎一切正当途径来获取财富"[②]。他指出："无论何种特权，其目的自然都在于免受法律的管束，或赋予法律所未禁止的某种事物的未属权利。"[③]"因此，按照事物性质来说，所有的特权都是不公正的、令人憎恶的，与整个政治社会的最高目的背道而驰。"[④]西耶斯提出，要废除等级特权制度，"凡法律未予禁止的都在公民自由的范围之内，都是属于大家的"[⑤]，"只存在法律面前一律平等的公民"[⑥]。正是根据革命前夜资产阶级提出的政治蓝图和原则，法国大革命爆发后制定的《废除封建制的法令》宣布："一切公民，不问其出身如何，均有资格担任教会的、

---

① ［法］西耶斯：《论特权，第三等级是什么？》，冯棠译，商务印书馆1990年版，第10页。
② ［法］西耶斯：《论特权，第三等级是什么？》，冯棠译，商务印书馆1990年版，第13页。
③ ［法］西耶斯：《论特权，第三等级是什么？》，冯棠译，商务印书馆1990年版，第1页。
④ ［法］西耶斯：《论特权，第三等级是什么？》，冯棠译，商务印书馆1990年版，第3页。
⑤ ［法］西耶斯：《论特权，第三等级是什么？》，冯棠译，商务印书馆1990年版，第2—3页。
⑥ ［法］西耶斯：《论特权，第三等级是什么？》，冯棠译，商务印书馆1990年版，第11页。

文武官职和职司。"①废除等级特权制度的原则，在法国资产阶级革命以后在其他各国资产阶级革命中，一再被各国资产阶级重申。例如1849年3月28日的《法兰克福宪法》宣布："在法律面前一切德国人一律平等"，"无关一定职位的一切头衔均予以废除，并永不得再行采用之"。②资产阶级革命建立的西方近代资本主义社会，从法律和伦理上废除了人身份上的不平等，宣布反对封建特权。但是它在承认人身份平等的同时，又宣布人拥有的财产可以不平等，维护私有财产权。

因此，资产阶级希望建立的近代资本主义社会结构，完全不同于封建社会的社会结构。在近代社会中，个人不再隶属于由法律规定的他出生的那个等级，个人也不再世袭特权或义务。近代社会是一个阶级社会，财产在近代社会中具有中心地位。近代社会是根据人们获得财富的多少及方式，来确定人们在近代社会中的阶级地位的。马克思论述了世界进入近代发生的变化，他说："政治革命……摧毁了一切等级、公会、行帮和特权。"③德国学者桑巴特则说，在近代以前，财产伴随着对权力的占有，人们由于属于那个社会的统治精英而会变得富有；但是，在近代社会中，权力尾随着对财产的拥有。④这样，在近代社会，决定社会集团划分的最基本要素与中世纪相比，发生了

---

① 法学教材编辑部《外国法制史》编写组：《外国法制史资料选编》下册，北京大学出版社1982年版，第530页。

② 法学教材编辑部《外国法制史》编写组：《外国法制史资料选编》下册，北京大学出版社1982年版，第655页。

③ 中共中央马克思、恩格斯、列宁、斯大林著作编译局译：《马克思恩格斯全集》第1卷，人民出版社1956年版，第441—442页。

④ Jerome Blum, *The End of the Old Order in Rural Europe.* Princeton: Princeton University Press, 1978. p.5.

根本转变，社会结构的范式与中世纪相比也发生了根本转变。历史学家奥托·亨策尔用另一种表述方式，来描述从封建国家向近代国家社会关系的转变，他称之为"以契约为基础的自由的关系"取代"以身份为基础的确定的关系"。亨策尔认为，人们根据身份观念来思考转到以契约的语言来思考，是一种重大的转变。因为以身份为基础的关系是中世纪的规范标准，它是人和它整个存在的固定的终身关系的基础，它给人在整个秩序中一个固定的位置，人不能自由地取消它或居于它之外，而近代自由契约则完全相反。①

但是，以上对近代社会结构的描述系就典型化的形态而言。历史学所说的近代是一个划定的历史时段。北美和西欧与东欧国家进入近代社会走过了不同的政治道路。西欧和北美一些国家经历了资产阶级革命，因而在法律上较为彻底地废除了等级制度和封建特权。但是，易北河以东的东欧国家，则是通过王朝战争或自上而下废除农奴制的改革等非资产阶级革命的方式进入近代时期的，封建政治制度和法律的残余是逐步消除的，在一个时期还保留了较多的封建特权和等级身份制度的残余。

近代阶级社会结构也不是资产阶级革命后一下子就形成的。资产阶级革命可以断然废除封建等级制，但却无法通过政治和法律手段立即建立成熟的近代阶级结构。资本主义关系的成熟是近代阶级结构赖以形成的基础，成熟的资本主义社会结构有待于工业革命的完成和近代资本主义关系的成熟和建立。这样，那些较早发生资产阶级革命的国家，都经历了一个漫长的从封建主义社会结构向资本主义社会结构

---

① Gerhard Oestreich, *Neostoicism and the Early Modern State.* Cambridge: Cambridge University Press, 1982. p.140.

的过渡阶段。这使得西方国家在近代时期社会结构的实际状况，比理论的概括要复杂得多。

过渡时期社会结构层次繁多、社会联系纽带复杂、阶级界限模糊的特征，在16和17世纪人士的描述中清晰可见。最早描述英国16世纪社会结构的是埃塞克斯的教区牧师威廉·哈里逊（1534—1593），他在1577年发表了一份题为《英国记实》的报告书。在这份报告书中，哈里逊把人们分成四个类别，即绅士、公民和自治市民、约曼、工匠和工人。关于他称之为绅士的那一类人，他说"是仅次于国王的最显赫的一个等级，它由亲王、公爵、侯爵、伯爵、子爵、男爵，以及那些被称为上层绅士的人、勋爵和贵人构成，在他们之下有骑士、缙绅和地位较低的人，这些人统称绅士"①。哈里逊写作《英国记实》20年后，托马斯·威尔逊爵士写下了《1600年英国状况》，他把英国居民划分为贵族、市民、约曼、工匠和乡村劳动者五个大集团。他研究较多的是社会上层各等级层次。威尔逊把骑士、缙绅、绅士、律师、自由职业者、非国教派牧师、副监察、受俸牧师、教区牧师一律划入小贵族之列。但他在文中另一处，又把各种自由职业者如律师、获得学位的大学毕业生、中等教士统统划入乡绅等级。②哈里逊的描述中，有爵位的贵族和新兴富有者之间的界限极为模糊。

---

① William Harrison, *The Description of England.* edited by Georges Edelen. New York: Connell University Press, 1968. p.94.

② Thomas Wilson, *"The State of England, 1600."* in Joan Thirsk and J.P.Cooper, eds., *17th Century Economic Documents.* Oxford: Clarendon Press, 1972. p.754.托马斯·威尔逊的叔父在1579年以后曾任国务大臣，他本人曾任外交领事、政府案卷保管人和剑桥大学一个学院的院长。他掌握了叔父珍藏的国务大臣和地产枢密官所保管的各种簿册，较准确地掌握了全王国所有贵族、骑士和绅士的各种收益情况。

　　1688年以后，格里高里·金写下了《关于英国状况和条件的自然和政治观察》，并留下了若干笔记。他根据交纳灶税的资料，绘制了一份英格兰各种家庭收支表。这可以说是对英国社会结构第一次系统的定量研究。他根据等级（Ranks）、阶层（Degree）、头衔（Titles）和资格（Qualifications）对社会居民进行分类，表格中表现出社会居民等级层次众多的特点。在这份表格中开列的等级依次为：世俗贵族（内分若干等级）、宗教贵族、准男爵、骑士、缙绅、绅士、官吏、商人、律师、教士、自由持有农、农场主、科学和艺术界人士、店主和小商人、技工和手工工匠、海陆军军官；普通海员、劳工和户外工人、茅舍农和贫民、普通军人；流浪者。[①]格里高里·金的表格对了解当时英国各个集团的人数提供了重要的资料。但我们更感兴趣的是格里高里·金作为一个当时代人对社会集团的分类标准即方法。格里高里·金的社会等级表格应当说具有二元参数，从分类项目来说，他较重视人的身份规定性，等级（Ranks）、阶层（Degree）、头衔（Titles）和资格（Qualifications）都是从身份标准来考察社会的参数，这种社会分类尺度本质上是中世纪的尺度。但是，在格里高里·金社会划分表格的下属栏目中则极为重视各阶层居民中各部分的经济收入。在这方面，格里高里·金详细研究了各类家庭的人口数、人均收入和家庭年收入，以及这些阶层的年总收入，俨然把它们当作以经济划分的阶级，这种划分和列表方式已属于用近代标准对社会结构进行划分。这表明，在17世纪末，经济观念和经济标准已成为当时人们

---

　　① Joan Thirsk and J. P. Cooper, eds., *17th Century Economic Documents.* Oxford: Clarendon Press, 1972. pp.700—789, 765—770.

认识和划分社会集团的另一个重要标准，这正是社会变动的反映。格里高里·金表格中等级身份和财产两种社会分类标准的混杂或共存，正是这一过渡时期社会结构内在参数混杂的极为客观的表现。格里高里·金所描述的社会结构多层化和阶级界限模糊的图景，到19世纪初仍有人在重复描述，戴维·罗伯逊描写道："在农夫和贵族之间一个集团和另一个集团毗邻而立，他们以令人感叹的方式在上、下两个集团的夹缝中生存，这样便合成了一幅具有内聚力的有力而美妙的图画。"①

在西方从封建主义向资本主义的过渡时期将近结束的时候，在欧洲文献史中，"阶级"这个词于18世纪中期以后出现了。这时英国的工业革命已在酝酿和进行中，"阶级"一词进入社会语言中，逐渐替代了"等级"的概念。历史术语学的资料印证了西方社会结构范式演变的事实。1749年，英国的乔赛亚·塔克提到了"社会的阶级"和"人民中的下等阶级"。1753年詹姆士·纳尔逊使用了"阶级"一词，认为英国当时有五个阶级，即贵族、乡绅、商人或经营者、工匠和农民。1756年约瑟夫·梅西在他的文章中提到了下等和中等阶级。1752年《月刊评论》的文章写道："一个阶级的所有成员对于所有的人来说都是极为重要和有用的，然而却被极端得轻视和看不起，我们指的便是人民中的那部分劳动者。"1763年诺威奇自治团体的一份请愿书提到了"工人阶级"，约翰·戈德汶在1766年提到了"有益和勤劳的阶级"，1767年约翰·斯图尔特爵士提到了"诸工业阶级"，1772年乔伊斯·汉韦使用了"人民中的下等阶级"的提法，威廉·赫

---

① Harold Perkin, *The Origins of Modern English Society, 1780—1880.* London: Routledge&Kegan Paul, 1969. p.22.

顿1781年谈到了"劳动阶级"，约翰·西尔瓦尔在1796年使用了"诸
劳动阶级"的用语。1797年，吉本斯在《月刊杂志》上发表的文章中
使用了"中等阶级"一词。1801年查尔斯提出了"农业阶级"的概
念，1813年欧文使用了"工人阶级"一词，1817年至1818年欧文更是
频繁地使用这一词汇，他把"工人阶级"作为同"上等阶级""中等
阶级"相对立的概念。[①]以后，工人的刊物就广泛使用"工人阶级"
一词，1818年在《黑矮子》杂志上发表的"一名纺纱工"写的《致曼
彻斯特罢工群众的公开信》中，已把雇主和工人称作"两种性质不同
的人所组成的阶级"[②]。文献学和术语学的资料从一个方面反映了西
方社会结构范式的变动。

---

　①　Harold Perkin, *The Origins of Modern English Society, 1780—1880.* London: Rout-
ledge&Kegan Paul, 1969. pp.22—27. Asa Briggs and John Saville, eds., *Essays in Labour History.*
Vol. I. London: Macmillan, 1960. p.117.

　②　Edward P. Thompson, *The Making of the English Working Class.* Middlesex: Penguin Books,
1968. p.218.

# 第二章
# 资产阶级

　　从启蒙运动开始，近代资产阶级在政治上觉醒了。这个集团不愿再继续依附和受制于封建贵族，作为封建等级制中的第三等级而存在。他们意识到自己具有强大的经济力量，产生了迫切的权力要求。他们首先要求废除等级制度，把特权等级排斥出国家政治机构。法国政治家西耶斯（1748—1836）在1788年至1789年发表了《论特权》《第三等级是什么？》等小册子，表明新兴资产阶级政治意识的成熟。西耶斯简洁明了地表达了第三等级的地位和要求，这便是人们所熟悉的三句对话：

　　一、第三等级是什么？是一切。

　　二、迄今为止，第三等级在政治秩序中的地位是什么？什么也不是。

　　三、第三等级要求什么？要求取得某种地位。[①]

西耶斯还强调了资产阶级在社会生活中已取得的地位："没有第三等

---

　　[①] ［法］西耶斯：《论特权，第三等级是什么？》，冯棠译，商务印书馆1990年版，第19页。

级，将一事无成，没有特权等级，一切将更为顺利。"①

如果说在1789年法国大革命前夜，资产阶级在自我宣言中还是把自己看作一个有独立利益的集团，而尚未把这个集团称为阶级的话，那么到法国复辟时期，当大资产阶级的历史学家冷静地来写自身历史的时候，他们在意识上已较为成熟了，这时，他们提出了较为成熟的资产阶级阶级观和阶级斗争理论。基佐在他写的《欧洲文明史》中指出，"等级斗争充满了或者准确点说构成了全部法国政治史"，阶级斗争"构成了近代历史的基本事实，并且充满近代历史中。而且实在地说，近代欧洲就是从这种不同的社会阶级之间的斗争中诞生出来的"。基佐晚年时回忆说："若干时期以来，我曾有幸作为中等阶级的旗手，而中等阶级本身就是我自己。"梯叶里在《诺曼征服英国史》一书中说，他写这本书的目的，就是要为中等等级"恢复名誉"。他在另一篇著作中说，因为中等等级和下等等级受到历史学的不公正待遇，所以，"出身于平民的我，要在我的编年史中，给它们以应得的光荣"②。基佐还认为，阶级划分的基础不是战争征服，而是土地所有制。"为了认识政治制度，必须去研究各个不同的社会阶层，研究他们的相互关系。为了了解这些不同的社会阶层，必须去认识土地关系的性质。"基佐还提出，不单是土地所有制，而且一般财产关系也是阶级划分和阶级斗争的基础。

资产阶级这种自我意识即阶级和阶级斗争理论的提出，也受到了马克思和恩格斯的重视和肯定。马克思曾在一封信中明确指出：

---

① ［法］西耶斯：《论特权，第三等级是什么？》，冯棠译，商务印书馆1990年版，第22页。

② 王觉非：《欧洲史论》，南京大学出版社1992年版，第464页。

　　……至于讲到我，无论是发现现代社会中有阶级存在或发现各阶级间的斗争．都不是我的功劳。在我以前很久，资产阶级的历史学家就已叙述过阶级斗争的历史发展，资产阶级的经济学家也已对各个阶级作过经济上的分析。我的新贡献就是证明了下列几点：（1）阶级的存在仅仅同生产发展的一定历史阶段相联系；（2）阶级斗争必然要导致无产阶级专政；（3）这个专政不过是达到消灭一切阶级和进入无阶级社会的过渡……①

恩格斯也指出：

　　从采用大工业以来……土地贵族（Landed Aristocracy）和资产阶级（middle class）这两个阶级争夺统治的要求，是英国全部政治斗争的中心。在法国，随着波旁王朝的返国，同样的事实也被人们意识到了。复辟时期的历史家，从梯叶里到基佐、米涅和梯也尔，总是指出这一事实是理解中世纪以来法国历史的钥匙。②

　　近代资产阶级的形成除了有主观意识形成这一标志外，还有其他背景。资产者成为一个阶级并非始于资产阶级革命或工业革命。然而在中世纪，资产者自由的法律地位并没有得到充分保证，相反，他们必须为封建贵族或宫廷政府服务。处于屈从的封建身份地位，抑制了他们的经济和政治能力的发挥。资本主义法律体系的建立最终废除了人身份上的不平等，确立了绝对的至上的财产权利，这样便把资产者从封建束缚下解放出来。以后，工业革命产生了新兴工业资产阶级成分，从根本上改造了中世纪以来以商业和手工业

---

① 中共中央马克思、恩格斯、列宁、斯大林著作编译局编：《马克思恩格斯选集》第四卷，人民出版社1972年版，第332—333页。

② 中共中央马克思、恩格斯、列宁、斯大林著作编译局编：《马克思恩格斯选集》第四卷，人民出版社1972年版，第245—246页。

为基础的资产者的结构。

西方确立资本主义社会基本社会关系的法律文件，以法国大革命以后拿破仑制定的《民法典》最为成熟。《民法典》的基本特征是关于财产所有权的规定。《民法典》第544款规定："财产所有权就是以绝对的方式享有和利用财物的权利，只要不违反法律和条例的禁令使用它。"《民法典》的序言中写道："我们始终把个人财产看作是神圣不可侵犯的财产，是应当得到国王本人尊重的财产视为准则。"拿破仑本人曾在对行政院的讲话中论及这个原则，他说："什么是财产所有权？它不仅是所有权，而且也是挥霍权，人们应当把财产所有权始终铭记在心。财产所有者权利的最有力的辩护者就是个人的利益。"[1]在各西方国家，通过仿效拿破仑的《民法典》或者根据公众认可的习惯规则，事实上承认了财产的至上地位。这样就为资产阶级自由活动打开了大门。从资产阶级革命到工业革命完成，金融大资产阶级、小资产阶级和中等工商业资产阶级接踵步入政治舞台，他们之间展开了争夺政治权力的斗争。君主立宪制、共和制和民主制是代表这些不同阶层利益的理想的政治统治形式。

在近代国家政治生活中，最初占有举足轻重地位的是资产阶级中的金融家阶层。金融大资产阶级的形成并非始于资产阶级革命，他们在绝对主义王权时期即封建社会后期的经济生活中，已经占据重要地位，在那个时期他们已经得到王室和贵族的青睐，他们中少数显赫者甚至取得贵族的头衔，这在本书第二编中已有所论及。然而，在近代初期，金融资产者不再是掌权集团的陪衬力量，而是作为主人积极活

① ［法］雷吉娜·佩尔努：《法国资产阶级史》下册，康新文等译，上海译文出版社1991年版，第310—311页。

动着。

金融资产阶级首先在法国产生了突出的代表人物，乌弗拉尔便是这个阶层的一员。他在不满19岁时便开始聚敛财富，一手搞囤积居奇，一手经营信贷。他先是在南特把所有对殖民地的食品经营控制在自己手中，在23岁时便积累了数以百万计的财富。以后他谋到军职，先到美因茨，然后又回到巴黎，娶了南特巨商泰博的长女为妻。他的两个女儿都嫁给了贵族大资产者。1794年，乌弗拉尔在安布瓦斯大街奥坦盖银行的旧址创办了一家银行。他在《回忆录》中写道："我同几位资本家合伙，在波尔多市场从事殖民地的食品贸易，结果三个月就使我本人分得50万金法郎。"乌弗拉尔的金融活动受到处于财政困难中的督政府的重视，督政官巴拉斯特地前去拜访乌弗拉尔，这样，乌弗拉尔开始与政府交往，改变了经营方向。以后，乌弗拉尔从巴拉斯处获得了承办海军军需品供应的垄断权，签订了数额巨大的合同，第一个合同数额为7400万法郎。后来乌弗拉尔说，一笔生意就给他带来1500万法郎的纯利。他对督政府的财政需要也慷慨解囊。他写道："在困境中，督政府再三恳求我出借1000万法郎。生意的发展和我享有的信誉使我能够马上支付这笔钱，以解国库之急。"他夸耀他的兰西城堡有三位国家部长做看门人，这就是时任对外关系部长的塔列朗、陆军部长贝蒂埃和海军部长德克莱。他们每个人都在这座城堡里占有三座楼阁作为消夏的居室。塔利安夫人和斯塔尔夫人都是他晚会的座上宾。①雾月政变以后，乌弗拉尔向法国的意大利方面军提供谷物。1802年拿破仑主动召见了他，他随后成为新成立的贸易联合公司

① ［法］雷吉娜·佩尔努：《法国资产阶级史》下册，康新文等译，上海译文出版社1991年版，第324—328页。

的参与者。而在百日政变时，乌弗拉尔又贷款给保王党代表维特罗尔伯爵。①

银行家勒库特尔·德·康特勒和佩雷戈对于帮助拿破仑创建法兰西银行作出了重要贡献。拿破仑发动政变上台后的第二年即1800年的2月13日，通过了法兰西银行章程，法兰西银行开始营业。法兰西银行是国家监督下的一个享有特权的银行。管理法兰西银行的是由200名最大的股东任命的董事会。勒库特尔担任第一届董事会董事长，佩里拉、马莱、奥坦盖和佩雷戈都是这届董事会的成员。他们中的银行家马莱及他的孙子和曾孙相继在140年间担任董事会董事，是法国最有势力的金融家族。②银行家约翰·弗雷德雷克·佩雷戈系瑞士人，出生在纳夏泰尔，后来定居巴黎。大革命前，他在内克保护下生意兴隆，他的银行在1783年达到鼎盛状态。他曾积极参加攻打巴士底狱，参加了圣马格卢瓦区的国民自卫军，先后担任连长和营长。因此他在革命时期没有受到任何威胁，并且得到罗伯斯庇尔的信任和敬重，使其业务迅速发展起来。他资助过1789年10月5日至6日向凡尔赛进军的妇女领袖梅里库尔，后来他成为救国委员会的代表，负责同瑞士贸易商进行谈判，购买了共和国所需要的军火。1799年12月以后，佩雷戈成为波拿巴任命的首批元老院议员之一。他死后，遗体以国葬仪式安放在先贤祠中。③早年作为佩雷戈雇员的拉菲特，1809年成为法兰西

① ［法］雷吉娜·佩尔努：《法国资产阶级史》下册，康新文等译，上海译文出版社1991年版，第331页。

② ［法］雷吉娜·佩尔努：《法国资产阶级史》下册，康新文等译，上海译文出版社1991年版，第378页。

③ ［法］雷吉娜·佩尔努：《法国资产阶级史》下册，康新文等译，上海译文出版社1991年版，第378—381页。

银行总裁，他在1824年的一篇文章中写道："我始终把物质财富看作是较少争议、最容易被我们获得和最不受政府干扰之物；我始终认为，当其他的一切几乎不能为我们所获时，我们就应当在物质财富上大做文章。人们不可能把自由奉送给一个国家。那么，就让我们把财富奉送给它吧！财富会使它更加光明，更加美好和自由。"这些话表明了金融大资产阶级对资产阶级社会的政治态度，也表明了他们的根本利益和根本兴趣之所在。

在法国复辟时期，大资产者的沙龙在社会生活中起了重要作用。梯也尔、雷米扎、布罗格列、莫莱、埃米尔·德·吉拉尔丹等人，聚集在德雷塞尔的沙龙里。比这些人更为激进的基佐、居维叶、若尔当、拉法夷特，则更多地出入于实业家泰尔诺的沙龙。以银行业为靠山的贸易商人和实业家资产阶级集团紧密地聚集起来。[1]1830年7月29日成立的以拉法夷特为核心的法国临时政府共有七名成员，其中就有三名银行家——拉菲特、奥蒂埃和卡齐米尔·佩里埃。支持这个政府的有资产阶级各派的代表人物，如欧内斯特·安德烈，他是尼姆城大银行家的代表，他和表兄科蒂埃合伙经营银行业务，阿韦龙煤矿和巴黎—奥尔良的铁路线便是由他出资兴建的。[2]司汤达尔曾描述法国七月王朝的政坛说："银行业领导着国家政权，资产阶级取代了圣日耳曼区（为贵族聚居之处），银行界成了资产阶级的贵族。"[3]

---

① ［法］雷吉娜·佩尔努：《法国资产阶级史》下册，康新文等译，上海译文出版社1991年版，第384—385页。

② ［法］雷吉娜·佩尔努：《法国资产阶级史》下册，康新文等译，上海译文出版社1991年版，第387页。

③ ［法］雷吉娜·佩尔努：《法国资产阶级史》下册，康新文等译，上海译文出版社1991年版，第401页。

　　19世纪二三十年代，法国出现了许多大企业家。实业家路易·布瓦格的家族早在1816年以前，就通过国家市场发了大财，在卢瓦河畔建立了富香博大型企业。其地理位置极佳，有德西兹、圣埃蒂安和布拉萨克的煤矿为它提供燃料，贝里地区可为它提供生铁。它在生产中使用煤炭以替代木柴。富香博工厂在1812年初建时，就具备生产6000吨生铁的能力，而当时整个尼维尔内地区的炼铁厂才有5000吨生铁的产量。这反映了19世纪新兴企业家生产集中和规模大的特点。在经营富香博工厂的过程中，布瓦格家族有两个方面的社会联系。一方面是同科技界的联系，布瓦格家族聘雇了工程师乔治·迪福，他毕业于巴黎综合工业学校，他的父亲当过工业家巴博·德·拉肖萨德的代理人；另一方面是同政界的联系，布瓦格同奥尔良家族的关系十分密切，他先后三次担任制造业理事会主席，从1828年起当选为涅夫勒省的众议员，他把众议员议席保留到1838年去世。他是《二百二十一人请愿书》的签名者之一。他主要的工程师乔治·迪福也是省议会议员，后来在1835年至1848年间出任省政府顾问。布瓦格死后，他的两个内弟共同接管了富香博。他们中一个是谢尔省的众议员若贝尔伯爵，他在1840年当上公共工程部长，他还是法兰西银行一位董事的侄子，另一个内弟是全国行政法院的秘书长克洛德·奥谢。①这个家族的发展轨迹清楚地表明，工业家、银行家和政治家结成了联盟，无法把他们分开。在1835到1840年间，工业资本的来源主要是家族资本，富香博工厂便是这样的例子。但是在法国，从七月王朝开始，企业的家族性质却日渐消失，银行的作用在逐渐扩大，因为自供资金的方法

---

　　① ［法］雷吉娜·佩尔努：《法国资产阶级史》下册，康新文等译，上海译文出版社1991年版，第406—409页。

已不足以保证企业发展的需要，工业资产阶级在企业经营中，开始最后扬弃中世纪的传统纽带和方式，他们的活动完全近代化了。

从19世纪30年代开始，法国企业家和银行家的联系越来越密切，企业家从银行业取得实际的帮助。早在1828年，米卢兹的棉纺织厂主就曾向银行请求帮助。巴黎的大银行家如拉菲特、达维利埃、富尔德、罗特希尔德的银行向他们提供了贷款，大银行的股份在工业中日益占据主导地位。[1]

在工业革命初期，不少人是通过经商成为大资产阶级的。例如一个叫科隆比埃—巴特尔的暴发户在1817年宣称："一件赚一法郎的罩衫，卖100万件我就知足了，我就是这样变成百万富翁的。"在法国纺织业资本家的成长过程中，他们常常是先经营批发贸易，然后在纱厂、纺织厂投资成为工厂主。亚眠的科斯拉家族、米卢兹的沃谢家族、诺曼底的普耶—凯尔蒂埃家族，都是这样发展起来的。[2]

到了法兰西第二帝国时期，随着工业革命完成以及美国加利福尼亚黄金的流入，货币流通得到发展，工商业资产阶级和金融业资产阶级的活动规模有很大增长，股份有限公司有很大发展。仅1854到1855年一年间，就有227家公司成立。19世纪60年代，万代尔家族和施奈德家族建立了可能是当时最强大、最有实力的冶金公司。1869年有人举出法国183个家族的名字，他们掌握了整个国家的经济命脉，包括银行、信贷公司、铁路、邮船、冶金工业、煤气工业等。后来，这些大资本家家族被简称为"200家"。当时法国大资产阶级的代表有亨

---

① ［法］雷吉娜·佩尔努：《法国资产阶级史》下册，康新文等译，上海译文出版社1991年版，第412页。

② ［法］雷吉娜·佩尔努：《法国资产阶级史》下册，康新文等译，上海译文出版社1991年版，第414—415页。

利·热尔曼、德塞利尼、费雷、普耶—凯尔蒂埃等。

随着劳资冲突的加剧，法国资产阶级开始建立他们的联合组织，来对付工人阶级的斗争和反抗。早在1824年，他们便成立了里尔纺织厂主委员会。1835年在阿尔萨斯地区，在纺织厂主施伦贝格推动下，建立了埃斯特工业家委员会，1850年成立了亚麻业主委员会。七月王朝时期，里弗德吉埃的玻璃厂主和洛代夫地区的工业家就已经组成联合会，用关闭工厂这种手段来破坏工人罢工。有些企业主联合会规定了违约罚金，如果某个企业主迫于罢工的压力作出让步，就会被判罚违约金。这些以雇主工会和老板慈善会的形式组成的联合会，在第二帝国时期得到官方的批准。①

在工业革命时期，新兴的近代工业资产阶级成为资产阶级的重要组成部分之一，他们中有一部分是在经济社会变动中，从下层劳动者上升为工厂主的，这在各国都可以找出一些例子。英国是世界上最早完成工业革命的国家，在这里记载了许多新兴工厂主的个案。

理查德·阿克赖特1732年出生于一个贫穷家庭，年幼时随剃须匠兼假发师当学徒，不善读写。1769年他取得了纺纱机发明专利证书。1771年他同两个富有的针织品商尼德和斯特拉特签订了合伙合同，利用合伙人的资金在诺丁汉开设了第一个工场，随后在德比附近的克尔姆福德开设了纱厂。到1779年，这家工场已有129个锭子并雇佣了300个工人。18世纪70年代阿克赖特在德比已生产纯绵的洋布。当时英国的立法禁止生产印花棉布，为此，阿克赖特在英国议会下院为自己从事的工业辩护，要求对国内市场销售产品征收的消费税，不要超过每

---

① ［法］雷吉娜·佩尔努：《法国资产阶级史》下册，康新文等译，上海译文出版社1991年版，第421页。

码三便士。议会批准了他的请求。1776年，他在贝尔珀开设了第三个纱厂。1780年他在曼彻斯特的纱厂有600多名工人。尽管阿克赖特的第一个发明专利被指控剽窃了别人的成果，专利证被撤消了，但他却成了一个成功的工厂主，极为富有。1792年去世时，他遗留下一笔50万镑的资金。[①]

达比家族是英国炼铁业的奠基人，该家族的事业是经过三代人发展起来的。这个家族的祖父阿伯拉罕是农民的儿子，干过水车匠和铁匠，1709年以后来到希罗普郡科尔布鲁克戴尔，开始用焦煤在高炉炼制生铁。他的儿子自1730年起经营这家工厂，制造棒状生铁。到这个家族的第三代，他们的工厂在伦敦、利物浦、布里斯托尔等地均设有分号。18世纪末，他们的生铁产量达到1.3—1.4万吨。[②]

皮尔家族则是纺织业资本家的典型例子。这个家族的祖父一代在18世纪初年耕种着家族从15世纪就拥有的土地，该家族历史上数代人都是自耕农或较为富裕的自耕农，然后其祖父从农夫兼织工逐渐转向工业，在家中织造呢绒和手工印花布，并出售其产品，最终成为手工工场主。1750年，这个家族的一个成员离开乡村进入城市，后来成为英国政府大臣的罗伯特·皮尔爵士，这是这个家族一个从工人成为工厂主的典型。他1772年时是伯里的印布工人，是他叔父的合伙人。他显示出极大的企业经营才能，几年中便发了财。到18世纪80年代，伯里的全体劳动者几乎都被他雇佣了。1788年，他又在塔姆沃思开设了一座工厂。由于他的工业经营成果卓著，1790年他在塔姆沃思被选

---

① ［法］保尔·芒图：《十八世纪产业革命——英国近代大工业初期的概况》，杨人楩、陈希泰、吴绪译，商务印书馆1983年版，第173—183页。

② ［法］保尔·芒图：《十八世纪产业革命——英国近代大工业初期的概况》，杨人楩、陈希泰、吴绪译，商务印书馆1983年版，第231、232、239页。

为下院议员，后被封为准男爵。1802年罗伯特·皮尔爵士在下院提出关于纱厂中学徒的劳工立法。[①]从学徒成为工厂主的还有威廉·拉德克利夫，他是出身地主家庭的织工，1789年成为工厂主，1801年，他手下有1000名以上的织工。[②]乔舒亚·菲尔登在1780年还是托德摩登村的农民，在家中用两三部织机进行生产，在哈利法克斯市场出售呢绒，后开设了棉织业作坊，到18世纪末发展成一座有六层楼的工厂。[③]从劳动者成为工厂主的还有制钉匠艾伦·沃克尔，铁匠威廉·霍克斯、约翰·帕克，开客栈和制锉刀的彼得·斯塔布斯，钟表制造人本杰明·亨茨曼，他们都在一代人时间里成为工厂主。里兹附近诺曼顿的理查德·克劳肖则从农民一举成为钢铁厂主。[④]

到了19世纪后期，英国最大的精纺公司有3000名雇员；阿姆斯特朗·怀特沃思爵士的制炮公司有雇员2.5万人；维克斯兄弟和马克西姆公司有雇员2.25万人，也是生产火炮的企业；印花布印制联合企业有20495人；从事造船的约翰·布朗公司有雇员16205人；从事车辆生产的首都混合铁路车辆和货车公司有13868人；合作批发联合公司有13203人；J和P外套公司有1.27万人；从事铁、煤和钢生产的格斯特、基恩和内特尔福斯企业有12451人；漂白坯布联合企业有11280

①　［法］保尔·芒图：《十八世纪产业革命——英国近代大工业初期的概况》，杨人楩、陈希泰、吴绪译，商务印书馆1983年版，第301、324—325页。

②　［法］保尔·芒图：《十八世纪产业革命——英国近代大工业初期的概况》，杨人楩、陈希泰、吴绪译，商务印书馆1983年版，第301—302页。

③　［法］保尔·芒图：《十八世纪产业革命——英国近代大工业初期的概况》，杨人楩、陈希泰、吴绪译，商务印书馆1983年版，第302页。

④　［法］保尔·芒图：《十八世纪产业革命——英国近代大工业初期的概况》，杨人楩、陈希泰、吴绪译，商务印书馆1983年版，第302—303页。

人。它们是英国十家最大的企业。①我们从中可以窥见英国大资产阶级的产业规模。在19世纪初英国刚刚完成工业革命时，在英国资产阶级中，商人和金融家拥有的财富和资本总量超过了工业家。在年收入3000镑以上的所有富人中，工业家只占少数。②但到19世纪80年代前后，英国工厂主的财产和生活方式都发生了巨大的变化。英国资产阶级中的富有者，在财产方面第一次超过了土地所有者的财产。从1809到1904年的近百年间四个阶段富有者留下遗产额在50万镑以上的人数来看，1809年至1858年间，土地所有者为530人，工厂主为49人；1859年至1879年间，土地所有者为282人，工厂主为124人；1880年至1899年间，土地所有者为175人，工厂主为208人；1900年至1914年间，土地所有者为107人，工厂主为244人。③根据鲁宾斯坦的研究，在英国，直至19世纪70年代，土地所有者仍是最富有的集团。在1858到1879年间死去的百万富翁中，80%是土地所有者；到1900年至1914年间，土地所有者在死去的百万富翁中的比例下降为27%，这期间，实业家在死去的百万富翁中的比例上升为72%，死去的自由职业者和文官占死去的百万富翁的1%。工商业实业家的财产在19世纪末不仅超过了土地所有者，而且他们也是资产阶级各个阶层中最为富裕的阶层。例如，19世纪初在法国，文官比实业家更富有，而到了19世纪末，二者的位置颠倒了过来。从1820年到1911年，一个高级文官的平

---

① Jürgen Kocka and Allen Mitchell,eds., *Bourgeois Society in Nineteenth Century Europe.* Oxford: Berg, 1993. p.106.

② Jüergen Kocka and Allen Mitchell. eds., *Bourgeois Society in Nineteenth Century Europe.* Oxford: Berg, 1993. p.129.

③ Jüergen Kocka and Allen Mitchell. eds., *Bourgeois Society in Nineteenth Century Europe.* Oxford: Berg, 1993. p.134.

均产业从253249法郎增加到431261法郎，同期实业家的平均产业从189643法郎增加到1450773法郎。①

在德国资产阶级当中，从18世纪末到19世纪上半叶，可以找到不少从工人一跃成为工厂主的例子。1793年，亨利希·库恩兹生于瑞士，父亲亦工亦农，把亨利希送到阿尔萨斯的纺织厂去学徒。亨利希在学徒期间不断给父亲写信，向父亲详细介绍了机器的成本，并劝告父亲把机器引进他的企业。1811年亨利希回乡后，帮助父亲扩大了车间，他的事业发展很快，一跃成为欧洲大陆著名的纺织厂主，被称为"棉纱王"。生于布莱斯劳的木匠之子奥古斯特·博尔西希作为一个技工来到柏林埃盖尔金属工厂，1832年到1837年在这家工厂中工作，升任工头。1837年他建立了自己的工厂，当时有50名工人。几年之内，博尔西希的工厂生产出第一台蒸汽机，五年后累计蒸汽机产量达到100台。1854年他死去时，他的工厂已雇佣了1000人。他的同时代人卡尔·霍普在建立自己的工厂10年之后，工厂工人人数也达到1000人。由工匠合作建立企业的突出例子，是来自汉诺威的租佃农的儿子维尔纳·西门子和他的合作者汉堡的技工哈尔斯克。他们合作创立了德国的电气工程工业，这是当时世界电气工业的先驱。1847年，维尔纳·西门子在哈尔斯克的参与下，发明了水下防腐蚀电缆，并取得了铺设横穿大西洋的电话线的合同。他与兄弟卡尔合作建立了俄国西部的电报系统，在克里米亚战争期间建立了奥德萨与塞瓦斯托波尔间的电报线。1913年，西门子电气工程公司雇佣了近25万人。此外，德国早期工业家卡尔·蔡斯也来自手工工匠阶层。柏林最大的家具厂主勒

---

① Jürgen Kocka and Allen Mitchell, eds., *Bourgeois Society in Nineteenth Century Europe.* Oxford: Berg, 1993. p.109.

曼则是贩马人之子。①在德国，从下层劳动者成为企业家，在工业革命时期通常要经过两代人的努力。

在德国工业家形成过程中，向上的社会流动与美国、英国甚至同期的法国相比，显得很困难。部分原因是德国社会各阶层之间存在严格的界限，部分原因是德国从整体上说缺少一个商业中等阶级。此外，19世纪德国技工行会出现了复兴，这成为技工发展和向上流动的障碍。普鲁士在1849年制定了行业法规，使那些希望把车间扩大或转变为近代工业公司的人遇到了极大的困难。②1871年以前，各个不同团体的企业家在宗教信仰和生活方式上存在着极大的差别。在工业化初期的乌珀塔尔和鲁尔，许多商人和工厂主都信奉新教，他们在天主教占据支配地位的这一地区，是宗教改革教派的成员。同样，在亚琛和科隆地区，商人们多信奉路德教。科隆有很多犹太人银行家。在柏林，大约50%的实业家是犹太人，他们来自外部不同的地区，如萨克森和西里西亚、普鲁士或波森。19世纪中叶柏林的实业家中，大约有60%是晚近从外地迁移而来的。③

1850年以前，德国的资产阶级从整体上说不那么富裕，在政治上极为软弱和不成熟。这一特点和德意志的工业兴起过程有关。因为普鲁士的工业是在18世纪至19世纪初在专制主义王朝政府的支持下发展起来的，较大的企业往往具有官办企业的性质，它们形成了官僚资本而不是自由资本主义。这一特点抑制和制约了资产阶级的发展。19世纪初的德国资产阶级没有强烈的参政意识，作为他们代表的知识分

---

① Eda Segarra, *A Social History of Germany, 1648—1914.* London: Methuen, 1977. pp.289—290.

② Eda Segarra, *A Social History of Germany, 1648—1914.* London: Methuen, 1977. p.288.

③ Eda Segarra, *A Social History of Germany, 1648—1914.* London: Methuen, 1977. p.288.

子，长期在思想上表现出空想浪漫主义的特征。[1]普鲁士资产阶级的这种精神特质，与德国统一过程的特殊道路及容克在统一过程中的军事和政治领导权有直接联系。正如马克思所指出的，普鲁士资产阶级既与国王也与人民敌对，它对每一方的态度都犹豫不决，"普鲁士的资产阶级并不是一个代表整个现代社会反对代表旧社会的君主制和贵族的阶级"[2]。马克斯·维贝尔也作出类似的评述。他谈到德国国家中"广大资产阶级仍然被封建制排除在外，他们不能参与行政权力"的现象时认为，被排斥在正当权力之外的德国资产阶级却默许这种制度，主要原因是他们怯懦，他们"习惯于无权"，只求和平与安静，"一旦获得民族的统一，其成就感就满足了"。一部分资产阶级渴望出现一位新凯撒，另一部分资产阶级很早就坠入政治上冷淡的典型的小资产阶级情绪中。资产阶级容忍自己被排斥在政权之外的另一个原因是工业家特别是大辛迪加头目能够通过雇主协会的活动，对政府政策施加影响，并靠科层制、官僚机构直接联盟的方式，来追求其经济利益。[3]

1800到1870年间，所有的德国实业家中有54%继承了他们父亲的职业；1871年至1914年间，同样有54%的企业家是企业家的儿子，1923年时这个比例达到64%。1800到1870年间，有31%的实业家来自社会中等阶层；而1871年至1914年间，这个比例为30%；1923年这个

---

① ［法］亨利·列菲弗尔：《论国家——从黑格尔到斯大林和毛泽东》，李青宜等译，重庆出版社1989年版，第22—23页。

② 中共中央马克思、恩格斯、列宁、斯大林著作编译局编：《马克思恩格斯选集》第一卷，人民出版社1972年版，第322—323页。

③ ［英］戴维·比瑟姆：《马克斯·韦伯与现代政治理论》，徐鸿宾、徐京辉、康立伟译，浙江人民出版社1989年版，第172—175页。

比例达到100%。1855年到1870年间，在柏林有78%的大银行家、工业家和商人来自实业家家庭；只有10%是技工、小商和小店主的儿子；32%为自由职业者的后代。[1]

在德国近代资产阶级形成过程中，一些德国工业家创办银行，以此在财政上支持他们的企业。莱茵地区的呢绒商戴维·汉泽曼在1815年参与创建亚琛保险公司。莱茵兰人梅维森创立了莱茵兰和威斯特伐利亚最大的信贷机构沙夫豪森银行，他还是莱茵铁路公司的主席和一家保险公司、三家矿山公司、另两家银行的创建人和几家工厂的创建人。他的兄弟奥本海默是他们在科隆的银行和三家矿山公司的董事，他们共同参加了不下于31家企业的董事会。俾斯麦的银行家格尔森·布莱克罗德，则是勃兰登堡边区一个小城镇的香水工场主之子。在柏林的银行家中有不少犹太人。德国犹太人银行家包括法兰西第一帝国时期在巴黎创办银行的富尔德家族、1820年从慕尼黑移居巴黎的沃尔姆家族、艾希塔尔家族以及罗特希尔德家族。罗特希尔德的阿姆舍尔·迈尔和他的儿子被称为"五位法兰克福的先生"，他们分别奔赴伦敦、巴黎、维也纳和那不勒斯创办银行，而总行则设在他们的故乡法兰克福。法兰克福市长施密特在1820年曾指出："这家银行目前通过大量的金融活动和业务信贷关系，成为一个势力强大的统治集团。由于它控制了广大的资本市场，因此能够随意阻止或推动领导欧洲各大强国的君主们的意愿和活动。"除了金融业外，罗特希尔德家族还拥有炼铁厂和汞矿，几乎垄断着茶叶、烟草和铜产品的贸易。罗特希尔德家族的银行在法国创办铁路公司的过程中起了主要作用，七

---

① Eda Segarra, *A Social History of Germany, 1648—1914*. London: Methuen, 1977. pp.286—287.

月王朝时期，该家族是陆、海军部门的军需承办人。雅姆·德·罗特希尔德在第二帝国时期的定期利息收入便达到1亿法郎，他个人一个月的贷款额就近5亿法郎。①德国的银行家还有法兰克福的贝特曼兄弟银行、贡塔尔特银行和纳维尔银行，柏林的席克勒兄弟银行、门德尔松银行、本纳克银行、布莱希勒德银行，汉堡的帕里什银行。②19世纪德国著名的企业家还有莱茵人亨克尔、格里洛、曼内斯曼、施廷内斯、基尔多夫，下法兰克尼亚人亨舍尔、勒希林、施图姆、蒂森、梅尔克、赖弗艾森，下萨克森人迈尔、霍瓦尔林、吕德里兹，威斯特伐利亚人迪伦达尔、哈科尔特、韦尔曼，西里西亚的林克、博尔齐希，弗赖堡的卡尔·梅茨。③一些资料表明，1840年以前，著名企业家的父母有61%为工人和市民，28%是中产阶级成员、独立的手工业者、商人和中层官吏，11%是贵族、教士、高级官吏和其他"上层社会"的成员。而到1840年时，出身于中产阶级的企业家的比例大大增加，占65%。④

到19世纪末，德国前十家最大的企业规模分布如下：克虏伯公司有64354名雇员；西门子公司有42866名雇员；生产铁、煤、钢的格森基希勒—旦格韦克斯股份公司有雇员31252人；凤凰公司有雇员3.1万人；AEG公司有雇员30667人；从事煤炭生产的哈彭内·贝格鲍公司

① ［法］雷吉娜·佩尔努：《法国资产阶级史》下册，康新文等译，上海译文出版社1991年版，第413—414页。
② ［联邦德国］卡尔·艾利希·博恩等：《德意志史》第三卷下册，张载扬、张才尧、郭鼎生等译，商务印书馆1991年版，第661页。
③ ［联邦德国］卡尔·艾利希·博恩等：《德意志史》第三卷下册，张载扬、张才尧、郭鼎生等译，商务印书馆1991年版，第636—637页。
④ ［联邦德国］卡尔·艾利希·博恩等：《德意志史》第三卷下册，张载扬、张才尧、郭鼎生等译，商务印书馆1991年版，第639页。

有雇员2.6万人；从事铁、煤、钢生产的柯尼希和劳拉胡特公司有雇员23224人；古特霍芬斯胡特公司有雇员21657人；另一家从事铁、煤、铜生产的公司有雇员21283人；从事煤业的希伯尼亚公司有雇员19212人。[1]德国大资本家经营的规模看来比英国更大。1912年，德国死去的百万富翁中，土地所有者占25%，实业家占68%。[2]

在法国，1911年时巴黎实业家的家产平均为1450773法郎，而土地所有者和靠地租、房租和年金为生的人，平均产业收入为334650法郎。这表明到19世纪末20世纪初，法国工业企业家的收入也超过了其他有产者阶层。[3]

各国新兴的工商业资产阶级在19世纪中期，纷纷建立自己的团体和组织。在英国，1838年9月，工业革命中成长起来的工商业资产阶级成员在曼彻斯特成立了反谷物法协会。同年年底，在英国许多城镇都出现了这类组织。1839年1月，来自全国36个城市的代表成立了全国性的反谷物法同盟，它把废除谷物法、实现谷物自由贸易作为斗争目标。反谷物法同盟的领袖和执委会成员都是著名的工商业资本家。理查德·科布登是一位乡绅之子，1828年开设工厂，仅印花车间就雇佣了600名工人。担任反谷物法同盟执委会主席和同盟主席的乔治·威尔逊曾与科布登合伙办厂，后投资铁路及经营工商业企业。执委会成员托马斯·波特是曼彻斯特著名的大资本家，曾任该市市长，

① Jüergen Kocka and Allen Mitchell. eds., *Bourgeois Society in Nineteenth Century Europe*. Oxford: Berg, 1993. p.107. Table 4.1, p.109.

② Jüergen Kocka and Allen Mitchell. eds., *Bourgeois Society in Nineteenth Century Europe*. Oxford: Berg, 1993. p.109.

③ Jüergen Kocka and Allen Mitchell. eds., *Bourgeois Society in Nineteenth Century Europe*. Oxford: Berg, 1993. p.296.

后受封为贵族。据说全国大工厂主没有一个不向反谷物法同盟捐款。科布登曾说，反谷物法同盟进行的"完全是中产阶级的宣传……我们不为托利党收买，我们远离辉格党；我们不同激进派合作，与宪章派也没有任何牵连。但我们随时准备欢迎那些同意全部和立即废除谷物法的人"[1]。在德国，自由贸易派资产阶级的组织是德意志工商业联合会，其代表人物是李斯特。李斯特负责起草该组织给邦联议会的请愿书，要求建立国内统一市场，扫除关税壁垒。请愿书写道：

> 德意志的38条关税与过境税边界线使境内交通陷于瘫痪，其结果大致就像把一个人的手脚都扎紧，使任何一只手脚的血液都不能流到其他手脚。你要想在汉堡和奥地利之间或柏林和瑞士之间做生意，就得穿越管辖着十种关税和过境税制度的十个邦，付十次货物通行税。而一个人如果不幸住在三四个邦的交界处，就得终生生活在互相敌对的关税官员之中，做一个没有祖国的人……汉撒同盟时代在德意志战舰保护下进行世界贸易的德意志人的精力，正由于38种关税和过境税制度而逐渐磨灭。[2]

在德国工商业资产阶级要求下，德国于1834年成立了德意志关税同盟。1858年又成立了经济学家协会，该协会进行宣传鼓动，要求自由贸易、免除关税、统一币制、建立统一的国内市场。他们把鼓吹自由贸易与政治自由结合在一起。嗣后，于1861年成立了全德商会。[3]德国工业家在柏林有自己的俱乐部，一个名为"同志协会"的俱乐部

---

① John Morley, *Life of Richard Cobden*. London: T.Fisher Unwin, 1908. p.268.

② ［美］科佩尔·S. 平森：《德国近现代史》上册，范德一译，商务印书馆1987年版，第113页。

③ ［美］科佩尔·S. 平森：《德国近现代史》上册，范德一译，商务印书馆1987年版，第173页。

有数百名会员。19世纪60年代这些协会常常邀请学者、艺术家、演员参加他们的俱乐部晚会。①德国的雇主在19世纪70年代开始建立自己的联合组织。1871年成立朗格纳姆同盟，即莱茵兰和威斯特伐利亚维护共同经济利益同盟。1874年成立德国钢铁工业家联合会。1876年成立德国工业家中央协会，不仅国家的官僚向这个组织咨询，而且这个组织直接参与决策过程，尤其是参与在关税和社会保险领域的政府决策。②

在法国，资本家行业协会发展得不像德国那样充分。法国行业协会中较有力量的当数法国冶金工业公会，它和政府上层建立了密切的联系，对于政府的关税政策和社会立法施加很大影响。此外，法国上层实业家的代表参加了各种咨询委员会和议会委员会，特别是参加了处理经济和社会事务的委员会。高级行政官员进入私人企业的现象在法国比其他国家更突出，实业家与政治精英建立了更加密切的联系。在英国，资本家个人介入政治和咨询作用，比压力集团的中介作用更大。各国的各种资产阶级集团与上层政治的接近情况存在着差别。伦敦商业区对英国经济政策的影响较大，原因在于英国银行家与白厅的联系比工业家与白厅的联系更密切。在德国，鲁尔区的重工业企业家比新兴轻工业企业家对政治有更强的影响力。在法国，巴黎的金融家、工业家与上层政治权势集团有更密切的联系。③

18世纪，俄国彼得一世和叶卡捷琳娜二世在位时期，伴随着商业

① Eda Segarra, *A Social History of Germany, 1648—1914.* London: Methuen, 1977. p.292.

② Jürgen Kocka and Allen Mitchell, eds., *Bourgeois Society in Nineteenth Century Europe.* Oxford: Berg, 1993. pp.118—119.

③ Jürgen Kocka and Allen Mitchell, eds., *Bourgeois Society in Nineteenth Century Europe.* Oxford: Berg, 1993. p.119.

资本主义的发展，商人势力有所加强。1754年成立的商业银行由莫斯科最大的商人叶甫莱诺夫主持，法定资本为50万卢布。[①]17至18世纪在彼得堡出现了一些大商人，商人萨瓦·雅可夫列夫有91家店铺，捷连节夫有27家店铺，波波夫和谢里考娃各拥有23家店铺。[②]18世纪，商人行会组织的法律地位固定下来，商人有自治机构——裁判所，并有单独的司法审判法庭和反省法庭。莫斯科的大商人中有93人参加了国外贸易，根据1764年至1765年的资料，他们拥有的资本共计117.58万卢布。伊凡·叶甫莱诺夫和他的儿子们通过彼得堡和阿尔汉格尔斯克同英国、荷兰和法国贸易；阿范那西·图尔恰宁诺夫同荷兰、意大利展开贸易，巴塔舍夫兄弟通过彼得堡和里加经营铁、生铁铸品、亚麻布、毛皮的贸易，华西里·苏罗夫西科夫在阿姆斯特丹、但泽进行贸易。[③]俄国商人在经营贸易的同时，也从事工业。在博罗夫斯克城，商人通过向农民收购原料，开办了两个织亚麻布和帆布的工厂，工厂主同时还从事亚麻贸易。在阿尔汉格尔斯克州，商人中拥有制铁厂者12人，拥有制造厂者4人。在喀山，一些行会商人开设了制铜、制铁和制肥皂的工场和皮革工场。在西伯利亚的伊尔库茨克，一批商人拥有制革、制肥皂工场、打铁铺和盐场。随着时间推移，俄国商人从事工业的比例扩大了。莫斯科商人在1765年仅有2%拥有工场，到19世纪中叶已有14.3%掌握了生产企业。[④]

---

① ［苏］雅可夫柴夫斯基：《封建农奴制时期俄国的商人资本》，敖文初译，科学出版社1956年版，第28页。

② ［苏］雅可夫柴夫斯基：《封建农奴制时期俄国的商人资本》，敖文初译，科学出版社1956年版，第43—44页。

③ ［苏］雅可夫柴夫斯基：《封建农奴制时期俄国的商人资本》，敖文初译，科学出版社1956年版，第55—56页。

④ ［苏］雅可夫柴夫斯基：《封建农奴制时期俄国的商人资本》，敖文初译，科学出版社1965年版，第173页。

　　由于俄国从封建农奴制经济经过自由资本主义阶段过渡到垄断资本主义阶段的时间极其短暂，只有几十年时间，俄国近代工业资产阶级往往在一代人便经历了资本主义发展的全部历程，即由农民或农奴、小商品生产者成为大工厂主。这种情况在西欧和美国是极其罕见的。例如，萨瓦·莫罗佐夫过去是农奴，1820年赎身，做过牧人、马车夫、织工、家庭手织业者。他曾步行去莫斯科出售自己的商品给包买主。随后他一步步成为小作坊主、作业分配所主人，直到成为工厂主。他死于1862年，当时他和他的儿子们已有两个大工厂。1890年，属于他儿孙的四家工厂共有工人3.9万人，产品价值达3500万卢布。在弗拉基米尔州丝织业中，许多大工厂主都是织工和家庭手织业者出身。伊凡诺夫·渥兹涅森斯克较大的工厂主如库瓦也夫、福肯、苏布科夫、科库什金、鲍布罗夫及其他人，都出身于家庭手工业者。工厂主查维雅洛夫在1864年曾回忆起他在哈巴洛夫工匠手下做一个简单工人的情况。工厂主瓦帕夫曾是家庭小手工业者。康德拉托夫曾是家庭手工业工人……工厂主阿斯莫洛夫原为一个小商贩的赶马人，后来成为小商人、小烟草作坊主，后来成为有几百万卢布贸易额的工厂主。[①]

　　在农奴制废除后，俄国工业资产阶级有了很大发展，这可以从71种生产行业中的大工厂的数目上看出来。1866年，俄国在欧洲的部分有大工厂644家，其中有500至1000名工人的工厂为90家，1000名工人以上的工厂有42家。1879年大工厂增加到852家，其中工人在500到1000人的工厂为130家，1000人以上的为81家。1890年，俄国的大

---

　　① ［俄］列宁：《俄国资本主义的发展》，曹葆华译，人民出版社1957年版，第456—457页。

工厂增加到951家，其中工人在500人以下的为712家，500到1000人的为140家，1000人以上的为99家。在各类工厂中，尤其是1000人以上的大工厂增长最快。[①]根据《工厂监督报告集成》中的资料，到1903年，俄国欧洲部分工人在500至1000人的工厂有349家，工人人数在1000人以上的大工厂达210家。[②]1903年的大工厂数目比1890年翻了一番，说明俄国工业大资产阶级的人数到19世纪末20世纪初增长迅速。

近代工商业资产阶级的来源是人们关心的问题。前面已经介绍了英国早期工商业资产阶级来源的个案。在美国，对于实业界精英的社会来源已有研究结果。

表2　美国实业界精英在不同历史时期其父亲职业分布的百分比

| 父亲的职业 | 出生的年代 | | | | |
| --- | --- | --- | --- | --- | --- |
| | 1771—1800 | 1801—1830 | 1831—1860 | 1861—1890 | 1891—1920 |
| 实业家 | 40 | 52 | 66 | 70 | 69 |
| 乡绅 | 25 | 11 | 3 | 3 | 5 |
| 小计 | 65 | 63 | 69 | 73 | 74 |
| 工匠师傅和小业主 | 9 | 4 | 3 | 1 | |
| 自由职业者 | 3 | 12 | 11 | 12 | 11 |
| 政府官员* | 4 | 7 | 3 | 3 | 3 |
| 白领（包括工头） | 7 | 2 | 2 | 3 | 6 |
| 小计 | 23 | 25 | 19 | 19 | 20 |
| 农场主 | 12 | 11 | 10 | 6 | 4 |
| 体力劳动者 | | 2 | 1 | 2 | 3 |

---

① ［俄］列宁：《俄国资本主义的发展》，曹葆华译，人民出版社1957年版，第428页附表。

② ［俄］列宁：《俄国资本主义的发展》，曹葆华译，人民出版社1957年版，第431页附表。

| 父亲的职业 | 出生的年代 | | | | |
|---|---|---|---|---|---|
| | 1771—1800 | 1801—1830 | 1831—1860 | 1861—1890 | 1891—1920 |
| 小计 | 12 | 13 | 11 | 8 | 7 |
| 总计 | 100 | 100 | 100 | 100 | 100 |
| 人数 | 125 | 89 | 360 | 380 | 143 |
| 已知其父亲职业者 | 91 | 56 | 225 | 281 | 106 |
| 不知其父亲职业者 | 34 | 33 | 135 | 99 | 37 |
| 不知者的百分比 | 27 | 37 | 37 | 26 | 26 |

*包括少数学校官员和军官。

[引自利普塞特和本迪克斯:《工业社会的社会流动》,加利福尼亚大学出版社1959年版,第122页。]

这个表格中的数据说明,美国每一代成功的企业家中,约2/3出身于非常富有的家庭,无论在18世纪末、19世纪或20世纪都是如此。表格还反映了美国实业界精英社会来源有一种历史性变化:在资本主义工业发展初期,大实业家中乡绅和农场主后代的比例较大,占总数的1/4;而进入19世纪后,这一比例大大减少;19世纪中后期,出身于土地所有者的大企业家的比例只占总数的3%—5%;到20世纪初,美国实业家有69%为实业家的后代,而出身于体力劳动者的实业家在各个时期比例都极小。

19世纪欧洲几个主要资本主义国家的工商业资产阶级主要是工商业者的后代,但其他来源各国又有所不同。在英国实业家中,实业家的儿子占59%,实业家中几乎没有高级文官的儿子,但11%是土地所有者的儿子,此外,自由职业者之子为7%。在法国实业家中,实业家的儿子为52%，高级文官的儿子为10%，没有土地所有者的后代，但法国实业家中有较多的自由职业者之子，这个比例为16%。在德国，实业家中出身于实业家的为53%，出身于高级文官的为9%，出身于土地所有者的为2%，出身于自由职业者的为3%。[①]

在近代社会初期和工业革命时期，资产阶级是一个起进步作用的富于创造性的革命阶级。马克思和恩格斯在《共产党宣言》中指出："资产阶级在历史上曾经起过非常革命的作用。"[②]但是，当资产阶级的经济势力得到发展，资本主义关系在社会上取得胜利之后，资产阶级本身的保守倾向开始发展。这种保守化倾向在不同的欧洲国家有不同的表现形式。

在19世纪的英国，工商业资产阶级出现了贵族化的倾向，这在他们的代表人物身上表现得尤为突出。庇特家族的祖先在17世纪是一个教士，因在海外贸易中获利，买进一块地产，为进入议会下院打下了基础。他的儿子发展了与贵族的联系，他的孙子在牛津与贵族结交，与辉格党寡头利特尔顿和格伦威尔家族联姻，其孙子和曾孙任内阁首相达半个世纪。富有的辉格党寡头也乐于把政治权力让给相对来说较为温和的资产阶级实业家。老威廉·庇特最终被封为查塔姆伯爵。老罗伯特·皮尔（1750—1830）购下一块地产，并于18世纪后期进入下院，他因为小庇特的宠爱而获得世袭头衔。第二代罗伯特·皮尔娶了在印度军队中任职后被封为贵族的人的女儿。格拉斯顿出身于苏格兰行政官家庭，他从事谷物贸易，通过利物浦港与殖民地展开商业活

---

① Jürgen Kocka and Allen Michell, eds., *Bourgeois Society in Nineteenth Century Europe*. Oxford: Berg, 1993. p.111.

② 中共中央马克思、恩格斯、列宁、斯大林著作编译局编：《马克思恩格斯选集》第一卷，人民出版社1972年版，第253页。

动，1816年至1827年担任下院议员，后在皮尔帮助下被封为世袭贵族。这种资产者向土地贵族流动的现象，一直持续到19世纪中期。[①]

与英、法等国的工业资产阶级相比，德国资产阶级显得更加顺应国家的指导，而在德国的企业家中广泛流行着官僚心态。政府行政机构那种官僚化模式，也为私人性质的经济组织所采纳。19世纪后期，德意志国家采取了在调查之后授予一些有影响力的实业家以"商务顾问"的荣誉称号，获得这种称号的资产阶级成员自然身份较高，为社会信赖。普鲁士的企业家和巨商热衷于追求"商务顾问"的称号。弗里德里希·曼曾在1900年说过，"一个人与其被称为'男爵先生'，不如被称为'商务顾问'"，这话反映了那一代资产者的心态。德国资产阶级实业家的依附性，还表现在他们很少要求政府实施极端的自由放任政策，相反，他们寄希望于国家的指导。1870年以后德国转向国家干涉政策，大雇主并没有组织明显的抵抗。[②]

---

① Jürgen Kocka and Allen Michell, eds., *Bourgeois Society in Nineteenth Century Europe.* Oxford: Berg, 1993. pp.85—87.

② Jürgen Kocka and Allen Michell, eds., *Bourgeois Society in Nineteenth Century Europe.* Oxford: Berg, 1993. p.29.

# 第三章
# 工人阶级

欧洲从17世纪初到20世纪初的近代时期事实上可以分为两个大的历史阶段，即前工业化阶段或称从封建主义向资本主义过渡的第二阶段，以及工业革命完成后的阶段。因为近代产业工人即无产阶级直到19世纪工业革命完成后才逐渐形成和壮大，所以，在整个近代时期，西方的工人阶级实际上包含了许多异质成分。除了产业工人即和大工厂相联系的无产阶级外，在不同时期、不同地区还存在着手工工匠、半工半农的农业工人、具有农奴身份的工人等组成部分。

在欧洲，中世纪后期以来持续存在着处于乡村的半农半工的工人，这类工人是农村家庭手工业生产体系的产物。在德意志，16世纪初在东部、中部和西里西亚形成了新的亚麻工业中心。在德意志各地区的纺织业生产中，分散的手工工场即家庭手工业是一种重要的生产组织形式。西里西亚在1618年开始的30年战争中，由于城镇中大量织机被战争破坏，到1648年，西里西亚81%的织布机被安置在农村。在法国西海岸，乡村亚麻工业发展很快。1686年在加的斯城得到的价值

375万锂的亚麻布，是在布列塔尼的圣马罗西南地区生产的。①这种生产组织形式一直延续到19世纪。米拉波的在《弗里德里希大帝时代的普鲁士君主制度》一书中记叙说，弗里德里希二世占领西里西亚以后，强迫地主建立农舍、仓库等，供给农户以牲畜和农业，并且在农村中发展起了亚麻家庭手工业。由于当时"直接税、徭役以及各种强制性服役使德国农民破产，此外，他们还要为他们所买的一切东西交纳间接税，如果不纺纱，他们就无法到期交纳直接税，纺纱成了他们补助的来源，因为这可以使他们的妻子、儿女、男女仆人甚至他们自己从事有利的工作"。"夏天，他们像犯人一样从事耕作和收获的劳动，9点睡觉，2点就要起床，这样才能把活干完；冬天，他们本来需要有较长期的休息来恢复体力，但是，如果他们为了交纳税款而出售产品，他们就缺少谷物来做面包和种子了。因此，只好以纺纱来填补这种不足……而且要十分勤奋地纺。"②米拉波的敏锐地注意到农村家庭手工工场这种生产组织形式的代表性和重要性，他写道："人们只注意有几百人在一个厂长指挥下进行劳动的、通常叫作联合手工工场的大手工工场，而对人数众多的工人分散地独自经营的手工工场，几乎不屑一顾，把这些手工工场完全摆到次要的地位。这是一个很大的错误。"他极为重视这种"通常和小农经济结合在一起的单个分散的手工工场"③。农村家庭手工业这种生产组织类型和这种工人类

① Peter Kriedte, *Peasants, Landlords and Merchant Capitalists*. Leamington Spa: Berg Pulishers Ltd., 1980. pp.12—13.

② ［英］马克思：《资本论》第一卷下册，中共中央马克思、恩格斯、列宁、斯大林著作编译局译，人民出版社1975年版，第801页。

③ ［英］马克思：《资本论》第一卷下册，中共中央马克思、恩格斯、列宁、斯大林著作编译局译，人民出版社1975年版，第815页。

型，曾使一些经济学家感到困惑。例如德国经济学家布列塔诺在评论齐美尔曼所著《西里西亚亚麻业的兴衰》（1885年）时写道："每当我们读这本书时，普通织工的工业组织和他们的状况对我来说仍然是难以理解的，直到我产生这样的想法，即去解开至今对我来说是神秘的东西；即西里西亚的农村亚麻工业是以封建秩序为基础的。"[1]布列塔诺的困惑之处恰恰在于，他把一种社会生产组织和生产关系看作是同质的，并把工人这种社会构成看作是纯而又纯的与农民截然分立的结构。他难免要感到现实德国社会中的工人与他理想的模式存在差距。

根据1783年一份关于德国手工业者状况的报告，在萨克森的福格特兰，织工人数在30年间从两三千人增加到1.2万人。在西里西亚，1725年有287个村庄从事织布，18世纪末织工家庭数目增加到3万个，纺纱工人增加到50万名。18世纪60年代，莱恩公司在克雷费尔德工业区拥有织带机200台，雇佣工人1200名；有织布机500台，雇佣工人1.5万名。1767年在埃尔伯费尔德—巴门有1500台织机生产花布，从事这一行业的有1.8万名纺纱工和织布工；有200台织机生产麻布，从事这一行业的有8000名工人；有2000台织带机，从事这一行业的有6000名工人；当地还有600名漂布工、200名染布工、500名工厂服务人员、600名纺废丝工和编织工。林茨的皇家羊毛厂在18世纪60年代雇佣了2.6万人，普劳恩的一家印花布厂有1185名工人。[2]

---

[1] Peter Kriedte, Hans Medick, Jürgen Schlumbohm, *Industrialization Before Industrialization: Rural Industry in the Genesis of Capitalism*. New York: Cambridge University Press, 1981. p.179.

[2] ［德］莱奥·巴莱特、埃·格哈德：《德国启蒙运动时期的文化》，王昭仁、曹其宁译，商务印书馆1990年版，第9页。

在德国，这种半工半农的乡村织工一直持续存在到19世纪中叶以后。在工业革命带来阶级分化的过程中，这个本质上属于前工业化时代的小生产者阶层并没有迅速消失，相反，他们在德国反抗资本主义压迫和剥削的斗争中，起了引人注目的作用。在西里西亚从事麻纺织业的工人中，自己有房子，同时有两三摩尔根土地的情况非常普遍，他们全家包括老婆、孩子辛勤劳动一年，收入至多60塔勒，其中约有1/3要交封建税和国税，如地租、织工捐、狩猎捐、纺织捐、地方捐、土地税和等级税。他们常常日以继夜地工作，而经济状况却很糟糕。[1]1844年西里西亚织工起义便是由这批工人发动的。织工们一方面承受着封建剥削，而另一方面又陷入资本家的剥削中。这里盛行外包制，在彼得斯瓦尔德和朗根比劳一带，包买商人对织工织出的棉布按定价付给货币，而织工要拿出他们货币收入的大部分给地主交捐税。家庭工人被富有的包买商人紧紧地束缚住，极为贫穷。[2]由于雇主茨万齐格尔兄弟克扣工资，彼得斯瓦尔德村的织工举行暴动，捣毁了茨万齐格尔的家，撕毁了票据、文件，捣毁了货物，把茨万齐格尔赶离本地。[3]1844年西里西亚织工起义通常被视为标志着欧洲工人阶级登上政治舞台的早期三大工人运动之一。但从阶级构成来说，这次起义的参加者远非产业工人，而是半工半农的劳动者。这个事实表明，手工工人在工人阶级运动初期

---

① 〔德〕弗·梅林：《德国社会民主党史》第一卷，青载繁译，生活·读书·新知三联书店1973年版，第246—247页。

② 〔民主德国〕维纳·洛赫：《德国史》，北京大学历史系世界近代现代史教研室译，生活·读书·新知三联书店1959年版，第142—143页。

③ 〔德〕弗·梅林：《德国社会民主党史》第一卷，青载繁译，生活·读书·新知三联书店1973年版，第249—251页。

曾一度起了先锋作用。

德国在工业化完成以前还存在大量手工工匠。18世纪德国手工业出现了一次高涨，1730年到1786年，德国佐林根手工业产品刀的产量增加了一倍。在乌培河谷，纺织业师傅雇佣的织工人数1770年为300人，1780年增加到1000至1100人。克雷费尔德从事丝织品生产的人口在18世纪增加了5倍。[①] 在普鲁士，1840年至1849年手工业师傅的人数由41万增加到53.5万人，1861年仍有53.4万人。而手工业帮工和学徒的总人数由1840年的35.9万、1849年的40.7万，增加到1861年的55.8万人。[②] 19世纪三四十年代，在现代大工业兴起的冲击下，手工业的处境很困难。德国西南部大量农民涌向手工业，造成手工业者和下层市民的贫穷化，贫民人数增多，他们的文化水平也很低。19世纪40年代，在柏林的手工业者团体开始接受从法国传播过来的空想共产主义思想。[③]

在19世纪上半叶的法国，手工工匠也是法国社会政治生活中一支重要力量。法国的手工工匠面对外来移民工人的竞争，努力维护自己的利益。1830年8月，巴黎的鞍具制造业和马车制造业工匠向警察局递交请愿书，要求警察局迫使来自外国和外省的工人离开巴黎，以减少对其职业的竞争威胁，以后还举行了同样目的的罢工。[④] 1831年里昂爆发了著名的起义。起义者喊出了"要么劳动而生，要么战斗而死"的口号。11月23日成立的起义领导班子成员中，没有一名丝织工

① Eda Segarra, *A Social History of Germany, 1648—1914*. London: Methuen, 1977. p.286.
② ［联邦德国］卡尔·艾利希·博恩等：《德意志史》第三卷下册，张载扬、张才尧、郭鼎生等译，商务印书馆1991年版，第558页。
③ ［联邦德国］卡尔·艾利希·博恩等：《德意志史》第三卷下册，张载扬、张才尧、郭鼎生等译，商务印书馆1991年版，第559—560页。
④ ［法］雷吉娜·佩尔努：《法国资产阶级史》下册，康新文等译，上海译文出版社1991年版，第428页。

人，全是享有年金者、小商人和手工业者。[①]里昂工人起义的主体是手工工人，而不是产业无产阶级。

在英国工业革命前，乡村工业在17世纪有了进一步发展。在林肯郡，许多农家业余时间纺织亚麻、羊毛和大麻，为地方市场的需要服务，农民以此增加自己的收入。在约克郡的登特达尔，由于人口增长过快，发展起了编织业和奶制品业，登特达尔成为英国著名的手工编织业基地。[②]萨默塞特郡的土地大部分是林地和不毛之地，因此这个郡大部分农民一直从事毛织品制造业、棉织精纺业和编织业。[③]工业革命前英国的纺织业完全是以家庭经济为基础发展起来的。英格兰毛纺织品在欧洲市场上具有重要地位，在其最兴盛的年代，1549到1550年英格兰农村输出了147160件织物，1606到1614年每年输出17.9万件毛织品。[④]在佛兰德尔也广泛地存在过乡村工业。18世纪当根特、布鲁日、里尔等城市的亚麻工业衰落时，乡村腹地的亚麻工业却在发展，在维克斯堡，织机的总数从1730年的4976台增加到1792年时的8868台。根据1792年的资料计算，乡村工业的织工大约每年要从事纺织工作140至200天。[⑤]

19世纪上半叶，英国工人阶级结构中存在着一个人数众多的手工

---

① ［法］雷吉娜·佩尔努：《法国资产阶级史》下册，康新文等译，上海译文出版社1991年版，第433页。

② Carus-Wilson. E. M., ed., *Essays on Economic History.* London: Edward Arnold, 1966. pp. 217, 222, 225, 229—230.

③ Joan Thirsk, *"Industries in Countryside."* in Joan Thirsk, *The Rural Economy of England: Collected Essays.* London: The Hambledon Press, 1984. p.232.

④ Peter Kriedte, *Peasants, Landlords and Merchant Capitalists.* Leamington Spa: Berg Publishers Ltd., 1980. pp.33,77.

⑤ Peter Kriedte, Hans Medick, Jürgen Schlumbohm, *Industrialization Before Industrialization: Rural Industry in the Genesis of Capitalism.* New York: Cambridge. University Press, 1981. p.179.

工人阶层，如梳毛工、手机纺织工、编织工、制钮扣和项链工、制靴制鞋工人等。1834年至1835年间，在棉纺业、毛纺织业、麻纺业和丝织业，手机织工共有84万人。他们常常是全家人都参加手工劳动，以维持最低的生活水平。手机织工的周工资在1797年至1804年间为26先令5便士，1804年至1811年为20先令，1811年至1848年为14先令7便士，而到1832年至1834年间只有5先令6便士，也就是说手机织工的工资在工业革命期间下降了2/3。兰开郡一位手机织工理查德·皮林说，"我只有43岁，而昨天却有人问我是不是有60岁了"，"1811年我才10岁就开始当手机织工，第一周我赚了16先令，而到1840年我只能挣得6先令6便士，但是我还得干，不然就只得去讨饭"。[①]在英国工人中同样有一批收入较高的手工工匠即技工。例如在伦敦这个缺乏工厂制度的城市中，存在着为上流有产阶级服务的制革业、玻璃制造业、丝织业、家具木工业等行业的一批手工工匠，他们就收入和地位而言属于工人阶级中的上层分子。发起英国宪章运动的、1836年成立的伦敦工人协会，便是一个以伦敦上层手工工匠为组织基础的协会。在伦敦工人协会291名会员中，除37人为非体力劳动者外，其余成员大多数为收入较高的手工业工匠，如排字工、书籍装订工、钟表匠、银匠、宝石匠、马车制造工匠、制桶匠等。[②]这批手工工匠是英国工人运动的先知先觉者，他们在宪章运动初期起了领导作用。而前述受工业革命打击的贫苦手工工人，则成为宪章运动的中坚群众力量。根据戴

---

① Max Morris, ed., *From Cobbett to the Chartists: Nineteenth Century.* Vol. I. 1815—1848. London: Lawrence&Wishart, 1951. pp.180—181.

② George Laurence Gomme, *London in the Reign of Victoria (1837—1897).* London: Blackie&Son, 1898. pp.7—10. H. Prothero, *"Chartism in London."* in *Past and Present,* no. 41, 1969. p.104.

维·琼斯对1841年被提名为宪章运动领导机构总委员会候选人的宪章派的职业分析，在总数853人的提名人名单中，纺织工人（包括手机织工）为130人，制鞋工人为97人，裁缝为58人，编织工人为33人，鞋匠为30人，粗工为19人，木匠为18人，细木工为17人，梳毛工为17人，制长短靴匠为13人，石匠为12人，制帽工匠为12人，制陶器工人为111人，印刷工人为10人，油漆匠为10人，纺纱机工为10人。从这份调查统计表中可以看出，众多手工工人和手工工匠，在宪章运动中构成主要的骨干力量和领导层。①

我们再来看一看宪章运动初期主要领导人的社会来源。他们的社会出身比宪章运动基本骨干的出身更高一些，多属于半无产阶级和小资产阶级。威廉·洛维特（1800—1877）是海岸船船长的遗腹子，先是做制绳工匠，1822年前往伦敦做木匠铺雇工，后为家具木工，成为家具木工协会主席。19世纪20年代到伦敦技工学院学习，受霍奇斯金反资本主义思想的影响和欧文主义的影响。②亨利·赫瑟林顿（1792—1849）是排字工人，也是伦敦技工学院最早的学生之一，接受过欧文主义，是工人反印花税法斗争的领袖。③约翰·沃森（1799—1874）最初为干货商学徒，1831年创办书店并出版发行各种激进主义书籍。④约翰·克利夫在伦敦霍尔本街附近开了一家书店。菲格斯·奥康诺（1794—1855）出身于爱尔兰富有的新教地主家庭，在都柏林三一学院和皇家法学会学习过。奥布莱恩为爱尔兰酒商的儿

① David Jones, *Chartism and the Chartists*. London: Allen Lane, 1975. pp.30—32. Table 1.

② William Lovett, *The Life and Struggles of William Lovett: In His Pursuit of Bread, Knowledge and Freedom*. London: Allen&Unwin, 1967. p.34.

③ Mark Hovell, *Chartism*. Manchester: Manchester University Press, *1925*. pp.57—58.

④ ［德］马克斯·比尔，《英国社会主义史》下卷，何新舜译，商务印书馆1960年版，第57页。

子，毕业于都柏林三一学院法律专业，后进入伦敦格雷法学会学习法律，随后投身伦敦激进民主运动。[①]朱利安·哈尼（1817—1897）的父亲为皇家海军水手，少年时便进入格林威治海军学校学习，16岁起当印刷工人，曾到赫瑟林顿的书店做学徒。[②]正如英国马克思主义史学家霍布斯鲍姆所评述的，工匠成为贫苦劳动者思想上和组织上的当然领袖。[③]普罗瑟罗也说，工匠最积极地支持民主和社会主义的原则，在政治上表现得最为积极。[④]

在18世纪前工业化时期的俄国，出现了大量手工工场工人。彼得一世时期建立了三种类型的集中生产的手工工场，即官营的、私营的和贵族领有的手工工场。当时有的手工工场规模已相当大。莫斯科官营的造帆手工工场有1162名工人，谢郭林制呢手工工场有730名工人。官营的米克连也夫制呢手工工场有742名工人。[⑤]彼得一世还创建了许多兵工厂和冶金工厂，发展矿业。塞斯克洛列茨克工厂有683名工人，编入彼尔姆九个矿山做工的有2.5万名农民，编入土拉兵工厂做工的有508户农民。[⑥]当时在手工工场中从事生产的劳动者成分是混杂的，既有雇佣工人，也有农民和农奴。此外，18世纪初，俄国还

① Alfred Plummer, *Bronterre: A Political Biography of Bronterre O'Brien, 1804—1864.* London: Allen&Unwin, 1971. p.24.

② A. R. Schoyne, *The Chartist Challenge: A Portrait of George Julian Harney.* London: Heinemann, 1958. pp.6,12.

③ Eric J. Hobsbawm, *Industry and Empire: From 1750 to the Present Day.* Harmondworth: Penguin Books, 1969. p.91.

④ I. J. Prothero, *Artisans and Politics in Early Nineteenth-Century London: John Gast and His Times.* Folkestone: Dawson,1979. p.3.

⑤ ［苏］梁士琴科：《苏联国民经济史》第一卷，中国人民大学编译室译，人民出版社1959年版，第414页。

⑥ ［苏］梁士琴科：《苏联国民经济史》第一卷，中国人民大学编译室译，人民出版社1959年版，第421页。

存在不少小手工业生产。彼得一世1721年颁布了《市总公署章程》，并在1722年颁布特别法令，试图依照西欧国家手工业行会的模式，把手工业者组织在行会中。但是，城市手工业行会建立后，加入的手工业者为数不多。根据1744年的调查资料，彼得堡加入行会的手工业者有709人，在莫斯科加入行会的手工业者只有101人。[①]根据1736年对35家手工工场的8209名工人的调查，71.9%来自与农奴制不发生联系的各种城市居民，各种农民（即农奴）占28.1%，其中地主农奴占4.5%。[②]1767年俄国手工业院登记的496个手工工场中，共有工人4.55万人。其中雇佣工人1.78万名，占39.3%，地主的农奴占12.7%。1804年，在2419个企业中工作的工人共有9.52万名。其中编入工厂和买来的工人为3.02万人，占31.7%；地主的农奴为1.94万人，占20.6%；雇佣工人4.56万人，占47.7%。[③]根据梁士琴科的表格，从1770年到1860年，俄国大作坊的工人人数增加了10倍，雇佣工人的比例从32%增加

表3　18—19世纪俄国大作坊和工人的数量

| 年份 | 大作坊数 | 工人人数（千人） | 雇佣工人的百分比 |
| --- | --- | --- | --- |
| 1770 | 260 | 55.3 | 32 |
| 1804 | 2402 | 95.2 | 47 |
| 1812 | 2322 | 119.0 | 50 |
| 1820 | 4578 | 179.6 | 58 |
| 1825 | 5621 | 210.6 | 54 |
| 1860 | 15388 | 565.1 | 87 |

① ［苏］梁士琴科：《苏联国民经济史》第一卷，中国人民大学编译室译，人民出版社1959年版，第428页。

② ［苏］梁士琴科：《苏联国民经济史》第一卷，中国人民大学编译室译，人民出版社1959年版，第476页。

③ ［苏］梁士琴科：《苏联国民经济史》第一卷，中国人民大学编译室译，人民出版社1959年版，第481页。

到87%。1820年俄国工人总数为17.96万人，1825年为21.06万人，1860年废除农奴制前夕有工人56.51万人。在俄国农奴制废除后一段时间里，工人中仍存在着来自农村的季节工人。根据1863年尼日戈罗德省的统计资料，从村庄外出从事各种工业劳动的共有11万人，其中34260人是一年度或半年度工人。加卢卡州1896年的统计表明，农村外出人口约为12.43万人，占全部居民的11%。在俄国的欧洲部分，外出的农村劳动力常年在500万至600万人之间。1884年全俄发放的通行证为949.57万张，领取者绝大部分是外出寻找工作的农民。1891年，俄国农村外出的劳动力超过了600万人，他们常年在外。这种半工半农的季节工人，是俄国工人结构中一个富于特色的部分。他们曾引起19世纪70年代在俄国出现的民粹派思想家的关注。民粹派称赞他们把俄国的村社精神带进城市，把这种保留着前工业化痕迹的半农半工的工人，视为他们理想的寄托。

以上是近代第一个时期即工业化完成前工人的结构成分。产业无产阶级的形成是工业革命的产物，它发生在19世纪上半叶。

工业革命以后，各国开始形成一支产业无产阶级队伍。1839年，英国有棉纺织业工厂1795家，共有劳动力254714人，其中男性111176人，女性143538人。同年，英国有精纺绒线工厂416家，共有劳动力31632人，其中男性8693人，女性22936人。另有呢绒工厂1291家，共有劳动力53549人，其中男性32639人，女性20910人。另有丝织厂268家，共有劳动力34233人，其中男性10863人，女性23370人。另有亚麻纺织工厂322家，使用劳动力34480人，其中男性10116人，女性24364

人。①以后几十年间，英国工人人数迅速增加。矿工在1841年为19.45万人，1851年为30.46万人，1861年为38.49万人，1871年为43.89万人，1881年为51.28万人；采石和制砖工人1841年为4.01万人，1851年为7.86万人，1861年为9.74万人，1871年为10.69万人，1881年为12.49万人；建筑工人1841年为36.3万人，1851年为45.54万人，1861年为52.53万人，1871年为64.25万人，1881年为76.13万人；道路修建工人1841年为3.24万人，1851年为5.71万人，1861年为5.89万人，1871年为6.83万人，1881年为8.48万人。在制造业各类工人中，机械和工具制造工人1841年为6.26万人，1851年为11.24万人，1861年为17.66万人，1871年为21.96万人，1881年为25.88万人；造船工人1841年为2.59万人，1851年为3.13万人，1861年为5.32万人，1871年为6.16万人，1881年为7.27万人；金属制品工人在1841年为21.34万人，1851年为33.18万人，1861年为42.18万人，1871年为49.56万人，1881年为54.86万人；木材及木材加工和家具工人1841年为17.16万人，1851年为21.19万人，1861年为24.14万人，1871年为25.99万人，1881年为26.93万人；纺织业和染色业工人1841年为78.48万人，1851年为118.19万人，1881年为115.32万人；服装工人1841年为59.67万人，1851年为97.88万人，1861年为103.21万人，1871年为101.85万人，1881年为106.24万人；印刷业工人1841年为2.69万人，1851年为3.95万人，1861年为5.57万人，1871年为7.63万人，1881年为10.17万人；海员和码头工人1841年为11.57万人，1851年为27.41万人，1861年为30.97万人，1871年为35.34万人，1881年为38.86万人；铁路工人1841年为0.23万人，1851年为2.88万

---

① Edward Royle, *Modern Britain: A Social History, 1750—1985.* London: Edward Arnold, 1987. p.111. Table 3.5.

人，1861年为6.04万人，1871年为9.68万人，1881年为15.81万人。①英国矿山、采石及相关行业的工人1891年为75.8万人，1901年为93.7万人，1911年为121万人；建筑业工人1891年为90.2万人，1901年为121.9万人，1911年为114.5万人；制造业工人1891年为536.8万人，1901年为613万人，1911年为703.1万人。②

随着工人阶级的成长，以经济目标为特征的工会运动即工联运动迅速发展起来，从19世纪中叶到20世纪初，工会会员人数猛增。根据韦伯夫妇《英国工会运动史》所载表格提供的数据，机械工联合工会成立于1851年，当年有会员5000人，1860年有会员20935人，1870年有会员34711人，1880年有会员44692人，1890年有会员67928人，1900年有会员87672人，1918年发展到298782人；蒸汽机制造工人协会成立于1824年，1850年有会员2068人，1918年有会员27206人；砌砖工人协会成立于1848年，1910年有会员23284人，1918年有会员34441人；木工和细木工在1860年和1861年成立了两个工会，到1918年共有会员124841人。根据对英国47个大的工会的统计，到1900年共有会员814270人，1910年有会员961413人，到1918年增加到2098779人。③而根据英国劳工部和王室等官方部门的报告，工业各行业中工会会员的总数1892年为1502358人，1900年为1955704人，1910年为2446342人，1914年为3918809人，1917年

① Guy Routh, *Occupation and Pay in Great Britain, 1801—1981.* London: Macmillan, 1987. pp.4—7. Table 1.1.

② Guy Routh, *Occupation and Pay in Great Britain, 1801—1981.* London: Macmillan, 1987. p.20. Table 2.1.

③ ［英］韦伯夫妇:《英国工会运动史》，陈健民译，商务印书馆1959年版，第513—518页。

为5287522人。[1]

在工业化过程中，德国劳动者的职业分布发生了很大变化。以该行业劳动者在全部从业人员中所占百分比来表示，1843年10月，从事农业和林业的人员为60.84%—61.34%，从事工业和手工艺的为23.37%，从事商业的为1.95%，担任公职或在私人单位服务的为4.5%—5.0%；1882年11月，在农业和林业部门工作的占从业人员的42.3%，在工业和手工艺部门工作的占35%，在商业部门中工作的占8.4%，从事公职或在私人单位服务的为5.8%，从事家务的为8.0%；1907年11月，在农业和林业部门工作的为34%，在工业和手工艺部门工作的为39.7%，在商业和交通业中工作的为13.7%，从事公职或在私人单位工作的为6.8%，从事家务的为5.8%。[2]

从1820到1910年的90年间，德国一些大工业城市的人口几乎都增加了十倍，发展非常迅速。到19世纪最后30年，德国城乡居民人口的比例发生了根本性转变。1871年农村人口占总人口的63.9%，城镇人口占总人口的36.1%；1880年农村人口占总人口的58.6%，城镇人口占总人口的41.4%；1890年农村人口占总人口的57.5%，城镇人口占总人口的42.5%；1900年农村人口占总人口的45.6%，城镇人口占总人口的54.4%，城镇人口已超过农村人口；1910年农村人口占总人口的40%，城镇人口占总人口的60%。[3]德国个体经营的企业从1882到

---

① ［英］韦伯夫妇：《英国工会运动史》，陈健民译，商务印书馆1959年版，第510页。

② ［美］科佩尔·S.平森：《德国近现代史》上册，范德一译，商务印书馆1987年版，第303—304页。

③ ［美］科佩尔·S.平森：《德国近现代史》上册，范德一译，商务印书馆1987年版，第303页。

1895年减少了13.5%，从1897年到1907年减少了19.6%。而雇佣工人在15人以上的企业从1882年到1895年增长了89.2%，1897年到1907年增长了61.8%。①

由于工人阶级的壮大和工人运动的迅速发展，德国工会会员在《反社会主义法》废除后增长很快，从1889年的135353人增加到1890年底的320313人。②1910年，在德国全部1780万工人中，有近250万工会会员（包括社会民主党领导的工人、基督教工会和自由主义工会的工人）。工会为改善工人的经济和劳动条件展开了斗争，并取得一定成就。在工会发展的基础上，德国社会民主党在大选中获得的选票大增。1890年时获得150万张选票，20年后增加到450万张选票。1912年，德国社会民主党成为最大的议会党派。到1914年3月，德国社会民主党拥有1085905名党员。

---

① Eda Segarra, *A Social History of Germany, 1648—1914.* London: Methuen, 1977. p.333.

② 德国工会会员人数（1891—1913年）的统计如下表所示。（见［美］科佩尔·S.平森：《德国近现代史》上册，范德一译，商务印书馆1987年版，第337页。）

### 表4 1820—1910年德国大工业城市人口的增长

| 城市 | 1820年 | 1870年 | 1900年 | 1910年 |
|---|---|---|---|---|
| 柏林 | 199510 | 774498 | 1888313 | 2071907 |
| 布雷斯劳 | 78930 | 207997 | 428517 | 517367 |
| 科隆 | 54937 | 200312 | 464272 | 600304 |
| 埃森 | 4715 | 99887 | 290208 | 410392 |
| 美因河畔法兰克福 | 41458 | 126095 | 314026 | 414576 |
| 汉堡 | 127985 | 308446 | 721744 | 953103 |
| 莱比锡 | 37375 | 177818 | 519726 | 644644 |
| 慕尼黑 | 62290 | 440886 | 659392 | 665266 |

表5 1891—1913年德国工会会员人数统计

| 年份 | 自由工会（德国社会民主党组织的） | 希尔施—东克尔工会（进步党人组织的） | 基督教工会 |
|---|---|---|---|
| 1891 | 27.8万 | 6.6万 | — |
| 1896 | 32.9万 | 7.2万 | 0.8万 |
| 1900 | 68.0万 | 9.2万 | 7.9万 |
| 1905 | 134.5万 | 11.7万 | 18.8万 |
| 1910 | 201.7万 | 12.3万 | 29.5万 |
| 1913 | 257.4万 | 10.7万 | 34.3万 |

在俄国，随着农奴制的废除和资本主义工业的发展，雇佣工人的数量大大增加。到19世纪末，农业雇佣工人在俄国欧洲部分的数量为350万，工厂、矿山和铁路工人约为150万，建筑工人约为100万人，木材工人、濬河工人、铁路建筑工人、搬运工人以及工业区的一般粗工约为200万人，被资本家雇佣的在家内工作和在加工工业工作的工人数量约为200万人，总计俄国雇佣工人达到1000万人。他们中有750万为成年男性雇佣工人，250万为女性工人和童工。在这些雇佣工人中，有相当一部分与土地完全断绝了关系，这部分工人包括绝大多数工厂工人以及矿工和铁路工人，其次也包括一部分建筑工人、船工和粗工。[1]在产业工人大军形成的过程中，发生了劳动者的人口流动。产业工人主要来自从非农业州移到大城市的劳动者，但从农业州迁移出来的也很多，他们从上述地区流向弗拉基米尔、雅罗斯拉夫等州的工业区工厂，此外还移向西南各州的制糖工厂，南部矿区、奥德萨、罗斯托夫和里加的码头业，弗拉基米尔和其他各州的泥炭挖掘业，乌拉尔矿区、阿斯特拉罕、黑海和亚速海的渔业，造船业、木材砍伐和运转业及铁路业。[2]

---

[1] ［俄］列宁：《俄国资本主义的发展》，曹葆华译，人民出版社1957年版，第491—492页。

[2] ［俄］列宁：《俄国资本主义的发展》，曹葆华译，人民出版社1957年版，第496页。

# 第四章
## 贵族和地主阶级

　　尽管从理论上说，近代社会是一个纯粹的阶级社会，个人不再从属于他出生的那个为法律所规定的等级，也不再具有世袭的特权和义务，但这只是那些在法律和生产关系领域彻底废除了封建关系的国家中才出现的情况。在欧洲东部相当多的地区，历史上没有爆发一场成功的摧毁封建关系的资产阶级革命，所以在上层建筑领域还存在封建身份制度的残余。这些地区在近代大部分时间里尚处在从封建主义向资本主义过渡的时期。这些地区的土地贵族集团仍具有封建属性的残余，这个处于衰落中的阶级尚未完全转变为近代地主阶级。[①]

　　近代时期各国对于一些事实上已无法履行贵族义务的家族，采取了一些取消其资格的措施。例如，西班牙曾在1703年、1758年和1785年数次颁布对贵族身份再确认的立法，对每个希望确认其身份的贵族家族收取专门费用，对其服军役的能力进行检查，拒付费用者不再授

---

　　① Jerome Blum, *The End of the Old Order in Rural Europe*. Princeton: Princeton University Press, 1978. pp.5—6.

予贵族头衔，结果只有1/3的贵族保留了头衔。①

在俄国，彼得一世即位前，贵族的人数并不少。根据克柳切夫斯基的估算，1681年时首都有6385名男性贵族，而全国大约有1.9万名男性贵族。但是，到17世纪初，俄国贵族已出现严重的结构性问题，古老而显赫的王公贵族家族有的渐趋湮没，有的衰落式微。②当时波雅尔杜马的参加者不到100人，到17世纪上半叶，其成员只有25人上下。因此，彼得一世亟待重新建立其政治社会基础。18世纪初，在学习西方、振兴俄罗斯国家的过程中，彼得一世对旧贵族等级制进行了改造。他多次强调，仅有贵族出身，而没有通过对宫廷和皇帝服务而获得的品级，不能享受任何权利。这样就在理论上摧毁了旧品级阶梯的基础，同时为建立一种新的为宫廷服务的官员职位制度做了准备。1722年1月24日，彼得一世颁布了官阶总表，使得官员职位制度完全确立起来。这是对旧的贵族等级制度的一种改造措施。在这个官阶总表中，所有的官阶分为三个平行的系列，即军职官阶、文职官阶和宫廷官阶，而每个系列都分成14等。军职官阶由元帅开始到少尉止；文职官阶从一等文官、二等文官一直排到最末的十三等和十四等文官。这种官阶等级制的划分和过去的贵族等级制度有所不同。它们不是对沙皇效忠的奖赏，不是与职务毫不相干的品级，相反，每个等级都有一种乃至多种同级职务与之相对应。例如，十四等文官就与部衙门书办、部衙门办事员、地方低级法庭监事、地方警官、外省邮驿站长等相当。官阶表的说明规定，前八级服职人员（不低于少校和八等文

---

① M. L. Bush, *The European Nobility*. Vol. II. *Rich Noble, Poor Noble*. Manchester: Manchester University Press, 1988. pp.93—94.

② ［俄］B. O. 克柳切夫斯基：《俄国各阶层史》，徐昌翰译，商务印书馆1990年版，第159页。

官）及他们的后代均属于上等贵族，"不论其出身是否贫贱，均应受到尊敬，予以照顾"。它希望俄国显赫的贵族子弟"由于门第尊贵而在一切方面均有突出表现，倘若不能为君主和祖国建功立业，将不授予他们任何官职，也不赐予他们荣誉和官职"[①]。彼得一世颁布的官阶表，使得俄国国家对于官员的起用、提升和任命的方式完全程式化。用等级表规定的新的等级制度对国家机构成员加以约束，给予这些官吏相应的身份和声誉，也为那些非贵族官员进入政府高层、取得一定的地位和影响提供了机会。[②]

今天看来，彼得一世的等级表是把官僚加以贵族化，并使贵族竭力为改革了的俄罗斯国家的政策服务的一种政治手段。在这种新的制度下，等级制身份依然存在，但这时身份成为被决定了的东西，它是由人们在宫廷政府中任职的高低决定的，而不像过去那样完全由身份决定。这样，在俄国的贵族等级制中，我们看到又加入了一种近代官僚制的因素。

19世纪俄国政府在兼并波兰的领土之后，采取了重新确认贵族身份的做法。1800年和1818年在立陶宛进行调查，以对付兼并带来的人数众多的波兰贵族。1845年和1850年在原属波兰的乌克兰基辅省、波多利亚和乌尔呼尼亚调查后，否认了8.1万名贵族确认身份的要求，只承认581名贵族的头衔，此外对2.2万名贵族的身份进一步进行审查。[③]俄国贵族在18和19世纪急剧分化，贫穷的贵族人数急剧增加。

---

① ［俄］B. O. 克柳切夫斯基：《俄国各阶层史》，徐昌翰译，商务印书馆1990年版，第159—160页。

② Marc Raeff, *Well-Ordered Police State: Social and Institutional Change Through Law in the Germanies and Russia, 1600—1800*. London: Yale University Press, 1983. pp.211—212.

③ M. L. Bush, *The European Nobility*. Vol. II. *Rich Noble, Poor Noble*. Manchester: Manchester University Press, 1988. p.85.

1834年拥有500名以上男性农奴的贵族只占贵族人数的3%，而拥有不到100名男性农奴的贵族占贵族总数的70%，这些贵族的收入只有不超过400卢布的年地租收入，属于贫穷贵族之列。这些贵族如果没有军职和官职薪俸收入，仅靠上述微薄的收入，难以维持丰裕的生活水准。当时10.934万户农奴主贵族中，有5.84万户拥有的男性农奴在21人以下。大批贫穷贵族在俄国存在并非是到18和19世纪才出现的现象，而是从15到16世纪就开始了。在沙皇赏赐庄园地产给贵族以后，由于俄国没有长子继承制的规定，这些庄园地产的一再分割也导致了贫穷贵族的出现。加之俄国贵族在其等级系列中，缺少一个位于贵族富有者和贫穷者之间相当于骑士的等级，因此俄国贵族的分化显得十分突出。[①]各国君主肆意授封新贵族，也引起了贫穷贵族数量的增加。例如西西里在1556年只有16名有头衔的贵族，而到1800年贵族增加到2153人。在大量授封新贵族之时，又无法给他们一定数量的财产和土地，导致了贵族头衔、土地和财产相脱离的现象，这使得贵族纵然人数不少，但衰落却已成定势。

价格革命以后及至整个近代，欧洲社会变动加剧了，欧洲世袭贵族中只有很少一部分能够维持较长的家族谱系。大多数贵族都是很晚才授封的。从1715年到1789年，法国贵族的数量据估计增加了一倍，而这个时期法国人口仅增加了15%。普鲁士18世纪后半叶和19世纪初有头衔的贵族经历了膨胀过程。在俄国，当彼得一世在1722年公布了等级表，确定了给予军队文官中一定级别以上人士授予贵族头衔的原则后，俄国贵族的人数迅速增加。仅在1825到1845年间，沙俄的官员

---

① M. L. Bush, *The European Nobility*. Vol. II. *Rich Noble, Poor Noble*. Manchester: Manchester University Press, 1988. pp.39—40.

中就有大约2万人成为世袭贵族。在多瑙河公国中，只有很少贵族的身份可以追溯到18世纪初。奥地利贵族中甚至大多数家族是在17到18世纪授封的。1620年征服波希米亚后，新授封的天主教贵族取代了那里的新教贵族。在哈布斯堡帝国领土扩张过程中，帝国把贵族头衔授给新任命的官僚和官员。在丹麦，1665年以后贵族队伍出现了大膨胀。此外，作为旧制度象征的出售贵族头衔的现象，在近代依然残存。奥地利约瑟夫二世统治时期，对贵族头衔规定了固定的价格，伯爵头衔值2万盾，男爵头衔值6000盾。由于贵族队伍缺人，新进入贵族集团的人士提升得很快。[1]

在18到19世纪，贵族等级的成员只占各国居民人数极少的一部分。在俄国的欧洲部分（包括巴尔干、白俄罗斯和立陶宛省），1858年贵族占居民人数的1%。在大革命前夕的法国，贵族占居民人数的1.5%。1820年在匈牙利，贵族占居民人数的4%。波兰在1772年第一次被瓜分前，贵族约占总人口的8%。[2]

占人口比例不大的贵族又依据其身份、财产、权力，在其内部划分为不同的层次。占贵族集团很小一部分的上层贵族，控制着大部分财富和权力。在波兰，有40至50家贵族拥有众多的土地和财产。18世纪末，查尔斯·拉德齐维尔公爵年收入达到500万波兰佛罗林，他拥有一支私人军队，1764年这支军队有6000人。费利克斯·波托奇的地产面积达1.7万平方公里，相当于半个荷兰。1770年公爵斯坦尼斯劳斯·卢波密尔斯基拥有2.5万平方公里的土地，相当于比利时的4/5，

① Jerome Blum, *The End of the Old Order in Rural Europe.* Princeton: Princeton University Press, 1978. pp.15—16.

② Jerome Blum, *The End of the Old Order in Rural Europe.* Princeton: Princeton University Press, 1978. p.24.

这块领地上有31个城市和728个村庄。奥地利君主国由几百个家族控制，其最牢固的基地是波希米亚和匈牙利。1788年在波希米亚有174个贵族家族，其中有15个公爵、79个伯爵、96个男爵和骑士。稍早于1788年的统计资料表明，公爵拥有价值4.65亿佛罗林的土地，伯爵拥有的地产价值为1.19亿佛罗林。而男爵和骑士只拥有价值1760万佛罗林的地产。施瓦岑伯格公爵的庄园价值1440万佛罗林。到1848年，施瓦岑伯格在波希米亚拥有160万英亩土地和23万农民。[1]1800年在匈牙利7.5万个贵族家族中，大贵族有200家。东、西欧拥有大宗地产的贵族，地位和声望在当时社会中非常显赫，但他们中大多数贵族并不仔细管理自己的地产，而是交给管家去管理。越来越多的大土地贵族住进城市，靠他们的地产收入支持其奢侈的生活。他们担任国家、军队和教会的要职。在俄国与英国，特别是那些受过良好教育的年轻贵族，将频繁地遨游欧洲视为时尚。[2]1840年，匈牙利最大的贵族保罗·安东·伊斯特哈苏公爵拥有70万农民，占匈牙利人口的6.5%。他一年的收入达到80万至170万佛罗林。伊斯特哈苏公爵同巴斯亚尼公爵、卡罗依伯爵、苏岑依伯爵和冯·西那男爵拥有的土地占整个匈牙利面积的14%。在俄国，谢尔缅捷夫伯爵拥有190万英亩土地和30万男女农奴。在多瑙河公国，19世纪上半叶，总数15%—20%的家族拥有摩尔达维亚和瓦拉几亚1/3的土地。这些均属大贵族。[3]

---

① Jerome Blum, *The End of the Old Order in Rural Europe*. Princeton: Princeton University Press, 1978. p.24.

② Peter N. Stearns, *European Society in Upheaval: Social History Since 1800*. London: Macmillan, 1967. p.16.

③ Jerome Blum, *The End of the Old Order in Rural Europe*. Princeton: Princeton University Press, 1978. p.25.

但是，欧洲还有数以千计的小贵族。他们拥有的土地不多，有的甚至还比不上相邻的农民，也有的小贵族根本没有土地。在勃兰登堡，有相当多的贵族在18世纪最后30年生活水平落到了贫困线上下，他们只得靠年金、救济金和国家支付的佣金过活，有时甚至乞讨，于是1789年勃兰登堡颁布了禁止军官乞讨的法律。在奥德河以东的波美拉尼亚，有小贵族聚居的村庄，他们的生活方式和相邻村庄的农民没有任何差别。波兰一些村庄的小贵族和农民的区别之处，仅仅在于小贵族自命不凡和有读书写字的能力。许多受贫困折磨的贵族，便到富有贵族的府邸中作家内仆役。19世纪，波兰贫穷的小贵族达33360人，而中等贵族和大贵族为7204人。小贵族平均拥有土地29英亩左右，这样大小的土地只够维持一户农户的生计。在匈牙利，数千名贵族像农民一样生活，尽管在名义上他们和大贵族一样拥有特权。他们中的无地者像农民一样租种大贵族的土地，像农民一样支付地租和其他费用。在俄国，贵族的财产通常用他拥有的农奴数量来衡量。1858年，俄国所有贵族地主中，40%拥有的农奴数目少于21名男性农奴。在切尔尼哥夫省和波尔塔瓦省，65%的农奴主属于这个范畴，在其他五省，48%—60%的农奴主属于这种类型。[1]

从中世纪后期到近代初期，一些国家还存在着城市贵族，他们与乡村及土地没有直接的联系。在瑞士各州，城市贵族等级由显赫的市民等级构成。这些城市贵族形成于15世纪，他们在城市大委员会中拥有多数席位而统治着城市和乡村。他们是各自州里的主要官员、商人、工场主和军事指挥官。这种城市贵族具有封闭性，拒绝外来的新

---

[1] Jerome Blum, *The End of the Old Order in Rural Europe.* Princeton: Princeton University Press, 1978. p.26.

人加入。在伯尔尼，死去的贵族家族不再替补，所以数年间贵族数量锐减。1700年伯尔尼有452个贵族家族，到1787年减少到243个贵族家族，其中一部分核心集团人士占据了伯尔尼委员会的席位，有的一个家族就在委员会中占有10至16个席位。在18世纪末的弗里堡，71个家族垄断了州政府中所有有收入的官职。1778年在索洛图恩州，来自12个贵族家族的成员占据委员会的136个席位。1798年在苏黎世，委员会一半的席位被13个家族占有。在巴塞尔，2/3的大委员会席位和2/3的州政府职位，被贵族家族成员占有。[①]

在封建土地关系和贵族在农业领域衰落的背景下，贵族中有不少人投身于工商业经营和矿业经营，表现出对于社会的适应性。在德国，最初铁业和铜业的创业和发展完全是贵族推动和经营的。从事冶金业和铸造业的贵族有施托尔贝格伯爵、沃尔夫根伯爵、不伦瑞克—鲁连堡伯爵等。1785年士雷洛恩的243个工场中，属于君主的有20个，属于公爵、亲王、伯爵、男爵和领主的有205个。在16世纪的奥地利，矿山的业主有一大半是贵族。在波希米亚，瓦尔斯泰因伯爵在1715年创办了奥伯滕斯杜夫制布工厂，他对本地工人进行训练，招来荷兰和英国工人，并使用从国外引进的工具，使这个工厂欣欣向荣。在俄国，18世纪下半叶以后，贵族掌握了相当一部分工业。1773年俄国工业总产值为354.8万卢布，其中104.1万卢布为贵族所有工厂生产的产值，即贵族控制了工业产值的1/3。当时40个制布厂中，有19个属于贵族。1800年为政府提供产品的98个制布厂中，74个为贵族所

---

① Jerome Blum, *The End of the Old Order in Rural Europe*. Princeton: Princeton University Press, 1978. pp.16—17.

有。[①]1813年到1814年，俄国贵族拥有64%的矿山、60%的造纸厂、80%的制造钾盐的工厂、78%的纺织厂、66%的玻璃制造厂和几乎所有的酿造烧酒的工厂。[②]欧洲贵族还参与了金融业，创办银行。1770年，西里西亚贵族经过努力建立了抵押银行。19世纪普鲁士、波兰、加利西亚、丹麦和巴尔干诸国的贵族，都仿效西里西亚贵族建立了土地银行。1856年马斯查尔德在建立维也纳信贷银行时，得到了菲尔斯滕伯格、施瓦岑伯格等三个波希米亚最大的土地贵族的资助。[③]19世纪后期，欧洲一些家系显赫的贵族积极参加商业和工业投资。在法国，1902年时铁路公司的董事会中，30%的成员是贵族，大的钢铁业和银行业的董事会中，32%的成员是贵族。在德国和奥地利，大贵族和一些中等贵族在已建的和新建的工业企业中积极投资。克里斯蒂安亲王霍恩洛厄—厄林根成为大工业寡头，他的财产估计有1.5亿马克，他把4/5的财产投资于工业，仅有1/5投入地产。1874年奥地利铁路公司董事会中有13个亲王、1名伯爵领主、64名伯爵、29名男爵、41名其他等级的贵族。1866年在维也纳创立的另一家企业的董事会中，有一名亲王、16名公爵、6名男爵和2名其他等级的贵族。在俄国，沙皇的亲戚大公爵弗拉基米尔·阿历克山大罗维奇拥有113.38万卢布的铁路股份，1904年至1908年，平均每年可从中获得12.26万卢布的股息。[④]

---

① [德] 伟·桑巴特：《现代资本主义》第一卷，李季译，商务印书馆1958年版，第576—577页。

② M. L. Bush, *The European Nobility.* Vol. II. *Noble Privilege.* Manchester: Manchester University Press, 1988. pp.144—145.

③ M. L. Bush, *The European Nobility.* Vol. II. *Rich Noble, Poor Noble.* Manchester: Manchester University Press, 1988. pp.149—150.

④ Jerome Blum, *The End of the Old Order in Rural Europe.* Princeton: Princeton University Press, 1978. p.423.

　　在资产阶级革命以后的英国，贵族的概念和欧洲大陆国家有很大的不同。在欧洲大陆国家，贵族通常表示一种身份，同时，贵族享有众多特权，贵族与非贵族的界限是清晰可见的。但是在这个时期的英国，并不存在这种严格意义上的贵族。英国贵族有使用纹章来表明其家族尊严的权利，但是他们没有在土地所有权方面的特权和免税的特权，也没有在军队和教会中任职的特权。英国贵族有权出席议会上院会议，并在法律上享有某些特权，例如在司法审判中，贵族应当由贵族组成的法庭审理，他们不犯重罪不得被逮捕。但是这些特权只属于贵族本人，而不属于贵族家庭成员，一般来说，英国贵族享受的特权比欧洲大陆的贵族要少得多。[1]英国贵族主要依靠家族的地产过活。由于英国资产阶级革命从政治上结束了英国中世纪封建社会的历史，所以尽管有些历史学家仍把18世纪称作"贵族世纪"[2]，但是正如阿萨·布里格斯评述的，在社会文化领域，权威和等级制的原则常常遭到挑战[3]。

　　近代英国贵族的主要收入由租地农场主每年支付给他们的租费、额外交纳的地租构成。在英国西南部和北部，则收取周期性的更新租契时交纳的费用。英国贵族此时已不依赖于封建税，而庄园法庭的收入、免役地租、公簿持有农的地租也只占贵族总收入的很小一部分。从这个意义上说，英国贵族在收入方式上横跨了两个时代。一方面，他们不是农场主，因此，他们同德国的容克不同，而和法国贵族较为

---

　　① Albert Goodwin, *The European Nobility in the Eighteenth Century: Studies of the Nobilities of the Major European State in the Pre-Reform Era.* London: Adam&Charles Black, 1953. pp.1—2.

　　② John Cannon, *Aristocracy Society: The Peerage of Eighteenth Century England.* Cambridge: Cambridge University Press, 1984. p.12.

　　③ Asa Briggs, *A Social History of England.* London: Penguin Books, 1987. p.220.

接近，他们属于一种"闲暇阶级"；但他们对农业仍然十分关心，他们鼓励改进地产的经营，因为他们的利益显然与这种当时最重要的经济活动的繁荣紧密相联。①随着时间推移，英国贵族地主从城市和矿业中获得的收入逐渐成为他们总收入中相当重要的一个组成部分。例如，1732年，贝德福德公爵在布卢姆斯伯里的地产收入为3700英镑，1771年为8000英镑，这个数额只占这个家族收入的1/4到1/3。另一些贵族如波特兰公爵、格罗夫纳、普拉特、康普顿家族，他们在伦敦及一些地方城市中都拥有产业，他们的收入情况与贝德福德公爵类似。当时，公有矿山逐渐为贵族地主所占有，许多贵族家族都拥有矿山。例如，达德利家族是自己直接管理矿山，其他贵族则把矿山长期租给工业家享用租金。在达勒姆、斯塔福德、康沃尔，贵族阶级的兴隆与否与他们是否拥有矿山直接联系。但哈巴库克认为，矿山收入和其他非农业收入对于多数贵族来说只占收入的小部分，农业收入仍然是贵族收入的主要部分。②此外，出任官职的薪金也是这些贵族重要的收入来源。例如，在沃尔波尔死后，他的长子担任了财政部会计检查官一职，年收入达7000镑。次子爱德华担任了书记官，年收入3000镑。荷拉斯·沃尔波尔的官职收入为每年3400镑。③

处于社会变动中的英国贵族的富裕程度是不同的。有的贵族家族极其富有，坦普尔勋爵自称，他"有大量的钱供开销"。威廉·普

---

① Albert Goodwin, *The European Nobility in the Eighteenth Century: Studies of the Nobilities of the Major European State in the Pre-Reform Era*. London: Adam&Charles Black, 1953. pp.4—5.

② Albert Goodwin, *The European Nobility in the Eighteenth Century: Studies of the Nobilities of the Major European State in the Pre-Reform Era*. London: Adam&Charles Black, 1953. pp.5—6.

③ Albert Goodwin, *The European Nobility in the Eighteenth Century: Studies of the Nobilities of the Major European State in the Pre-Reform Era*. London: Adam&Charles Black, 1953. p.7.

尔特尼死后留下的财产超过100万英镑,第二代弗利勋爵在1766年留下的地产每年收入2.1万镑、矿山每年收入7000镑,并有存款50万英镑。但有些贵族则负债累累。例如,1741年第二代韦默思勋爵年收入为1.2万镑,抵押欠款和债券为10万镑,账面欠债为3万镑。一些贵族后代的败家子也造成家族中道衰落。例如,福利勋爵两个年长的儿子借资10万英镑以偿还赌债,致使福利家族衰落。[1]

18世纪末,英国共有贵族287家。[2]每个英国贵族都有一个头衔。而在欧洲大陆,大多数贵族尽管有很大的特权,但没有头衔。英国贵族的概念此时已发生了变化,他们不再构成一个法律规定或法律承认的等级,[3]而成为尚拥有不多特权的地主阶级。

在近代,贵族身份制度渐渐不再是一种起决定作用的社会制度,它的作用发生变化,逐渐成为对一个人地位和成就的一种确认形式。西方各国经常把贵族头衔作为一种荣誉,授予那些在事业或财富上获得巨大成就的资产阶级,而不去顾及他们的出身。1871年到1918年间,普鲁士的霍亨索伦王室共授封了1129家新贵族,此外还提升了186名贵族的级别,这批人全部来自资产阶级家庭。在俄国欧洲部分的50个省中,世袭贵族从1858年的609973人增加到1897年的885754人,增加了45%。从1858年到1897年,在41个省中,德国和波兰贵族的人数从232346人增加到477836人,40年间增加了一倍。[4]由于新授

---

① Albert Goodwin, *The European Nobility in the Eighteenth Century: Studies of the Nobilities of the Major European State in the Pre-Reform Era*. London: Adam&Charles Black, 1953. p.10.

② Roy Porter, *English Society in the Eighteenth Century*. London: Penguin Books, 1982. p.388. Table 6.

③ Jerome Blum, *The End of the Old Order in Rural Europe*. Princeton: Princeton University Press, 1978 . pp.11—12.

④ Jerome Blum, *The End of the Old Order in Rural Europe*. Princeton: Princeton University Press, 1978. p.422.

封的贵族中有不少是资产阶级分子，所以从整体上起了加速贵族集团资产阶级化的作用。另一方面，资产阶级被授予贵族头衔后，与贵族家族建立了广泛的联系，在政治心态和文化心态上与贵族日益接近，对社会和政治问题的态度日渐保守化。

工业革命的开展对贵族产生了深远的影响。对众多土地的控制不能再确保贵族的经济优势，贵族的收入在国民收入中的比例下降。1800年，英国贵族控制了大约国民生产总值的20%左右。而到1850年，贵族控制的国民生产总值比例已不足10%。贵族日渐难以维持其较高的生活水准。市场化农业的发展，要求农业经营者有经营商业和利用最新技术发明的能力。一些贵族也开始经营工业，并在农业中使用工资劳动者。市场对贵族的压力逐渐加大，贵族随着政治近代化逐渐失去了对农民的封建权利。封建税于1800年前后在西欧、1850年在中欧、1861年以后在俄国被取消，过去主要依靠封建税的贵族现在失去了传统的封建收入，贵族只得转而靠领地而生。[①]尽管许多贵族仍然对农民拥有相当的权利，但是许多土地贵族无法适应市场经济的要求，他们没有资金、没有技术，无法增添新装备，他们入不敷出成为负债者。甚至在19世纪初期，许多贵族就把品质优良的可耕地出售给中等阶级。1815年到1848年，普鲁士容克的地产有1/3被中等阶级买去。到1885年，东普鲁士的地产有85%转手。越来越多的土地落到农村中等阶级手中，用商业方法进行经营。[②]1870年以后，在法国，法律对于贵族头衔的保护被取消了，大批实业家甚至自由职业者把表示

---

① Peter N.Stearns, *European Society in Upheaval: Social History Since 1800*. London-New York: Macmillan, 1967. p.88—89.

② Peter N.Stearns, *European Society in Upheaval: Social History Since 1800*. London-New York: Macmillan, 1967. p.90.

贵族身份的前置词"de"放在姓名之前[①]。19世纪后期，英国那些长期经营农业的贵族也遇到极大的困难。巴尔干地区国家的贵族转而从事畜牧业，并雇佣专家来提高生产效率。[②]伴随着农村贵族的衰落，农村的中等阶级兴起了。

在有头衔的贵族之下，近代欧洲乡村还存在着一个中等地位的土地所有者阶层，大多数普鲁士的容克和英国及其他一些国家的乡绅均属于这个阶层。有一些乡绅取得政府和军队的职位，他们从事农业生产，同时靠其他收入维持自己的地位。通常情况下，乡绅在乡间地方上拥有可靠的经济和政治权力，他们担任地方治安法官或教区官员。在东欧，乡绅制定地方法律并履行警察职能，他们从耕种其土地的农民那里收取租费和派遣劳役。在西欧，劳役义务相对来说很低，乡绅使用佃户、分成制佃农和雇佣劳动力在其地产上劳作。乡绅每年的土地收入通常足以应付所需的开支。他们生活得很富足，他们的庄园屋舍简朴但很坚固。他们狩猎、慷慨地宴请和举行舞会。他们在自己这个集团中联姻，有时出于经济原因也娶商人之女。[③]在英国，乡绅主要靠地租生活，他们所有的土地均由租佃农来耕种。有时乡绅也耕作少量的家庭农场，但家庭农场生产的产品是为家庭的生活消费服务的。[④]1790年，贵族以下富裕的乡绅年收入为3000镑到4000镑，这类乡绅有700家到800家。年收入在1000镑到3000镑的乡绅有

---

① Jerome Blum, *The End of the Old Order in Rural Europe*. Princeton: Princeton University Press, 1978. p.291.

② Jerome Blum, *The End of the Old Order in Rural Europe*. Princeton, Princeton University Press, 1978. p.291.

③ Peter N.Stearns, *European Society in Upheaval: Social History Since 1800*. London-New York: Macmillan, 1967. p.15.

④ G. E. Mingay, *English Landed Society in the Eighteenth Century*. London: Routledge&Kegan Paul, 1963. p.8.

3000家到4000家。年收入在300镑到1000镑的乡绅有1.5万家或稍多一些。[①]1873年，英国对土地所有者进行了调查。这是1086年以来英国对土地所有权的第一次调查，也是最后一次调查。调查结果表明，英国4/5的土地被不到7000人占有。在英格兰，363名大地主拥有1万英亩以上的土地，其中186人是有头衔的贵族，58人是从男爵，117人没有任何头衔。[②]19世纪大部分时间里，英国拥有土地的乡绅年收入在1000英镑到1万英镑之间，大致相当于拥有1000英亩到1万英亩土地的收入。其中较富有的乡绅年收入在3000英镑到1万英镑之间，拥有土地在3000英亩到1万英亩之间。缙绅拥有的土地在1000英亩到3000英亩之间，收入在1000英镑到3000英镑之间。1873年，英格兰大约有1000名较大的乡绅和大约2000名缙绅。这两部分大地主分别占有17%和12.5%的英国土地。[③]在缙绅以下还有三类土地所有者：大的约曼拥有的土地在300到1000英亩之间，较小的约曼拥有的土地在100英亩到300英亩之间，小土地所有者拥有的土地在1英亩到100英亩之间。在英格兰，大约曼拥有的土地占全部土地的14%，较小的约曼拥有12.5%的土地，最小的土地所有者拥有全部土地的12%。这三类小土地所有者共占有英格兰土地的38.5%。[④]

也就是说，到19世纪最后25年，英格兰非贵族大地主的人数几乎

---

① G. E. Mingay, *English Landed Society in the Eighteenth Century*. London: Routledge&Kegan Paul, 1963. pp.21—23.

② F. M. L. Thompson, *English Landed Society in the Nineteenth Century*. London: Routledge, 1963. pp.27—29.

③ F. M. L.Thompson, *English Landed Society in the Nineteenth Century*. London: Routledge, 1963. pp.112—113.

④ F. M.L.Thompson, *English Landed Society in the Nineteenth Century*. London: Routledge, 1963. pp.116—117. Table 6.

与拥有头衔的贵族地主人数相当。加上中小地主，英国的地主阶级中，非贵族人数已大大超过拥有头衔的贵族。至于那些拥有贵族头衔的地主，其特权已丧失殆尽，他们已不再属于严格意义上的封建贵族，他们的经济活动与市场和资本主义不可避免地产生了密切联系。在英国，贵族日渐与非贵族地主融合为一个近代地主阶级，这种趋势在欧洲各国也出现了。在俄国，固然社会划分为等级的现象一直保持到1861年农奴制废除以后，直到1917年，俄国居民在法律上仍被划分为等级。但是，随着时间的推移，等级的形式逐渐失去其意义，19世纪末，人们似乎不再对一个人属什么等级感兴趣，城市中无地产的贵族的增加，以及丧失了土地或卖掉土地的有产者人数的增加，促使人们采取上述态度。[①]

1902年在奥地利，拥有土地在100公顷以上的地主占土地所有者的0.7%，他们占有全部土地的49.5%。1901年在丹麦，拥有土地60公顷以上的地主占土地所有者的3.5%，他们占有全部土地的33.1%。1892年在法国，占地100公顷以上的地主占土地所有者的2.4%，他们占有全部土地的43%。1907年在德国，占地100公顷以上的地主占土地所有者的0.4%，他们占有全部土地的23.2%。1895年在匈牙利，占地100公顷以上的地主占土地所有者的0.5%，他们占有全部土地的41.8%。1905年在波兰，占地100公顷以上的地主占土地所有者的0.9%，他们占有全部土地的44.2%。1905年在罗马尼亚，占地100公顷以上的地主占土地所有者的0.6%，他们占有全部土地的48.7%。[②]

---

① Jerome Blum, *The End of the Old Order in Rural Europe*. Princeton: Princeton University Press, 1978. p.425.

② Jerome Blum, *The End of the Old Order in Rural Europe*. Princeton: Princeton University Press, 1978. p.437. Table.

# 第五章
# 农　民

　　农民的结构是以土地关系为中心的乡村社会关系的集中体现。在近代，西方特别是欧洲的不同地区，从封建主义过渡到资本主义的道路和时间表都有很大的差异。美国并未存在过农奴制，西欧也较早扫除了农奴制残余，而易北河以东的东欧和中欧则发生了再版农奴制运动，在这个地区重新出现了经过国家政权强化的农奴制度。因此，这几个世纪中，西方农民具有复杂的谱系。各地都出现了自由农民和农场主。一些地区存在着农奴。同时，也还存在着具有农奴残余印记的、在所有权、使用权和经营权方面受到不同程度束缚的、地位处于自由农民和农奴之间的各种租佃农。

　　在近代西方，尽管一些国家在19世纪完成了工业革命进入工业化时代，但是农民仍占很大比重，在很多国家，农村人口在全体居民中仍占大多数。以18世纪最后25年为例，约 2/3 以上的欧洲居民居住在农村，依靠土地为生，各国少则7/10、多则9/10为农村人口。1789年，法国乡村人口占全国总人口的81%。1800年，瑞士乡村人口占全国人口的68%，德意志乡村人口占全国人口的80%，波兰乡村人口占全国人口的72%，匈牙利乡村人口占全国人口的90%。1769年，丹麦乡村人口占全国人口的80%。1782年，爱沙尼亚乡村人口占全国人口的84%。1851年，俄国乡村人口占全国人口的92%。

在法国工业革命的过程中和工业革命以后一段时期，法国农业人口在逐渐减少，但变化的速度很慢。1846年法国人口总数为3540万人，农业人口为2675万人，农业人口占总人口的75.6%。1866年农业人口占总人口的百分比下降到69.5%。1876年法国人口总数为3690万人，农业人口为2490万人，农业人口占总人口的67.6%。1886年农业人口占总人口的64.1%。1896年农业人口占总人口的60.9%。1906年农业人口占总人口的57.9%。1911年农业人口占总人口的55.9%。[①]法国作家奥格—拉利贝在论及1860年前后法国农业时说，当时，"虽然农业在技术上无疑有了改进，却仍然带有浓厚的传统色彩，特征是手工劳动占优势"[②]。

1882年，法国自耕农为215.1万人，农场主为96.8万人，分益佃农为34.2万人。1892年，自耕农人数还稍有增加，达到219.9万人，农场主为106.1万人，分益佃农为34.4万人。[③]这个时期，法国并没有明显地出现一个人数众多的农业工人阶级，一般的农业单位仍然像过去一样很小，是自耕农或很小的租佃农场主在经营农业。1882年，当时农户主（包括自耕农、农场主和分益佃农）共有346.1万人，他们使

① ［英］克拉潘：《1815—1914年法国和德国的经济发展》，傅梦弼译，商务印书馆1965年版，第186页。
② ［英］克拉潘：《1815—1914年法国和德国的经济发展》，傅梦弼译，商务印书馆1965年版，第185页。
③ ［英］克拉潘：《1815—1914年法国和德国的经济发展》，傅梦弼译，商务印书馆1965年版，第188—189页。

用的辅助性支薪人员共345.3万人，包括日工、长工和管家。平均每个农户主雇佣的辅助人员不超过1人。1892年，农户主为360.4万人，而辅助人员为305.8万人，也就是说，每个农户主雇佣的辅助人员平均还不到1人。而在1882年，总共148.1万名日工中，自己拥有一些小片土地的人为72.7万人。1892年拥有小片土地的日工为150.9万人，当时日工总数为121万人。这些资料表明，19世纪末法国的农业生产规模不大，存在着大量的一家一户的小农生产。[①]关于法国19世纪后期农村土地经营的规模，可以从1862年、1882年和1892年对保有地的规模以及拥有同类规模保有地农民数的统计看出来。在1862年统计时，缺少保有地面积在2.5英亩以下农户的户数资料。这一年保有地在2.5英亩至25英亩的农户为243.5万户，拥有25英亩至100英亩中等规模保有地的农户有63.6万户，拥有100英亩以上保有地的农户为15.4万户。1892年统计时，拥有2.5英亩以下保有地的农户为223.5万户，拥有2.5英亩至25英亩保有地的农户为261.8万户，比1862年时稍有增加。拥有25英亩至100英亩保有地的农民为71.1万户。1908年，拥有2.5英亩以下土地的农户为208.8万户，拥有2.5英亩至25英亩土地的农户为252.4万户，这两类小农总数比1892年时减少了24.1万户，而当年拥有中等面积土地者为74.6万户，大土地所有者为14.7万户，比1892年时稍有增加。[②]这些资料表明，1860到1914年，法国农村的社会结构模式没有发生大的改变，仍然存在着大量的小农。

但是，到19世纪末，法国农民那种传统的封闭性、分散性和经济

---

① ［英］克拉潘：《1815—1914年法国和德国的经济发展》，傅梦弼译，商务印书馆1965年版，第190页。

② ［英］克拉潘：《1815—1914年法国和德国的经济发展》，傅梦弼译，商务印书馆1965年版，第192—193页。

独立性已经改观，农民只依靠自己保有地上的产品过活、而与市场不发生联系的中世纪式的特征已经完全消失了。尽管农民的独立性仍处处可见，但农民生产的专业化使他们与市场发生了极为密切的联系，农民对农产品加工业的依赖性加强了，资本主义农村工业对农民产生了一种统治作用或者说控制作用。这样，个体农民的资本主义属性极大地加强了。[①]农民建立自己的组织并在全国范围内联合起来的意向也表现出来。1884年，当法国议会讨论职工会立法问题时，经参议员奥德的提议，把农业劳动者组织职工会的问题列入立法条文。农民组织有了合法性，这是对法国农民在全国范围内联合起来的一种承认。[②]

从欧洲大陆来看，由于领主制和农奴制在近代某些阶段的某些地区存在，农民的自由权利和地位也因时因地不同。有的农民获得了充分的自由权，有的农民只获得部分自由权。

各国自由农民的来源各不相同。许多自由农民最初是作为垦殖者来到新开发地区的，因而取得自由持有农的身份。另一些农民则是领主解放了他们，或自己出钱赎买了自由身份。在瑞士诸州如乌里、施维茨、阿彭策尔、格拉鲁斯、圣加伦州的图根堡区、伯尔尼高地、下沃尔登，农民从来没有承担过封建义务。在德意志西部，自由农民居住在称为帝国村庄的村落中，这些村庄和帝国自由市一样，得到德意志神圣罗马帝国的承认已有几个世纪之久。18世纪，大多数帝国村庄在地方统治者的控制之下，农民亦失去其自由人身份。此外，还有些自由农民生活在法德边境，在中世纪，领主解放了这些农民，但不让

---

① ［英］克拉潘：《1815—1914年法国和德国的经济发展》，傅梦弼译，商务印书馆1965年版，第222—224页。

② ［英］克拉潘：《1815—1914年法国和德国的经济发展》，傅梦弼译，商务印书馆1965年版，第213—214页。

他们离去，这些自由农民成为具有特殊军事作用的边民。但是，在德意志西部的乡村中，只有很少一部分人是自由农民。尽管他们属于自由人，但他们中大多数人还是要向各地具有统治权的领主纳贡。①

在德意志东部，特别是东普鲁士，比德意志西部有更多的自由农民。1798年，在东普鲁士61301名农民中有12790人是自由农民。他们是几个世纪以前拓殖者的后代，或者是在条顿骑士13世纪征服当地以后皈依基督教而获得自由的土生土长的异教居民。在东普鲁士，自由民被称为kölmer。在德意志东部其他地区，自由农民还有其他不同的叫法。但逐渐地，kölmer成为所有自由农民的统称。在德意志乡村等级制中，kölmer处于普通农民与贵族之间。这种身份等级制在军队中也有反映。在军队中，贵族的后代担任少尉以上的军职，非自由农民的后代担任普通士兵，而kölmer的后代担任无军衔的军官。在农村，尽管kölmer是持有土地的业主，可以根据自己的意愿转让土地，但他们并没有充分的土地所有权，他们持有的土地被认为是国家管辖的，他们要向最高统治者交纳封建税，要在王室领地上服劳役，以表示承认君主的最高统治权。那些向私人领主租种土地的自由农民有时得支付某种租费或提供劳役作为地租的补充。kölmer居住在他们自己村庄或独立的田庄上，但庄园土地日渐包围了他们拥有的土地，这些自由农民也日渐沦为和领主农民同等的地位。18世纪，一些kölmer已失去自由，领主迫使他们支付那些没有自由的农民支付的租费，他们要得到领主同意才能出售自己的土地。而且，由于他们中许多人往往缺少足以证明自己特殊的自由身份的文件，他们有丧失土地而沦为德意志

---

① Jerome Blum, *The End of the Old Order in Rural Europe*. Princeton: Princeton University Press, 1978. pp.29—30.

东部大量存在的农奴那样的危险。①

在丹麦，自由农民时常处于领主支配之下。1660年丹麦开始绝对主义王权时期后，自由农民的数量急剧下降。到17世纪末，在丹麦王国大部分地区，自由农民在农民人口中的比例已不到1%，少数地区的这一比例为3%—8%。自由农民向领主租种土地，并向地主服劳役。根据1685年的丹麦法，自由农民承担的劳役相当于农奴承担的劳役的1/4。但自由农民常常发现他们难以确保自己的这种权利，除了交纳地租外，有时还得支付某王室时常允许领主增加给自由佃农的劳役。②

在奥地利君主国的大部分地区只有很少的自由农民。在波希米亚、摩拉维亚和西里西亚，自由农民只占乡村人口的不到1%。例如，摩拉维亚一年中只有不到20个农民能获得自由。通常农奴花钱或通过单独的解放农奴的法令来获取自由。其他所谓的自由农民，实际上是逃亡到其他领主庄园的农奴，他们在那里取得了租佃权。

在450平方英里的克拉科夫公爵领地上，农民是自由的。当年拿破仑给了华沙大公这块领地。拿破仑失败后，它成为俄国、普鲁士和奥地利保护下的自由国，1846年奥地利兼并了这块领地。19世纪20年代，匈牙利900万乡村人口中有25万自由农民，他们中一些人是富裕的农场主，另一些自由农民根本没有土地，他们靠去做有土地的农民和贵族的雇工维生。1848年，匈牙利最东部地区的1960个村庄中，只

---

① Jerome Blum, *The End of the Old Order in Rural Europe*. Princeton: Princeton University Press, 1978. p.30.

② Jerome Blum, *The End of the Old Order in Rural Europe*. Princeton: Princeton University Press, 1978. pp.30—31.

有94个村庄是自由农民居住的村庄。[①]

在17世纪以后的俄国，个体农民仍然广泛存在着。16世纪便有过平分土地的记载，例如1580年特维尔曾记载，农民平分了他们拥有的土地、森林和草原，以避免争吵和争斗。18世纪，沙皇俄国政府为了征税以增加财政收入，推行了平分公社地产给小生产单位的政策。1785年，阿尔汉格尔斯克和奥罗涅什的地方官员下令没收农民购置的土地，在那些需要土地的公社社员中分配。1795年，在沃洛格达重新分配土地。1797年沙皇政府确定，黑土地上有体力的农民每人应当有15俄亩的土地，并开始在北方黑土农民中普遍实行平分土地的做法。以后，根据财政大臣1829年的命令，从1830—1831年开始，在所有黑土耕地上的居民中实行按人口平分宅地的做法。[②]19世纪50年代，在顿河哥萨克和西伯利亚的移民地区也实行了土地平分政策[③]。1839年至1850年间，沙皇政府的国内事务大臣把619852俄亩的土地分给只有小块土地的农民，并采取移民政策，把一批农民迁移到人口较少的地区，并分配给他们较多的土地[④]。在俄国农奴解放过程中，通过赎买政策，大批农奴成为小土地所有者，所以1861年以后，俄国重新出现了中古式公社土地所有制和小农所有制，俄国的小农数量增加了。这种现象一直持续到斯托雷平土地改革。

---

① Jerome Blum, *The End of the Old Order in Rural Europe*. Princeton: Princeton University Press, 1978. p.31.

② Jerome Blum, *Lord and Peasant in Russia: From the Nineth to the Nineteenth Century*. Princeton: Princeton University Press, 1961. pp.516—517.

③ Jerome Blum, *Lord and Peasant in Russia: From the Nineth to the Nineteenth Century*. Princeton: Princeton University Press, 1961. pp.520—522.

④ Jerome Blum, *Lord and Peasant in Russia: From the Nineth to the Nineteenth Century*. Princeton: Princeton University Press, 1961. p.533.

波兰和多瑙河公国有较多自由农民。18世纪末，波兰有20%—30%的土地为自由民所有。他们中许多人是从邻近地区如波美拉尼亚和西里西亚逃出来的，为波兰地主所欢迎和收容，只向这些新来的农民收取数量很少的免役地租。也有一些是在16世纪和17世纪取得自由特权的城镇居民，这些城镇居民有权根据自由佃户资格取得土地。而这些城镇许多实际上已经衰败成为村庄，大部分居民从事农业。诚然，那些逃出来的人中大部分是逃亡农奴，但只要他们原来的主人不再追捕他们，他们就成为新居住地上的自由人。不过，并不是所有逃出来的农奴都能获得自由，他们中一些人被追捕回去，一些人娶了农奴之女为妻而重新成为农奴，更有一些甘愿成为新领主的农奴。据估计，当时在多瑙河公国的50万农户中，有10.7万户即大约1/5是自由农民。他们大部分居住在山地，除拥有土地外，他们还有权使用森林和荒地。在多瑙河公国还有一些农民拓殖者，他们开垦和清理土地，通过承诺每年向领主服3至6天劳役，或用现金支付这些劳役，以此永久地获得他们清理出来的土地的使用权。这些人以来自特兰斯瓦尼亚和多瑙河南部为多。国家向他们征收使用这些土地而必须交纳的一笔赋税，但这笔赋税不重，并且允许他们直接向国库交纳。[①]

在近代农奴制废除以前，欧洲各国农民的状况有一种明显的地理分布趋势，即从西向东农民的负担和束缚愈来愈重，状况愈来愈差。到易北河以东，农民的状况达到最低点。在这个地区，农民处于农奴制的奴虐下，比残存农奴制下西欧农民的状况要差得多。18世纪，德意志东北部的大农场主迫使农民每年服104天劳役。在少数地区甚至

---

① Jerome Blum, *Lord and Peasant in Russia: From the Nineth to the Nineteenth Century.* Princeton: Princeton University Press, 1961. p.33.

要农民带上牲畜拉的车，一年服156天劳役。在汉诺威东北部吕内堡的一些庄园，每年要农民带上牲畜拉的车服156天劳役，或者不带牲畜和车辆服劳役300至312天，相当于每周服六天劳役。在东普鲁士，领主要求每户农奴每周出两个劳动力和四匹马服六天劳役。在靠近柯尼斯堡的艾尔梅兰地区，私人地产上的农民每周要出两个人和四匹马为地主服劳役三天。在王室领地上的农民承担的劳役则少些，一年服劳役的天数在9至60天之间。在勃兰登堡，农民带上牲畜拉的车每周要服三天劳役。在下西里西亚，农民每周要带上牲畜拉的车服劳役一至二天。在萨克森，农奴承担的劳役为一年30至80天。[①]在波希米亚，1680年颁布的封建劳役敕令规定，一个农奴有义务每周为领主庄园服三天劳役，在最繁忙的季节如收获和捕鱼的季节，农奴劳役的日数可随领主的意愿而增加。有资料表明，在18世纪的波希米亚，领主甚至要求农奴每周服六天劳役。根据1738年的封建劳役敕令，无论农奴是否有土地，他们都要为领主服劳役。在做法上，居住在领主庄园附近的农民在领主庄园服劳役，而居住在较远地方的农奴则交纳货币作为代役租。1775年波希米亚制定的劳役敕令，具体规定了农奴服劳役的劳动天数。这项敕令还把服劳役的农奴分成若干等级，分别规定了各等级农奴应服劳役的天数。[②]

农奴可以被农奴主任意虐待、买卖甚至杀死。1761年，立窝尼亚议会通过立法，批准出售不带土地的农奴，但禁止把农奴卖到德国以

---

① Jerome Blum, *The End of the Old Order in Rural Europe*. Princeton: Princeton University Press, 1978. pp.53—54.

② T. H.Aston and C.H.E.Philpin, eds., *The Brenner Debate*: *Agrarian Class Structure and Economic Development in Pre-Industrial Europe*. New York: Cambridge University Press, 1987. pp.196—200.

外和把农奴夫妻分开。1770年有报告称，领主用农奴及其子女去换马和狗。1788年至1789年的那个冬季饥馑来临时，立窝尼亚一个领主为了节省口粮，只给6岁至12岁的农奴女孤儿很少的食物，甚至把她们卖掉。在麦克伦堡，从17世纪开始就在进行公开的农奴贸易。1681年，勃兰登堡的一项法律准许在某些条件下出售不带土地的农奴。在普鲁士的西里西亚，尽管1759年政府下令结束农奴贸易，但实际上农奴贸易持续到1795年。18世纪80年代，在属于瑞典的波美拉尼亚，法律允许出售不带土地的农奴，他们可以被用来抵租或交换其他东西。在波兰，法律对领主出售农奴的做法持默许态度，18世纪，波兰法官承认领主有出售农奴的权利。1958年发表的资料表明，当年至少有2788例出售农奴的案例，实际被出售的农奴要远远高于这个数字。在匈牙利和特兰斯瓦尼亚，18世纪七八十年代都有出售农奴的记录。在波希米亚，从17世纪直到18世纪80年代约瑟夫二世改革为止，领主都在出售农奴。在布科维纳被奥地利并入摩拉维亚以前，那里的领主可以自由买卖农奴。①

在俄国，中央集权的封建国家为了强化中央权力出台了一系列法律，而农奴制也伴随这一过程达到顶峰。俄国的农奴制由1497年的《法典》到1649年的《会典》一系列立法所确立，在18世纪后期发展到顶峰。近代俄国的农奴制在欧洲各国中最为突出。

俄国农奴中数量最多的一类是私人拥有的农奴，私人农奴承担的义务因地而异。但俄国与东欧其他国家不同，从未明确规定地主和农奴的关系，只是要求领主不要使农奴人身"遭到灭亡"。1780年，彼

---

① Jerome Blum, *The End of the Old Order in Rural Europe*. Princeton: Princeton University Press, 1978. pp.41—42.

得堡一些地主提交的一份报告称，习惯做法是，"一年中，农民和他的妻子为主人和为自己干活的时间基本是平均分配的"。18世纪，私人农民的劳役义务一般为每周两天，到1850年改为每周三天。1797年4月5日，沙皇保罗发布命令，农奴主不应当在星期天安排劳役，其余每周六天农民应当分成均等的两部分，三天为领主干活，三天为自己干活，因为每周三天已足以满足生产的需要。1832年斯贝兰斯基在编纂的法典第一版第9卷上写道："农民有义务每周三天为他们的领主劳动。"随着俄国商品经济的发展，农奴越来越普遍地用支付代役租来替代劳役。1708年，谢尔缅捷夫地方的农奴每年交纳的代役租是63戈比，1765年时上涨了三倍，达到2卢布7戈比，18世纪90年代末上升到5卢布。19世纪中叶，每个男性农奴的代役租约为7.5卢布。[①]

居住在沙皇宫廷地产上的农奴为宫廷农民。18世纪20年代有35万男性宫廷农民。1797年4月15日沙皇保罗颁布法令，增设属地部管理这批农奴。宫廷农民又称采邑农民，1797年以后改称属地农民，当时有47万人，是沙皇本人或沙皇亲属的私人财产。早期采邑农民的负担与私人农奴相近，但略微轻一点。1732年，采邑农民的代役租为40戈比，1783年时为3卢布，与国有农民的代役租相当。这个时期宫廷的庄园财产逐渐消失，采邑农民的劳役也逐渐消失，这样，采邑农民的义务只剩下代役租、人头税、军事义务和国家向所有农民都征收的其他租费。18世纪末，采邑农民的地位接近国有农民，但是到19世纪，采邑农民的状况恶化了，自1829年起取消了他们的代役租，改为征收

---

① Jerome Blum, *Lord and Peasant in Russia: From the Nineth to the Nineteenth Century.* Princeton: Princeton University Press, 1961. pp.445—451.

土地税，而土地税的数额一般来说高于代役租和其他赋税。①

俄国的第三类农奴是国有农民。这是彼得一世在位期间出现的一种农奴。国有农民要像其他贵族一样交纳人头税，还要向国家交纳代役租。国家为了征收代役租，宣布所有土地不归个人所有，国家对居住在土地上的居民拥有领主权。但是国有农民承担的代役租比大多数农奴要少得多，在彼得一世时期，国有农民的代役租为40戈比，1746年增加到65戈比，1761年增加到1卢布，1769年为2卢布，1783年增加到3卢布。到1798年，国有农民的代役租继续上升。当时根据经济发展和富裕程度的不同，俄罗斯帝国的各省被划为四类，各类地区国有农民承担的代役租分别为5卢布、4.5卢布、4卢布和3.5卢布。到1812年时，国有农民的代役租上升到10卢布、9卢布、8卢布和7.5卢布（纸币）。此外，国有农民还要支付一些道路税和地方政府税。总的说来，俄国国有农民的负担并不重。②国有农民还拥有一定的权利，但1832年法典把国有农民称为"自由的乡村居民"，则夸大了国有农民的人身自由程度。18世纪专制主义时期，沙皇政府出于财政和行政需要，剥夺了国有农民先前拥有的一系列自由，他们离开居住地要领取通行证，女孩离开出生的村庄嫁到外地要交纳一笔费用，国有农民不允许开办工厂和车间以及接受交换单据，他们承担种种义务，还要受政府官员的监视。但是到18世纪后期至19世纪初期，对国有农民的一些限制削弱了，阻碍他们从事工商业和借贷的禁令逐渐解除，19世纪

---

① Jerome Blum, *Lord and Peasant in Russia: From the Nineth to the Nineteenth Century*. Princeton: Princeton University Press, 1961. pp.445—497.

② Jerome Blum, *The End of the Old Order in Rural Europe*. Princeton: Princeton University Press, 1978. p.43. See Jerome Blum, *Lord and Peasant in Russia: From the Nineth to the Nineteenth Century*. Princeton: Princeton University Press, 1961. pp.485—487.

二三十年代国有农民很容易迁入城镇，成为城镇市民。这个时期国有农民还拥有一定的土地权，到1858年，他们在俄国欧洲部分拥有近370万俄亩的土地，国有农民还准许拥有农奴。[①]总之，国有农民承担的义务较少，自由程度稍大些，与其他种类的农奴相比状况要好些。[②]

在俄国和东欧一些地区，农奴在农村人口中占很高的比例。1724年，俄国男性农奴为320万人。1743年至1745年为340万人。在俄罗斯西北部，1765年至1767年农奴占农业劳动者的66.2%，同期中伏尔加河流域的农奴也达到这一比例。1765年至1767年斯摩棱斯克地区的农奴比例为66.5%，到1858年这一比例上升到73%。1858年中伏尔加河流域地区农奴的比例上升到77.2%。男性农奴的人数在1782年至1783年为670万人，1797年为870万人，1858年为1070万人，这个数字还不包括农奴的子女。[③]18世纪末至19世纪中叶，欧洲的农奴制才在各国先后废除。[④]

在近代时期，从农村下层的社会结构模式来看，除了在几个较早

① Jerome Blum, *Lord and Peasant in Russia: From the Nineth to the Nineteenth Century.* Princeton: Princeton University Press, 1961. pp.489—490.

② Jerome Blum, *Lord and Peasant in Russia: From the Nineth to the Nineteenth Century.* Princeton: Princeton University Press, 1961. p.491.

③ Jerome Blum, *Lord and Peasant in Russia: From the Nineth to the Nineteenth Century.* Princeton: Priceton University Press, 1961. p.420. Table. See Peter Kriedte, *Peasants, Landlords and Merchant Capitalists.* Leamington Spa: Berg Publishers. Ltd. 1980. pp.113—114.

④ 各国各地区颁布解放农奴法令的时间如下：萨伏依为1771年12月19日，巴登为1783年7月23日，丹麦为1788年6月20日，法国为1789年11月3日，瑞士为1798年5月4日，什勒苏益格—霍姆斯坦因为1804年12月19日，波兰（华沙大公爵领地）为1807年7月22日，普鲁士为1807年10月9日，巴伐利亚为1808年8月31日，拿骚为1812年9月1日，伊斯托利亚为1816年3月23日，符登堡为1817年11月18日，立窝尼亚为1819年3月26日，麦克伦堡为1820年1月13日，黑森大公国为1820年12月17日，汉诺威为1831年11月10日，黑森为1831年1月5日，萨克森为1832年3月17日，布伦瑞克为1832年10月12日，奥地利为1848年9月7日，匈牙利为1857年3月2日，俄国为1861年2月19日，罗马尼亚（多瑙河公国）为1864年8月14日。（Jerome Blum, *The End of the Old Order in Rural Europe.* Princeton: Princeton University Press, 1978. p.356. Table.）

完成资产阶级革命的国家如美国、荷兰、英国、法国外，其余欧洲国家乡村的社会结构仍然带有很强的等级制遗迹。如同俄国历史学家卡拉姆辛在1811年谈到俄国时所说的，"在我们这个国家，各种等级有其特殊的权利，人们被分成乡绅、商人、城镇市民、农民等等，都享有他们各自特殊的权利"[①]。在各个国家的语言中，都有指谓各种农民层次的词语，但概括起来说，农民中几个等级的划分是明确的。

农民的第一个等级是拥有所有权的自由农民业主，这是农民中处境最佳的一部分人，散布在欧洲各地他们拥有完全的土地使用权，而且这一权利还可以世袭。但这部分人在农民中只占小部分。在易北河西部的德意志、奥地利君主国、波兰、下西里西亚、勃兰登堡，都有这样的农民。[②]

农民的第二个等级是拥有世袭土地使用权的农民。他们可以终身使用所持有的土地，还有权遗赠、转让和抵押这种权利。这部分农民还有使用森林、荒地、牧场、草原的权利。世袭的土地使用权看起来与所有权难以区别，然而，这部分土地的最高所有权属于领主，土地持有人必须向领主支付租费。在欧洲各地，对于自由土地持有农使用土地权利的继承问题都有限制，通常只有他们的直系后代才拥有继承权。在没有合适的继承人时，原则上土地交回领主，然后转由其他农民租种。在德意志中部，只要持有土地的农民没有负债，就不得剥夺农民的土地使用权。在勃艮第，只要农民不改变播种的作物种类，不改变轮作制和耕作技术，就不会被收回使用权。领主对农民的农业

---

① Jerome Blum, *The End of the Old Order in Rural Europe*. Princeton: Princeton University Press, 1978. p.4.

② Jerome Blum, *The End of the Old Order in Rural Europe*. Princeton: Princeton University Press, 1978. p.98.

活动进行严密监视，以保护自己的利益。通常情况下，占有土地的农民如果想要出售土地使用权时，须取得领主的同意。在法国大部分地区、德意志的许多地区以及瑞士的一些地区，领主有权买下自由持有农已出售给别人的使用权，当然领主购买的价格要比持有者出售的价格低。在德国一些地区，对领主行使这种权利的时间还有限制。有些地区领主有权拒绝土地持有者出售使用权。领主有权收回占有者的世袭使用权，但通常这种做法受到法规的限制，一般只有在使用者拖欠领主的费用二至三年、过度的负债或者未经领主的事先同意而转让持有的全部或部分土地时，才会被收回其世袭使用权。①

第三个等级的农民是租地农民。这类农民在西欧非常普遍，在东欧一些地区也常见。许多租地农民是终身租户，尽管领主可以根据自己的意愿出租土地，但通常租户死后，他租种的土地由他的后继者继续租种。有时候一个家族几代人连续租种一块土地，但一般情况下在一代人以后租户发生变化。一项对18世纪丹麦的庄园的分析表明，45%的租地农租种期为一代人，在租地农户主死后，即使他的遗孀续租，一般时间不会超过20年。租地农租种的土地最常见的是有租佃期的土地，而且在一定时期内地租是固定不变的。在德国莱茵省，除莱茵河以西地区外，1/3的土地是有租佃期的。在法国的某些地区，特别是佛兰德，租地有期限的现象也很普遍。②租地农民的租期通常是3年或是3年的倍数，有时租期长达18年或24年。在波兰，通常土地的租期为一年。承租农民用不同的形式支付地租。有的租户全部用现金支

---

① Jerome Blum, *The End of the Old Order in Rural Europe*. Princeton: Princeton University Press, 1978. pp.98—100.

② Jerome Blum, *The End of the Old Order in Rural Europe*. Princeton: Princeton University Press, 1978. p.100.

付地租，有的用现金和实物支付地租，还有的农民，如在匈牙利的佩斯、布列塔尼和多瑙河公国的租户，用现金、实物和劳役几种形式来支付地租。法国北部埃诺等地的租地农民，则用产品和劳役来支付地租。农民的租期、地租额以及对租户的要求，通常用租户能识读的通俗语言记录在庄园簿册上。内容一般包括要求农民保护租地上的建筑物完好、租金额以及把谷物送到领主的磨坊等等，这些都是承租的条件。[①]

第四个等级的农民是分成制佃农。在欧洲，有一批农民境况较差，他们拥有的土地很少，无法养家糊口，常常用这种共享成果的方式租种一些土地。分成制佃农的处境比乡村无产者稍好一些。他们通常欠地主的债务，无力支付土地租金，而且缺少生产工具和从事耕作的牲畜。他们别无选择，只能接受地主较苛刻的条件，由地主提供包括牲畜和种子在内的一半以上的生产资料，由他们提供劳动力，生产出的收获物根据农民与地主间的协定来分配，一般情况下实行对分制。此外，农民还得向地主支付运输和其他劳役等附带义务，支付赋税和来年的种子费等。分成制佃农租种土地有时间期限。地主有权让佃农离开或迁往别的土地，或使他们成为无地的劳工，但在令其离开前，通常给他们一个期限，一般是六个月，在多瑙河公国是一年。这部分佃农实际上在此期限内是有生计保障的，只不过法律未给予他们土地使用权，因此对他们的威胁始终存在。分成制佃农在易北河以东的欧洲很流行，[②]在波兰、德国以及奥地利

---

① Jerome Blum, *The End of the Old Order in Rural Europe*. Princeton: Princeton University Press, 1978. p.101.

② Jerome Blum, *The End of the Old Order in Rural Europe*. Princeton: Princeton University Press, 1978. pp.102—103.

君主国土地上的农民，在得到领主同意的情况下，可以世袭地租佃其耕作的土地。[①]

随着近代社会的发展，临近19世纪，欧洲农民的分化加剧了。无地或少地农民的比例和人数均有上升的趋势。在萨克森，拥有土地所有权的农民在1550年占人口的49.5%。到1750年时，尽管这部分农民的绝对数字从21.48万人增加到22.15万人，但他们在总人口中的比例下降到25%，而到1843年仅占总人口的14%。与此同时，贫农和无地农民的比例则迅速增加，1550年这部分农民占总人口的18%，到1750年占总人口的38%，1843年占总人口的52%。在勃兰登堡库尔马克地区，半数以上的农民属于贫农和小土地所有者。1770年至1780年间，库尔马克地区无地而去租种他人土地的农民增加了44%，男女成年农场雇工分别增加了29%和16%。18世纪末，库尔马克地区无地农民的人数是有地农民的三倍。在东普鲁士，1700年无地农民的人数超过了有地农民的人数。随着时间推移，这个地区无地农民人数的增加比有地农民快得多。从1750年到1802年，农业工人家庭数目从1.8万个增加到4.8万个，增长了2.5倍，同期有土地的农民只增加了40%。在德意志中西部地区，无地农民和几乎无地的农民人数也在持续增加。在巴登的霍赫堡区，18世纪80年代有农户2897家，其中1303家为无地或土地少于1.8英亩者，他们占农户总数的45%，占地1.8至7.2英亩的农户为1140户，占农户总数的39%。在波希米亚，1848年有一半村民拥有很少土地或者无地。在波兰，农民至少拥有17英亩土地才能应付生活所需。但在18世纪末，16%的农民没有土地，33%的农民拥有的土

---

① Jerome Blum, *The End of the Old Order in Rural Europe*. Princeton: Princeton University Press, 1978. p.104.

地少于10英亩，30%的农民拥有的土地在10至20英亩之间，只有大约21%的农民拥有20英亩以上的土地。1859年波兰的官方统计表明，无地农民占农村人口的41%。[①]所以，在欧洲各地都存在一支无业乡村劳动者，他们有的为乡村工业所吸收，有的成为城市工业的产业后备军，有的则呆在乡村的敞地和公地上。在欧洲很多地方都存在待业劳动力市场，通常一年在一个地方举行一天集市。例如在下奥地利通常在每年2月2日举行，下奥地利的业主借此招收来自摩拉维亚、西里西亚、施蒂里亚的移民劳动者。[②]

1902年，奥地利从事农业劳动的人口中，大约13%共1187310人为雇佣农业工人。在德国，约36%的农业劳动人口共157.9万人为雇佣农业工人，他们中绝大多数为无土地者，只有极少数拥有小块土地。随着工商业发展特别是铁路的建设，吸引了大批劳动力流向工资较高的工业部门。在法国，农业劳动者从1848年的300万人下降到1892年的250万人。在奥匈帝国工业化程度较高的波希米亚地区，农业劳动力从1869年的1189770人下降到1902年的299446人。德国的工业化也吸引了大批农业劳动者进入工厂。为了满足农业的需要，农村雇主只得把注意力转向移民工人。19世纪最后25年，大批移民从波兰和加利西亚流入德国。1911年至1912年，约有397364名移民工人在德国农场工作。法国也从意大利、西班牙、比利时和波兰吸收移民从事农业劳动。[③]

19世纪末20世纪初，中小农户在欧洲各地广泛存在。1902年在

---

① Jerome Blum, *The End of the Old Order in Rural Europe.* Princeton: Princeton University Press, 1978. pp.105—107.

② Jerome Blum, *The End of the Old Order in Rural Europe.* Princeton: Princeton University Press, 1978. pp.110—111.

③ Jerome Blum, *The End of the Old Order in Rural Europe.* Princeton: Princeton University Press, 1978. p.438.

奥地利，拥有土地在5公顷以下的农民占土地所有者的71.8%，拥有5公顷到100公顷土地的农户占27.5%。1901年在丹麦，拥有土地不足5公顷的农户占土地所有者的53.4%，这些人拥有的土地占土地总面积的4.9%；拥有5至60公顷土地的农民占农民总数的43%，他们占有土地总面积的62%。1892年在法国，占地10公顷以下的农民占农户总数的85.1%，他们拥有全部土地的27%；占地10至100公顷的农民占农户总数的12.5%，他们拥有全部土地的30%。1907年在德国，占地在5公顷以下的农民占农民总数的74.2%，他们拥有全部土地的15.3%；占地5至100公顷的农民占农民总数的25.4%，他们拥有的土地占全部土地的61.5%。1895年在匈牙利，占地5公顷以下的农民占农民总数的72.6%，他们占有的土地占全部土地的16.1%；占地5至100公顷的农民占农民总数的26.9%，他们占有的土地占全部土地的42.1%。1905年在波兰，占地5公顷以下的农民占农民的48%，他们占有13.2%的土地；占地5至100公顷的农民占农民总数的51%，他们占有42.6%的土地。1905年在罗马尼亚，占地在5公顷以下的农民占农民总数的77.2%，他们占有25.7%的土地；占地5到100公顷的农民占农民总数的22.1%，他们占有25.6%的土地。但是在这一时期，各国都存在一批占有极少量土地的贫民。拥有半公顷以下土地的农民在丹麦占农民总数的27.4%，在德国占农民总数的32.7%，在匈牙利占农民总数的22%。在法国占农民总数的39.2%，在罗马尼亚，约15.1%的农民占地在1公顷以下。在奥地利，约43.6%的农民占地在2公顷以下。[①]到20世纪初，欧洲各国的小农占农民总数的1/3到1/2。

① Jerome Blum, *The End of the Old Order in Rural Europe.* Princeton: Princeton University Press, 1978. pp.436—437.

# 第六章
# 权力集团的社会构成


近代国家统治集团的社会构成极其复杂。较为纯粹的资产阶级国家只有在那些没有封建前史的地区才可能建立。而对于西方绝大多数国家而言，近代资本主义关系正在发展，从封建主义向资本主义社会的过渡尚未完成，工业资本在相当长的时期内还没有对地产取得压倒性优势。因此，掌权集团的社会构成从以土地贵族为主的结构向以资产阶级为主的结构转变，经历了一个漫长的历史时期。真正由资产阶级执掌权力，在历史时间表上很迟才实现。而在这一过渡完成以前，地主阶级代替资产阶级执掌着近代国家的政权。在资产阶级取得主要掌权者的地位后，与过去的统治阶级相比（如封建社会中的贵族），资产阶级则较少直接控制现实的权力源。如卢卡奇所说，一方面资产阶级不得不和先前掌握权力的阶级和平共处或达成妥协，以便利用这些阶级所掌握的权力机构实现自己的目的，另一方面他们也不得不把部分统治权力交给小资产阶级或农民等。①恩格斯在19世纪末曾对资

---

① ［匈］卢卡奇：《历史和阶级意识》，王伟光、张峰译，华夏出版社1989年版，第310页。

本主义社会中政治权力的社会构成评述说：

> 看来这似乎是历史发展的规律：资产阶级在欧洲任何一个国家都不能——至少是不能长时期地——像中世纪的封建贵族那样独自掌握政权。即使在封建制度已经完全消灭了的法国，资产阶级作为一个整体，也只是在很短的时期内完全掌握了政权。在路易—菲力浦统治时期，即1830—1848年，是极小一部分资产阶级统治着王国，而大得多的一部分，则被高标准的选举资格限制剥夺了选举权。在第二共和国时代，即1848—1851年，整个资产阶级统治了国家，但只有三年之久；资产阶级的无能，带来了第二帝国。只是在现在，在第三共和国时代，资产阶级作为一个整体，掌握了政权达20年以上。……资产阶级的长期统治，只有在美国那样一个从来没有过封建制度而且社会一开始就建立在资产阶级基础之上的国家中，才是可能的。[①]

这在今天看来仍然是正确的。

在近代社会的第一个时期即前工业化时期，在欧洲各国，由于历史形成的各阶级的活动特征及其步入政治的道路，不同阶级在政治领域扮演着不同的角色。一般说来，欧洲贵族在各国绝大多数选择了军事领导和指挥官的角色。这种现象当然与贵族的封建起源有密切联系。因为贵族在历史上是作为一个征服者集团通过军事征服取得其身份和地位的。在俄国的叶卡捷琳娜二世时代，世袭贵族都不愿担任文官，选举的贵族代表有80%来自军人等级。在同期的普鲁士，无地贵族从事军职的为从事文职的四倍。即使在腓德烈大帝签署条例废除贵

---

[①] 中共中央马克思、恩格斯、列宁、斯大林著作编译局编：《马克思恩格斯选集》第三卷，人民出版社1972年版，第398页。

族的特权后，贵族仍然愿意把他们的儿子送到军官学校去学习。在法国，贵族长期以来宁可选择在战时接受军事指挥职务，也不愿接受地位高得多的文官职务。在英国，19世纪从主要的公学参军的男青年从7%增加到12%，这反映了越来越多的贵族子弟倾向于选择军职。在近代社会形成时期，西欧存在一种普遍的情况，在实际社会生活中军职地位高于文职，同一行政单位的行政官员对军事指挥官起辅助作用。例如，在法国和普鲁士，管理领地的官员基本上是当地军事指挥官的助手。①

而欧洲起源于市民的资产阶级早在中世纪诞生之日起，便与法律业、财政和经济等部门发生联系。通过地方选区竞选和作为专家进入财政部门，是他们通常选择的参政之路。到了近代，他们仍然沿着这种升迁和发展的道路进入政治上层，一点点地从贵族集团手中夺取政治权力。从历史时间表来看，直到工业革命完成后一段时间，资产阶级才占据了权力集团的主导地位。这不仅见诸易北河以东的后过渡国家，而且也见诸像英国这样的前过渡国家。

英国是欧洲各国中封建关系瓦解较早，资本主义较早得到发展的国家。但因为英国的资产阶级革命在工业革命发生前一个半世纪爆发，那时正值资产阶级处于形成的过程中，所以在资产阶级革命期间和资产阶级革命以后很长的历史时期中，资产阶级都未成为国家政权的执掌者。甚至那场推翻斯图亚特王朝的革命领导者，主要也不是资产阶级而是乡绅。1640年资产阶级革命爆发以后，查理一世逃离了伦敦，长期议会接管了国家权力，成为集行政权和立法权于一身的政

---

① John A. Armstrong, *The European Administrative Elite*. Princeton: Princeton University Press, 1973. pp.73,75,76.

权机构。长期议会下院574名议员中，军人为9人，教会官员为3人，宫廷官员为22人，绅士（农村乡绅）为333人，律师为74人，海军军官1人，医生12人，王室官员27人，城镇律师5人，商人55人。在律师中，出身于贵族和准男爵家庭的为3人，出身于骑士和乡绅家庭的为57人，出身于教师、律师和廷臣家庭的为12人，出身于约曼家庭的为1人。在商人议员中，出身于骑士和绅士家庭的为9人，出身于教士和律师家庭的为2人，出身于商人家庭的为27人。长期议会下院议员中，商人人数只有乡绅人数的1/6。[1]埃尔默教授用随机取样的方法，对稍后英吉利共和国1175名至1180名官员进行了传记研究，他们来自贵族家庭的为1人，来自骑士和准男爵家庭的为15人，来自绅士家庭的为83人，来自市民和商人家庭的为14人，来自约曼家庭的为4人，来自其他平民家庭的为20人，来自教士家庭的为66人，出身不详者为57人。根据埃尔默教授的研究，英国资产阶级革命时期政权的主要官员来源于乡绅及其后代，来自市民和商人家庭的人员只有来自乡绅家庭人数的1/6。[2]这个比例与长期议会下院议员的社会来源基本相同。

近代初期在英国权力集团中占据主导地位的绅士即乡绅，并不能简单地等同于农业资产阶级。国际史学界从20世纪40年代起，便对英国这一时期乡绅的性质展开学术讨论。劳伦斯·斯通晚近强调指出："现在还没有证据可以证明富有活力的乡绅和大地主就是农村资产阶级"，"英国资产阶级革命并不是一场封建阶级和资产阶级之间明确的

① Mary F. Keeler, ed., *The Long Parliament, 1640—1641*. Philadelphia: the Society, 1954. p.23. Table 5.

② G.E. Aylmer, *The State's Servants: The Civil Service of the English Republic, 1649—1660*. London: Routledge&Kegan Paul, 1973. pp.9—41.

冲突"。①这一时期英国的乡绅（gentry）有着严格的历史内涵，系指介于自耕农、农场主和有头衔的贵族之间的四个社会等级的集合体。这四个土地所有者等级是：准男爵（从1611年起授封）、骑士、缙绅和绅士。②乡绅集团性质多元化的特点表现在这个集团各个等级法律身份规定性的差别，以及各等级活动中所反映的生产关系的多样性这两个大的方面。乡绅中准男爵和骑士两个等级具有法律上的领有身份，这两种爵位在早期斯图亚特王朝和伊丽莎白一世时期曾定价出售。而缙绅自中世纪以来便已存在，是骑士的附庸。绅士则多为贵族、准男爵和骑士的后代。它们各自都有一定的义务规定。此外，乡绅有独特的身份标志即绶带，可出钱买得。因此，乡绅虽和贵族有明显的界限，不具有贵族拥有的种种特权，但乡绅也并不等同于后来的近代地主，它仍具有封建的身份规定。③乡绅的经济活动方式与收入方式具有多样性，并不一致。一般说来，乡绅以土地经营的收入为主，其他收入为辅，但相当一部分乡绅有商业收入，一些乡绅用土地收入进行投资获取利润，还有一些乡绅领取年金。当然，也有一些独立的农村绅士既无官俸也无商业收入，仅有土地收入。④乡绅经营地产的方式也是多种多样的，有着质的差异。一些乡绅通过经营农场出售产品，获得丰富的利润。如肯特郡乡绅诺顿·纳奇布尔爵士在1671

---

① *Past and Present*, Nov. 1985. no. 105. pp.45, 53—54.

② G. E. Mingay, *The Gentry: The Rise and Fall of a Ruling Class*. London: Longman, 1976. pp.2—3.

③ G.E.Mingay, *The Gentry: The Rise and Fall of a Ruling Class*. London: Longman, 1976. pp.3,22—23. See Lawrence Stone, *The Crisis of Aristocracy, 1558—1641*. Abridged edition. New York: Oxford University Press, 1967. pp.40—41. Harold Perkin. *The Origins of Modern English Society, 1780—1880*. London: Routledge&Kegan Paul, 1969. p.38.

④ G.E. Mingay, *English Landed Society in the Eighteenth Century*. London: Routledge&Kegan Paul, 1963. p.6.

年至1672年间靠出售羊和羊毛、毛皮、牛、大麦和小麦，收入在1500镑以上。白金汉郡的亨利·李爵士在1639年至1650年间出售木材获得的收入共达3000镑。①这种独立经营商业农场的活动形式，表明一部分乡绅已卷入资本主义商品经济的洪流之中。第二类乡绅除保留一块土地作为家庭农场自己耕种外，把大部分土地长期租给佃户，收取传统的地租，②他们属传统型地主。第三类乡绅直接从事工业生产。在密德兰和英格兰北部，许多乡绅通过开采煤矿致富，如诺丁汉的怀特比家族、"黑乡"的达德利家族、库伯兰的劳瑟家族。18世纪后期，罗金汉勋爵在温特沃斯自己的地产上建立了几个煤矿。苏塞克斯乡绅约翰·福勒开办了铸炮工场。③还有一些乡绅直接参加商业活动。1550年至1603年，南威尔士商人中有65人是乡绅，大乡绅休奇·欧文和约翰·沃恩都有自己的贸易货船。多塞特郡的乡绅唐氏在16至17世纪致力于北美殖民地贸易。据拉布的统计，1576年至1630年参加各商业公司活动的6336人中，人约有1000人是乡绅。肯特郡的乡绅埃德温·桑兹同时参与了几个商人公司的事务。有的乡绅在参加海外商业活动时还参加了殖民活动。④众多经济社会史材料显示，乡绅是一个包括几种社会来源，涉及几种生产关系的社会集团。这个集团长期生活在远离城市的乡间，和城市文明尚未充分融合，他们在政治上具有

---

① Joan Thirsk, ed., *The Agrarian History of England and Wales*. London: Cambridge University Press, 1967, pp.675—679.

② G.E.Mingay, *The Gentry: The Rise and Fall of a Ruling Class*. London: Longman, 1976. pp.97—99.

③ G.E.Mingay, *The Gentry: The Rise and Fall of a Ruling Class*. London: Longman, 1976. pp.97—99.

④ G.E.Mingay, *The Gentry: The Rise and Fall of a Ruling Class*. London: Longman, 1976. pp.104—105.

明显的地方主义倾向，趋向于传统观念，在英国资产阶级革命前夜和革命时期，从未对革命应当建立什么样的政治体制提出过富有创见性的建议。

到18世纪初，英国政治权力的社会构成发生了潜在的变化，乡绅的政治地位下降，而地位居于乡绅之上的各个有封号的贵族等级成员进入掌权集团的核心，并处于控制乡绅的地位。诚然，这些有头衔的贵族已不再是原来意义上的封建贵族，他们中有的是都铎王朝后期受封的贵族家族后代，有的则是17世纪后期受封的贵族的后代，他们的家族原来属于乡绅等级，因为有功而被提升为贵族。从斯图亚特王朝复辟到乔治三世在位时期，乡绅被排斥在权力集团以外。作为对乡绅积极参加17世纪英国资产阶级革命的酬报，他们的地产没有被剥夺，他们的财产权得到承认和保护。[①]1726年占贵族总人数1/4的贵族政治家控制了宫廷，占据了政府的职位。1733年至1835年间，英国内阁成员中贵族及其后代占据了大多数，没有贵族身份很难进入政府核心。格拉夫顿不是公爵，因此始终未能担任财政大臣一职。[②]1710年英国制定《资格丧失法》，把拥有地产作为进入政治上层的必要条件，这一法令贯彻于贵族政治时期。[③]1716年英国议会通过《七年法令》，把一届议员的任期延长为7年，它有利于贵族寡头稳定地掌握政权。1714年到1832年担任下院议员的5034人中，有3/4代表了大地主的利益。[④]土地贵族控制英国国家权力的现象一直持续到1832年议会改革以后。1833年的《威斯敏斯特评论》曾炫耀说："土地利益必然长

---

① G. E. Mingay, *The Gentry: The Rise and Fall of a Ruling Class*. London: Longman, 1976. p.19.

② Roy Porter, *English Society in the Eighteenth Century*. London: Penguin Books. 1982. p.129.

③ William Leo Guttsman, *The British Political Elite*. London: MacGibbon&Kee, 1963. p.53.

④ Gerrit. P. Judd, *Members of Parliament, 1734—1832*. Connecticut: Akon, 1972. p.71.

期占有对公共事务的统治权，因为唯独这个阶级有余暇参与公共事务。"1848年自由贸易派约翰·布赖特在议会下院的发言中说："议会的这一院（指下院——笔者注）和那一院（指上院——笔者注）都完全是贵族特征，行政机构的情况也是一样。"①这些不同党派的评论是那个时期英国政治状况的真实反映。英国资产阶级（中等阶级）成为国家的掌权者，在历史时间表上要迟得多。

英国资产阶级参与政治和夺取政权的道路与欧洲其他一些国家相仿，首先是取得选举权和被选举权，争取本阶级在议会下院中的议席，然后增加控制的议席数量，以便通过政党谋求组织内阁，参与政策制定，最终执掌权柄。英国工商业资产阶级19世纪才开始争夺议会下院议席的活动，他们在争夺下院议席的斗争中进展很缓慢。根据J·A·托马斯和詹宁斯的研究结果，1832年议会下院中土地利益的代表为464人，而工业企业家的代表为44人；1835年的议会下院中土地所有者为469人，工矿业主为50人；1837年的议会下院中土地所有者为480人，工矿业主为57人；1841年议会下院中土地所有者为476人，工矿业主为60人；1847年下院中土地所有者为448人，工矿业主为119人；1852年下院中土地所有者为442人，工矿业主为122人；1857年下院中土地所有者为440人，工矿业主为151人；1865年下院中土地所有者为436人，工矿业主为226人；1868年下院中土地所有者为198人，工矿业主为278人；1874年下院中土地所有者为397人，工矿业主为271人；1880年下院中双方议员各为329人和290人；1883年下院中双方议员各为198人和308人；1886年下院中双方议员各为239人

---

① Harold Perkin, *The Origins of Modern English Society, 1780—1880*. London: Rouledge&Kegan Paul, 1969. p.314.

和307人；1892年下院中双方议员各为217人和323人。①也就是说，直到1885年，工业资产阶级的议员代表才在议会下院中超过土地所有者的议员人数，成为下院中居主导地位的社会集团。如果把法律界和金融界的议员也划入资产阶级阵营，那么议会下院中资产阶级和土地所有者的力量对比的改变要早一些。按照后一种阶级划分的办法，1832年议会下院中资产阶级议员为216人，1835年为231人，1837年为250人，1841年为248人，1847年为315人，1852年为344人，1857年为375人，1859年为364人，1865年为576人。即在1865年时，资产阶级在英国议会下院中第一次超过土地贵族议员的人数，后者此时的人数为436人。②

　　不同的学者在对英国议会进行阶级分析时得出的结论稍有差别，但大体相近。根据贾德的研究，在1831年议会下院中，贵族（包括准男爵、爱尔兰贵族、贵族和准男爵之子）占议员的33%，曾就学于伊顿公学者占议员总数的20%，就学于哈罗学院的占议员总数的11%，就学于威斯敏斯特、温彻斯特、斯鲁斯伯里和拉格比学校的占议员总数的13%；而工厂主和银行家出任议员者仅占24%。在1841年至1847年的议会下院中，贵族议员占38%，工厂主、商人和银行家议员占15%和22%。1865年下院议员中贵族占31%，乡绅占64%，工厂主、商人和银行家占23%。③1874年下院议员中土地所有者和靠地租收入者为209人，占议员总数的23%；工商业者157人，占议员总数的

　　① 这里托马斯和詹宁斯是按照议会议员代表某种利益的人次数来计算的，统计数字的单位实为"人次"。本书为叙述简便起见，此处一律简化为"人"。（见［英］艾弗尔·詹宁斯：《英国议会》，蓬勃译，商务印书馆1959年版，第64页。）

　　② ［英］艾弗尔·詹宁斯：《英国议会》，蓬勃译，商务印书馆1959年版，第64页。

　　③ Willian Leo Guttsman, *The British Political Elite*. London: MacGibbon&Kee, 1963. p.53.

24%。1880年下院议员中土地所有者和靠地租收入者为125人，占议员总数的19%，工商业者259人，占议员总数的40%；1885年下院中土地所有者和靠地租收入者为78人，占议员总数的16%，工商业者为186人，占议员总数的38%。[1]古兹曼的数据表明，到1874年时，工商业者在下院中第一次超过土地所有者的人数。这是在英国立法机构中，资产阶级力量逐渐增强并导致与土地贵族力量对比演变的情况。

19世纪30至60年代，在英国能进入政府机构上层的中等阶级成员简直是凤毛麟角。他们中有查尔斯·汤姆逊和赫黎斯。查尔斯·汤姆逊系专门从事对俄贸易的商人之子，他本人16岁赴彼得堡经商，1824年返回英国，1826年进入议会下院，1830年就任内阁贸易委员会副主席。赫黎斯也是商人之子，和伦敦城许多富有者都有联系，当帕西瓦尔出任国库大臣时，赫黎斯担任他的秘书。1826年赫黎斯任财政大臣。坎宁下台后，赫黎斯担任国库大臣。1834年他出任皮尔内阁战争大臣一职。[2]哈丁顿是第一个出身寒微但上升到高位并进入内阁的人士。[3]但是真正的工业资产者进入内阁要迟得多。1846年格雷曾力促工厂主科布登进入内阁，但未能成功。12年后帕麦斯顿邀请科布登入阁，但科布登鉴于政见不合拒绝了这一邀请，他不愿只身入阁成为一种摆设。[4]布莱特也始终未能入阁。

19世纪在英国内阁中资产阶级的比重逐渐上升，而土地贵族代表的比重在逐渐下降。不过，资产阶级在内阁中占据主导地位在时间表上比在下院要迟一些。从19世纪30年代到1866年，在英国内阁

---

① William Leo Guttsman, *The British Political Elite*. London: MacGibbon&Kee, 1963. p.82.

② William Leo Guttsman, *The British Political Elite*. London: MacGibbon&Kee, 1963. pp.56—57.

③ William Leo Guttsman, *The British Political Elite*. London: MacGibbon&Kee, 1963. p.38.

④ William Leo Guttsman, *The British Political Elite*. London: MacGibbon&Kee, 1963. p.52.

成员中，贵族占有相当的比重。1830年组成的格雷内阁总人数为13人，其中贵族为9人，下院议员为4人；1834年组成的墨尔本内阁共16人，其中贵族7人，下院议员9人；1834年皮尔内阁共12人，其中贵族7人，下院议员5人；1841年皮尔内阁共14人，其中贵族8人，下院议员6人；1846年拉塞尔内阁共16人，其中贵族9人，下院议员7人；1852年德比内阁共13人，其中贵族7人，下院议员6人；1855年帕麦斯顿内阁共14人，其中贵族7人，下院议员7人；1865年拉塞尔内阁共15人，其中上院议员8人，下院议员7人。关于1830年至1868年英国各届内阁成员社会来源的分析告诉我们，在总共103人中，拥有大地产的贵族及贵族第一代后代共56人，占内阁成员人数的55%。各郡乡绅共12人，以上两类合计为68人，占内阁人数的66%。内阁中商人和主要靠利息为收入来源的上层行政官员共21人，占内阁成员的20%左右。此外有14人从事法律等资产阶级性质的职业。如果把后两类视为资产阶级的一部分，那么他们也只占内阁成员的1/3。[①]直到19世纪最后30年和20世纪初期，工商业资产阶级在内阁中的人数才最终超过贵族阁员的人数。1868年格拉斯顿内阁中贵族为7人，中等阶级为8人；1874年狄斯雷利内阁中贵族为8人，中等阶级为6人；1885年索尔斯伯里内阁中贵族为11人，中等阶级为5人；1886年格拉斯顿内阁中贵族为9人，中等阶级为6人；1886年索尔斯伯里内阁中贵族为10人，中等阶级为5人；1892年格拉斯顿内阁中贵族为9人，中等阶级为8人；1895年索尔斯伯里内阁中贵族为8人，中等阶级为11人。以后各届内阁中贵族便始终少

---

① William Leo Guttsman, *The British Political Elite*. London: MacGibbon&Kee, 1963. pp.36—38.

于中等阶级的人数。[①]如果可以粗略地把中等阶级在内阁中占据数量上的优势，作为这个阶级执掌政权的一个主要标准的话，那么在19世纪80年代以前，土地贵族仍在国家权力结构中占据主导地位。

恩格斯十分关注英国近代社会中政治权力长期由土地贵族执掌的现象，他从对英国土地贵族本质的分析来解释这种现象。他写道："英国的'贵族'不但不反对工业生产的发展，反而力图间接地从中取得利益；而且经常有这样一部分大地主，由于经济的或政治的原因，愿意同金融资产阶级和工业资产阶级的首脑人物合作。这样，1689年的妥协很容易就达成了。'俸禄和官职'这些政治上的战利品留给了大地主家庭，其条件是充分照顾金融的、工业的和商业的中等阶级的经济利益。而这些经济利益，在当时已经强大到足以决定国家的一般政策了。在细节问题上或许发生过争执，但是总的说来，贵族寡头非常清楚，他们本身的经济繁荣同工商业中等阶级的经济繁荣是有不可分割的联系的。"[②]

在英国的城市领导集团中，情况与中央权力机构的社会阶级构成有较大的差别，城市政权较早就落到资产阶级各个阶层人士手中。例如，在里兹，1710年至1835年间73%的市长和71%的副市长，是出身于在城市经济和社会生活中占主导地位的商人。在爱丁堡，城市由从商人和商人团体中选出的33人组成的委员会管理着。在1785年到1835年的诺丁汉，34名城市高级参议员中，有13名袜商，3名是生产花边的工场主，2名是棉纺织工场主。[③]

---

① William Leo Guttsman, *The British Political Elite*. London: MacGibbon&Kee, 1963. p.79.

② 中共中央马克思、恩格斯、列宁、斯大林著作编译局编：《马克思恩格斯选集》第三卷，人民出版社1972年版，第393页。

③ Edward Royle, *Modern Britain: A Social History, 1750—1985*. London: Edward Arnold, 1987. p.113.

在法国这个较早完成资产阶级革命，同时较为彻底地摧毁了封建势力的国家，法国大革命以后，资产阶级基本上独占了政治统治权，控制了政治、行政和军队几乎所有高层职位[①]。权力集团中只保留了少数贵族。例如在1852年的参议院中，有20名前议员和12名七月王朝授封的贵族，1856年时参议院中七月王朝授封的贵族增加到46人。在300名军队将领中有75名贵族。[②]

近代国家统治集团社会构成的变化，在法国这样一个资产阶级很早便取得政治优势的国家中，具有超前的历史内容。20世纪发达资本主义国家出现的一些现象，在19世纪便已在法国表现出来。19世纪30年代，法国资产阶级推翻复辟王朝掌握政权后，便与贵族彻底决裂了。大约在1830年，司汤达写道："银行界执掌着国家政权，资产阶级取代了圣日耳曼区，银行界成了资产阶级的贵族。"七月革命以后，中小资产阶级的政治积极性和政治要求都提高了，他们作为政治反对派在辩论中提出了"干才"问题。所谓"干才"，是指由法官、记者、教授、工程师构成的人士，他们都从事脑力劳动。自16世纪以来，他们因其工作在社会上享有声望，遍布各级法庭，拿破仑掌握政权以后，他们又在教育界找到了自己充分发展的环境。[③]从19世纪初年起，这个阶层的一些代表就已经在政府机构里占据显要地位，他们中的代表人物就是梯也尔和基佐。

---

① Jüergen Kocka and Allen Mitchell. eds., *Bourgeois Society in Nineteenth Century Europe*. Oxford: Berg, 1993. p.296.

② Alain Plessis, *The Rise and Fall of the Second Empire, 1852—1871*. Cambridge: Cambridge University Press, 1987. p.74. Jerome Blum, *The End of Old the Order in Rural Europe*. Princeton: Princeton University Press, 1978. p.420.

③ ［法］雷吉娜·佩尔努：《法国资产阶级史》下册，康新文等译，上海译文出版社1991年版，第400—401页。

基佐对于自己所代表的阶层有着明确的自我意识，他说，"这是一个不靠工资生活，在思想上和生活中享有自由和闲暇，可以把大部分时间用于公共事务的阶级"，因此，它同时远离"旧日的特权阶级和注定从事体力劳动的阶级"。这个阶层把人们划分成知识分子和体力劳动者，认为只有知识分子才能统治和治理国家。这个阶层目睹当时工商业和金融大资产阶级执掌政权的现状，渴望获得"领导阶级"的头衔。基佐曾向青年人提出过一项建议："要通过努力工作和省吃俭用富裕起来。"[1]1847年，迪韦吉埃·德·奥拉纳提出一项改革方案，希望通过修改选举法，使所有年满25岁并缴纳100法郎直接税的法国人都成为选民，也就是使法兰西研究院的通讯院士、法官、大学教授、公证人、律师、医生、诉讼代理人、商会会员等都成为选民。这一法案被否决，但该提案反映的正是中小资产阶级参政的要求。[2]

和其他国家的资产阶级相比，法国资产阶级在掌握政权以后，由于他们认为智力的价值高于经验的价值，因此乐于把政权交给代表人类文明的"优秀人物"，即一小批有能力掌握行政权的人。这种意向使得在19世纪中期和末期的几十年间，法国中产阶级知识分子大量进入国家机构，以至于在1880年前后，知识分子、教授和律师取代了显贵，他们和商人、股份有限公司的董事们一同进行统治。[3]在法国议会中，实业家所占的比例从第二帝国时的25%、1871年时的14%下降

---

① ［法］雷吉娜·佩尔努：《法国资产阶级史》下册，康新文等译，上海译文出版社1991年版，第399—400页。

② ［法］雷吉娜·佩尔努：《法国资产阶级史》下册，康新文等译，上海译文出版社1991年版，第398—399页。

③ ［法］雷吉娜·佩尔努：《法国资产阶级史》下册，康新文等译，上海译文出版社1991年版，第399、404—405页。

到1893年的12.7%。这种变化趋势在其他欧洲国家也出现了。例如在英国议会下院中，从土地以外获得财富的百万富翁议员人数从31人减少为22人，伦敦商业区银行家出任议员的人数从44人减少为22人。[①]

在近代欧洲各国的行政官员中，资产阶级化的速度比高层掌权集团的变化来得更快，资产阶级占的比例也更大。阿姆斯特朗对此进行了综合研究，他得出的结论是：在法国，前工业化时期行政精英出身于贵族的占1%，出身于高级官员包括穿袍贵族的为44%，出身于自由职业者的为7%，出身于实业界或经理的为18%，出身于下级官员的为30%，但没有出身于教师、教士、店主和职员及体力劳动者家庭的。到了工业起飞时期，相应的比例发生了变化。行政精英出身于贵族家庭的为8%，出身于高级官员家庭的为20%，出身于自由职业者家庭的为20%，出身于实业家和经理家庭的为16%，出身于下级官员家庭的为20%，出身于店主和职员的为8%，出身于体力劳动者家庭的为8%。如果把法国这两个历史阶段作比较，可以看出，到了工业起飞时期，行政精英来自高级和低级官员家庭的比例有所下降，而来自自由职业者家庭、小店主家庭和体力劳动者家庭的行政精英的比例明显提高。

在英国的前工业化时期，行政精英出身于贵族家庭的占8%，出身于高级官员家庭的占8%，出身于自由职业者家庭的占23%，出身于实业家和经理家庭的占21%，出身于教士家庭的占14%，出身于下级官员家庭的占6%，出身于店主和书记员家庭的占20%，而没有来自教师和体力劳动者家庭的人。到了第一次世界大战以前的工业化时

---

① Jüergen Kocka and Allen Mitchell, eds., *Bourgeois Society in Nineteenth Century Europe.* Oxford: Berg, 1993. p.117.

期，英国的行政精英出身于贵族家庭的为4%，出身于高级官员家庭的为4%，出身于自由职业者家庭的为12%，出身于实业家和经理家庭的为25%，出身于教师家庭的为12%，出身于教士家庭的为19%，出身于下级官员家庭的为7%，出身于店主和书记员家庭的为10%，出身于体力劳动者家庭的为7%。如果把英国近代行政精英社会来源的演变与同期的法国作比较，可以看出明显不同的变化趋势。一是近代初期英国行政精英出身于自由职业者家庭的比例大大高于法国，二是在工业化过程中，英国行政精英出身于实业家、经理和教师家庭的人士比例在上升，而法国相应的比例在下降，三是法国行政精英出身于高级和低级官员家庭的比例始终很高，前工业化时期为37%，工业起飞时期为40%；而英国在工业起飞时期相应的比例为14%，工业化时期为21%。[1]法国较为明显地表现出行政官僚的家族连续性。

在近代长期保留着农奴制残余、近代政治发展迟缓的东欧国家，政治权力长期被贵族控制。在1794年到1806年的普鲁士，4/5的大臣和其他高级官员出身于旧贵族。1820年约1/4的法官是贵族，42%的行政官员是贵族。在工业开始起飞时的1842年，约3/4中央司法官员和3/5的领地行政官员是贵族。到1925年时，仍有13%的领地行政官员是贵族。[2]

1848年德国革命的爆发打击了普鲁士和各邦的封建王朝。在这种革命背景下，参加1848年5月召开的法兰克福全德国民议会的议员中，资产阶级占了很大的比重。当时选出的议员共831人。其中有4名

---

① John A. Armstrong, *The European Administrative Elite*. Princeton: Princeton University Press, 1973. p. 91. Table Ⅲ.

② John A. Armstrong, *The European Administrative Elite*. Princeton: Princeton University Press, 1973. p. 77.

手工业者、11名邮政官员和视察员、46名商人，有一批银行家、工业家和印刷商，有60名地主、49名大学教授和教师、51名其他学校的教师、157名法官和其他政府官员、66名律师、18名医生、5名图书馆工作人员、43名作家等等。在831名议员中，学术界人士共有569名。[①]

但是，法兰克福议会议员的这种社会构成并没有客观地反映19世纪德国国家权力的社会归属，因为这次德国资产阶级革命失败了。1848年德国革命失败后，都被封建邦国的军队驱散了。波朗查斯确切地评述说，1848年革命和国王颁布的宪法，并未能成为生产关系变革过程中的一个重大转折点，对改变国家上层建筑或政治权力的占有者没有起什么作用。尽管这一运动爆发时关税同盟已经形成，但土地贵族仍然把持着政治权力，普鲁士国家还必须长期受封建制度结构的制约。实际上，这个国家是在俾斯麦的统治下着手使资产阶级进行政治统治，这个过程的特点已被马克思和恩格斯准确地描述为"自上而下的革命"。在俾斯麦统治下，可以说，这个国家从内部向着资产阶级国家的方向发生了变化。

1871年建立的德意志帝国的政治结构中，容克地主把持了政治领导权，资产阶级在政权结构中居于从属地位。芒西对1888年至1917年德国统治集团社会构成的研究充分地说明了这一点。在普鲁士政府各部部长中，贵族和资产阶级化的地主——容克的代表始终占据了多数。1888年政府的9名部长中，容克为3人，其他贵族为5人，土地贵族共8人。1910年政府11名部长中，容克为2人，其他贵族为6人，土地贵族共8人。1914年政府11名部长中，容克为3人，其他贵族为4

---

① ［美］科佩尔·S.平森：《德国近现代史》上册，范德一译，商务印书馆1987年版，第139页。

人，土地贵族共7人。五届政府中担任大臣的75人中，贵族共53人，占71%，容克占23%。此期间担任部长的18名容克中，5人任战争大臣，4人任国内事务大臣，1人任负责国内事务的国务大臣。此外，还有3名容克地主担任农业大臣[①]。普鲁士的外交事务也完全由贵族和容克控制。在普鲁士派出的全权公使中，贵族占据了绝大多数。1888年全权公使为88人，其中贵族（含容克）共67人；1890年派出的80名全权公使中，贵族共有70名；1895年派出的85名全权公使中，贵族为73名；1900年派出的93名全权公使中，贵族为84名；1905年派出的110名全权公使中，贵族为99名；1910年派出的116名全权公使中，贵族为101名；1914年派出的120名全权公使中，贵族为106名。贵族占派出全权公使人数的87%。[②]在柏林的宫廷官员中，容克占有相当大的比重。1888年53名宫廷官员中，容克为24人；1890年52名宫廷官员中，容克为24人；1900年51名宫廷官员中，容克为29人；1905年50名宫廷官员中，容克为27人；1910年45名宫廷官员中，容克为22人；1914年46名宫廷官员中，容克为24人。仅容克便占了宫廷官员的49%。在德皇的军事随员中，容克占48%。此外，还有其他贵族也占据官僚队伍相当大的比重。[③]

　　19世纪后期在德国普鲁士军官中，贵族仍占有相当大的比例。1865年普鲁士军官中有65%是贵族，到1913年，贵族的比例下降为

————————

　　① Lysbeth W.Muncy, *The Junker in the Prussian Administration under William Ⅱ, 1888—1914.* New York: Brown University Press, 1970. p.203.

　　② Lysbeth W. Muncy, *The Junker in the Prussian Administration under William Ⅱ, 1888—1914.* New York: Brown University Press, 1970. p.205.

　　③ Lysbeth W. Muncy, *The Junker in the Prussian Administration under William Ⅱ, 1888—1914.* New York: Brown University Press, 1970. p.209.

30%。1865年，86%的将官和校官是由贵族担任的。尽管军官资产阶级化的趋向在加强，但到1913年，贵族占将、校军官的比例仍达52%。在军队的高层机构总参谋部，1913年来源于贵族和来源于资产阶级的军官人数相差无几。随着19世纪后期资本主义的发展、军队人数的增加，需要越来越多的军官。威廉二世采取措施，大量吸收"对军队和基督教文化具有热情、热爱国王和祖国的高尚的资产阶级家庭成员"进入军队。这样，军队中非贵族军官有较大的增长。[①]1913年德意志帝国军队的2.5万名军官中，有4/5出身于资产阶级。但是在指挥25个军的将军中，却有22个出身于亲王和贵族，其余的将军绝大多数也出身于贵族。[②]1899年发表的一篇文章中描述了军队中资产阶级军官的态度："无论是资产阶级军官还是贵族军官都坚持同样的原则，即坚持贵族的见解，反对民主制……这种深深植根于官员的等级的态度表现在：献身于王朝，绝对地忠诚于君主个人，高度的爱国主义，维持现状，捍卫国王的权力，并且仇视任何反对爱国主义和反对君主制的态度。"[③]省主席是普鲁士各省的领导，代表中央政府在各省工作，并监督该省所有的官员。在普鲁士12个省主席中，1888年贵族为10人，1890年贵族为11人，1895年贵族为9人，1900年贵族为11人，1905年贵族为9人，1910年贵族为11人，1914年贵族为10人。在第一次世界大战前，贵族占省主席人数的85%。容克出任这一官职的比例在1888年为50%，以后有所下降，但仍占30%至40%，1914年

---

① Eda Segarra, *A Social History of Germany, 1648—1914*. London: Methuen, 1977. p.204.

② ［联邦德国］卡尔·艾利希·博恩等：《德意志史》第三卷上册，张载扬、张才尧、郭鼎生等译，商务印书馆1991年版，第301页。

③ Eda Segarra, *A Social History of Germany, 1648—1914*. London: Methuen, 1977. p.241.

时下降到了25%。①普鲁士各省的官厅长官由各省议会6至12年选举一次，1888年到1914年，容克占普鲁士东部7个省官厅县官的67%。②据另一些学者的综合研究，普鲁士工业化以前的时期，行政精英来自贵族家庭的为33%，出身于高级官员家庭的为30%，这两类加起来共占行政精英来源的63%。到了工业起飞时期，行政精英出身贵族家庭的为27%，出身于高级官员家庭的为24%，两者共占行政精英来源的51%。到了一战前工业化时期，行政精英出身于贵族的占16%，出身于高级官员家庭的为21%，与之前相比，这两类人的比例有所下降，而出身于实业界和经理的行政精英的比例则大大增加，上升到19%。③德国资产阶级只是在大学、司法行政机构和地方行政机构，以及南德各州政府中取得了领导地位。

在俄国的前工业化时期，行政精英出身于贵族家庭的占29%，出身于高级官员家庭的占29%，出身于下级官员家庭的占19%，出身于教士家庭的占11%。俄国行政官员的社会构成与德国相仿，同样，贵族占据很大的比例。④

在俄国这个军事封建国家，直到19世纪中期，国家权力的社会基础仍然极其薄弱。沙皇亚历山大二世试图改变这种情况，扩大沙皇统治的社会基础。他从地方权力机构的改革着手，建立地主自治局、

---

① Lysbeth W. Muncy, *The Junker in the Prussian Administration under William Ⅱ, 1888—1914.* New York: Brown University Press, 1970. p.163.

② Lysbeth W. Muncy, *The Junker in the Prussian Administration Under William Ⅱ, 1888—1914.* New York: Brown University Press, 1970. p.199.

③ Jüergen Kocka and Allen Mitchell. eds., *Bourgeois Society in Nineteenth Century Europe.* Oxford: Berg, 1993. pp. 296—297.

④ John A. Armstrong, *The European Administrative Elite.* Princeton: Princeton University Press, 1973. p. 91. Table Ⅲ.

都市委员会、地方政府委员会等政府组织，吸收教师、医生、农学家、律师和其他自由职业者，并且吸收资产阶级作为法庭的律师和官员。[1]1861年以后，地方行政权力有所增强，而农村乡绅把持了新建立的地方行政机构地主自治局的绝大多数职位。[2]

1804年在奥地利，外交部的主要官职没有一个是由资产阶级担任的。但是到1918年，市民占这个职位出任者的66%。1804年奥地利的37名将军中，只有2名是资产阶级，但是到20世纪初情况发生了根本改变。1908年，39名将军中有20人出身于资产阶级。1918年，61名将军中有42个出身于资产阶级。1806年，在普鲁士7000至8000名军官中，只有695人是资产阶级，这些非贵族军官中只有大约30人获校级军阶。1866年，在8169名军官中有3997人为资产阶级。1860年，14%的将军和上校出身于资产阶级家庭。到1913年底，军队的规模已相当于1860年时的两倍，70%的官员及48%的将军和上校都出身于资产阶级家庭。19世纪末俄国的情况也与之类似，在31350名军官中，有49.2%为非贵族出身。这批军官主要集中在战斗部队的团之中，而几乎所有禁卫军团的官员都是贵族出身。在海军中，绝大多数技术官员都毕业于海军工程学院的造船学院，他们都是平民的后代。[3]在一些没有经过资产阶级革命而进入近代社会的后过渡国家中，非贵族即市民阶级进入军队上层，是随着军队的急剧扩大和国内居民人口的迅速

---

① Geoffrey A. Hosking, *The Russian Constitutional Experiment: Government and Duma 1907—1914.* Cambridge: Cambridge University Press, 1973. p.2.

② Peter N. Stearns, *European Society in Upheaval: Social History Since 1800.* London-New York: Macmillan, 1967. p.94.

③ Jerome Blum, *The End of the Old Order in Rural Europe.* Princeton: Princeton University Press, 1978. p. 421.

增长而发生的。这个时期，教育日益向一切有财产的市民阶级倾斜，军事组织和行政机构需要越来越多具有专业知识的官员，使贵族无法独占官职。这样使得社会精英集团的构成，随着资本主义关系的发展而逐渐增加资产阶级成分。但一般说来，在存在着强大的封建残余势力的国家中，非贵族人士在事业和职业中单靠自己的力量而出人头地的数量是很少的。因为在旧的等级制社会中，那些在法律身份上地位较高的人士对于较低阶层的人士，在任职上拥有特权和优先地位。

# 第四编

当代资本主义社会结构

# 第一章
# 20世纪西方社会的变化

马克思和恩格斯在1848年发表《共产党宣言》时曾说："我们的时代，资产阶级时代，却有一个特点：它使阶级对立简单化了。整个社会日益分裂为两大敌对的阵营，分裂为两大相互直接对立的阶级，无产阶级和资产阶级。"①马克思和恩格斯的这一结论，通常被视为对于社会结构两极分化的预测②。但是，这并非马克思和恩格斯关于资本主义社会阶级结构唯一的论述。面对西方工业革命之后资本主义迅速的发展和变化，到写作《资本论》第三卷的时候，马克思已经注意到资本主义经济和社会结构的一些新特征。资本主义的第一个变化是，随着银行制度的发展，资本积累不再依靠企业家个人的节俭储蓄，而是依靠全社会的储蓄。"资本的这种社会性质，只是在信用制度和银行制度有了充分发展时才表现出来并完全实现。另一方面，不仅如此，信用制度和银行制度把社会上一切可用的、甚至可能的、尚未积极发挥

① 中共中央马克思、恩格斯、列宁、斯大林著作编译局编：《马克思恩格斯选集》第一卷，人民出版社1972年版，第251页。

② Bob Carter, *Capitalism, Class Conflict and the New Middle Class*. London: Routledge & Kegan Paul, 1985. p.5.

作用的资本交给产业资本家和商业资本家支配。"①第二个变化，是股份公司造成了所有权和管理权的分离，并产生了一个新类型的职业，马克思把它称之为社会的"指挥劳动"。他写道："尤尔先生早已指出，'我们的工业制度的灵魂'不是产业资本家，而是产业经理……资本主义生产本身已经使那种完全同资本所有权分离的指挥劳动比比皆是。"②第三，银行制度和信用制度的扩大和股份公司的发展，导致办公室人员和白领工作的扩大。马克思写道："……很清楚，随着生产规模的扩大……商业活动将会增加……价格计算、簿记、出纳、通讯，都属于这类活动。生产规模越扩展，产业资本的商业活动……也就越增加，虽然决不是按比例增加。因此，使用商业雇佣工人就成为必要了。他们组成真正的事务所。"③然而，人们在阅读马克思和恩格斯的著作和理解他们关于资本主义社会结构的阶级分析理论时，常常忽视了后一部分的论述，造成了把马克思主义理论简单化的倾向。正如英国马克思主义学者阿兰·亨特所说："对阶级结构的分析是对任何社会进行马克思主义分析的至关重要的出发点。然而，直到晚近，在所有的分析中，我们还是依赖过于简单化的观点来看问题，即看社会是否简单地分成以工人阶级为一方，以资本家阶级为另一方。"④

① ［英］马克思：《资本论》第三卷下册，中共中央马克思、恩格斯、列宁、斯大林著作编译局译，人民出版社1975年版，第686页。

② ［英］马克思：《资本论》第三卷下册，中共中央马克思、恩格斯、列宁、斯大林著作编译局译，人民出版社1975年版，第434—435页。

③ ［英］马克思：《资本论》第三卷下册，中共中央马克思、恩格斯、列宁、斯大林著作编译局译，人民出版社1975年版，第334页。

④ *Marxism Today*, June 1970. p.167. 贝尔也作出类似的评论，他认为马克思《资本论》第一卷中关于企业集中化、社会分化为两个阶级的描述过于理论化，而不太被人们注意的《资本论》第3卷，则根据实际经验描写了资本主义社会的发展趋势，预言了人数大大多于无产阶级的白领的兴起，以及通过银行体系的集中化来取得资本的新方式。他认为，实际上资本主义是按照马克思的第二个图示发展的。（见［美］丹尼尔·贝尔：《后工业社会的来临——对社会预测的一项探索》，高铦、王宏周、魏章玲译，北京，商务印书馆1984年版，第57页。）

当代西方社会结构的变化，使得一些学者在认识上发生混乱，譬如，鲁道夫·吕贝尔特便提出，在认识西方工业社会时，要取消阶级的概念，"阶级这一概念对今日西方的工业社会不再适用，因为不管是不是永远有还是一定有社会矛盾这一事实，'阶级'终究属于过去的范畴，因为一个水平划一的广泛的中层社会已逐步形成，而且它的发展前途不可低估"①。

面对复杂的变化了的20世纪西方社会结构，抛弃马克思主义的阶级和阶级斗争的理论是根本错误的。但是，运用教条主义的方法对待马克思主义经典作家在19世纪提出的某些结论，不能全面地把握马克思主义经典作家的全部思想，不敢面对20世纪的社会现实去发展马克思主义经典作家的观点和理论，也是不可取的。我们应当坚持马克思主义的基本理论方法，认真研究当代资本主义社会结构的现实资料，批判地借鉴过去的和当代的各种研究资本主义社会结构演变的有价值的成果，对当代资本主义社会结构的形态和阶级斗争的新特点，作出力求科学的评述。

从20世纪初到30年代，首先在德国，有一批学者注意到资本主义社会结构变化的现象。尽管在世界历史上德国工业化进程展开较迟，但是到20世纪初，德国已经成为欧洲发达的工业国家，并且在生铁、化工和电力工业领域超过了英国和法国。德国经济的发展，导致社会结构发生了巨大的变动，城乡人口的比例迅速改变。1871年，德国2/3的人口居住在乡村，但到了1910年，几乎2/3的人口居住在城市中。这种变化的实质，是农村劳工的减少和传统性行业人数的变化。在这一时期，德国工人有组织的力量经历了一个大发展，工会成员从1881年

---

① ［联邦德国］鲁道夫·吕贝尔特：《工业化史》，戴鸣钟译，上海译文出版社1983年版，第302页。

到1889年增加了一倍，到1904年又增加一倍，达到100万人，在以后6年中又翻了一番。在这种大工业的发展和小规模工场的衰落中，出现了另一种趋势：即在德国，领取工资的雇员的增长比体力劳动者的增长还要快，同时也比欧洲其他地区快。第一次世界大战以后，每千名体力劳动者中领取工资的雇员人数，在丹麦，1911年为77人，1921年为117人；在英国，1907年为14人，1924年为108人；在挪威，1910年为73人，1920年为72人；在法国，1906年为66人，1921年为107人；在比利时，1910年为45人，1920年为39人；在德国，1907年为82人，1925年上升为154人。[1]这些领工资的雇员通常被称作"新中等阶级"，包括生产过程中的管理人员、科学和技术人员。随着这批新中等阶级成员人数的增长，工人中体力劳动者的比例从1895年的56.8%，下降到1925年的45.1%。德国在社会结构方面出现的新现象引人注目。

德国当时有一些社会理论家注意到阶级结构变化的事实。卡尔·考茨基自称是第一个发现白领工人集团兴起的人。考茨基在1889年写的《伯恩施坦和社会民主纲领》中提出："'新中等阶级'是由于上层剥削者需要丢开办公室职能而产生的。企业、工业和国家的功能扩大加速了这个过程。"他告诫人们说，无论如何，"如果我们把这些人完全划入所有者阶级，我们就要犯极大的错误。新中等阶级具有完全不同于旧的中等阶级的基础，这就是生产资料私有制这个坚实的屏障"。另一方面，考茨基也不认为这个新中等阶级属于无产阶级，因为它的成员大多数是从资产阶级中增补的，许多人拥有工人未能享有的受教育的特权。但是，考茨基认为这个新中等阶级集团在两极分化的过程中，必

---

[1] Bob Carter, *Capitalism, Class Conflict and the New Middle Class*. London: Routledge & Kegan Paul, 1985. p.16. Table.

然"会对无产阶级的阶级斗争感兴趣，并且他们最终会参加无产阶级的活动"[1]。考茨基显然并不了解白领工人成长的社会意义。

1890年以后，伯恩施坦对考茨基的上述见解提出了批评意见。伯恩施坦最初是在《渐进的社会主义》中陈述他对资本主义社会结构的看法的。他认为，资本主义社会的阶级结构和阶级冲突极其复杂，"社会结构非但始终没有简单化，恰恰相反，就人们的收入和经济活动而论，表现出一种渐进的差别"。伯恩施坦强调阶级之间差别的复杂性。他认为，"社会状况始终没有达到马克思在《共产党宣言》中所预言的尖锐和紧张程度"，"没有伴随着社会财富的巨大增长发生资本主义寡头数目减少的现象，而是各种有财产的资产者人数在增长。中等阶级改变了他们的特点，但他们并没有从社会阶梯上消失"。[2]伯恩施坦注意到股份公司中股票拥有的扩散和收入水平的增加，这些表明新中等阶级的成长。他指出，劳动生产和生产财富的巨大增长，意味着资本家自己无法消费它。它也不可能全部输出，"无产阶级和人数众多的中等阶级财富的增长，是生产力持续增长的唯一选择"[3]。伯恩施坦的这些看法具有一定的客观性。但是，伯恩施坦从这种经济和社会结构的变化中得出的政治结论则是错误的。譬如，他认为工业中等阶级会感到他们与工人构成了"利益共同体"，"他们中多数人越来越把自己等同于工人阶级"。他还说，"社会民主党并不希望取消这个社会，并使所有社会成员都成为无产者，相反，它不断致力于使工人的地位从无产阶级

---

① Peter Gay, *The Dilemma of Democratic Socialism*. New York: Columbia University Press, 1962. p.212.

② Peter Gay, *The Dilemma of Democratic Socialism*. New York: Columbia University Press, 1962. p.173.

③ Peter Gay, *The Dilemma of Democratic Socialism*. New York: Columbia University Press, 1962. p.209.

提高到'资产阶级',这样使'资产阶级'或市民身份普遍化"。[1]

让我们首先来看一看西方社会从19世纪到20世纪一般的社会结构的变化情况。18世纪,欧洲绝大多数居民都居住在农村,之后随着城市的发展,乡村人口逐渐减少。但到20世纪初,在欧洲大陆曾实施过农奴制的地区,除德国外,乡村人口仍占居民的绝大部分。1911年丹麦乡村人口占59.7%,同年法国乡村人口占55.8%。1907年德国乡村人口占总人口的41.9%。1910年匈牙利乡村人口占总人口的81%。1901年至1906年,波兰乡村人口占总人口的60%。1905年罗马尼亚乡村人口占总人口的81%。[2]从全部劳动力的使用来看,当时从事农业的劳动力远远超过了从事工业的劳动力。1910年奥地利从事农业的劳动力占总人口的53.1%,从事工业的劳动力占总人口的22.6%。1911年丹麦从事农业的劳动力占总人口的37.6%,从事工业的劳动力占总人口的21.8%。1906年法国从事农业的劳动力占总人口的42.7%,从事工业的劳动力占总人口的43%。在整个欧洲,1897年从事农业的劳动力占总人口的74.9%。[3]

19世纪后期第二次技术革命以后,由于工业企业对农业原料出现大规模需求,城市对肉类产品出现大规模需求,农业越来越表现出专业化的倾向。而从19世纪八九十年代农业大危机以后,欧洲遭到从外国输入农产品的竞争,又出现了土地耕作与畜牧业的分化和畜牧业本身进一步的专业化。在资本主义对农业的影响下,随着在农业中广泛使用机器和化学药品,大资本加紧对农业渗透,农业中劳动分工加

---

[1] Peter Gay, *The Dilemma of Democratic Socialism*. New York: Columbia University Press, 1962. pp.210—211.

[2] Jerome Blum, *The End of the Old Order in Rural Europe*. Princeton: Princeton University Press, 1978. p.418. Footnote 3.

[3] Jerome Blum, *The End of the Old Order in Rural Europe*. Princeton: Princeton University Press, 1978. p.419. Table.

剧，大规模农业发展，劳动生产率得到提高，农业日趋工业化。在农业中发展起按照工业方式组织起来的养鸡业，建立了加工和保存牛奶和肉类的工厂、水果和蔬菜罐头工厂、生产冷冻食品和脱水食品的工厂，这些已是纯粹工业性质的生产部门，而农业中对劳动力的需求和使用日益减少。从事农业生产的人口在大多数发达资本主义国家的劳动人口中所占的比例大大下降。[1]

在美国，从1920年到1930年，农业人口减少了2.5%。以后10年间变化不大。从1940年以后的30年间，每10年农业人口的减少依次为25%、32%和38%。[2]1950年，从事农业的人口占就业总人口的13.5%，1960年这一比例为8.3%，1970年下降为4.4%。[3]在法国，20世纪初农业人口占全国总人口的45%，到20世纪60年代初，这一比例下降为23%。20世纪初，从农村流入城市的人口每年约占农村总人口的0.5%，50至60年代每年为2%。从1954年到1968年，在法国，放弃农业转而从事其他经济活动的人口平均每年为14.4万人。法国从事农业的人口数量从1954年到1968年下降了41%。从1963到1970年下降了15%，其中20岁至40岁的农业人口下降了25%。这表明绝大多数身强力壮的农业劳动者告别了农业。[4]

第二次世界大战前夕，在绝大多数欧美国家中，农业劳动者占总人口的比例高于20%。在欧洲，以意大利的比例最高，为48%；法国和奥地利次之，为36%；丹麦和挪威均为29%，瑞典为24%。德国在战前为27%，瑞士和荷兰为20%，英国为6%。但在这以后，各

---

① ［比利时］厄尔奈斯特·曼德尔：《晚期资本主义》，马清文译，黑龙江人民出版社1983年版，第447页附表。

② S. N. Nadel, *Contemporary Capitalism and the Middle Classes*. New York: International Publication, 1982. pp.115—116.

③ ［比利时］厄尔奈斯特·曼德尔：《晚期资本主义》，马清文译，黑龙江人民出版社1983年版，第447页附表。

④ S. N. Nadel, *Contemporary Capitalism and the Middle Classes*. New York: International Publication, 1982. pp.116—117.

国农业人口的比例持续下降。到1950年，意大利农业人口占总人口
的41%，法国为33%，奥地利为32%，丹麦为25%，西德为33%，瑞
士为15%，荷兰为13%，美国为12%，加拿大为19%。到1960年，农
业人口占总人口的比例，在意大利为31%，奥地利为24%，法国为
22%，挪威为20%，瑞典为13%，美国为7%，加拿大为13%，英国为
4%。到1970年，农业人口占总人口的比例，奥地利为16%，意大利
为21%，法国和挪威为14%，丹麦为12%，加拿大为8%，瑞士和西
德为9%，英国为3%。到1977年，农业人口占总人口的比例，在意大
利为13%，奥地利为11%，法国为10%，挪威为9%，丹麦为8%，加
拿大、瑞典、瑞士、荷兰均为6%，西德为5%，比利时为4%，美国
为3%，英国为2%。相当一批发达资本主义国家农业人口的比例低于
10%。西方各国农业人口下降的趋势非常明显。[1]

---

① S.N.Nadel, *Contemporary Capitalism and the Middle Classes*. New York: International
Publication, 1982. p.118. Table 9. 关于英国从事农业和相关行业的男劳动力占总劳动力的比例下
降的趋势，数据来源于：Brian R.Mitchell, ed., *Abstract of British Historical Statistics*. Cambridge:
Cambridge University Press, 1962. pp.60—61.

表6　1841—1951年英国使用于农业和相关行业男性劳动力的比例

| 年份 | 比例 |
| --- | --- |
| 1841 | 28.2% |
| 1851 | 27.3% |
| 1861 | 24.5% |
| 1871 | 20.2% |
| 1881 | 17.2% |
| 1891 | 14.2% |
| 1901 | 11.6% |
| 1911 | 11.1% |
| 1921 | 9.8% |
| 1931 | 8.7% |
| 1951 | 7.1% |

此外，在西方发达资本主义国家，在某种程度上很难严格地把农业劳动人口与非农业劳动人口截然分开。因为在那些国家中，农业劳动与非农业劳动已结合起来。例如，在1960年以后的美国，约1/3的农场主每年只用100天左右的时间从事农业，大多数时间用于非农业的工业活动。根据法国1967年的统计资料，在168.75万名农业劳动者中，有55.88万人只用部分时间从事农业。从1963年到1967年，生活在农场上但并不从事农业劳动的家庭数增加了43.6%。[①]总之，农业劳动者日趋减少，是当代西方社会结构变化的一个突出现象。

**表7　1960年按大陆和地区划分的世界主要经济部门的劳动力[②]**

| 地区 | 劳动力总数（百万） | 按部门分布的百分比 | | |
|---|---|---|---|---|
| | | 农业 | 工业 | 服务业 |
| 全世界 | 1296 | 58 | 19 | 23 |
| 非洲 | 112 | 77 | 9 | 14 |
| 拉丁美洲 | 71 | 48 | 20 | 32 |
| 亚洲 | 728 | 71 | 12 | 17 |
| 日本 | 44 | 33 | 28 | 39 |
| 北美洲 | 77 | 8 | 39 | 53 |
| 欧洲 | 191 | 28 | 38 | 34 |
| 西欧 | 60 | 14 | 45 | 41 |
| 北欧 | 34 | 10 | 45 | 45 |
| 东欧 | 49 | 45 | 31 | 24 |
| 南欧 | 47 | 41 | 32 | 27 |
| 大洋洲 | 6 | 23 | 34 | 43 |
| 澳大利亚和新西兰 | 5 | 12 | 40 | 49 |
| 苏联 | 111 | 45 | 28 | 27 |

---

[①] S. N. Nadel, *Contemporary Capitalism and the Middle Classes*. New York: International Publication, 1982. p.119.

[②] ［美］丹尼尔·贝尔：《后工业社会的来临——对社会预测的一项探索》，高铦、王宏周、魏章玲译，商务印书馆1984年版，第21—22页表1（有删节）。

第三产业即服务业的发展，是20世纪西方经济和社会结构变化的另一个突出现象。在20世纪50至70年代的20年间，在欧洲6个主要资本主义国家中，第三产业雇佣的人员增加了10%，其中荷兰比例最高，达到57%，意大利最低，为39%。在英国和比利时，从事服务业的劳动力占劳动力总数的50%以上。[1]在那些工业革命时期便建立的工业部门如纺织业、钢铁业和造船业，以及和服务业有联系的铁路和码头业中，被雇佣人员的数量急剧减少。例如，比利时煤矿业使用的劳动力占劳动力总数的比例，从二战结束后的6%下降到20世纪70年代的1%。[2]

表8 1969年西欧和美国各部门的劳动力和国民生产总值[3]

| 国别 | 农业 | | 工业 | | 服务业 | |
|---|---|---|---|---|---|---|
| | 占国民生产总值的百分比 | 占劳动力的百分比 | 占国民生产总值的百分比 | 占劳动力的百分比 | 占国民生产总值的百分比 | 占劳动力的百分比 |
| 西德 | 4.1 | 10.6 | 49.7 | 48.0 | 46.2 | 41.4 |
| 法国 | 7.4 | 16.6 | 47.3 | 40.6 | 45.3 | 42.8 |
| 英国 | 3.3 | 3.1 | 45.7 | 47.2 | 51.0 | 49.7 |
| 瑞典 | 5.9 | 10.1 | 45.2 | 41.1 | 48.9 | 48.8 |
| 荷兰 | 7.2 | 8.3 | 41.2 | 41.9 | 51.6 | 49.8 |
| 意大利 | 12.4 | 24.1 | 40.5 | 41.1 | 51.7 | 45.1 |
| 美国 | 3.0 | 5.2 | 36.6 | 33.7 | 60.4 | 61.1 |

在美国，1870年从事商品生产部门劳动的工人为1063万人，从事服务业的工人为299万人；1900年在商品生产部门中工作的工人人数

---

① Colin Crouch and Alessandro Pizzorno, eds., *The Resurgence of Class Conflict in Western Europe Since 1968*. Vol Ⅱ. London: Macmillan, 1978. p.41.

② Colin Crouch and Alessandro Pizzorno, eds., *The Resurgence of Class Conflict in Western Europe Since 1968*. Vol Ⅱ. London: Macmillan, 1978. p.47.

③ ［美］丹尼尔·贝尔：《后工业社会的来临——对社会预测的一项探索》，高铦、王宏周、魏章玲译，商务印书馆1984年版，第22页。

为1962万，从事服务业的工人为902万；1920年在商品生产部门中工作的人数为2360万，从事服务业的工人为1549万；1940年在商品生产部门工作的人数为2561万，从事服务业的工人为2425万。[①]到1947年，从事商品生产的工人和从事服务业的工人人数已趋于相等，前者为2637万，后者为2540万。而到1968年，二者的比例发生逆转，这一年，在商品生产部门中工作的工人为2897.5万，从事服务业的工人为5180万。1980年在商品生产部门中工作的人数为3160万，从事服务业的工人为6798万人。也就是说，到1980年，随着服务业的发展，每十名工人中差不多有七名在服务部门工作。[②]这表明在非生产性部门工作的人数已大大超过了在生产部门工作的人数。据研究在法国，20世纪有大量劳动力持续地离开农业，转到其他产业部门。从1954年到1962年，法国农业劳动力平均每年减少3%，约16万人。20世纪初，法国农业劳动力占总劳动人口的一半，1962年这一比例下降为20%。工业劳动力在20世纪30至40年代中期经济衰退时期和战争时期有所减少，以后这种趋势发生逆转。从事第三产业的劳动人口则持续增长，而且增长的幅度很大，1975年占全部劳动人口的50.8%。

表9　20世纪法国劳动人口分布百分比[③]

| 年份 | 第一产业部门 | 第二产业部门 | 第三产业部门 |
|---|---|---|---|
| 1906 | 43.2 | 29.0 | 26.1 |
| 1931 | 36.4 | 33.1 | 29.6 |

① ［美］丹尼尔·贝尔：《后工业社会的来临——对社会预测的一项探索》，高铦、王宏周、魏章玲译，商务印书馆1984年版，第146页表2—1。

② ［美］丹尼尔·贝尔：《后工业社会的来临——对社会预测的一项探索》，高铦、王宏周、魏章玲译，商务印书馆1984年版，第147页表2—2。

③ ［法］弗朗索瓦·卡龙：《现代法国经济史》，吴良健、方廷钰译，商务印书馆1991年版，第180页。

| 年份 | 第一产业部门 | 第二产业部门 | 第三产业部门 |
|------|------------|------------|------------|
| 1946 | 36.0 | 29.5 | 32.5 |
| 1954 | 28.0 | 35.7 | 35.9 |
| 1962 | 21.0 | 39.5 | 39.5 |
| 1972 | 12.0 | 39.1 | 48.9 |
| 1975 | 10.1 | 39.1 | 50.8 |

19世纪后期到20世纪，从一些资本主义国家的收入和分配情况及各种家庭收入的情况来看，并没有出现明显的两极分化现象。

19世纪后期在工业革命完成后的几十年间，首先完成工业革命的英国并没有出现急剧的两极分化现象。根据1868年巴克斯特对国民收入的分析，在英国上等阶级中，家庭收入在5000英镑以上的只有4500家，占家庭总数的0.07%；家庭收入在1000到5000镑的有2.52万家，占家庭总数的0.41%。也就是说，上等阶级共2.97万家，占家庭总数的0.48%。收入在300至1000镑的为中等阶级。当时中等阶级有9万家，数量为上等阶级家庭数目的三倍，占家庭总数的1.46%。中等阶级下层收入在100镑至300镑的家庭共有145.63万家，占家庭总数的23.66%。体力劳动者共有458.8万家，占家庭总数的74.4%。从对财富收入的占有来看，两类上层阶级共拥有收入的26.3%，中等阶级和中等阶级下层共拥有收入的34.6%，体力劳动者共拥有收入的39.1%。[①]

在法国，1906年的人口调查数据表明，一方面，小型的甚至非常小的工业企业仍然在法国工业结构中发挥着重要的作用；另一方面，大规模生产的工厂亦在发展。当时，根本没有雇员的公司数量极多，

---

① Harold Perkin, *The Origins of Modern English Society, 1780—1880.* London: Routledge&Kegan Paul, 1969. p. 420. Table 6.

它们占全部工业机构的71%，而经营这种公司的人数占整个工业工作人口的27%。此外，约有32%的工业企业雇佣工人不足10人，28%的企业雇佣工人在10人至100人之间，约40%的企业雇佣的工人人数超过100人，每家企业平均雇佣工人45人。在食品、木材和生产建筑材料的工业部门中，集中化程度很低。在食品工业中，雇工1至10人的企业占62%，在建筑材料业中，这种小企业占58%，在木材业中，这类企业占58.5%。雇工11至100人的企业在食品业中占25%，在建筑材料业中占28.5%，在木材业中占32%。在这三个部门中，平均每个工厂雇佣4至6人。[①]在第二类工业部门中，如建筑和公共建设、毛皮、采石和印刷业中，集中化程度亦不十分高。雇佣工人人数在1至10人的企业在建筑业和公共建设业中占企业总数的47%，在毛皮业中占企业总数的41%，在采石业中占企业总数的28%，在印刷一类的企业中占企业总数的45%。第二类工业企业中，有35%至46%雇用人数为11至100人，平均人数为29人。[②]在第三类部门即纺织、化学品、玻璃制造、造纸和橡胶工业中，大型工厂较多，其中尤以纺织业较为突出。但是，在这几个行业中仍存在着小规模经营，例如，雇员在1至10人的企业，在玻璃制造业中占企业总数的14%，在化学品制造业中占企业总数的11%，在造纸业中占企业总数的7%，在纺织业中占企业总数的9%；雇工人数在11至100人之间的企业，在玻璃制造业中的比例为30%，在化学品制造业中的比例为36%，在造纸业中的比例为34%，在纺织品制造业中的比例为22%。只有在采矿业和冶炼业，企业规

---

① ［法］弗朗索瓦·卡龙：《现代法国经济史》，吴良健、方廷钰译，商务印书馆1991年版，第144页表8.1。

② ［法］弗朗索瓦·卡龙：《现代法国经济史》，吴良健、方廷钰译，商务印书馆1991年版，第144页表8.2。

模较大，雇佣工人在100人以上的企业占这两个部门劳动力的97%，80%以上的企业雇佣工人人数在500人以上。[①]所以，从法国来看，到20世纪初，资本集中化的演进尚未在工业部门中造成明显的两极分化，并吞噬中、小企业，法国仍然存在着相当比例的小工业生产。

20世纪西方资本主义经济发展过程中，随着资本的集中化发展和股份公司的兴起，公司的股票持有变得分散了。一些大公司有成千上万的股东，一个股东拥有的股票份额能达到总量的5%就很不容易了。1936年，在英格兰最大的公司中，20个最大的股票持有者加起来平均拥有30%的股票份额；而到1950年，20个最大的股票持有者加起来所持有的股票只占股票总额的19%。[②]1929年在美国的几个大公司如最大的铁路公司宾夕法尼亚铁路公司、最大的公共事业公司美国电报电话公司和最大的工业企业美国钢铁联合股份公司中，最大的股东拥有的股份不到已发行和出售的股票的1%。这三个公司最大的股东分别拥有所有股份的0.34%、0.7%和0.9%。最大的20名股东在这三个公司中拥有股份的比例也非常有限，分别为2.7%、4%和5.1%。除了这20个大股东以外，其他股东拥有的份额则急剧下降。第20名股东在这三家公司中拥有的股份，分别占总股份的0.07%、0.09%和0.09%。[③]根据对美国200家最大的公司中的144家的调查资料，只有20家公司的股东人数在5000人以下，有71家公司的股东超过2万人。

---

① ［法］弗朗索瓦·卡龙：《现代法国经济史》，吴良健、方廷钰译，商务印书馆1991年版，第145页及表8.3。

② ［美］格尔哈斯·伦斯基：《权力与特权：社会分层的理论》，关信平、陈宗显、谢晋宇译，浙江人民出版社1988年版，第363页。

③ Adolf A. Berle and Gardiner C. Means, *The Modern Corporation and Private Property*. New York: Macmillian, 1944. p.47.

进一步研究大公司的所有权发现，在4367家股份公司中，董事和官员持有的股份占所有股份的1/8。在第三产业中，经理拥有的股份占1.8%。[①]这表明在大中型公司中，所有权极其分散。股权分散的现象从20世纪初以来，在几个大公司中都随着时间推移有所发展。以美国电报电话公司为例，1901年其股东数为1万人，1907年为2.3万人，1914年为6万人，1917年为8.7万人，1918年为112420人，1920年为139448人，1922年为248925人，1924年为345466人，1927年为423580人，1930年为567694人，1931年为642180人。1880年宾夕法尼亚铁路公司的股东为1.3万人，1907年为57226人，1914年为91571人，1917年为100038人，1920年为133068人，1922年为137429人，1928年为157650人，1930年为207188人，1931年为241391人。[②]在美国，有3500万人拥有股票。[③]美国密执安大学1963年的调查表明，绝大多数股东只持有少量股票。3%的股东所持有的股票价值低于500美元，2%的股东所持有的股票价值为500至999美元，4%的股东所持的股票价值为1000至4999美元。绝大多数股份落到人数众多但持股数量不多的小股东手中。[④]

由于公司的股权极度分散，大多数股份所有人仅限于在法律上拥有对公司的权利，他们并不是公司财产的全权所有者，无法对公

---

① Adolf A. Berle and Gardiner C. Means, *The Modern Corporation and Private Property*. New York: Macmillian, 1944. p. 52.

② Adolf A. Berle and Gardiner C. Means, *The Modern Corporation and Private Property*. New York: Macmillian, 1944. p. 55. Table 7.

③ S. N. Nadel, *Contemporary Capitalism and the Middle Classes*. New York: International Publication, 1982. p.35.

④ ［美］菲迪南德·伦德伯格：《富豪和超级富豪——现代金钱权势的研究》，山西大学编译室、蔡受百、姚曾廙译，商务印书馆1993年版，第14—15页。

司加以实际控制。根据研究者的看法，只有那些拥有大公司1%至2%股份的人，才可能对公司的政策施加有效的影响；而只有那些拥有5%至6%股份，甚至10%股份的人，才可能对公司的政策有效地加以控制。1971年，美国0.2%的人口持有所有股份的30%，1%的美国人持有所有股份的50%。虽然从原则上说，每个拥有股份的人在股东会议上都有一票投票权，但由于人数较多的小股东并不参加公司会议，所以，一小批股东决定着公司的政策和命运，他们成为公司资本的真正控制者。[①]达伦多夫评述了当代资本主义发展中资本分解的新现象。

表10　1980年代初各国职业群体的从业人数

| 国别 | 时间 | 总数（千） | 自由职业者（%） | 经理（%） | 职员（%） | 农业经营者等（%） | 生产者（%） |
|------|------|-----------|----------------|----------|----------|------------------|------------|
| 以色列 | 1984 | 1359 | 22.8 | 5.2 | 17.8 | 4.8 | 28.4 |
| 加拿大 | 1984 | 11000 | 16.4 | 10.7 | 17.1 | 3.4 | 28.5 |
| 美国 | 1984 | 105005 | 15.7 | 11.0 | 15.9 | 3.4 | 28.5 |
| 瑞典 | 1984 | 4255 | 28.2 | 2.4 | 12.3 | 5.1 | 29.6 |
| 丹麦 | 1984 | 2720 | 19.4 | 2.4 | 16.2 | 2.3 | 29.3 |
| 英国 | 1981 | 25406 | 14.7 | 5.7 | 17.1 | 2.4 | 24.9 |
| 澳大利亚 | 1984 | 6462 | 15.7 | 6.8 | 18.1 | 6.9 | 33.4 |
| 荷兰 | 1981 | 5548 | 18.0 | 2.4 | 17.2 | 5.0 | 27.0 |
| 挪威 | 1984 | 1970 | 20.9 | 6.4 | 10.8 | 7.0 | 31.3 |
| 西德 | 1984 | 26608 | 15.0 | 3.8 | 18.8 | 7.0 | 31.3 |
| 意大利 | 1981 | 22350 | 11.6 | 16.2 | 9.7 | 9.4 | 20.9 |
| 日本 | 1984 | 57660 | 9.2 | 3.7 | 17.7 | 8.7 | 36.7 |

① S. N. Nadel, *Contemporary Capitalism and the Middle Classes*. New York: International Publication. 1982. p.34.

续表

| 国别 | 时间 | 总数（千） | 自由职业者（%） | 经理（%） | 职员（%） | 农业经营者等（%） | 生产者（%） |
|------|------|-----------|----------------|----------|----------|------------------|------------|
| 匈牙利 | 1980 | 5069 | 14.7 | 0.7 | 12.1 | 10.0 | 50.6 |
| 西班牙 | 1984 | 10274 | 8.5 | 1.6 | 11.2 | 5.4 | 34.5 |
| 爱尔兰 | 1983 | 1309 | 14.2 | 2.3 | 14.1 | 14.9 | 30.2 |
| 保加利亚 | 1982 | 4479 | 17.3 | 2.2 | 8.0 | 19.7 | 41.7 |
| 波兰 | 1978 | 17962 | 11.0 | 1.5 | 13.9 | 26.7 | 37.4 |
| 葡萄牙 | 1984 | 4095 | 7.4 | 1.3 | 12.4 | 23.5 | 32.6 |
| 南斯拉夫 | 1981 | 9359 | 9.9 | 1.6 | 9.5 | 26.9 | 31.5 |
| 希腊 | 1983 | 3808 | 9.3 | 1.6 | 8.4 | 27.6 | 28.0 |
| 埃及 | 1982 | 10115 | 11.2 | 2.0 | 8.6 | 38.3 | 24.4 |

引自盖伊·劳思：《大不列颠公民的职业，1801—1981年》，第86页。

他指出，随着合股公司的成长，产生了一种作用变异过程，一般的资本家分为股东和经理两大范畴，它造成了临时统一在资本主义社会中的两种形式的"财产"的进一步分离。经理的行政权并没有以财产权为基础，合股公司发展的结果是统一的"资本家阶级"的碎裂。[①]

**表11　1970年前后各国六个群体劳动力分配的百分比**

| 国别 | 职业人士和技术人员等 | 管理人员和经理 | 职员等 | 销售人员 | 农场主等 | 其他 |
|------|---------------------|--------------|--------|----------|----------|------|
| 捷克斯洛伐克（1970） | 19.4 | 2.4 | 7.4 | 7.0 | 12.0 | 51.8 |
| 瑞典（1970） | 19.2 | 2.3 | 17.1 | 9.0 | 8.0 | 44.4 |
| 新西兰（1976） | 19.4 | 3.4 | 16.2 | 10.0 | 10.2 | 45.8 |
| 美国（1970） | 13.8 | 7.8 | 16.8 | 6.6 | 2.9 | 52.1 |

---

[①] Ralf Dahrendorf, *Class and Class Conflict in Industrial Society.* Stanford: Stanford University Press, 1959. p.275.

| 国别 | 职业人士和技术人员等 | 管理人员和经理 | 职员等 | 销售人员 | 农场主等 | 其他 |
|---|---|---|---|---|---|---|
| 加拿大（1971） | 12.4 | 4.2 | 15.6 | 9.3 | 6.9 | 51.6 |
| 法国（1968） | 11.4 | 2.7 | 11.7 | 7.6 | 15.3 | 51.3 |
| 英国（1971） | 11.1 | 3.7 | 17.9 | 9.0 | 3.0 | 53.3 |
| 苏联（1970） | 10.4 | | 11.8 | 7.0 | 25.6 | 45.2 |
| 澳大利亚（1971） | 10.1 | 6.5 | 15.6 | 7.9 | 7.6 | 52.3 |
| 联邦德国（1970） | 9.8 | 2.2 | 17.5 | 8.9 | 7.6 | 54.0 |
| 阿根廷（1970） | 7.5 | 1.5 | 11.4 | 11.9 | 14.4 | 53.3 |
| 日本（1970） | 6.6 | 3.9 | 13.8 | 11.8 | 18.9 | 45.0 |
| 巴西（1970） | 4.8 | 1.7 | 5.3 | 7.4 | 44.0 | 36.8 |
| 埃及（1966） | 4.4 | 1.6 | 5.0 | 5.8 | 45.6 | 37.6 |
| 印度（1971） | 2.7 | 0.7 | 3.0 | 4.2 | 72.0 | 17.4 |

# 第二章
# 大资产阶级

　　资本家阶级或者说资产阶级处于当代西方资本主义社会的上层，他们是由资本主义社会中那些真正在经济上拥有生产资料的人、或者说有权拥有产品的人组成的。有的学者将资本家阶级划为五种人。第一种人是对生产资料拥有法律上的权利，并且由他们自己经营生产的人。这些人拥有经济所有权，并且日复一日地在日常工作中控制着生产过程。第二种人在法律上拥有经济权利，但他们并不实际控制企业，而是雇佣其他人去经营他们的企业，他们只在企业经营出了问题，或是他们与经营者发生根本分歧时才出面进行干预。第三种人拥有对财产的部分法律权利，但是由于公司的股份极其分散，他们拥有的股份有限，因此不能对企业实施真正的经济所有权，这些人倾向于按照自己的股份收入红利，并通过买卖股票来增加其资本。这部分资产阶级属于闲暇阶级，他们的主要力量在股票市场，以此来影响公司的决定。第四种人是高级总经理，也包括大股份公司最高层的经理。他们在法律上不拥有对企业的权利，因此也无法把自己的权利传给他们的继承者，或者把他们的位置出售给其他人。但是，由于公司的股份极其分散，他们通过自己掌握的管理经营权而取得对公司一定程度的自行裁决权即相对自主权，并且拥有部分经济所有权。第五种人是国家资本家，他们处在国家所有的企业行政管理的顶层，他们的顶头上司是国家，不会因为公众不同意他们的政策而被调离这个位置。从本质上说，他们对这样的国有企业似乎已拥有所有权。当然他们也可能从这个企业被调到那个企业。以上五种人属于大资产阶级。[①]这一章仅就这些大资产阶级进行叙述。至于经理阶层及城乡较小的业主，则在以后几章中加以叙述。

在西方社会，存在着一个占人口比例很小的大资产阶级，他们手中汇聚了大量财富。在美国，占全部居民人数1%的高层富豪，占据了社会总财富相当大的份额。1922年，美国这部分富豪为65.1万人，他们占有财产总额的32%；1929年，这部分富豪为74.4万人，他们占有财产总额的38%；1939年，这部分富豪为85.5万人，他们占有财产总额的33%；1945年，这部分富豪为92.9万人，他们占有财产总额的26%；1949年，这部分富豪为98万人，他们占有全部财富的22%；1953年，这部分富豪为103万人，他们占有财富总额的25%。而在这个占人口1%的富豪集团之中，最上层的11%的富豪约占有这部分财富的45%。[②]这表明，美国的财富高度集中在少数大资产阶级手中。

美国兰普曼研究报告指出，1953年美国的百万富豪有2.7万人，1962年12月31日，百万富豪的人数为8万余人，而拥有财产在50万美元及以上的家庭为20万户，他们占有财富总额的22%，占全国投资财

① Albert Szymanski, *Class Structure: A Critical Perspective*. New York: Praeger, 1983. p.124.

② ［美］菲迪南德·伦德伯格：《富豪和超级富豪——现代金钱权势的研究》，山西大学编译室、蔡受百、姚曾廙译，商务印书馆1993年版，第11页。

产的32%以及各种财产（主要为信托基金）的75%。家产在20万美元至50万美元之间的有50万户，他们占有投资财产的22%。家产在10万美元至20万美元的为70万户，他们占有投资财产的11%。[1]科尔科指出，自第二次世界大战以来，全国1/10的人口平均拥有2/3的流动资产。[2]

在这个百万富豪集团的顶端有一批巨富。他们中有些人是第二次世界大战以后新兴的富豪。1957年洛杉矶的保罗·蒂格从事的石油公司联营组织，财产净值在7亿至10亿美元之间。达拉斯从事石油经营的H·L·亨特，财产净值在4亿至7亿美元之间。阿瑟·维宁·戴维斯也拥有4亿至7亿美元。波士顿的市场经纪人约瑟夫·P·肯尼迪、纽约的船舶经营者丹尼尔·K·路德维格、石油经营者锡德·理查逊和纽约通用汽车公司的小艾尔弗雷德·P·斯隆，都拥有2亿至4亿美元。拥有1亿至2亿美元财产的有休斯敦的石油经营者詹姆斯·艾伯克龙比、旧金山从事公共工程的斯蒂芬·比奇特尔、达拉斯从事铁道转运与航空运输的威廉·布莱克利、巴尔的摩经营石油公司联盟组织的雅各布·布劳斯坦、纽约投资银行家克拉伦斯·狄龙、洛杉矶的石油经营者威廉·凯克、圣保罗经营明尼苏达采矿与制造公司的威廉·L·麦克夸特、休斯敦的石油经营者威廉·梅科姆和达拉斯的石油经营者默奇森等。[3]

---

① ［美］菲迪南德·伦德伯格：《富豪和超级富豪——现代金钱权势的研究》，山西大学编译室、蔡受百、姚曾廙译，商务印书馆1993年版，第17—18页。

② ［美］菲迪南德·伦德伯格：《富豪与超级富豪——现代金钱权势的研究》，山西大学编译室、蔡受百、姚曾廙译，商务印书馆1993年版，第21页。

③ ［美］菲迪南德·伦德伯格：《富豪和超级富豪——现代金钱权势的研究》，山西大学编译室、蔡受百、姚曾廙译，商务印书馆1993年版，第46—47页附表。

美国的大富豪中有一批是继承了前人的财产而致富的，如格蒂石油公司的经理保罗·蒂格，拥有的财产净值在7亿至10亿美元；艾萨尔·梅隆、保罗·梅隆、理查德·梅隆和萨拉·梅隆拥有的财产均在4亿至7亿美元之间。小约翰·洛克菲勒也拥有4亿至7亿美元。艾琳·杜邦、威廉·杜邦、弗里德里克·格斯特夫人和霍华德·休斯各拥有2亿到4亿美元财产。拥有财产在1亿到2亿的有杜邦公司和通用汽车公司的经理拉莫特·杜邦·科普兰、艾尔弗雷德·杜邦夫人、艾德塞克·福特夫人、多尔斯杜克、小阿瑟·A·霍顿、戴维·洛克菲勒等人。[①]

现在人们一般较为强调资本主义大公司股权分散的特征，认为公司已被作为股东的广大市民共同所有。其实，现在仍有一批大公司的所有权和控制权集中在大家族手中。在这类公司中，广大股东所占的股份份额很低。在美国，由一个家族凭借多数所有权进行控制的公司不在少数。例如，多兰斯家族控制了坎贝尔肉羹公司，该家族拥有公司100%的所有权；杜克家族控制了杜克电力公司82%的所有权；福特家族拥有福特汽车公司100%的所有权；哈特福特家族拥有太平洋茶叶公司100%的所有权；詹姆斯拥有西太平洋铁路公司61.18%的所有权；克雷斯家族拥有S·H·克雷斯公司79%的所有权；梅隆家族拥有海湾石油公司69.5%的所有权，拥有科珀斯联合公司的52%的所有权，拥有匹兹堡煤矿公司50.9%的所有权；皮尤家族拥有太阳石油公司69%的所有权。[②]这些大公司的所有权都实现了高度集中。

---

① ［美］菲迪南德·伦德伯格：《富豪和超级富豪——现代金钱权势的研究》，山西大学编译室、蔡受百、姚曾廙译，商务印书馆1993年版，第139—140页。

② ［美］菲迪南德·伦德伯格：《富豪和超级富豪——现代金钱权势的研究》，山西大学编译室、蔡受百、姚曾廙译，商务印书馆1993年版，第204页附表。

　　还有一批大资产者通过拥有一个公司30%至50%的股份而控制了公司。例如，杜邦家族控制了杜邦公司44%的股份，梅隆家族拥有美国铝业公司34.4%的所有权和匹兹堡煤业公司50.9%的股份。卡达希家族拥有卡达希公司48.7%的所有权。迪尔家族控制了迪尔公司34.12%的股份。皮特凯恩家族控制了匹兹堡平板玻璃公司35.4%的股份。斯特劳斯控制了梅西公司38.67%的股份。克雷斯吉家族控制了S·S·克雷斯公司44.24%的股份。[1]他们通过拥有虽不超过50%但仍相当可观的股份，控制了这些公司。

　　希恩就美国的情况指出，在500家最大的工业股份公司中，估计有150家公司目前属于巨富企业，它们的所有权为一个人或一个家族成员所控制。[2]

　　尽管当代西方资本主义国家中拥有所有权的资产阶级大业主依然存在，但是，这个阶层已出现了衰落的迹象。他们中有一些已从工业社会中消失，而他们中的大多数在其经营规模和权力两个方面都有所衰退。在美国，财产的所有权与控制权日渐分离。从几乎控制全国公司财产一半的最大的200家公司来看，44%是由经理控制而不是由所有者控制。而在这44%的公司中，经理控制了这些公司资产的58%。所有权的分散使得唯有经理能控制公司的资源，其他任何人要想把股东组织起来都很困难。在美国大多数大公司中，代表所有者的大公司董事会已放弃了自己积极参与决策的作用。董事们往往只是提出建议，真正的决策工作主要由总经理们自己来承担，而这是领导的实质

　　① ［美］菲迪南德·伦德伯格：《富豪和超级富豪——现代金钱权势的研究》，山西大学编译室、蔡受百、姚曾廙译，商务印书馆1993年版，第206页。
　　② ［英］拉尔夫·密里本德：《资本主义社会的国家》，沈汉、陈祖洲、蔡玲译，商务印书馆1997年版，第34页。

功能。董事会的领导作用在削弱。[①]

拥有所有权的董事会领导功能的削弱，有着公司运转机制方面的内在原因。现代资本主义大公司的经济活动和机构运转的复杂性日益增大，管理一个大公司要求很高，需要管理人员全天工作。大多数所有者和董事不愿意也无法把自己的全部注意力投入公司的工作，其结果是他们最终无法控制公司，而这个权力落到能够专心致志全天从事公司管理工作的人员即经理手中。

拥有所有权的资产者的衰落有多种表现。1870年，美国的业主占劳动力的11.4%，1954年下降到6%。从1950到1960年的10年间，在建筑业、制造业、交通、通讯、公用事业、批发和零售商业、银行和财政、保险等行业中，自我雇佣的业主从220万人下降到170万人，从占劳动力的5.2%下降到2.9%。在英国的私人工业中，从1921到1951年，雇主在男性劳动力中所占的比例从5%下降为3%。经理们在大公司的控制机构中，占据几乎一半的席位，而重要的股东在大公司的控制机构中只占不到20%的席位。只有那些同时兼任总经理和董事，或者既是大股东又是董事的人，才能在公司政策的制定中起主导作用，而其他董事就不那么重要了。

拥有所有权的大资产阶级衰落的另一个表现是，英国、法国、西德和比利时这些资本主义国家中，由家族所有和管理的公司前景看来黯淡，许多家族公司在解决公司后继者问题上无能为力。有能力和精力领导公司的老一辈资产者，往往无法保证自己的儿子也具备领导公司的能力和精力。此外，多个后继者在公司政策上的意见分歧也不利

---

① ［美］格尔哈斯·伦斯基：《权力与特权：社会分层的理论》，关信平、陈宗显、谢晋宇译，浙江人民出版1988年版，第361—362页。

于后继者用家族式的方式来领导公司。一位研究者指出，几乎没有一个家族能够连续三代推出有能力管理企业并与对手竞争的业主。①

表12　20世纪20—70年代美国最富有的1%的人口拥有的财富占国民
总财富的百分比

| 年份 | 百分比 | 年份 | 百分比 |
|------|--------|------|--------|
| 1922 | 31.6 | 1954 | 24.0 |
| 1929 | 36.3 | 1956 | 23.8 |
| 1933 | 28.3 | 1958 | 23.4 |
| 1939 | 30.6 | 1969 | 20.1 |
| 1945 | 23.3 | 1972 | 20.7 |
| 1949 | 20.8 | | |

引自鲁宾斯坦：《英国的财富与不平等》，伦敦—波士顿1986年版，第147页表17。

根据美国经济学家罗伯特·L·兰普曼和詹姆斯·D·史密斯的研究分析，美国最富有的1%的人口拥有的财富在国民总财富中占的比例，从20世纪初到70年代初呈现下降趋势。

这一数据表明，在1929年大萧条以后，美国少数富人对财富的集聚程度再也没有达到1929年的水准。而在第二次世界大战期间，财富的集中化程度一再衰落，而到20世纪50年代有所回升。但在20世纪50年代以后又些许下降。这些数据表明，在美国大资产阶级内部，财富的分配发生着潜在的变化。关于英国财富分配的情况，阿特金森和哈内森根据遗嘱的记载，对英国1924年至1973年财富在各部分人群中的分配情况，制作了如下研究表格：

①　［美］格尔哈斯·伦斯基：《权力与特权：社会分层的理论》，关信平、陈宗显、谢晋宇译，浙江人民出版社1988年版，第361—364页。

表13　1924—1973年英国财富在各部分人群中的分配比例

| | 1924—1930 | 1936 | 1951—1956 | 1960 | 1965 | 1970 | 1973 |
|---|---|---|---|---|---|---|---|
| 上层1% | 57.7 | 53.0 | 40.9 | 35.1 | 31.9 | 28.2 | 27.4 |
| 上层5% | 80.1 | 77.0 | 66.7 | 60.9 | 56.8 | 54.0 | 51.9 |
| 上层10% | 87.9 | 86.0 | 77.6 | 73.4 | 70.3 | 65.4 | 64.1 |
| 上层20% | 93.6 | 92.0 | 83.6 | 85.0 | 85.4 | 81.5 | – |
| 下层80% | 6.4 | 7.8 | 16.4 | 15.0 | 14.6 | 18.5 | – |

这张表格明显反映出，从20世纪20年代以来，占成年人口1%的英国最富有的大资产者和占成年人口5%的大资产者群体拥有的财富在总财富中的比例明显下降，而中、下等富有者拥有的财富比例在上升。

在大资本家阶层之下，还有中等资产阶级，他们也拥有相当的经济权力，但他们的经济势力尚未大到足以影响整个经济的程度。他们虽然无法在全国范围内产生影响，但对所在地区的经济仍有一定控制力。这类资本家的财产大约在几百万到一亿美元之间。垄断资本家仍然给中小资本家留下适当的活动范围，而中小资产阶级则要通过竞争来取得其活动领域和一定的、然而是有限的利益。中等资产阶级通常采用一些有风险的新技术和新生产方式，从事由于市场波动而有相当冒险成分的劳动密集性行业（如纺织业、建筑公司、大的蔬菜和果品农场）的经营。

# 第三章
## 经理阶层

资本主义生产规模的扩大，使得企业采取了股份制大公司的形式，导致了经理阶层的兴起。这是20世纪西方资本主义社会存在的普遍现象，实际上，它在近代工业革命结束后几十年间资本主义经济发展的过程中早已表现出来。马克思在19世纪60年代写作《资本论》第二、三卷初稿时，已敏锐地注意到这个现象，并且清晰地作出了最初的评述。他说：

> 凡是直接生产过程具有社会结合过程的形态，而不是表现为独立生产者的孤立劳动的地方，都必然会产生监督劳动和指挥劳动。①

> 监督和指挥的劳动，只要由对立的性质，由资本对劳动的统治产生，因而为一切以阶级对立为基础的生产方式和资本主义方式所共有，那么，在资本主义制度下，这种劳动也是直接地和不可分离地同由一些结合的社会劳动交给单个人作为特殊劳动去完

---

① ［英］马克思：《资本论》第三卷上册，中共中央马克思、恩格斯、列宁、斯大林著作编译局译，人民出版社1975年版，第431页。

成的生产职能结合在一起的。①

资本主义生产本身已经使那种完全同资本所有权分离的指挥劳动比比皆是。因此，这种指挥劳动就无须资本家亲自担任了。一个乐队指挥完全不必就是乐队的乐器的所有者；如何处理其他演奏者的"工资"问题，也不是他这个乐队指挥职能范围以内的事情。合作工厂提供了一个实例，证明资本家作为生产上的管理人员已经成为多余的了，就像资本家本人发展到最高阶级，认为大地主是多余的一样。②

商业经理和产业经理的管理工资，在工人的合作工厂和资本主义的股份企业中，都是完全同企业主收入分开的。在其他场合偶然出现的管理工资同企业主收入的分离，在这里则是经常的现象。在合作工厂中，监督劳动的对立性质消失了，因为经理由工人支付报酬，他不再代表资本而同工人相对立。与信用事业一起发展的股份企业，一般地说也有一种趋势，就是使这种管理劳动作为一种职能越来越同自有资本或借入资本的所有权相分离，这完全像司法职能和行政职能随着资产阶级社会的发展，同土地所有权相分离一样，而在封建时代，这些职能却是土地所有权的属性。但是另一方面，因为执行职能的资本家同资本的单纯所有者即货币资本家相对立，并且随着信用的发展，这种货币资本本身取得了一种社会的性质，集中于银行，并且由银行贷出而不是再由它的直接所有者贷出；另一方面，又因为那些不能在任何名义

---

① ［英］马克思：《资本论》第三卷上册，中共中央马克思、恩格斯、列宁、斯大林著作编译局译，人民出版社1975年版，第434页。

② ［英］马克思：《资本论》第三卷上册，中共中央马克思、恩格斯、列宁、斯大林著作编译局译，人民出版社1975年版，第435页。

下，即不能用借贷也不能用别的方式占有资本的单纯的经理，执行着一切应由执行职能的资本家自己担任的现实的职能，所以，留下来的只有管理人员，资本家则作为多余的人从生产过程中消失了。[①]

马克思在这里指出，经理集团是在资本主义生产规模扩大的过程中，自然而然地产生的一个管理者阶层，这个阶层一般说来不直接或全部地拥有生产资料所有权，从经理在分配方式中的地位来说，这个集团是同所有者资产阶级相区分开的，但这个集团却是资本主义生产经营过程中一个重要的组成部分。它在生产关系中的位置，处于所有者资本家和工人之间。而到了20世纪当代发达资本主义条件下，经理阶层的作用和地位引起了人们极大的注意。

经理阶层的兴起，其实是资本主义生产规模扩大后，管理制度变化和发展的直接结果。这里需要回溯一下这种管理制度形成的过程。

在工厂制度确立和发展起来后，在英国，资本家一度把车间的控制和组织生产的工作交给半独立的分包人。在美国，资本家则把对工作场所的控制交给了内部承包人。在19世纪六七十年代，内部承包制成为组织和控制劳动过程最重要的方式。内部承包人与生产某种产品的公司谈判和确定价格，然后，内部承包人确定工人的工资，雇佣一些雇员，规定劳动纪律。内部承包人还控制生产方式，包括引进技术进行革新。但这些承包人仍然是公司的雇员，他们使用公司的机器、设备和原材料，并把全部产品出售给公司。在这种生产组织中，内包人是工人的真正控制者，但他们当时还没有设立

---

① ［英］马克思：《资本论》第三卷上册，中共中央马克思、恩格斯、列宁、斯大林著作编译局译，人民出版社1975年版，第436页。

管理组织来仔细地监视工人的生产工作。这便是19世纪中期美国一些最大的、技术最发达的工厂中的情况，包括1879年生产50万台缝纫机的辛格勒缝纫机公司，它内部也采取这种组织形式，在日复一日经营工厂的过程中，除了内部承包人外，还出现了工头。直到19世纪80年代，工厂规模一般来说尚不算太大，这种生产体制没有发生大的变动。

19世纪末，随着工厂规模的扩大，对工作场所的控制成为一个至关重要的问题。在这个时期，出现了公司控制众多工厂的生产活动的现象。这促使重新建立分层管理企业的管理方法。19世纪80年代，美国出现了最初的大股份公司。随后10年间，股份公司这种组织形式日渐普遍，形成了一股建立大股份公司的新浪潮。像美国钢铁公司、美国烟草公司和国际收割机公司都是在这个时期建立的。到1899年，美国已经有1028个托拉斯。但当时只有少数托拉斯成功了，而多数托拉斯则失败了。一些股份公司失败的原因在于没有建立经理制度来指导和控制生产活动，因此无法最大限度地利用大股份公司的经济优势和拥有的资源。[1]

在资本主义大公司规模生产发展起来以后，新的管理组织形式便应运而生。这些企业承担了繁重的、大量的生产和分配的工作，因此必须雇佣众多的中层经理，由他们来承担分散在全国甚至全世界的生产、销售和采购等工作，由此产生的支薪的经理便成为新的中层管理的先驱者。下面通过一些个案来加以说明。

1885年以前，杜克的烟草企业是单功能的企业，他的四家竞争对

---

① Bob Carter, *Capitalism, Class Conflict and the New Middle Class*. London: Routledge&Kegan Paul, 1985. pp.87—91.

手也是单功能的制造企业。1890年，这五家烟草公司合并为美国烟草公司。在此后的1893年至1895年间，其他四家公司也并入这个公司。合并后的美国烟草公司由公司总部管理，下设烟叶、制造、销售、采购、审计等部门；各地区则设公司的办事处。各部门和每个办事处均聘用经理负责管理。如审计部门的中层经理对不同工厂的成本进行比较，评估不同工厂的效益，决定各种牌号的产品由哪家工厂生产较为有利。这个公司的中层经理及其属员们集中在纽约的公司办公大楼，他们形成了这个联合企业的核心。这批支薪的经理不仅要对其管辖的各种职能活动进行监督、评估和协调，还要协调该部门和其他部门之间的工作。中层经理高效率的管理使其利润极其可观，香烟产品的价格也下降了。[①]

19世纪90年代，美国的可口可乐公司、里格利的口香糖公司和弗莱希曼的发酵粉公司也是相似的情况。这些公司拥有遍布各地的采购部门、全球性的销售组织，集中在几个大工厂进行生产。中层经理在办公室中起着和美国烟草公司中的中层经理同样的作用。但当时这些公司的高层管理还不是由经理们来承担，而是由公司的创业者、合伙人及其后裔来掌握，公司上层仍带有家族式领导的特征。[②]这是经理兴起初期的现象。

麦考米克收割机公司也是这种情况。到1881年时，公司用经理取代了中西部和平原区各州的独立的批发代理商。1885年该公司在国内其他地区也设立了经理。到20世纪初，麦考米克公司在美国设立了65

---

① ［美］小艾尔弗雷德·D.钱德勒：《看得见的手：美国企业的管理革命》，重武译，商务印书馆1994年版，第447—452、456页。

② ［美］小艾尔弗雷德·D.钱德勒：《看得见的手：美国企业的管理革命》，重武译，商务印书馆1994年版，第457页。

个地区办事处，在加拿大设立了6个地区办事处，实行了两级经理管理。这样，该公司的销售工作加强了，它促进了公司生产的发展，从1880年到1884年，公司的收割机产量便从2万台增加到5.5万台。19世纪90年代在芝加哥麦考米克公司办公大楼中，聚集着它雇佣的大批中层经理。但是，在麦考米克收割机公司中，麦考米克家族拥有全部股票，最高层主管仍然由麦考米克家族人士担任。[①]

随着资本主义的发展，在经过合并形成的工业企业中，具有不同背景的人士进入高层管理的队伍中。在新的合并企业中，一个家族或单一的合伙人集团无法拥有全部具有投票权的股份，股份被分散了。在公司合并的过程中，管理进一步集中化，各部门纵向结合，专门的部门组织的建立，促使高层经理发挥其作用。在管理集中化和纵向结合完成后，管理权和所有权之间的分离就扩大了。广泛拥有股票的分散的所有者很少有机会参加任何一级的决策，而经理中只有少数人拥有大量的、具有投票权的股份。[②]

通用电气公司是由高层经理来进行现代工业管理的早期成功的范例。通用电气公司成立于1892年11月，系由两家电器制造商公司合并而成。它的董事会执行委员会是最高决策机构，但这个机构不同于其他托拉斯，它完全是由外界人士控制的。几乎从建立的第一天起，通用电器公司的主要决策人就不是董事，甚至不是担任执委会成员的董事，而是领导各部门的专职的、支薪的经理。高层的支薪经理和执委会成员在行使职权时，得到相当一批财务人员和咨询人员的协助。在

---

① ［美］小艾尔弗雷德·D.钱德勒：《看得见的手：美国企业的管理革命》，重武译，商务印书馆1994年版，第475—478页。

② ［美］小艾尔弗雷德·D.钱德勒：《看得见的手：美国企业的管理革命》，重武译，商务印书馆1994年版，第488页。

通用电器公司中，由专职的支薪人员行使高层管理的职能，但董事会仍由外部金融家所控制。这种管理结构已具有现代方式。经理阶层正是从这种类型的公司中应运而生。[①]

随着大工业企业中经理人员的逐渐职业化，在20世纪初的美国，经理的职业团体纷纷成立，专业性刊物也开始出版。铁路公司审计部门和会计部门的经理在19世纪80年代成立了他们的全国性协会。1899年成立了美国工业管理协会。1911年成立了管理科学促进协会，这个协会后来更名为泰勒协会。第一次世界大战后不久，于1911年成立了行政管理协会。1916年，《工业新闻》改名为《工业管理》，成为讨论一般管理问题的主要期刊。1925年成立了美国管理协会，它成为美国高层和中层管理人员的职业性组织。[②]

但是，到20世纪初，规模日益扩大的公司仍然主要是由所有者控制。而且，这种股份公司采取了对职能部门集中化的管理。这种管理方式有其优点，也有明显的缺点。重要的决策权掌握在少数人手中，他们往往知识有限，管理热情也不够。公司能否成功只能依赖寡头决策的质量。当市场较为稳定，不需要随时改变决策的时候，这种制度的缺点尚不易察觉。但是，到了第一次世界大战以后，条件发生了变化，经济不断发生激烈动荡之时，这种由寡头集中化的管理极易导致失去机会。

为了克服由于公司管理权过于集中化带来的问题，到1917年，许多公司开始建立半自主的分支以协调商品的流通。公司设立了上层经

---

① ［美］小艾尔弗雷德·D.钱德勒：《看得见的手：美国企业的管理革命》，重武译，商务印书馆1994年版，第507—510页。
② ［美］小艾尔弗雷德·D.钱德勒：《看得见的手：美国企业的管理革命》，重武译，商务印书馆1994年版，第547—550页。

理和大量的分支经理，例如通用电器公司和杜邦公司便是这样。总公司的上层经理负责监督控制各个分支的工作，而日常的管理工作落到了分支经理身上，公司的政策由管理整个企业的总董事会来制定。到第一次世界大战时，还只是为数不多的公司采取这种模式，而到了1929年大萧条时期，这种管理方式已得到推广。第二次世界大战后则迅速发展。美国大多数复杂的、形形色色的公司采取了这种由经理管理分支的形式。[1]

一般说来，伴随着现代股份制的发展，工业革命前那种个体手工业者或手工工场主拥有并行使完全的所有权的现象消失了。随着生产规模的扩大，所有者仍然拥有对公司的权力和公司的利益。但是，一些管理功能交给被雇佣的经理。在这种职能分离之后，所有者仍拥有在公司中至高无上的地位，而经理则根据所有者的利益和意志来管理和操作整个企业。这时，所有者的功能主要是对企业的控制。[2]而公司所有的股东便构成了公司的所有者。但由于公司的所有权变得越来越分散，拥有少量股份的单个股东是无法实际上控制公司，公司越来越不为少数人控制，即不参加管理的、拥有不多的公司财富即所有权的人，不再有明确的对公司的控制权，而一些往往没有所有权的经理对公司财产却拥有了控制权。这种在西方大公司发展过程中，对财产没有明确的所有权控制，以及没有所有权却对财富有控制权的情况是必然的结果。脱离所有权的控制是公司体制具有特征的产物。在西方各国，对一个股份公司的实际活动的指导，是通过董事会实施的。这

---

① Bob Carter, *Capitalism, Class Conflict and the New Middle Class*. London: Routledge&Kegan Paul. 1985, pp.92—93.

② Adolf A. Berle and Gardiner C.Means, *The Modern Corporation and Private Property*. New York: Macmillian, 1944. p.120.

意味着对公司实际意图的控制落到一群有权选举董事会的人手中。对公司的控制当然有不同的形式，可以通过完全的所有权控制公司，可以通过占有多数股份控制公司，也可以拥有少数股份便控制公司，当然还有由经理来控制公司。

由经理控制一个公司，发生在所有权极度分散，没有一个人或一个小团体、或是少数人的利益强大到足以统辖公司事务的情况。例如，在美国，常常有些公司的最大股东只拥有1%以下的股票，以致没有哪个股东能够凭借他拥有的股本对经理施加大的压力或者使自己成为股民的核心。宾夕法尼亚铁路公司便是一个例子。它最大的股东拥有39350股，占全部发行股份的0.34%；第二大股东拥有23738股，占全部发行股份的0.20%；再以下三个股东分别拥有0.19%、0.15%和0.14%的股份。很显然，没有哪个股东拥有的资本足以控制整个宾夕法尼亚铁路公司。在这种情况下，由选出的董事会来控制公司，而董事会的选举通过代理委员会来进行，而代理委员会实际上是现任经理指定的。所以，经理便在对公司的控制管理中起了最主要的作用。当然，这种控制与经理拥有多少股份无关。[1]

宾夕法尼亚大学的爱德华·赫尔曼通过研究指出，100家最大的工业公司中，有64家由被雇佣的经理控制着，另外14家公司由经理和董事会以外的人员联合控制着，仅有22家公司是由所有者来控制的。一些曾被某些家族或投资者群体控制的公司现在被公司上层职员控制了，而这些人不一定是大宗公司股票的所有者，他们通常是通过工作

---

[1] Adolf A. Berle and Gardiner C.Means, *The Modern Corporation and Private Property*. New York: Macmillian, 1944. pp.70—87.

实绩逐渐上升的人士。[①]

在资本主义现代工业社会中，经理集团能够迅速地扩大自己的权力使其地位上升。经理集团的地位能够上升的最重要的原因是在现代大规模经济组织结构中，管理者处于一种战略地位或中枢位置。各种讯息汇集到经理那里，他们能够最迅速地接通和掌握关键性的信息资料，能够利用这些信息去对付资产的所有者和对制定政策有影响的官员，这对于他们争夺权利和利益的斗争资源价值极大。经理们凭借管理公司经济活动的知识和经验的积累，久而久之便成为公司运行的实际控制者，他们很快便获得有决定性作用的自主决定权，不再是股东的工具，而反过来把董事会当作管理权的附属物。他们能够制定某种关于补贴的规定，为自己提供优厚的报酬。这样，公司的管理权和控制权又帮助他们增加了自己的财产。当然，经理在这样做的时候也受到一些因素的限制，譬如要考虑公司内部有多少资源可为他们利用，其次，要考虑到这样做不至于损害公司的声誉，还要注意自己的获利不要太过分，否则会引起大量股东的反对和抵制。

随着经理阶层在资本主义生产关系中地位的上升，经理的收入和实际经济地位也在迅速上升。大量证据表明，私人企业的管理者很容易并且必然拥有庞大的财产，他们通过自己的工资收入，再加上股票买卖权、附加的优惠，以及现有财产的利息和利润，很容易使自己的财产成倍增长。[②]1950年，针对美国428家最大的非财政性公司的首脑官员所进行的一项调查表明，40%的公司首脑年工资和其他现金收入

---

① ［美］丹尼斯·吉尔伯特、约瑟夫·A.卡尔：《美国阶级结构》，彭华民、齐善鸿等译，中国社会科学出版社1992年版，第266页。

② ［美］格尔哈斯·伦斯基：《权力与特权：社会分层的理论》，关信平、陈宗显、谢晋宇译，浙江人民出版社1988年版，第372—378页。

超过10万美元，84%的人年收入超过5万美元。这些数字显然远远低于这些经理的实际收入，有大量酬劳还未包括在上述统计之内，像俱乐部的会员资格、娱乐应付的开销、夫人们旅行之类的花费以及股票买卖权带来的利益等。这些人中有70%的人收入高于美国总统。1950年对大公司进行了更大范围的调查，调查涉及了3000家公共所有的公司中的937家总经理的收入情况。调查结果表明，这些大公司总经理收入的平均值为每年6.8万美元，其中抽样的50%年收入在4.6万到10万美元之间。1960年对美国经理的年度调查涉及到605家名列前茅的公司，调查表明，在净销售额为3000万美元的公司中，总经理的年均现金收入为6.1万美元；在净销售额为1亿美元的公司中，总经理的平均年收入为8.8万美元；在净销售额为4亿美元的公司中，总经理的年均收入为13.3万美元。1961年的调查表明，净销售额为10亿美元的公司中，总经理的年均收入为25万美元；净销售额为100亿美元的公司中，总经理的年均收入超过了40万美元。这些数字当然还不包括股票买卖权和其他附带的利益。比总经理地位稍低的高层管理者也拥有丰厚的收入。[1]科尔柯写道，在美国，"经理阶层在拥有股份的人士中是最大的单独的群体，这个阶层中有很大一部分人拥有的股票比其他任何人都要多"[2]。1957年初，通用汽车公司的25名官员平均每人拥有1.15万份股份。[3]高工资是上层经理共同的特点，他们事实上领取很

---

[1] ［美］格尔哈斯·伦斯基：《权力与特权：社会分层的理论》，关信平、陈宗显、谢晋宇译，浙江人民出版社1988年版，第367—368页。

[2] Gabriel Kolko, *Wealth and Power in America: An Analysis of Social Class and Income Distribution*. New York: Frederick A. Praeger, 1962. p.26.

[3] Gabriel Kolko, *Wealth and Power in America: An Analysis of Social Class and Income Distribution*. New York: Frederick A. Praeger, 1962. p.65.

高的工资。"那些首屈一指的大公司经理的年工资超过25万美元完全是常见的现象，拥有极高工资者并不十分罕见，这还不包括足以保证总经理收入翻番的股票红利和减价购买股票的特权。"①1963年对美国最大的50家工业股份公司最上层的5名经理拥有的股份的研究表明，平均每个经理拥有该公司240万美元的股本，他们的年收入大部分来自股票收入而不是其他固定的收入。从1960年到1963年，250名高级经理直接从股份中获得的收入相当于固定工资加上奖金的4.3倍。②1980年有69个大经理的工资和利息收入在100万美元以上。销售额在50亿美元的大股份公司的大经理们的平均工资和红利为58.9万美元。③美国《财富》杂志在1976年进行的一项调查表明，在800个最大的工业、零售和金融公司中，75%的总经理在他们自己的公司中至少拥有10万美元的股票，30%的总经理至少拥有100万美元以上的股票。1985年对上述部门652家最大公司的经理的报酬进行的调查表明，总经理的平均报酬已超过50万美元，有133位总经理得到了100万美元以上的报酬，他们收入的大部分是以红利形式取得的。④研究者排出了1980年美国10个收入最高的大股份公司经理的收入。托马斯·皮肯斯总收入为786.6万美元，乔治·沙尔芬·维邦尔总收入为516.6万美元，罗伯特·夏皮总收入为470.6万美元，瓦尔特·桑德斯总收入为428.1万美元，米尔顿·罗森萨尔总收入为400万美元，克利夫顿·加文为334.8万美元，弗里德·哈特利为312.9万美元，雷·阿当为309.3万美元，戴

① Ralph Miliband, *The State in Capitalist Society.* New York: Basic Books, 1969. p.36.

② Albert Szymanski, *Class Structure: A Critical Perspective.* New York: Praeger, 1983. p.142.

③ Albert Szymanski, *Class Structure: A Critical Perspective.* New York: Praeger, 1983. p.141.

④ ［美］丹尼斯·吉尔伯特、约瑟夫·A.卡尔：《美国阶级结构》，彭华民、齐善鸿等译，中国社会科学出版社1992年版，第267页。

维·刘易斯为302.1万美元，罗伯特·安德逊为296万美元。[①]

1962年，在英国、西德、澳大利亚这些国家中，私人企业总经理的收入非常接近。在净销售额为100万美元的公司中，总经理的平均收入约为1.3万美元；在总销售额为1亿美元的公司中，总经理的平均收入为3.5万美元。但是，在大多数国家中，总经理得到的附加优惠和津贴要比美国更多。在多数情况下，对于这些附加的优惠个人是不必交税的，这是他们极为重要的收入来源。根据折算，一个英国总经理的基本工资一年为2.25万美元，不用交税的附加优惠为1.4万美元。[②]

经理阶层的兴起这一引人注目的事实引起了西方学者的争论。20世纪40年代初，詹姆斯·伯纳姆写了《管理革命》一书。他提出如下理论：在一个技术社会里，权力的重要范畴是职能而不是所有权。他提出一种关于历史上阶级接替的理论。他说，历史上受压迫的农民并不接替压迫性的封建地主，他们双方都被一个完全不同的阶级——资产阶级所取代，资产阶级按照自身的形象重新塑造了社会。同样，无产阶级也不接替资本家，他们二者都将被"经理"所取代，经理们会变成一个新统治阶级，在他们的技术优越性的基础上建立权力。伯纳姆说："1914年的战争是资本主义社会的最后一次大战；1939年的战争是管理型社会的第一次大战。"他认为，第二次大战的总结局就是资本主义的垮台、欧洲的联合和管理型社会的胜利。[③]他认为，在资本主义社会中，管理者阶级正迅速地取代有产阶级而成为主导阶

---

① Albert Szymanski, *Class Structure: A Critical Perspective.* New York: Praeger, 1983. p.143. Table 6.

② ［美］格尔哈斯·伦斯基：《权力与特权：社会分层的理论》，关信平、陈宗显、谢晋宇译，浙江人民出版社1988年版，第368页。

③ ［美］丹尼尔·贝尔：《后工业社会的来临——对社会预测的一项探索》，高铦、王宏周、魏章玲译，商务印书馆1984年版，第105—107页。

级。①米尔斯解释说，伯纳姆的结论是从下述思路得出的，即管理者阶层通过行使自己的管理权而具有的便利条件，可以很容易地聚敛财富而使自己跻身于大资产阶级之列。但米尔斯的研究结论与伯纳姆有所差别。米尔斯认为，经理们这些管理精英并不会取代有产阶级，而是同后者一道进入富有的资产阶级阶层。而公司富豪是由最上层的经理和主要的股东共同构成的。他认为，尽管大公司股票的持有者出现了分散的情况，但是公司股票的所有权仍然集中在最上层百分之几的富有者手中，其结果是，为某些家族拥有的公司的工业利润被更广阔的阶级所拥有，而管理者阶级被纳入到新的有产阶级中，经理们开始分享现存富豪的特权和利益。②米尔斯坚持认为，经济领域中发生的事情并不只是一场管理革命，而是一个关于有产阶级重新组织成为一个掌握经济利益的特权和优势的团体的问题。

如果说詹姆斯·伯纳姆的理论在米尔斯那里尚能得到一定的赞许，那么，更多的学者对于伯纳姆所说的管理人员同政治官僚之间并无明显差别的立论进行了尖锐的批评。西方学者认为，经理集团并没有形成一个成熟的阶级。他们指出，事实上经济管理人员同国家官僚往往有很大区别，他们之间常常无法取得一致。克尔、哈比森、邓洛普和迈尔斯在论文中说："在所有的工业化社会中，管理阶级既没有能力也没有意志来成为占支配地位的统治集团。经理的性质就是股东们、国家官僚们的代理人，或者在某些情况下是工人委员会的代理人。由于他们一心关注企业的内部事务（企业变得越来越复杂了），因此管理阶级的成员们容易成为适应形势的人而不是社会大事的领

---

① ［美］格尔哈斯·伦斯基：《权力与特权：社会分层的理论》，关信平、陈宗显、谢晋宇译，浙江人民出版社1988年版，第371页。

② C. Wright Mills, *The Power Elite*. New York: Oxford University Press, 1956. p.147.

导人。"他们指出，资本主义国家不会成为专业管理者的财产，管理者不可能既是国家的公仆又是国家的主人，管理者是统治权贵的一部分，但他们不是权贵分子。在现代工业化社会中，管理部门只能居于企业范围内的最高地位，而即便在这里，它也必须同要求并参加治理工业的其他人分享权力。[①]

英国学者拉尔夫·密里本德认为："似乎没有什么适当的理由去接受这样一种似乎很有些道理的观点，即发达资本主义已经产生了一个从根本上说或者从本质上说有别于大资本所有者的、由经理和公司法人构成的'新阶级'。""经理主义的意义在于资本主义财产最主要的成分现在发展得过于庞大，以致不能完全为拥有所有权的企业主所有和经营。但是，它在任何意义上都不意味着超越资本主义。"[②]

关于经理阶层的兴起对于资本主义社会的社会流动是否有积极意义的问题，也形成了两种不同的意见。一种意见认为，作为经济精英中的一部分的、没有财产的经理的兴起，有助于改变社会流动率和社会流动的渠道，经理革命导致的向经济领域领导岗位的流动，可以在更广泛的意义上看作一种精英地位民主化的趋势。[③]但许多学者对此提出异议。他们对资本主义国家经理的社会来源做了研究。凯勒指出："绝大多数大公司的经理来源于中等阶级上层或上等阶级家庭，他们的父亲都是从事实业的。"[④]格伦勒斯特和普赖克1965年的研究

---

[①] ［美］丹尼尔·贝尔：《后工业社会的来临——对社会预测的一项探索》，高铦、王宏周、魏章玲译，商务印书馆1984年版，第108页注1、注2。

[②] ［英］拉尔夫·密里本德：《资本主义社会的国家》，沈汉、陈祖洲、蔡玲译，商务印书馆1997年版，第42页。

[③] Anthony Giddens, *The Class Structure of the Advanced Societies*. New York: Harper&Row, 1975. pp.167—170.

[④] ［英］拉尔夫·密里本德：《资本主义社会的国家》，沈汉、陈祖洲、蔡玲译，商务印书馆1997年版，第41页。

表明，在100个英国的大公司中，64%的总经理具有上等阶级或中等阶级上层的标记，即他们进过公学。克莱门茨在《经理，对其工业事业的研究》（1958年）中指出，"处于社会底层在实际生活中是微不足道的，而处于上层则非常有利，因为社会地位是较快登台取得提升的机会"。1958年特尔本对瑞典的研究表明，只有3.5%的工业企业的董事来自工人阶级，而且这个百分比自20世纪40年代以来一直在减少。安东尼·吉登斯认为，很难从对经理阶层的研究中得出经理革命导致大规模社会流动的结论，固然现在还缺少相关的社会流动的百分数，但教育对于进入经济精英阶层的社会流动的作用是不可否认的，在高等教育向大众普及后这种倾向更为明显，但教育也决定了社会差别。从对经理阶层社会来源的研究来看，在大多数地方，不管有没有财产，大部分实业界领导人都来自相当狭窄的有经济特权的阶层，就像上层政治家和高级文官的来源一样。吉登斯说，在过去70年间，更多的人进入经济精英集团的这种运动变化固然也为工人阶级提供了机会，但它首先有利于中等阶级。对社会流动长期系统的研究表明，在发达资本主义社会中，在一代人中间发生长距离的社会流动是非常罕见的。[1]

在整个20世纪，经理阶层的人数呈增长趋势。在瑞典，1930年经理为1万人，1965年为1.5万人。[2]在瑞典的制造工业中，1950年经理为9000人，1960年为1.2万人，1965年和1969年为1.4万人。[3]在英国，经理和高层管理人员的人数在20世纪中也有所增长。1911年为62.9

---

① Anthony Giddens, *The Class Structure of the Advanced Societies*. New York: Harper&Row, 1975. pp.167—170.

② Richard Scase, ed., *Readings in the Swedish Class Structure*. Oxford: Pergamon Press, 1976. pp.158—159. Table 5, Table 6.

③ Richard Scase, ed., *Readings in the Swedish Class Structure*. Oxford: Pergamon Press, 1976. p.165. Table 14.

万人，占总人口的3.43%；1921年为70.4万人，占总人口的3.64%；1931年为77万人，占总人口的3.66%；1951年为124.6万人，占总人口的5.53%。与1911年相比，1951的人数增加了98.1%。[①]1971年经理有205.4万人，占总人口的8.21%；1981年经理有264.8万人，占总人口的10.42%。[②]以后，根据随机抽样方法调查的结果，1985年英国的经理人数占总人口的13.8%。这一比例比1981年又增加了不少。[③]在经理最初出现时，其阶级地位与资本家的地位很接近。在20世纪最初几十年中，经理一般来说代表某个所有者或一批所有者经营单个企业。大多数公司由几个经理组成的单一的组织来管理，而当时董事会的地位还不十分正式和不十分确定。第二次世界大战以后，公司规模扩大，董事会的结构也发生变化，董事会的地位确定了，而它给予经理的权力变小了。经理的设置也形成了等级制，在一个公司中有多层经理设置。如此一来，大多数经理已不再处于工厂所有者的位置，他们的地位已降到中等阶级的水平。如一位学者所说，经理已失去了真正的生产资料所有权，他们只是在有限的权力范围内分享经营工厂的权威。公司或工厂所有的战略性决策权现在交给了股份公司的最高层，而经理承担的工作不过是管理和实施集约劳动的一部分过程。这样，经理工作的性质发生了变化，经理在公司和企业中的地位发生向下的流动。[④]一位研究者指出，随着决策的集中化，"我们可以看出某些经理

---

① Guy Routh, *Occupation and Pay in Great Britain, 1801—1981*. London: Macmillan, 1987. pp.28—29. Table 3.1.

② Guy Routh, *Occupation and Pay in Great Britain, 1801—1981*. London: Macmillan, 1987. p.38. Table 4.2.

③ Guy Routh, *Occupation and Pay in Great Britain, 1801—1981*. London: Macmillan, 1987. p.83. Table 5.16.

④ Bob Carter, *Capitalism, Class Conflict and the New Middle Class*. London: Routledge&Kegan Paul, 1985. p.97.

工作自主权的衰落。例如在一些公司中，工厂经理的重要性比通常来说已小得多，如工厂应当生产什么，生产多少，什么时候生产出来，都由上层官员来决定"①。

在计算机引入企业管理工作以后，经理的地位进一步发生变化。计算机技术可以提供越来越简洁的各个经理控制范围内的信息和数据，把组织生产和决策形成集中到越来越少的人手里。它把计划和执行的职责界限向上移动了，许多中层经理失去了自由决策权，经理的权力限于执行决策。在大公司中，计划和创造性工作的权力集中到少数最高层经理手中。中层管理工作只需要较少的决策能力和技艺，中层经理的威望或收入都下降了。在中层经理和上层官员之间产生了一条难以逾越的界限。②

但是这里所说的经理地位的下降，只是相对而言。与从事体力劳动的普通工人相比，经理的地位要优越得多，工作要稳定和安全得多，因为他们与资本家有着特殊的联系。1977年的一项研究表明，经理和董事在一年中的失业率为4%，即他们在一生40年的事业生涯中，可能有一两次失业经历。而在1977年，有24%的体力劳动者失业。一个工人在一生45年的工作生涯中，平均会经历10次以上的失业。当然，经理的地位有时也会发生变化。如当一个公司被兼并时，经理会失去往日的岗位，降级而落入下一个层次，远离决策中心，使他们过去曾有过的染指经济所有权的希望烟消云散。③

总的来说，经理与拥有企业财产所有权的大资产阶级之间的关

---

① Rosemary Stewart, *Managers and Their Jobs*. London: Pan Books, 1967. p.15.

② Rosemary Stewart, *Managers and Their Jobs*. London: Pan Books, 1967. p.15.

③ Bob Carter, *Capitalism, Class Conflict and the New Middle Class*. London: Routledge&Kegan Paul, 1985. pp. 97—98.

系，既有一致的一面，同时也存在着矛盾。经理阶层与资本所有者阶层的可靠纽带在于，他们都关心保护私有财产制度，有着长期共同的利害关系。但是，经理阶层与所有者大资产阶级不可能在一切问题上都意见一致，因为他们在资本主义生产关系中所处的地位毕竟不同，经理和股东之间常常发生对企业权力的争夺。每当经理运用自己手中的职权从股东手中夺过公司的控制权时，他们往往会自觉或不自觉地攻击私有财产的原则和财产权概念。当经理通过对董事会的控制达到提高工资或满足自己其他要求时，他们势必会触动所有者资产阶级的利益。此外，经理阶层的情况也有所不同。一部分经理为私有企业所雇佣，他们的收入较高。也有一部分经理受雇于国有化企业或者像斯堪的纳维亚国家的合作组织那样类型的非营利组织，这些经理的收入比私有企业的经理收入要低得多，他们积累财产的机会没那么多，权力和特权也不依赖于私人企业主。在大多数情况下，他们是充当为公共服务的脑力劳动者。所以他们常常较多地考虑公共利益，并倾向于批评私人企业出于营利目的的考虑。他们对资产阶级所有者阶层持矛盾的态度，某些时候甚至会采取一定程度的敌视态度。在西方资本主义国家的社会结构中，还存在着经理阶层与拥有所有权的资产者阶层重迭交错的现象。许多经理拥有公司或企业的部分股份，这样他们也取得一些对于企业的所有权。所以，在拥有所有权的大资产阶级与经理阶层之间的界限有时是模糊的，在实际生活中往往很难把这两个阶层严格分开。

# 第四章
## 中等阶级或小资产阶级

西方学者在研究资本主义社会结构时，长期以来习惯使用"中等阶级"（the middle class）这个术语。中等阶级是一个模糊的概念，而且它指谓的对象在不同历史时期有不同的内容。这个术语是19世纪初开始使用的[①]，在那以后的几十年间，即工业革命及其完成阶段，它所指的是伴随着工业革命产生的工厂主、商人、富裕农场主，即包括整个近代新兴资产阶级。当时，这些社会集团处在有头衔的土地贵族的压迫之下，他们的社会地位不那么高，处于社会的中间位置，这便是中等阶级本来的含义。实际上，中等阶级成了像英国这样的国家中新兴资产阶级的同义语。不过，20世纪西方社会学家用于当代西方资本主义社会结构的中等阶级概念，则有别于近代时期的那个概念，它是与资本主义经济和社会结构变化中若干新的社会层次的出现直接相联系的。英国社会学家马歇尔曾撰文说，中等阶级的成长是这个世纪前25年西方社会发展最重要的成果。他甚至强调，几乎所有西方社

---

[①] Asa Briggs, *"The Language of 'Class' in Early 19th Century England."* in Asa Briggs and John Saville, eds., *Essays in Labour History.* Vol. I. London: Macmillan, 1960. pp.50—52.

会都正在转变为一个中等阶级占统治地位的社会。法国学者雷蒙·阿隆提出，中等阶级的拓宽甚至囊括了一些无产阶级的阶层[①]。有些西方学者在讨论白领和蓝领的区别时，也使用了中等阶级的概念，把白领工人也划入中等阶级的范畴[②]。看来，中等阶级这个概念到了当代，它的内容更加广阔，其定义更加模糊和歧义了，各种学者的定义域有很大差别。阿尔伯特·西曼斯基认为，中等阶级处于资本家阶级和工人阶级之间，无论是从对生产资料还是从对劳动力的控制而论，中等阶级都处于上述两大阶级之间。中等阶级又习惯被称为小资产阶级。[③]中等阶级实际上包括了若干阶层。

　　研究社会结构史的过程中，处理一些中间的过渡性集团是最为困难的事。为便于利用西方学者现成的统计数据，笔者把工业和农业领域中的中小私有者、知识分子放在这一章中加以叙述，而把职员和工人中的办公室工作人员放在下一章中去叙述，并不在于这些集团之间存在绝对的界限。

---

① Raymond Aron, *"Industrial Society, Ideology and Philosophy."* in S. N. Nadel, *Contemporary Capitalism and the Middle Classes.* New York: International Publication, 1982. p.92.

② Anthony Giddens, *The Class Structure of the Advanced Societies.* New York: Haper&Row, 1975. Ch. 10.

③ Albert Szymansky, *Class Structure: A Critical Perspective.* New York: Praeger, 1983. pp.157—158. 西曼斯基还指出，可以从两个维度对中等阶级或小资产阶级进行次级分类。一个是社会功能的维度，中等阶级中有一部分人从事生产和传递资本主义文化和间接的资本主义阶级关系的社会功能，这体现在社会科学家、社会福利工作者和从事社会研究和社会科学的教师等人的工作中；通过监视和指导劳动对资本主义阶级关系进行直接管理和再生产的功能，体现在经理和经济顾问等一类人的工作中；从事商品生产和补充生产品的功能，体现在如小农场主、技师、工程师的工作中；会计和价值实现的功能，体现在如高层商人、推销员、银行家、会计师、小零售商的工作中；提供一般社会服务的功能，体现在如医生、从事保健的自由职业者和律师的工作中。第二个维度是被雇佣的身份，包括自我雇佣、为私人公司雇佣去工作、被国家雇佣为文官。他认为中等阶级三个最重要的组成部分，包括国家和私人工业中的经理集团；国家和公司雇佣的自由职业者，这些人对自己的劳动力有相当的自主支配权。

　　小资产阶级的一个主要组成部分是城市中小企业所有者。这种小企业所有者的小资产阶级属性，是由他们在现代资本主义社会中小生产的经济地位决定的。这些小资产阶级与无产阶级的不同之处在于，他们向市场出售生产的商品或提供服务，但他们不出售自己的劳动力。他们的劳动不仅再生产出他们所消耗的商品，同时还创造出剩余价值，他们自己享用这部分剩余价值。他们与大中资产阶级的不同之处在于他们拥有生产资料的所有权和经营权，他们使用少量雇佣劳动力，但因为他们的资本薄弱，仍需参加体力劳动。为了使自己成为纯粹的资本家，小资产阶级拼命扩大生产要素，即扩大投资和雇佣更多的工人。城市的手工工匠、小商人和小企业所有者都属于城市小资产阶级。到了现代资本主义时期，城市小资产阶级已经不起决定性作用了。在资本主义发展过程中，他们面临着被冲击和衰落的命运。

　　当代西方各国学者试图对小资产阶级雇佣的工人数目作出量的规定。法国规定，那些拥有使用有限劳动力的小企业，自己不脱离生产过程的工人都属于技工。研究法国技工企业的专家指出，企业所有者直接参加生产过程，同时雇佣的劳动者不超过五人者均属技工。法国的官方统计资料认可了这种对手工业企业的限定。现在法国也有些人提出要修改这一标准，他们试图把那些雇佣10名、20名或更多工人的手工业企业主也划入这个阶层。[①]一位学者在研究英国和美国的工业结构时指出，当一个小企业雇佣的工人不超过五人时，雇主通常和中世纪的工匠一样，自己也要和他雇佣的工人一同干活。而当一个小企业雇佣的工人超过五人时，所有者实际上已不再参加劳动。另一位美

---

① S. N. Nadel, *Contemporary Capitalism and the Middle Classes*. New York: International Publication, 1982. p.191.

国教授则认为，划为小企业所有者的人雇佣的工人不应当多于三人。一般说来，法国和意大利的统计学家把五名雇佣工人作为小企业的上限，而美国经济学家的标准是三名雇佣工人。与此类似，西方学者对于零售商业的规模也有所研究和规定。他们认为，一个零售商店至少要有两名售货员才能维持小店铺的营业，如果店主家中无人帮助他经营，他就必须雇佣两名工人，一般他雇佣一名全日制工人，另雇一名部分时间工作的工人，此外店主自己还必须在柜台后面参与营业、卸货、整理商品或干其他活计。美国统计学家认为，当店铺一年的销售额达到5万镑以上，店主雇佣两名或更多的全日制工人时，雇主就可以从柜台后面的直接营业事务中解放出来。[①]

在资本主义发展过程中，集中化是必然的趋势，小资本主义企业主无法摆脱竞争和兼并对他们的打击。但并非各个行业的小企业主都在减少，也有些行业的小企业主在增加。在20世纪六七十年代的联邦德国，各种手工业的人数一般都在减少，但建筑业和服务业的人数则增加了。在法国，1968年时全国有62.28万名工匠和102.82万名小商人，占当时就业人口的8%。到1972年，工匠、小商人以及帮助他们工作的家庭成员和学徒总数达200万人，占就业人口的10%。而在1962到1970年，缝纫业和制革业工匠的数量分别减少45%和48%；金属加工业中，小企业的数量减少了23%；木器制造业中，小企业减少了24%；但建筑业小企业的数量增加了11%，运输业小企业增加了39%。[②]在美国，雇佣三人以下的制造业小企业在1956年时有14.09

① S. N. Nadel, *Contemporary Capitalism and the Middle Classes*. New York: International Publication, 1982. pp.192—193.

② S. N. Nadel, *Contemporary Capitalism and the Middle Classes*. New York: International Publication, 1982. pp.202—203.

万家。1960年，产品年销售值不超过5万美元的小公司有16万家，到1974年增加到17万家。①年产值在5万美元以下的小企业在1960年为188.7万家，1974年增加到265.9万家②。在美国也存在着众多的工商业小资产阶级。当然，工业产值在5万美元以下的小私有企业的产值在工业总产值中的比例仍然是非常小的。1974年小私人企业产值为19.38亿美元，而这一年制造业总产值为12690.42亿美元，小私人企业的产值只占制造业总产值的0.2%。③在服务业领域，过去20年中对技术组织和管理问题、改进簿记方法、提高生产效率的问题提供咨询的小企业明显增加，它们的规模就像律师事务所一样大。

城市小资产阶级的企业极不稳定并且无法持久。一份美国贸易部的报告提出，所有独立的小企业有50%在最初成立的三年中倒闭，有80%在五年内倒闭。而一批新建立的小企业填补了它们的位置。④

在欧美乡村中都存在着农业中等阶级。

在联邦德国，把占地5至50公顷的农民划为小资产阶级。1971年，这类农场主共有53.29万个农场，占农场总数的55%。这批中等农户共拥有土地998.53万公顷，占全国土地面积的79%。相应地，联邦德国把占地50至100公顷的划为农业资本家，共有1.79万家，占农户总数的1.5%，他们共拥有土地115.46万公顷，占土地总面积的9.1%。

---

① S. N. Nadel, *Contemporary Capitalism and the Middle Classes*. New York: International Publication, 1982. pp.205—206.

② S. N. Nadel, *Contemporary Capitalism and the Middle Classes*. New York: International Publication, 1982. p.210.

③ S. N. Nadel, *Contemporary Capitalism and the Middle Classes*. New York: International Publication, 1982. p.207.

④ S. N. Nadel, *Contemporary Capitalism and the Middle Classes*. New York: International Publication, 1982. p.225.

他们都属于德国农村的中等阶级。在他们之上，占地100公顷以上的农户有3200家，占农户总数的0.3%，他们共拥有土地53.28万公顷，占土地总面积的4.2%，[①]这类农户则应归为大资产阶级了。

农村中的小农场主与大农场主不同，由于占有土地较少，农场收入较少，因此，他们只是把农场收入作为次要的家庭收入来源，此外，他们还有非农业收入。根据对联邦德国农民收入来源的研究，1970年至1971年，占地0.5公顷至2公顷的农场主共有11.41万人，其中把农场收入作为主要收入来源的仅有1.38万人，而把农场收入作为次要来源的有9.07万人，仅仅把农场收入作为补充收入来源的为9600人。同期占地2至5公顷的农场主为17.34万人，其中将农场收入作为主要收入来源的为2.32万人，把农场收入作为次要收入来源的为12.34万人，把农场收入作为补充收入来源的为2.67万人。占地5至10公顷的农场主为16.57万人，其中把农场收入作为主要收入来源的为4.72万人，把农场收入作为次要收入来源的为8.78万人，把农场收入作为补充收入来源的为3.07万人。占地10至20公顷的农场主为19.94万人，其中把农场收入作为主要收入来源的有13.6万人，把农场收入作为次要收入来源的有3.01万人，把农场收入作为补充收入来源的有3.33万人。[②]这些资料表明，联邦德国的小农场主中，绝大部分只是把农业收入作为次要收入来源，他们还从事其他经济领域的经营，以取得重要收入来源。而在较大的农场主中，则较多地依靠农业收入为其经济来源。

---

① S. N. Nadel, *Contemporary Capitalism and the Middle Classes*. New York: International Publication, 1982. p.137.

② S. N. Nadel, *Contemporary Capitalism and the Middle Classes*. New York: International Publication, 1982. p.170. Table 20.

西方学者把销售额在5000美元以下的美国农场视为小农业企业。而一些苏联学者则认为应当把收入在5000至1万美元的农场划为小农业企业的范畴[1]。在美国，富裕的小资产阶级农场主每年通过出售农产品可收入2万至4万美元。根据1959年农业统计资料，这个规模的农场的总面积占农业土地面积的17.7%，它们为市场提供了19.5%的农产品。根据1974年的农业统计资料，这个规模的农场数目有所增加，占农场总数的19%，它们占有农业土地面积的17.8%，生产的农产品占农业生产份额的11.5%。这个集团以下是那些农产品年销售收入在1万至2万美元的农场主。1959年，它们占农场总数的23.4%，占有的土地为农场土地总面积的22.9%，占有市场农产品销售额的23.1%。15年后，这类农场占农场总数的18.3%，占有农场土地总面积的11.3%，销售收入占农场销售收入的5.5%。这表明，这类农场处在迅速衰落的过程中。规模更小的农场情况更糟。1959年，农产品销售额在5000至1万美元的农场占农场总数的31.6%，它们拥有农场土地面积的20.1%，向市场提供了16.3%的农产品。但是到1974年，这类农场的数量在农场总数中的比例下降到17.5%，占农场总面积的比例下降到7.2%，占提供给市场农产品的2.7%。规模最小的农场为年销售额在2500至5000美元的农场，这类农场1959年时占农场总数的29.9%，面积占农场土地面积的12.6%，向市场提供了7.8%的产品。到1974年，这类农场占农场总数的17.1%，占农场土地总面积的5.9%，占农场产品市场销售额的1.2%。[2]

---

① S. N. Nadel, *Contemporary Capitalism and the Middle Classes*. New York: International Publication, 1982. p.76.

② S. N. Nadel, *Contemporary Capitalism and the Middle Classes*. New York: International Publication, 1982. p.176.

在英国，从1967年到1978年，资本主义大农场主的人数和占有土地的比例有很大的增长，但小农场主的人数和占有土地的比例则大大减少。占地60公顷到200公顷的农场主在英国属于农村中等阶级，其在1967年占农户总数的14.7%，他们的农场面积占全部农田面积的42.6%；而1978年时则占农户总数的21.3%，他们的农场面积占全部农田面积的41.5%。占地在60公顷以下的小农场主，1967年时占农户总数的83.1%，他们占有的农田面积占农田总面积的74.2%；1978年则占农户总数的34.8%，他们占有的农田面积占农田总面积的27.4%。[1]统计资料表明，从20世纪60年代到70年代，英国的小农场主急剧衰落。

20世纪美国农业集中化过程加速进行。1920年，美国农场的平均面积为150英亩，1950年为200英亩，1980年大约为450英亩。而农场的总资产在20世纪增长很快。1910年，每个农场的平均资产为1.22万美元，1950年为2.15万美元，1978年增加到12.56万美元。美国农场的数量则在20世纪逐渐减少。1910年，农场总数为636.6万个，1930年为654.6万个，1950年为564.8万个，1960年为396.3万个，1970年为294.9万个，1980年为267.2万个。[2]随着家庭小农场的衰落，土地加速集中化，大农场的比例增加。100英亩以上的农场在所有农场中占的比例，1900年为0.8%，1930年为1.3%，1950年为2.2%，1959年为3.7%，1969年为5.5%，1974年为6.7%。[3]

---

① S. N. Nadel, *Contemporary Capitalism and the Middle Classes*. New York: International Publication, 1982. p.106. Table 5.

② Albert Szymanski, *Class Structure: A Critical Perspective*. New York: Praeger, 1983. p.173.

③ Albert Szymanski, *Class Structure: A Critical Perspective*. New York: Praeger, 1983. p.174. Table 5.6.

在西欧，中小农场的衰落在20世纪70年代比60年代更为迅速，面积在20公顷以下的小农场的数量急剧减少。根据联邦德国的资料，1949年，占地0.5至2公顷的小农场为59.8万个，1960年为46.3万个，1970年为31.6万个，1978年为28.2万个。1949年，占地2公顷至5公顷的小农场为55.4万个，1960年为38.7万个，1970年为25.1万个，1971年为22.5万个。1949年，占地5公顷至10公顷的小农场为40.4万个，1960年为34.3万个，1970年为23.3万个，1971年为21.3万个。1949年，占地10公顷至20公顷的小农场为25.6万个，1960年为28.6万个，1970年为26.8万个，1971年为25.3万个。从1949年到1971年，占地0.5公顷至2公顷的小农场数量减少了53%，占地2公顷至5公顷的小农场数量减少了59%，而占地5公顷至10公顷的农场数量减少了47%。此外，小农场的年收入也在减少。根据联邦德国官方统计资料，1960年至1971年间，面积在0.5公顷至2公顷的小农场年收入减少4.4%，1971年至1980年间年收入减少6.8%；1960年至1971年间，面积在2公顷至5公顷的小农场年收入减少4.8%，1971年至1980年间年收入减少6.8%；1960年至1971年间，面积在5公顷至10公顷的小农场年收入平均减少4.2%，1971年至1980年间年收入平均减少7.8%；1960年至1971年间，面积在10公顷至20公顷的农场年收入平均减少1.1%，1971年至1980年间年收入平均减少1.2%。[1]在法国，从20世纪50到60年代，面积在20公顷以下的农场数量持续减少。从1953年到1970年，这类农场的数量减少了39%，从180万个减少到110万个。[2]

---

① S. N. Nadel, *Contemporary Capitalism and the Middle Classes*. New York: International Publication, 1982. p.176. Table 22.

② S. N. Nadel, *Contemporary Capitalism and the Middle Classes*. New York: International Publication, 1982. p.179.

根据西曼斯基的研究，在当代西方发达资本主义国家中，独立的小资产阶级从20世纪60年代初到70年代末不断衰落。在加拿大，他们在1964年占人口的18.1%，1978年只占人口的10.7%；在美国，1960年他们占人口的17.3%，1978年只占人口的10.8%；在法国，1960年他们占人口的30.5%，1978年只占人口的17.3%；在联邦德国，1960年他们占人口的15.6%，1978年只占人口的12.6%；在意大利，1960年他们占人口的29.5%，1978年只占人口的26.6%；在瑞典，1967年他们占人口的14.7%，1978年只占人口的10.1%；在澳大利亚，1964年他们占人口的18.6%，1978年只占人口的17.4%。唯有英国例外，他们从1960年占人口的9%上升到1978年占人口的10.2%[①]。

知识分子是小资产阶级的一个重要组成部分。西方学者在研究社会结构时，习惯把知识分子作为一个完整的社会阶层来定义。例如，熊彼得说：知识分子"事实上是那些有读写能力的人"，"他们差不多是对具体事务不负直接责任的人"。[②]利普塞特说："知识分子是指那些创造、传播、运用文化的人，即人类象征性世界包括艺术、科学、宗教方面的人。在这个群体中有两个主要层次：核心分子或文化的创造者，包括学者、艺术家、作家、某些编辑以及某些新闻记者；另一层次是各种传播者——各种艺术表演者、大多数教师、记者等。还有一个边缘群体即以运用文化作为其部分职业的那些人，包括医生、律师等自由职业者。"[③]不少西方学者认为这种定义存在问题。正如

---

① Albert Szymanski, *Class Structure: A Critical Perspective.* New York: Praeger, 1983. p.166. Table 5.2

② Joseph A. Schumpeter, *Capitalism, Socialism and Democracy: With a New Introduction by Tom Bottmore.* New York: Haper&Row, 1950. p.147.

③ ［美］利普塞特：《政治人，政治的社会基础》，刘钢敏、聂蓉译，商务印书馆1993年版，第248—249页。

德国学者卡尔·曼海姆所说，"现代生活让人印象深刻的事实之一便是，与先前的文化不同，知识活动不是由一个固定限定的阶级如教士那样排他地来行使，而是由一个在很大程度上不专属于任何社会阶级的社会阶层来行使"。曼海姆认为，知识分子这种不附属于其他阶级的属性，使他们处在一种"中间派"的地位。实际上，资本主义社会中的知识分子是一个谱系很宽阔的驳杂的社会阶层。事实上，尽管人们把知识分子划为一个社会集团，它的内在构成却极其复杂。知识分子并不拥有同样的社会地位。霍夫斯塔德认为，知识分子势必发生两极分化。一部分是技术人员，他们关心权力，并且接受了对他们取得权力附加的条件；另一部分是故意持清高态度的知识分子，他们更关心的是如何保持自身的精神纯洁，而不是自己的理想如何发挥作用。[①]美国哥伦比亚大学的卡杜辛对于那类掌权的知识分子做了阐述："对知识分子掌权人物大致可以进行这样的定义，即他是一个从事一般价值观念和美学的专家，并且把自己对这些事物的判断传播给人数众多的一般听众。"

在西方社会资本主义制度的发展和矛盾中，在保守势力与改革势力之间的思想交锋中，在西方资本主义制度与社会主义制度的冲突中，在资本主义发展的和平时期和重大的危机和国难时期，小资产阶级包括知识分子所起的作用和扮演的角色向来是比较复杂的。知识分子可以一分为三：一类力求维护和加强现存的社会秩序；另一类力求在经济、社会和政治生活的某些领域进行改革；还有一类竭力主张对整个资本主义社会实行彻底的社会主义改造。但是这种区分不是绝对

---

① ［美］托马斯·戴伊：《谁掌管美国——里根年代》，张维、吴继淦、刘觉涛译，世界知识出版社1985年版，第168页。

的，因为守旧的知识分子往往也会鼓吹这种或那种改革；改革派知识分子往往宣称他们致力于实现彻底的社会主义制度，但认为那是遥远的将来的事情，不应急于求成；决心争取全面改革的知识分子也要求实行改革，但关于如何实现比较激进的更大目标，内部存在很大分歧。有些知识分子曾致力于改革，但后来改变其立场，跻身于保守派阵营。[①]整体上说，从19世纪到20世纪，在西方社会中通常有一批知识分子对于资本主义社会持批判态度。例如，一本19世纪的著作写道："几乎所有我们现在作为自己传统的一部分而进行研究的人，几乎所有伟大的作家……都攻击现实……现在随着19世纪的到来，创造性的知识分子依然在造反……但……有的倾向右派的理想，倾向旧日的或恢复活力的贵族政治……有的则倾向左派，倾向现已开始成为拘于常规的有产阶级害怕的词——社会主义——的某些形式。"[②]社会学家认为，在面对当代西方资本主义社会中知识分子的地位和政治态度这个问题时，通常对知识分子的进步作用估计不足。

20世纪二三十年代，英国左派知识分子主要选择了两条道路。一批知识分子选择了工党。他们在工党内部进行工作，争取工党领导人和其他愿意听取他们观点和思想的人改变思想。这类知识分子中最突出的代表是拉斯基，他对工党积极分子有相当大的影响。从1936年到1948年，他每年都经选区选举进入工党全国执行委员会，但他对工党领导人的影响并不明显。英国的知识分子还参加工人教育协会的工作，工人教育协会接受政府的财政资助，它的大多数教师是非工人阶

---

① ［英］拉尔夫·密利本德：《英国资本主义民主制》，博铨、向东译，商务印书馆1988年版，第102页。

② ［美］利普塞特：《政治人，政治的社会基础》，刘钢敏、聂蓉译，商务印书馆1993年版，第258页注1。

级出身的、受过大学教育的人士。这个协会在教育中持自由主义多元论的观点，他们抵制马克思主义学说。还有一批知识分子选择了共产党，但这批知识分子中出身中产阶级的很少。1926年总罢工以后，马克思主义在英国工人群众中是一种活跃的意识形态，一些宣传马克思主义的知识分子能够通过工会、工会委员会甚至工党的许多地方党组织和工人社团，获得广泛的群众基础。在英国，直到大萧条和法西斯主义在欧洲兴起和战争威胁到来之后，才有较多的知识分子对马克思主义真正产生兴趣。①密里本德对于英国知识分子的评述，反映了第一次世界大战后他们中间出现的左倾倾向。

在20世纪初的美国，绝大多数学会的会员、文学家及主要的报刊，都在宗教和政治领域反对保守的思想和行为，绝大多数知识分子不相信上帝或永生的观念。根据1935年的一个调查，62%的美国作家不相信上帝，41%的商人和律师不相信上帝，29%的银行家不相信上帝，即知识分子在反对宗教方面的积极态度超过了一般资产阶级群众。②

在20世纪三四十年代，相当一部分美国大学教师和作家都有很强烈的左倾政治色彩。1934年对共和党占优势的旧金山郊区圣克拉拉县政党登记的研究表明，当地1/4的作家登记为社会党和共产党成员，作家是这个地区反对共和党的左派群体。1948年对美国图书馆馆员的全国性抽样调查表明，17%的人把第三党（即进步党、社会党或共产党）的总统候选人作为自己的第一选择。新闻界中具有左倾政

---

① ［英］拉尔夫·密利本德：《英国资本主义民主制》，博铨、向东译，商务印书馆1988年版，第107—108页。

② ［美］利普塞特：《政治人，政治的社会基础》，刘钢敏、聂蓉译，商务印书馆1993年版，第251—252页。

治经济观点的人所占的比例也很高，共产党能够获得美国报业工会的大量选票。左派候选人多年来可从它的纽约分工会中获得20%—25%的选票。各种资料表明，包括作家、文艺工作者、新闻记者、图书馆馆员、科学家和大学教授在内的知识分子阶层，一直给予左翼政党以较大的支持。[1]在麦卡锡主义盛行时，当时美国杂志《事实论坛》曾指控知识分子是最容易被共产主义俘虏的，并认为律师、医生、银行家、教师、教授、作家、出版家都属于这个群体。[2]这从另一个侧面反映了美国知识分子左倾的事实。

西方资产阶级知识分子有着自身的价值观念，他们的价值观念与商业原则有着本质差别，知识分子重视自我价值和自身人格。一般情况下，他们不愿意附和统治阶级的政治偏见。对美国新闻记者的一些调查表明，大多数接受访问的记者不同意他们的报纸必需用带有偏见的报导，来反映统治者和他们上级的愿望。[3]有思想的知识分子通常不会对维护自相矛盾的事实过分感兴趣，他们通常不会为千疮百孔的资本主义社会秩序辩护，而习惯于批评和攻击资本主义政治和社会秩序的弊端。

在美国，知识分子在政治上表现出左倾的另一个原因是他们几乎普遍感到自己这个群体地位的低下。他们认为，知识分子在社会声望、收入和权力几个方面都处于商人之下。在进行社会调查时，当问

---

① ［美］利普塞特：《政治人，政治的社会基础》，刘钢敏、聂蓉译，商务印书馆1993年版，第254—255页。

② ［美］利普塞特：《政治人，政治的社会基础》，刘钢敏、聂蓉译，商务印书馆1993年版，第250页。

③ ［美］利普塞特：《政治人，政治的社会基础》，刘钢敏、聂蓉译，商务印书馆1993年版，第261页。

及在大学任教的社会科学家，如果把教授和银行经理、广告公司的会计师及律师、商人和国会议员放在一起应如何排名，大多数人的回答是把教授排在最后。知识分子在收入上也比不上商人和自由职业者，他们认为报酬低意味着自己的社会价值被人们低估了。这使得教授和知识分子选择了与社会上地位低下的各个阶级雷同的态度，即对资本主义现存秩序持批评态度。①

研究社会结构的学者对当代西方社会中知识分子的实际地位进行了研究。他们指出，美国知识分子在国人心目中的形象与他们自己的感觉大不相同。在职业地位比较调查中，社会把知识分子置于相当高的地位。在芝加哥大学民意调查中心对96种职业的调查中，大学教授居所有非政治职业之首，仅次于医生。艺术家、乐团的音乐家和作家的地位也非常高。1950年进行的另一次全国性民意调查的结果也与此类似，在24种职业中教授名列第四，38%的被调查者把他们列入上层阶级。②由此看来，知识分子的自我估计和社会对他们的估计明显存在着差别，但知识分子对自身社会地位的估计却足以使他们对资本主义社会持批评态度。

至于在法国，虽然知识分子的地位比较高，但他们感到自己长期被排斥在政治权力之外。法国社会学家雷蒙·阿隆解释法国知识分子的心态时说："大多数对政治感兴趣的知识分子都忿忿不已……因为他们感觉自己上当了，得不到他们所应得的，不论是驯顺或叛逆的知识分子，他们都好像在荒原上讲道。"法国知识分子感到，在其他资

---

① ［美］利普塞特：《政治人，政治的社会基础》，刘钢敏、聂蓉译，商务印书馆1993年版，第259、269页。

② ［美］利普塞特：《政治人，政治的社会基础》，刘钢敏、聂蓉译，商务印书馆1993年版，第260页。

本主义国家，学者与商人、经理、高级文官及政府之间的交流很多，但是法国的这类人却鄙视学者，法国文官对学者的意见置若罔闻，因此法国知识分子认为自己的政治地位很低，美国知识分子的收入也比他们高。雷蒙·阿隆认为，这种对现实政治不满的情绪是法国知识分子乐于接受共产主义的原因。①

对于知识分子当时普遍支持左派的倾向，德国社会学家曾试图作出解释，一位德国学者指出："在所有知识分子群体中，社会科学家对社会中的权力范围最敏感，同时在知识自由问题上最易受到当权者的攻击。失去知识自主与自由也危及他们的专业工作与探讨，因此，在资本主义商业享有大量权力并且有而且可以使用某些压力对待学者批评的社会制度中……为数众多的社会科学家将被引向这种或那种形式的左派。"还有些学者如德国的赫尔穆特·普莱森勒甚至认为，从事科学工作的知识分子，他们从事的"精密科学和倾向左派思想之间存在着普遍的联系"，认为科学方法本身使知识分子倾向于接受为建立一个真正理性的世界提供答案的马克思主义，以此解释知识分子倾向左派的原因。②

但就是在同样的历史时期，小资产阶级在其他一些条件的作用下充当了反动的历史角色。在20世纪二三十年代的德国，小资产阶级成为法西斯主义兴起的重要社会基础之一。

从第一次世界大战到20世纪30年代，德国处于一个特殊的历史时期。德国帝国主义在第一次世界大战中的失败给德国的经济带来灾难

---

① ［美］利普塞特：《政治人，政治的社会基础》，刘钢敏、聂蓉译，商务印书馆1993年版，第269页注1。
② ［美］利普塞特：《政治人，政治的社会基础》，刘钢敏、聂蓉译，商务印书馆1993年版，第256页。

性的打击，对德国中小资产阶级以及劳动群众也带来灾难性的后果。

《凡尔赛和约》的签订使德国为这场战争付出巨额赔偿，持续的灾难般的通货膨胀则给德国经济造成很大的冲击。大规模卷入第一次世界大战的德国群众则在心理上产生了一种道德罪恶感。而当时的德国正处于从前工业化社会向现代工业社会的转型时期。当时小资产阶级和一部分工人对前工业化社会尚带有浓郁的记忆，他们看到社会民主党许下的诺言无法兑现，在这种打击下失去目标，陷入了绝望的境地。在1929年席卷资本主义世界的经济危机的新打击下，德国的小资产阶级不得不在政治上作出自己的选择。1832年选举共和国总统之前，德国民族党散发的一份传单中说："中产阶级被残酷地从这个体系中清除掉，要么我们都将陷入巨大的黑暗惨淡的无产阶级化之中，即都将一无所有，要么个人凭借活力和勤勉，重新靠艰苦劳动而获得财产。做中产阶级还是做无产阶级，这就是问题所在！"[1]这种言辞十分鲜明地表达了处于威胁下的小资产阶级和中等阶级下层的危机心理。德国的小资产阶级以及一部分中等阶级下层固然渴望形成一个有组织的联盟，但是，在经济竞争中，小企业所处的地位很不利，因而小资产阶级缺乏稳定感。在这种情况下，小资产阶级出于本能害怕自己无产阶级化，他们不愿意与产业工人联合。这样，小资产阶级必然会去寻找一个权威并努力迎合这个权威。由于个人主义的经济方式和家庭经济生活状况的极端孤立和落后，这个阶层中的小农场主很容易接受反动的意识形态。[2]而这个时期德国的产业工人也逐渐白领化，他们被中产

---

① ［奥］威尔海姆·赖希：《法西斯主义群众心理学》，张峰译，重庆出版社1990年版，第39页。

② ［奥］威尔海姆·赖希：《法西斯主义群众心理学》，张峰译，重庆出版社1990年版，第59页。

阶级的生活方式吸引和同化，狭隘保守的生活方式渗透到工人的日常生活中，加上对社会民主主义的失望，他们在20世纪30年代初也选择了右派。[①]

在这种特定的经济、社会和心理背景下，纳粹党加紧了争取小资产阶级的工作。希特勒在1932年纳粹党竞选总统的宣言中提出了"保护农民意味着保护德意志民族"的口号，他宣称："在对健康农民的保护和鼓励中，我进一步看到了防止社会灾难和种族衰落的最好措施。"[②]纳粹党在加深小资产阶级对于分化的恐惧心理并利用这种恐惧心理的同时，又把某种具有模糊的社会主义色彩的内容写进自己的纲领中，他们鼓吹"普遍利益高于个人利益"和"摧毁利息的奴役"，以此来迎合小资产阶级潜在的朦胧的反资本主义的心理。民主社会主义党人格雷戈多·施特拉塞尔写道："我们是社会主义者，是现代资本主义经济的敌人，不共戴天的敌人，它剥削经济地位软弱的人，它的工资制度不公平，它对人的评价不道德，是根据财产和金钱，而不是根据责任心和成就。我们下定决心，无论如何都要摧毁这种制度。"[③]这些内容得到了拒绝接受资本主义工业化社会的德国小资产阶级的欢迎。

德国民族社会主义党成功地打入了手工业者、职员尤其是农民

---

① 厄内斯特·曼德尔在一部研究法西斯主义兴起的著作中指出："最初，法西斯匪帮只是把小资产阶级中最为坚定的和无可救药的分子（'发疯了的'部分）组织起来。小资产阶级群众……通常总是在两个阵营之间来回摇摆。他们通常倾向于加入表现得比较大胆和有决断的一边。他们希望在获胜的马身上下赌注。"（Bob Carter, *Capitalism, Class Conflict and the New Middle Class.* London: Routledge&Kegan Paul, 1985. p.30.）

② ［奥］威尔海姆·赖希：《法西斯主义群众心理学》，张峰译，重庆出版社1990年版，第54—55页。

③ ［英］科佩尔·S.平森：《德国近现代史》下册，范德一等译，商务印书馆1987年版，第662—663页。

的行业组织中，希望重新得到安定生活的农民、手工业者和新中产阶级纷纷支持希特勒。1933年底，民族社会主义党的党员人数达到85万人，其中独立职业者占1/3，包括官员和职员在内的新中产阶级不到1/3，工人占总数的1/3。也就是说，小资产阶级在民主社会主义党党员中占相当大的比例。[①]德国知识分子和宗教界人士在帮助纳粹夺取政权和维持政权中起了重要作用。由知识分子组成的光环集团和后来的绅士集团及冯·巴本集团在希特勒上台持政的过程中发挥了重要作用。德国的一些杂志和出版社则对希特勒鼓吹的权力和德国民族性表示热烈欢迎。资产阶级自由派学者和作家如桑巴特、汉斯·弗赖尔、爱德华·施普兰格尔等一大批人成为希特勒政策的拥护者。[②]

1962年，法国的知识分子共有142.7万人，而当年全国受雇佣人员一共为1925.1万人。在知识分子中，小学教员及相近职业者为42.1万人，高级行政人员为37.8万人，学校校长、讲师、文学和科学职业者为12.5万人，工程师为13.8万人，自由职业者为12.5万人，教师为33.4万人，其他类型的知识分子为24万人。到1968年，法国知识分子增加到175.7万人，其中小学教员及相近职业者为56.4万人，高级行政人员为45.1万人，学校校长、讲师、文学和科学职业者为20.9万人，工程师为19万人，自由职业者为14.3万人，技师为53.4万人，其他类

---

① ［联邦德国］卡尔·迪特利希·埃尔德曼：《德意志史》第四卷上册，高年生等译，商务印书馆1986年版，第386—387页。

② ［英］科佩尔·S.平森：《德国近现代史》下册，范德一等译，商务印书馆1987年版，第667—668页。

型的知识分子为20万人。[1]到20世纪70年代初，大约有17万名自由职业者，他们雇佣了26万名助手[2]。

在美国，1970年受过高等教育的自由职业者和技术工人共670万人，从事商业工作的为60万人。在知识分子中，科学家和工程师的人数增长较快。1950年，在美国的工业部门中，这批知识分子为39.63万人，1960年为81.2万人，1970年为111.12万人。1950年，在大学和学院中工作的科学家和工程师为5.03万人，1960年为11.48万人，1970年为22.82万人。[3]

战后知识分子除了数量不断增长外，从事工作的部门也发生着变化。在战前，有学位的知识分子主要进入教师队伍，而在战后30年间，知识分子开始转向工业部门和其他经济部门，并大量进入政府机构。20世纪60年代中期的美国，36%的科学家仍在教育部门，34%的科学家进入工业和其他经济部门，16%的科学家进入政府机构，4%的科学家在非牟利机构工作，10%的科学家在其他机构工作。[4]

知识分子中的科技人员在收入上仍比熟练工人高得多，这在法国尤其明显。1970年，法国工程师的月平均工资为4175法郎，技师月平均工资为2066法郎，一般工人月平均工资为1119法郎。工程师的工资

---

[1] S. N. Nadel, *Contemporary Capitalism and the Middle Classes*. New York: International Publication, 1982. p.241. Table 25.

[2] S. N. Nadel, *Contemporary Capitalism and the Middle Classes*. New York: International Publication, 1982. p.242.

[3] S. N. Nadel, *Contemporary Capitalism and the Middle Classes*. New York: International Publication, 1982. p.257. Table 26.

[4] S. N. Nadel, *Contemporary Capitalism and the Middle Classes*. New York: International Publication, 1982. p.275.

相当于技师的二倍和工人的四倍。[1]

知识分子，特别是中下层知识分子，在资本主义发展过程中越来越感到自己处在纯粹的、被雇佣的工资劳动者的地位，他们感到自己的收入与工人没有什么差别。因此，他们开始考虑通过工资劳动者的组织展开有效的行动来改善自己的地位，并建立自己的斗争讲坛。这时，工人阶级早已建立的工会组织给他们很大的启发。在美国、英国、法国和其他资本主义国家，出现了若干自由职业者的组织，他们的组织形式既有工会、科学协会一类的协会组织，也有自由职业者协会。

但是，知识分子在这种活动中也表现出动摇性，他们时常讨论一个问题，即他们是参加行业的工人工会呢，还是自己独立组织工会？美国的工程师就曾经讨论过，他们是组织工程师自己的工会呢，还是参加一般的工会？25%对此作出答复的《工业研究》杂志的读者对加入工会持赞成态度，75%的答复者对加入工会持否定态度。[2]工程师不愿意加入一般工人工会的根本原因是担心这样会降低他们的身份。在法国，技师通常在行业工会中单独组成一个自治的集团，遵循独立于工人阶级的工会准则。他们在活动中有时甚至采取与最大的法国工会运动中心相对立的政策。他们的领导人为自己组织独立的活动辩解说，因为这些专家在雇主、经理和工人之间居于"中等地位"。雇主和经理对参加工会组织的技术专家持敌视态度，如拒不提升他们的职位，还可能把他们列入解雇的名单中，加上西方各国劳动市场上人员

---

[1] S. N. Nadel, *Contemporary Capitalism and the Middle Classes*. New York: International Publication, 1982. p.288. Table 34.

[2] S. N. Nadel, *Contemporary Capitalism and the Middle Classes*. New York: International Publication, 1982. p.307.

过剩和知识分子对于自由职业岗位的竞争，这些都是知识分子对于参加工会望而却步的原因。

在战后西方发达资本主义国家的社会结构中，一个引人注目的现象是以学生为代表的小资产阶级一度构成了批判资本主义制度、资产阶级国家的反动政策和资本主义文化的积极社会力量。在1964年至1968年期间，许多欧美国家爆发了此起彼伏的学生运动，形成了一次浪潮。

1964年9月14日至12月8日，美国加利福尼亚大学伯克利分校校园爆发了学生运动。学生运动的主要领导人是哲学系学生马里奥·萨维奥。他说："这里存在着一种真正的矛盾，最终官僚控制了历史。因此，居民中有意义的部分无论是在校园内还是在校园外都被驱逐，而这些被驱逐的人并不打算接受这种与历史无关的观点。"[1]最初伯克利的学生示威，只不过是对限制使用下流词语的虚伪的资产阶级文明表示抗议。而后学生运动转而反对美国政府对越南采取的侵略和战争政策。这时学生运动发展到一个高峰，学生占领了哥伦比亚大学等美国大专院校，要求结束越南战争，同当局激烈对抗。

1967年6月，联邦德国激进的"社会主义学生联盟"领导了大规模的学潮，抗议伊朗国王的访问，学生运动使许多大学的工作陷于瘫痪。在"社会主义学生联盟"的领袖鲁迪·杜舒克遭到谋杀后，1968年4月11日，学生运动进一步发展，学生的要求从对大学进行改革进

---

① Alain Schnapp and Pierre Vidal-Naquet, *The French Student Uprising, November 1967-June 1968: An Analytical Record.* Boston: Beacon Press, 1971. p.2.

而发展为取消现行政体、成立学生和工人苏维埃。

1968年4月，美国哥伦比亚大学爆发学潮，激进的"学生争取民主社会组织"占领了大学图书馆，袭击校长办公室。在数百名学生被逮捕和驱逐以后，其他高等学校发生了同样的骚乱和造反运动。1970年5月，四名学生在俄亥俄肯特州立大学被国民警卫队枪杀。学生炸毁了校园内后备军官训练团中心，赶走中央情报局的征兵人员，并且要求高等院校实行公开录取制度。

20世纪60年代的学生运动在法国规模最大，最引人注目，甚至发展到和工人运动相结合的程度，动摇了法国资产阶级的统治地位。这就是1968年3月到6月间发生在法国的"五月风暴"运动。

1968年3月22日，法国巴黎大学农泰尔学院学生举行集会，抗议政府逮捕因反对美国侵略越南战争而向美国在巴黎的产业扔炸弹的学生。此后，又相继发生了学生抵制考试、未经许可学生便举行集会的风潮。后来，左翼和右翼学生之间发生争吵，导致警察干预。5月3日，当局派来警察纠察队对几百名学生进行镇压。当天深夜，大学生在拉丁区内建筑了街垒，与前来镇压的政府军队展开了巷战，政府的镇压使示威学生人数越来越多，很多中学生也加入了大学生的队伍。要求改革教育制度的几千名学生与警察发生冲突，几百人在冲突中受伤，600多人被捕。随后，巴黎数万学生和教员举行示威游行。5月12日，索邦学院的学生占领校园，成立行动委员会。几天之内，法国各地的学生发动总罢课，占领了全国所有的大学和许多中学。学生运动开展以来以后，法国工人阶级表示积极支持。

5月13日是法兰西第五共和国成立十周年的纪念日。在这一天，学生运动形成了一个高潮。在工会的领导下，六七十万人在巴黎举行了游行。随后，南特飞机工厂的工人发动罢工，占领了工厂。罢工工人占领工厂的浪潮席卷了整个法国。到5月下旬，全国有900万至1000万工人参加了罢工，也就是说，几乎全部法国工人都参加了罢工。5月底，法国已临近内战和革命的边缘。学生行动委员会在其标语中写道："革命不仅是对资本主义社会，也是对工业文明开端的挑战"，"消费社会不得好死，异化社会不得好死，我们要一个新的独创的世界"，"不要改变雇主，而要改变生活的被雇佣"。

法国参加学生运动的学生感到在发达资本主义条件下，学校成为资本主义制度训练它所需要的知识分子的工具，学生成为一种劳动商品，忽略了学生的需要和具体欲望，大学的批判功能和文化功能消失了。支持学生的工人群众则感到自己和学生一样成为资本主义制度的牺牲品，社会窒息了他们的创造性，他们要求控制生产过程和在工作中负责，要求获得以自治为中心的管理权。①这样，在法国的"五月风暴"中，两种社会阶级力量联合起来了，它们构成了这场反资本主义运动的阶级力量。诚然，批评法国"五月风暴"运动的人指出，当时学生领袖有着资产阶级的家庭背景，参加这场运动的学生组织不同程度地受到极"左"的无政府主义倾向的影响，学生运动的社会思想来源较为复杂。但"五月风暴"在思想上和政治上对资本主义社会的批判和挑战却是毫无疑义的。

---

① 徐崇温：《"西方马克思主义"》，天津人民出版社1982年版，第3—4页；另可参阅〔法〕雅克·夏普萨尔、阿兰·朗斯洛：《1940年以来的法国政治生活》，全康康译，上海译文出版社1981年版，第595—596页。

在"五月风暴"中，法国政府曾调集数万名宪兵警察，并调动坦克和伞兵部队到巴黎近郊，对工人和学生进行镇压。学生和工人则设置了街垒。革命和内战已迫在眉睫。5月30日，法国右翼发动了100万反共者向戴高乐为首的资产阶级政府举行了游行示威，而戴高乐发表言辞激烈的反共演讲和答应举行新的选举，最终恢复了法国资本主义社会秩序。①这也反过来说明了"五月风暴"的性质。

目前，国内对"五月风暴"这一课题的研究和整个20世纪60年代西方学生反抗运动的研究均未充分展开。如果不是从单纯思想史和理论史的角度去讨论它，而是从社会结构史即阶级关系的角度去研究它，1968年法国的"五月风暴"确实是发人深思的。因为当时法国的学生与工人中的体力劳动者以及白领联合起来展开了斗争，而和以往资本主义社会发生的民主运动一样，学生再次充当了批判和斗争的先行者。包括法国"五月风暴"在内的20世纪60年代的学生运动和工人运动，成为20世纪资本主义社会内部爆发的最大规模的反抗运动。谁能说未来西方资本主义社会内部发生的反对资本主义制度的阶级斗争，不会采取工人阶级、小资产阶级以及白领的联盟的形式呢？②

---

① 徐崇温：《"西方马克思主义"》，天津人民出版社1982年版，第7—8页。

② 纳德尔认为，在目前反对垄断资本主义和帝国主义，争取和平民主和社会进步的斗争中，必须给予工人阶级和中等阶层在城乡的联盟以应有的地位。加强和拓宽这种联盟是工人阶级运动的一个主要任务。这些中等阶层与工人阶级运动力量的汇合，以及他们合作的发展，会限制垄断的社会基础。（S.N.Nadel, *Contemporary Capitalism and the Middle Classes.* New York: International Publication, 1982. p.7.）

# 第五章
# 白　领

　　第一次世界大战以前，德国产业工人人数出现了下降的趋势。从1895年到1925年，德国工业部门中雇佣的工人在劳动力总数中的比例从56.8%下降到45.1%，而且出现了一个新的阶层——白领工薪职员，他们包括办公室人员和专业人员。首先注意到这个新的社会现象并展开研究的是埃米尔·莱德勒，他是一个著名的社会学者，当时在主编《社会学与社会政策档案》。1912年，莱德勒在一篇论文中把这个集团称为"新中等阶级"。他当时主要是根据这个集团的自我评价和他人的评价来确定这个阶层的。[1]在那以后的一个世纪，白领并没有消失，反而数量不断增加，成为西方社会结构中一个重要的引人关注的部分。应当说，白领是一个由不同成分构成的混合体，把它列为一章并不科学。但由于这一概念已司空见惯，同时出于讨论和引用数据方便起见，这里仍列为一章加以叙述。

　　白领出现于19世纪后期。1850年至1880年，英国公司内部职员人

---

　　① ［美］丹尼尔·贝尔：《后工业社会的来临——对社会预测的一项探索》，高铦、王宏周、魏章玲译，商务印书馆1984年版，第80—81页。

数还不多，尚未形成一个独立的阶层。麦尔斯·布思在1896年出版的《伦敦民众的劳动和工作》一书中指出，由于职员承担的工作无法被其他人取代，职员和雇主的关系比较密切也比较重要。[1]根据《职员杂志》1888年6月的报道，1861年利物浦的职员为3292人，1855年曼彻斯特的职员为2565人，1871年伦敦的职员为2600人，1873年纽卡斯尔的职员为576人，1883年伯明翰的职员为284人，1878年贝尔法斯特的职员为150人，1873年都柏林的职员为242人，1886年格拉斯哥的职员为426人，1862年里兹的职员为159人，1887年加的夫的职员为168人。[2]随着工业生产规模的扩大和公司的发展，职员在工人中的比例逐渐增加。在英国，1851年职员占全部劳动力的0.8%，1901年为4%，1957年为10.5%，1981年为16.9%。[3]在英国制造业中，1931年被雇佣的劳动者为6330118人，职员为424332人，职员占整个行业雇佣劳动者的6.7%。1930年，在大企业中任职的职员占全部劳动者的11.9%，1949年这一比例上升到16.6%。[4]在职员人数和比例增长的同时，女职员在职员中的比例也在增长。1851年，英国的女职员在职员中仅占0.1%，1901年这一比例增加到13.4%，1951年女职员占职员人数的59.6%，1981年这一比例上升到74%。[5]

---

① David Lockwood, *The Blackcoated Worker: A Study in Class Consciousness*. Oxford: Clarendon Press. 1989. p.20.

② David Lockwood, *The Blackcoated Worker: A Study in Class Consciousness*. Oxford: Clarendon Press. 1989. p.34. Footnote 1.

③ David Lockwood, *The Blackcoated Worker: A Study in Class Consciousness*. Oxford: Clarendon Press. 1989. p.222.

④ David Lockwood, *The Blackcoated Worker: A Study in Class Consciousness*. Oxford: Clarendon Press. 1989. p.74.

⑤ David Lockwood, *The Blackcoated Worker: A Study in Class Consciousness*. Oxford: Clarendon Press. 1989. p.221. Table.

1881年英格兰和威尔士商业部门和工业部门中有职员181457人，1911年增加到477535人。银行业的职员从1881年的16055人增加到1911年的40379人。保险业的官员、职员和代理人从1881年的15068人增加到1911年的99928人。[1]1911年，英国职员的总数为88.7万人，占人口的4.84%；1921年为130万人，占人口的6.72%；1931年为146.5万人，占人口的6.97%；1951年为240.4万人，占人口的10.68%。1951年的职员人数是1911年的271%。[2]1971年职员的数量为347.9万人，占人口的13.9%；1981年为376.1万人，占人口的14.8%。[3]根据对1%的居民用随机取样的方法调查的结果，1985年职员占人口的21.4%，较之1981年又有所增加。[4]

在瑞典，制造业中雇佣的白领从20世纪50年代初到60年代末也在增加。1950年制造业中技术人员为2.9万人，工头为3.1万人，办公室工作人员为7.4万人；1960年技术人员为4.6万人，工头为3.9万人，办公室工作人员为10万人；1965年技术人员为6.3万人，工头为4.4万人，办公室工作人员为12.8万人；1969年技术人员为7.1万人，工头为4.1万人，办公室工作人员为12.5万人。[5]

二战以后，随着白领队伍的扩大，妇女在秘书和销售人员中的比例上升，这在英国尤其突出。在英国，妇女在白领中占的比例从1911

---

① Guy Routh, *Occupation and Pay in Great Britain, 1801—1981.* London: Macmillan, 1987. p.24. Table 2.3.

② Guy Routh, *Occupation and Pay in Great Britain, 1801—1981.* London: Macmillan, 1987. pp.28—29. Table 3.1.

③ Guy Routh, *Occupation and Pay in Great Britain, 1801—1981.* London: Macmillan, 1987. p.38. Table 4.2.

④ Guy Routh, *Occupation and Pay in Great Britain, 1801—1981.* London: Macmillan, 1987. p.83. Table 5.16.

⑤ Richard Scase, ed., *Readings in the Swedish Class Structure.* Oxford: Pergamon Press, 1976. p.165. Table 14, Table 15, Table 16.

年的30%上升到1961年的45%。

美国白领雇员的人数增长较快。1900年为511.5万人，1910年为796.2万人，1920年为1052.9万人，1930年为1432万人，1940年为1608.2万人，1950年为2160.1万人，1960年为2724.4万人，1970年为3613.1万人。研究者认为，1969年美国白领和体力劳动者数量相等，均占全部劳动力的48%，只是成年体力劳动者与非体力劳动者的比例是54：41。[1]目前，非体力劳动者构成了美国最大的职业群体。

战后，西欧各国白领和非体力劳动者占全部劳动者的比例尚未达到美国的水平，但白领的比例在增长。在法国，自由职业者、高级雇员和雇员占全部劳动力的比例从1962年的24%增加到1968年的30%。在意大利，这一比例在1954年为9%，1963年为14%，1973年为20%。在德国，这一比例从1962年的30%增加到1972年的40%。在英国，自由职业者、技术人员、管理人员、经理等文职雇员从1951年占全部劳动力的21%上升到1961年的24%，1971年这一比例又上升为33%。在绝大多数地方，白领工人的增加是伴随着体力劳动者数量的下降而发生的。[2]

1968年，法国包括技师在内的中级管理人员占劳动力的9%，而专业工程师只占劳动力的1%。1970年，德国的工程师、技师和专业技术人员占劳动力的5%。1971年，英国低级专业技术雇员占职业人口的7%。在六个国家中，白领工人构成了最大的白领职业群体，他

---

[1] Anthony Giddens, *The Class Structure of the Advanced Societies*. New York: Harper&Row. 1975. pp.178—179. See Colin Crouch and Alessandro Pizzorno, eds., *The Resurgence of Class Conflict in Western Europe Since 1968*. Vol. 2. London: Macmillan, 1978. p.57.

[2] Colin Crouch and Alessandro Pizzorno, eds., *The Resurgence of Class Conflict in Western Europe Since 1968*. Vol.2. London: Macmillan, 1978. p.57.

们占非体力劳动雇员的大约一半（不包括销售人员）。<sup>①</sup>

19世纪末到20世纪上半叶，与蓝领工人相比，白领要求有较高的技能，而这些技能不是从工作岗位上获得的，而是从学校中获得的。因此，要求白领有较好的受教育程度。对于白领来说，教育已经代替了财产的作用，成为他们社会地位的保证，接受过高中或职业学校的正规教育成为对白领的基本要求。根据20世纪上半叶的资料，1940年美国白领平均受教育的年限为12.4年，而企业家为8.4年，经理为10.8年，商人为9.9年，普通工人为8.2年，农场主为7.6年，农业工人为7.3年。与上述其他职业相比，白领职员所受的教育是最好的。白领的受教育程度仅次于自由职业者（受教育年限为16.4年）、领薪职业者（受教育年限为14.9年）。许多办公室职员的受教育程度甚至常常优于他们的上司。白领的受教育程度是他们受社会尊敬的资本，也是他们向上提升、追求名望的资本。

白领与地位居于他们之上的企业家保持密切的社会联系，也与管理集团的上层保持着密切联系。早期的工头、办公室人员通常被看作企业家的助手和学徒。白领与企业家或经理往往保持着密切的私人联系。在现代大型企业和公司中，与工人相比，白领与上层有更多的联系，他们希望有朝一日能跻身于中等阶级的行列。

白领的工作需要更多的脑力劳动，而较少花费体力。他们看起来好像是按照自己的意愿并根据自己的决定来工作，似乎具有更高的自主性和自由度，而不像生产线上的工人那样，为劳动秩序所严格束缚，因此显得比蓝领优越。职业使白领能在工作时穿着与平时上街时

---

① Colin Crouch and Alessandro Pizzorno, eds., *The Resurgence of Class Conflict in Western Europe Since 1968*. Vol. 2. London: Macmillan, 1978. pp.57—58.

一样的服装，而无须穿工作服。白领也愿意花较多的钱用于购买服装，以显示自己较高的社会地位。在美国，由于白领的地位较为优越，白人在白领中占了极大的比例，远高于其他职业领域。1940年，白人占美国白领的99.5%，而同年，白人占自由业主的90%，占城镇普通工人的87%，占农村工人的74%。[①]

在19世纪末和20世纪初，美国白领雇员的待遇比蓝领工人要高得多。1890年，白领雇员的平均收入大约是普通工人的两倍。从那时起到第一次世界大战为止，领取薪金的白领雇员的收入不断上升，而蓝领工人的收入由于受经济萧条的影响，在第一次世界大战前增长得一直很缓慢。在这一阶段，由于对白领的需求增加，受过高等教育的人拥有大量白领行业的就业机会。第一次世界大战期间，战时生产的需要使得白领和蓝领工人的收入得到迅速提高。由于工会的积极努力和蓝领得到更多的加班费，蓝领工人收入增加的幅度比白领雇员大得多。1920年，蓝领工人与白领工人之间的收入差距已经缩小。例如，在美国制造业中，1900年白领的工资比蓝领高出140%，到1920年，白领雇员的薪金收入只比蓝领工人高出65%。20世纪30年代以前，就业率最低的年份是1921年，这时蓝领工人受到的打击大于白领雇员，制造业工人的平均工资降低了13%，而白领的薪金下降了不到3%，白领在就业和收入上的优越性依然存在。1929年到1933年，在大萧条的沉重打击下，美国一些工业部门工人的平均工资降低了33%，但白领的薪金仅降低了20%，大萧条对蓝领工人的打击比对白领的打击要大。这样，白领与蓝领之间收入的差距有所增加。1929年白领的薪金

---

① ［美］C.莱特·米尔斯：《白领：美国的中产阶级》，周晓虹译，南京大学出版社2006年版，第280—283页。

比普通工人高出82%，1933年白领的薪金比普通工人高出118%。①

20世纪30年代，美国保持了较高的失业率。1933年失业率达到最高点，大约有1280万工人没有工作，靠救济金为生，失业的劳动者占全部劳动力的25%。当时，白领也无法避免失业危机的影响。但是，白领的失业率比蓝领要低得多。1930年约有4%的白领失业，而熟练工人和半熟练工人的失业率为10%，城市非熟练工人的失业率达到13%。到第二次世界大战前夕的1937年，有11%的白领和售货员失业或去做临时工，同期城市普通工人的失业率在16%至27%左右。也就是说，到二战前夕，美国白领工作的稳定性和优势已经削弱。②但是，这个时期白领雇员的就业一直比蓝领工人更有保障，原因在于白领工作有其特殊要求。在办公室工作尚未实现自动化的时候，一个胜任工作的白领职员需要经过很久的训练，所以雇主不愿意让训练有素的白领轻易离开。而这个因素随着办公自动化的发展而不断削弱。办公自动化使越来越多的白领的工作变得刻板和简单，只要是接受过普通教育的人都能很快胜任白领职员的工作，越来越多的人能够胜任办公室简单的工作。因而，雇主可以轻易地更换白领职员，白领失业的可能性增加了。

从1939年到1948年，美国白领对于蓝领工人的收入优势已大大削弱。例如1939年，办公室男性职员比男性半技术工人的收入高40%，但到1948年仅高出9.5%。男售货员在1939年的收入比男性半技术工人高出19%，而到1948年仅高出4%。办公室女性职员的收入1939年比

---

① ［美］C.莱特·米尔斯：《白领：美国的中产阶级》，周晓虹译，南京大学出版社2006年版，第315—316页。

② ［美］C.莱特·米尔斯：《白领：美国的中产阶级》，周晓虹译，南京大学出版社2006年版，第316—317页。

半技术性女工高出68%，而到1948年仅高出22%，到1948年，女售货员的收入已低于半技术性女工的收入。[①]

第一次世界大战前的1900到1914年，英国年收入超过160英镑（相当于周工资超过61先令6便士）的职员在所有职员中的百分比，1909年在保险业中为46%，在银行业中为44%，在文官中为37%，在地方政府中为28%，在工商业中为23%，在铁路业中为10%。而根据鲍利的计算，1906年作为体力劳动者的纺织工人的收入为每周22.9先令，煤矿工人为31.5先令。有统计资料表明21岁以上的体力劳动者平均每周收入为29先令。[②]也就是说1914年以前，英国成年职员的收入与熟练工人相差不大[③]。但是，职员的社会地位比蓝领工人要优越。1916年《职员》杂志中的文章评述说，尽管职员的经济地位并不优越，但他们仍享有体力劳动者无法享受到的经济优势。例如，他们的就业比较稳定，工资周期性地增加，在生病和休假期间仍付工资，劳动时间比较合理，并且，他们中的一些人在退休时有养老金。[④]20世纪30年代大萧条时期，英国职员固然无法避免失业的威胁，但是失业的职员通常可以在降低条件之后找到再就业的机会，职员不如工人在大萧条中遭到的打击那么大。[⑤]1931年，英国失业的男性职员占同类

① ［美］C.莱特·米尔斯：《白领：美国的中产阶级》，周晓虹译，南京大学出版社2006年版，第316页注1。

② David Lockwood, *The Blackcoated Worker: A Study in Class Consciousness*. Oxford: Clarendon Press. 1989. pp.42—43.

③ David Lockwood, *The Blackcoated Worker: A Study in Class Consciousness*. Oxford: Clarendon Press. 1989. p.67.

④ David Lockwood, *The Blackcoated Worker: A Study in Class Consciousness*. Oxford: Clarendon Press. 1989. p.40.

⑤ David Lockwood, *The Blackcoated Worker: A Study in Class Consciousness*. Oxford: Clarendon Press. 1989. p.68.

职员总数的5.3%，而整体的失业率为12.7%。失业的女性职员占同类职员总数的4.3%，而女性失业工人的比例为8.6%。职员的失业率在20世纪30年代初低于体力劳动者。[①]

关于职员的社会来源，学者经研究认为他们主要来自职员、中等阶级和熟练工人家庭。1907年英国全国职员联盟主席曾说，"有一个规律，即职员来自中等阶级。一个中等阶级家庭如果有两个儿子，那么一个会去做教师，另一个去做职员"。这表明20世纪初职员主要来自中等阶级，后来开始有工人进入职员队伍，但他们通常是体力劳动者的后代。一部研究20世纪二三十年代利物浦的著作说，"职员的来源是混杂的，他们中许多人是职员的后代，少数男性和多数女性职员出身于自由职业者阶层，但是绝大多数职员特别是男性职员是店主、店员、保险代办所职员、学校教师的后代，或者是工人阶级中熟练和半熟练工人的后代，后一部分占职员很大的比例"。从当时的社会标准来看，熟练工人的儿子去做职员被看作是一种提升[②]。

1947年，根据伦敦经济学院和劳工部对英格兰和威尔士的708名职员的调查，这些男性职员中，自由职业者和下层自由职业者的后代占7%，小实业家一类的后代占17.3%，办公室工作人员的后代占10.3%，推销员的后代占6.1%，店主的后代占1%，工头的后代占16.9%，熟练体力劳动者的后代占29%，半熟练工人的后代占5.2%，

① David Lockwood, *The Blackcoated Worker: A Study in Class Consciousness*. Oxford: Clarendon Press. 1989. p.55.

② David Lockwood, *The Blackcoated Worker: A Study in Class Consciousness*. Oxford: Clarendon Press. 1989. p.107.

非熟练工人的后代占6.6%。<sup>①</sup>从上述调查来看，职员中大约1/3出身于中等阶级下层，40%出身于工人阶级。

一些调查资料也涉及到职员的自我认同。根据1952年博纳姆的调查，当问到被调查的职员如何看待自己的阶级属性时，72%称他们是中等阶级，24%认为他们是工人阶级。1956年洛克伍德进行调查时，71%被调查的职员把自己划为中等阶级，25%把自己划为工人阶级。在马丁进行的调查中，65%的职员认为自己属于中等阶级，32%把自己划为工人阶级。从英国大选时职员的政治态度来看，1945年大选时，53%的职员选民支持保守党，47%支持工党。<sup>②</sup>

**表14　法国1980年公营部门和私营部门职工每月净收入一览表**<sup>③</sup>

（按社会职业类别计算，单位：法郎）

| | 公营部门 | 私营部门 |
|---|---|---|
| 高级干部 | 7870 | 11880 |
| 其中教员以外的职工 | 8600 | |
| 中层干部 | 4960 | 5920 |
| 其中教员以外的职工 | 5210 | |
| 工长 | 4750 | 5550 |
| 职员 | 3590 | 3610 |
| 工人 | 3800 | 3330 |
| 全体职员平均工资 | 4900 | 4160 |
| 最低保证工资 | 2684 | 2128 |

---

① David Lockwood, *The Blackcoated Worker: A Study in Class Consciousness*. Oxford: Clarendon Press. 1989. p.108.

② David Lockwood, *The Blackcoated Worker: A Study in Class Consciousness*. Oxford: Clarendon Press. 1989. p.127.

③ ［法］弗朗索瓦·德克洛泽：《多多益善——法国社会生活内幕》，张庚辰译，世界知识出版社1984年版，第238页。

第二次世界大战以后，由于社会大规模扫盲识字和教育的普及，使得更多的人适宜从事白领工作，这样便消除了非体力劳动部门人力缺乏的现象，许多国家中体力劳动者与非体力劳动者之间经济收入存在较大差别的现象在某种程度上消失了。此外，由于微机的使用和办公自动化的实现，秘书从手写工作中解放出来，降低了秘书工作的复杂程度，较为简单的秘书工作可以交给更多的女性去承担。[1]进入白领阶层的要求也降低了。白领再也无法垄断自己的职业，相反，白领越来越接近蓝领的地位，并且常常像普通工人一样加入失业工人大军。这样在欧美诸国，一般职员的工资下降到与工人工资相近的水准。例如在法国，从20世纪60年代起，一般职员的收入接近工人的收入（见表15）。1980年在法国私营部门，职员的收入尚比工人高，但在国营部门，职员的收入已低于工人的收入（表14）。

**表15　法国各大社会职业类别月工资收入变化一览表（单位：法郎）[2]**

|  | 1950年 | 1955年 | 1960年 | 1965年 | 1970年 | 1975年 | 1980年 |
|---|---|---|---|---|---|---|---|
| 高级干部 | 660 | 1400 | 2200 | 3230 | 4550 | 7410 | 11880 |
| 中层干部 | 335 | 650 | 1090 | 1540 | 2220 | 3615 | 5920 |
| 职员 | 235 | 355 | 550 | 790 | 1160 | 2090 | 3610 |
| 工人 | 190 | 310 | 480 | 690 | 1020 | 1885 | 3330 |
| 总平均 | 225 | 344 | 610 | 895 | 1340 | 2455 | 4160 |

第二次世界大战以后，从事办公室工作的白领工人的收入相对减少，但是，白领工人在工作安全方面仍然具有优越性。尽管某些

---

[1] David Lockwood, *The Blackcoated Worker: A Study in Class Consciousness.* Oxford: Clarendon Press. 1989. p.55.

[2] ［法］弗朗索瓦·德克洛泽：《多多益善——法国社会生活内幕》，张庚辰译，世界知识出版社1984年版，第109页。

体力劳动者的劳动条件在改善，但非体力劳动者的劳动条件仍然优于后者。白领工人与体力劳动者的收入模式完全不同。前者的年收入逐渐提高，而后者的收入则呈下降趋势。此外，白领工人被提升的机会很多，而体力劳动者则享受不到这种机会。在英国，非熟练体力劳动者的收入在30岁左右达到顶点，以后逐年下降，到退休时工资约下降15%—20%。熟练体力劳动者收入的顶点比非熟练工人要迟10年，到退休时约下降10%—15%。体力劳动者比非体力劳动者每周工作时间要长。1968年，英国的体力劳动者每周工作44小时，而白领工人每周工作38小时。白领中有相当一部分人还可以得到一些附加利益，如年金和病假工资。在多数西方国家中，这些工人因为参加病假支付工资体制，还可以部分减免征税。1961年英国有81%的白领工人加入病假支付工资体制，而只有33%的体力劳动者加入这个计划。

在西方各国，职员和白领工人也组成了工会。但是，各国白领工人参加工会和组织工会的比例相差很大。[1]而且，由于白领本身就是包含众多复杂成分的概念，白领工会的性质也就相差很大。

1951年，英国五个最大的职员工会组织共有会员45万人，其中文官职员协会的会员占这批会员总数的34%，全国和地方官员协会占上述会员总数的29%。运输业工薪职员协会的会员占上述会员总数的20%。职员和行政人员协会的会员占上述会员总数的9%。全国银行雇员协会的会员占上述工会会员总数的8%。英国的助理职员协会成立于1904年，它以反对低工资和恩赐官职为目标，后来于1920年重

---

① Anthony Giddens, *The Class Structure of the Advanced Societies*. New York: Harper&Row, 1975. p.188.

组。银行职员协会是1917到1918年在设菲尔德建立的，后将总部移至伦敦，1921年共有会员2.8万人，占银行职员的1/2。[①]全国地方职员协会于1905年成立，成立时有5000人参加。到1955年，这个协会的会员增加到23万人。[②]英国的职员工会通常都宣称自己是真正的工会组织，旨在改善其成员的经济地位。除全国地方政府官员协会外，其他职员工会都被要求加入全国工会大会。但这类工会斗争形式比较温和，它们通过仲裁机关来解决争端，并且倾向于不采取罢工的斗争方式。[③]一位学者在论及英国技师工会时说：

> 技师工会的历史表明，这一类型的工人有着强烈的身份意识……诉诸工会主义的阶级概念对他们产生的影响微乎其微。

瑞典是一个蓝领工人具有高度组织性的国家，并且在这个国家中，白领工人也具有相对来说较高的工会组织率。而在英国，白领则表现出较低的工会组织率。[④]

法国是一个很独特的国家，早期非体力劳动者与体力劳动者密切地结合在同一个工人运动中。早期的店员和职员工会在政治上很激进，在1895年法国总工会创立时起了积极作用。在1919年和1936年总罢工中，白领工会在公开的劳资冲突中起过积极作用。第二次世界大战以后，法国的白领工会和体力劳动者工会都发生了分裂，按照意识

① David Lockwood, *The Blackcoated Worker: A Study in Class Consciousness.* Oxford: Clarendon Press. 1989. pp.176—177.

② David Lockwood, *The Blackcoated Worker: A Study in Class Consciousness.* Oxford: Clarendon Press. 1989. p.184.

③ David Lockwood, *The Blackcoated Worker: A Study in Class Consciousness.* Oxford: Clarendon Press. 1989. p.195.

④ Anthony Giddens, *The Class Structure of the Advanced Societies.* New York: Harper&Row. 1975. p.188.

形态分别为共产党、社会党和基督教组织领导。①

　　一般说来，西方各国的白领对待集体组织和活动的态度与体力劳动者有很大差别。白领和蓝领工会的历史经验完全不同，早期的非体力劳动者集团是一个人数不多的有特权的集团，他们与雇主有密切联系，并被整合进资产阶级的市民社会之中，考虑到雇主的利益，他们在实践中和思想上抵制集体罢工等行动。到了当代，尽管许多白领雇员的地位已发生变化，但他们所属的工会仍有上述倾向。白领出于自己特殊的要求，以及由于白领对集体组织的活动的态度与体力劳动者不同，他们通常分开组织工会，而且白领和蓝领的工会常处于对立状态。米尔斯指出，白领工会在文化上和组织上较为落后。但晚近由于白领与雇主关系的变化，有的白领工会的态度也变得很激烈。②

　　对于白领和当代西方工人阶级的发展变化趋向，有两种不同的看法。一种看法认为，伴随着工人中白领工人的相对增加，以及技术变革对下层非体力劳动职业的影响，使得中等阶级社会到来了。这个社会中中等阶级的持续增加，削弱了或者说消灭了先前存在的阶级结构形式。或者说，由于每个人都成为中等阶级，社会便成为一个无阶级的社会。另一种看法则主要是由西方的马克思主义学者提出的，他们在白领工人阶层中看到一种分裂，白领工人分裂成两部分，一部分加入工人阶级队伍，从事程序化的工作，另一部分则从事较高层次的职业，加入上层阶级之中。③

---

　　① Anthony Giddens, *The Class Structure of the Advanced Societies*. New York: Harper&Row. 1975. pp.189—190.

　　② Colin Crouch and Alessandro Pizzorno, eds., *The Resurgence of Class Conflict in Western Europe Since 1968*. Vol.2. London: Macmillan, 1978. p.61.

　　③ Anthony Giddens, *The Class Structure of the Advanced Societies*. New York: Harper&Row, 1975. p.287.

在讨论当代资本主义社会的过程中，一批欧洲的特别是法国的新马克思主义理论家如拉多万·里克诺、塞尔日·马莱、安得烈·高兹、阿兰·图雷纳和罗歇·加罗迪，他们强调科学技术在改变工业结构中的决定性作用。他们提出的"新工人阶级"理论，主要是指技术高度发达的工业部门中的经理、工程师、技术人员和经过技术训练的体力劳动者。马莱和图雷纳认为，这些受过高水准教育的工人和他们的工会已经被整合进企业之中，工会的意识已经转到关心经营这些积极的问题上来。这些雇员意识到他们被异化，意识到他们在完全理性化的生产过程中的作用以及他们与资本主义阶级权力的矛盾。他们通常援引1968年"五月风暴"的经验，作为"新工人阶级"业已存在的证明，认为当时发达工业中的高级管理人员、技师和工人们在罢工中提出控制公司和公司的目标这样的新问题，这同传统的有组织的工人只是在斗争中提出经济要求存在很大不同。在英国，对于白领工人的讨论则和20世纪70年代末撒切尔上台以来工人运动遭到接连的挫折有关。1984年和1985年，英国矿工大罢工遭到失败。英国工党在1983年和1987年两次大选中受挫。面对有利于保守党的形势和英国工业区工人运动的衰落，以及在这以后英国的教师和文官在反对撒切尔政府政策的斗争中表现得比一些工人更为激进，英国一些关注工人运动的学者把研究的注意力转到白领身上，提出了建立一种广泛的民主联盟来反对撒切尔的战略。[①]

布雷弗曼在1978年出版的《劳动与垄断资本》一书中，提出了白

---

① Colin Crouch and Alessandro Pizzorno, eds., *The Resurgence of Class Conflict in Western Europe Since 1968*. Vol. 2. London: Macmillan, 1978. pp.61—62. 另可参阅［美］丹尼尔·贝尔：《后工业社会的来临——对社会预测的一项探索》，高铦、王宏周、魏章玲译，商务印书馆1984年版，第49—50页。

领"无产阶级化"的理论。他指出，资本对于劳动过程的控制，先前只限于工厂生产的范围内，现在则扩大到对官员工作的控制和对广大非体力劳动者的控制。如此一来，传统的非体力劳动者对体力劳动者的优势消失了。作为这种控制的结果，现在职员成为一大批同质的工人，他们失去了高超的技艺，工资较低，以至于他们彼此间的功能可以交换。[①]

苏联学者纳德尔则认为，白领阶层或小资产阶级化的工人群体的形成和发展，从一个方面反映了在反对资本主义的斗争中，一个工人阶级和小资产阶级的联盟已经形成，反映了工人阶级斗争的新格局。在目前反对垄断资本主义、争取和平民主和社会进步的运动中，必须给予工人阶级和中等阶级在城乡的联盟以应有的地位。加强和拓宽这种联盟，是工人阶级运动的一个主要任务。这些中等阶层与工人阶级力量的汇合以及他们合作的拓展，会削弱垄断的社会基础。[②]

---

① ［美］哈里·布雷弗曼：《劳动与垄断资本》，方生、朱基俊、吴忆萱等译，商务印书馆1978年版，第359页。

② S. N. Nadel, *Contemporary Capitalism and the Middle Classes*. New York: International Publication, 1982. p.7.

# 第六章
## 工人阶级

　　工人阶级是随着资本主义生产关系的形成而出现的阶级，它也随着资本主义的发展变化而发生变化。工人阶级的这种变化也反映在马克思不同时期著作的论述中。在19世纪40年代写作的《哲学的贫困》一书中，马克思在论及英国工业资本主义初期的发展时曾说："经济条件首先把大批的居民变成工人。资本的统治为这批人创造了同等的地位和共同的利害关系。所以，这批人对资本来说已经形成一个阶级，但还不是自为的阶级。在斗争（我们仅仅谈到它的某些阶段）中，这批人逐渐团结起来，形成一个自为的阶级。他们所维护的利益变成阶级的利益。"[1]但是，到马克思写作《资本论》和《剩余价值理论》时，在他笔下，工人的概念扩展了。他写道："工人单是进行生产已经不够了……只有为资本家生产剩余价值或者为资本的自行增殖服务的工人，才是生产工人。"[2]显而易见，马克思此时把工人的

---

　　[1] 中共中央马克思、恩格斯、列宁、斯大林著作编译局编：《马克思恩格斯选集》第一卷，人民出版社1972年版，第159页。

　　[2] 中共中央马克思、恩格斯、列宁、斯大林著作编译局译：《马克思恩格斯全集》第23卷，人民出版社1972年版，第556页。

概念扩大到超出产业工人和工厂雇佣劳动者的范围，涵盖了一大批根本不参加工业生产过程的人。马克思对"生产工人"的概念进而论述道："资本主义生产方式的特点，恰恰在于它把各种不同的劳动，因而也把脑力劳动和体力劳动，或者说，把以脑力劳动为主体的劳动或以体力劳动为主体的劳动分离开来，分配给不同的人。但是，这一点也不妨碍物质产品是所有这些人共同劳动的产品，或者说，并不妨碍他们共同的产品体现在物质财富中；另一方面，这一分离也丝毫不妨碍这些人中的每一个人对资本的关系是雇佣劳动者的关系，是在这个特定意义上的生产工人的关系。"①在《资本论》中，马克思还指出："为了从事生产劳动，现在不一定要亲自动手；只要成为总体工人的一个器官，完成他所属的一个职能就够了。"②很显然，马克思在这里使用的"工人阶级"的概念和"总体工人"的概念已超出了产业工人和体力劳动者的范围，包括了白领工人、各种服务机构的工作人员和一些管理人员。马克思对于工人阶级构成变化的这些论述，预见了20世纪西方资本主义国家工人阶级结构的变化。诚然，马克思对于生产性工人、非生产性工人以及"总体工人"的概念及其划分都没有来得及做进一步的论述，对白领工人及为管理机构服务的职员如何进行阶级分析和划分这些现实问题也未来得及研究。这些都需要我们根据马克思主义方法论，面对变化了的资本主义社会的实际情况加以研究解决。

在20世纪西方资本主义国家中，产业工人的数量并没有下降。

①　中共中央马克思、恩格斯、列宁、斯大林著作编译局译：《马克思恩格斯全集》第26卷上册，人民出版社1972年版，第444页。

②　中共中央马克思、恩格斯、列宁、斯大林著作编译局译：《马克思恩格斯全集》第23卷，人民出版社1972年版，第556页。

英国制造业中的产业工人1899年为449.6万人，1909年为625.6万人，1923年为818.7万人，1929年为836.1万人，1937年为855.3万人，1947年为1191.6万人。1947年英国制造业生产工人的人数约为1899年的三倍。①

从1900年到1970年，美国从事体力劳动和服务业的劳动者人数呈增长趋势。1900年为1302.7万人，1910年为1779.6万人，1970年为3694.7万人（14岁以上），其中体力劳动者的人数在1900年为1040.1万人，1910年为1423.4万人，1920年为1697.4万人，1930年为1927.2万人，1940年为2059.7万人，1950年为2426.6万人，1960年为2561.7万人，1970年为2735.6万人；服务业劳动者的人数1900年为262.6万人，1910年为356.2万人，1920年为331.3万人，1930年为477.2万人，1940年为606.9万人，1950年为618万人，1960年为759万人，1970年为959.1万人。瑞典的工人人数1930年时为119万人，加上店员共159万人；1965年工人人数为133万人，加上店员共184万人。②

在20世纪前50年，英国的熟练工人与半熟练工人的人数基本持平，而非熟练工人的人数有较大增长。1911年熟练体力劳动者为560.8万人，1921年为557.3万人，1931年为561.9万人，1951年为561.6万人，1971年为541万人，占人口的21.62%，1981年为447万人，占人口的17.59%。半熟练体力劳动者1911年为724.4万人，1921年为654.4万人，1931年为736万人，1951年为733.8万人，1971年为616.2万人，占人口的24.63%，1981年为612.1万人，占人口的24.09%。非熟练体

---

① ［美］哈里·布雷弗曼：《劳动与垄断资本》，方生、朱基俊、吴忆萱等译，商务印书馆1978年版，第215页。

② Richard Scase, ed., *Readings in the Swedish Class Structure*. Oxford: Pergamon Press, 1976. pp.155—156. Table 1, Table 2.

力劳动者1911年为176.7万人，1921年为274万人，1931年为311.5万人，1951年为270.7万人，1971年为312.5万人，占人口的12.49%，1981年为270.6万人，占人口的10.65%。在英国工人中，工头和监工的比例有较大幅度的增长。1911年这两类人为23.6万人，1921年为27.9万人，1931年为32.3万人，1951年为59万人。1951年的人数是1911年的2.5倍。[①]1985年根据对人口1%的随机取样调查的结果，熟练工人占人口的15.8%，半熟练工人占人口的20.5%，非熟练工人占人口的4.5%。[②]

在德国，根据1925年的人口普查数据，工人阶级为2178.9万人，城市中等阶级为615.7万人，中下层农民为659.8万人。在工人阶级中，从事工业和商业贸易的工人为1182.6万人，农业工人为260.7万人，家庭工人为13.8万人，佣人为132.6万人，领取社会救济金的为171.7万人，低级白领工人为277.5万人，低级职员及领取养老金者为140万人。[③]德国产业工人的数量远远超过了职员的数量。

欧美各国还存在着农业雇佣劳动者，但雇佣劳动力在农业劳动人口中只占很小一部分，而且，农业雇佣劳动者之间差异很大。这种差别一方面表现在他们的技艺水平、受教育程度和工资水平方面，另一方面表现在他们每年受雇佣的时间、支付工资的形式以及财产身份等方面。农业工人通常分为长期的和临时的，但各国在受雇时间上的划

---

[①] Guy Routh, *Occupation and Pay in Great Britain, 1801—1981*. London: Macmillan, 1987. pp.28—29. Table 3.1. P.38. Table 4.2.

[②] Guy Routh, *Occupation and Pay in Great Britain, 1801—1981*. London: Macmillan, 1987. p.83. Table 5.16.

[③] ［奥］威尔海姆·赖希：《法西斯主义群众心理学》，张峰译，重庆出版社1990年版，第8—9页附表。

分标准相差很大。

1970年，美国农业中使用了大约250万雇佣劳动者。其中56%的工人是一年中某个时期从事农业劳动，他们主要由学生和主妇构成，参加农业劳动是为了获取额外收入。1973年美国农业中使用了270万农业雇佣工人，这个数字比1970年高出20万人，当年被雇佣的人力占农业劳动力的33%，但其中只有27%的雇佣劳动力是农业工人。[①]

根据农业工人被雇佣时间的长短，可以把他们分成几类。第一类称日工，每年受雇于农业少于25天的劳动者属日工。1949年美国有日工163万，1954年为101.1万，1959年为141.2万，1961年为160万，1963年为173.5万，1970年为109.3万，1973年为108.5万；第二类是季节工人，每年受雇于农业的日数在29天至149天之间。这一类农业工人的人数略低于日工，1949年美国有季节工人154.3万，1954年为107.4万，1959年为136.5万，1961年为120.3万，1963年为116.3万，1970年为91.6万，1973年为108.5万；第三类农业工人为长期工人，每年受雇从事农业劳动的日数在150天以上。这类工人在1949年为96.7万，1954年为83.4万，1959年为80万，1961年为68.5万，1963年为69.9万，1970年为47.8万，1973年为66.8万。美国农业工人的异质特性还反映在童工在各类农业工人中的比重很大。例如，1970年，美国42%的日工和34%的季节工人是年龄在14岁至17岁的少年工人。年龄在10岁至13岁的儿童也经常被雇佣。从1949年到1970年，美国的日工减少了33%，季节工人减少了41%，两类工人的数量都呈下

---

① S. N. Nadel, *Contemporary Capitalism and the Middle Classes*. New York: International Publication, 1982. pp.140—141.

降趋势。[1]

欧洲各国农业也在不同范围内数量不等地短期雇佣劳动力。1974年，奥地利雇佣的农业劳动力占农业劳动力的14%，英国雇佣劳动力占农业劳动力的58%，丹麦和挪威雇佣的农业劳动力占农业劳动力的23%；法国雇佣劳动力占农业劳动力的21%；在联邦德国，雇佣农业劳动力占农业劳动力的14%；在瑞典，雇佣农业劳动力占农业劳动力的35%；1975年，意大利农业中使用的雇佣劳动力占农业劳动力的38%。[2]20世纪五六十年代，西欧和美国均出现了雇佣农业劳动力减少的倾向，但是，他们仍常见于资本主义大农场，这些大农场为市场提供了大量农产品。20世纪中期以后，欧美资本主义农业经营集中化的趋势很明显。例如，1968年，英格兰50%的农场生产的产品只占全部农产品的6%，而与此同时，12%的农场却生产了54%的农产品。大部分雇佣农业工人集中在较大的农场上。一般而言，农业集中化程度越高，雇佣劳动力在农业生产中的作用越大。

农业劳动者与工业工人的时薪始终存在较大差距。以英国为例，1949年农业工人每小时的工资为25.8便士，工业工人为37.4便士，农业工人的时薪相当于工业工人的69%。1954年农业工人每小时的工资为34.4便士，工业工人为51.1便士，前者为后者的67.3%。1959年农业工人每小时的工资为45.8便士，工业工人为70.8便士，前者为后者的64.7%。1964年农业工人每小时的工资为59.4便士，工业工人为95.5便士，前者为后者的62.2%。1967年农业工人每小时的工资为72.7便

---

① S. N. Nadel, *Contemporary Capitalism and the Middle Classes*. New York: International Publication, 1982. p.143.

② S. N. Nadel, *Contemporary Capitalism and the Middle Classes*. New York: International Publication, 1982. p.144.

士，工业工人为116便士，前者为后者的62.7%。1970年农业工人每小时的工资为90.6便士，工业工人为147.3便士，前者为后者的61.5%。[1]也就是说，英国农业工人与工业工人的工资始终保持着相当大的差距，而且这种差距始终没有太大的变化。但是在美国情况就不同了，农业工人与工业工人的工资差距不断拉大。1910年至1914年，美国农业劳动者的时薪为工业劳动者的67%；1975年美国制造业工人的时薪则是农业工人的2.7倍。[2]

在农业劳动者中，移民工人的待遇是最差的。他们工资低，每天劳动时间最长，每年能找到工作的时间很短，绝大多数属于季节工人。一位美国社会学家在著作中描绘了移民农业工人的劳动状况，他写道：每年收获季节之初，许多男工、妇女和他们的孩子便四处寻找工作，他们饥肠辘辘，干活时十分干渴，夜间栖息在小窝棚里或露天而居，许多移民和牛一起住在牛槛里。这位学者还指出，现在季节工人的情况和20世纪30年代初并无太大差别。[3]因为固定的农业工人在经济上具有稳定性和独立性，并且会为自己的权利而斗争，所以资本主义大农场主宁愿雇佣移民工人。官方统计资料表明，1949年至1965年间，移民工人人数相对稳定，大约在40万人左右。在美国，《塔夫特—哈特利法》不允许农业工人加入工会组织，也不允许他们集体与雇主签订协议，所以，直到20世纪60年代初，农业工人才开始组织工

---

[1] S. N. Nadel, *Contemporary Capitalism and the Middle Classes*. New York: International Publication, 1982. p.149. Table 18.

[2] S. N. Nadel, *Contemporary Capitalism and the Middle Classes*. New York: International Publication, 1982. p.149.

[3] S. N. Nadel, *Contemporary Capitalism and the Middle Classes*. New York: International Publication, 1982. pp.153—154.

会。[1]

应当说，从整体上看，欧美农业中使用雇佣劳动者的规模并不大。例如1974年联邦德国有21.85万个占地在10至20公顷的农场企业，它们共使用了1.4万名长期雇佣工人和3.3万名短期雇佣工人，相当于每个农场平均雇佣的农业工人仅为0.2人。[2]

有的学者认为，应当把年生产价值在2500美元以上的农场划为商业化农场，而把年收入低于2500美元的农场划为非商业性农场。据统计，1959年美国有163.8万个非商业性农场，1974年则只有61.7万个非商业性农场。这些农场的经营者有一些是年迈体弱、没有充分劳动能力的人，另一些是部分时间在自己农场上工作的人。这些人属于美国农村中的小资产阶级下层或半无产阶级。在美国230万个农场中，有2/3是小农场或微型农场，这些农场的劳动者属于无产阶级或半无产阶级。[3]

自19世纪中叶以来，就工人的经济地位而论，美国和西欧的共同趋势是工人的实际工资在上涨。工人也共享了一小部分经济发展的成果。1900年至1910年，美国雇佣劳动者的实际收入上升了22.4%，1910年至1920年，雇佣劳动者的实际收入增加了10.7%，1920年至1930年，雇佣劳动者的实际收入增加了24.1%，1940年至1950年，雇佣劳动者的实际收入增加了40.8%，1950年至1960年，雇佣劳动者的

---

[1] S. N. Nadel, *Contemporary Capitalism and the Middle Classes*. New York: International Publication, 1982. p.154.

[2] S. N. Nadel, *Contemporary Capitalism and the Middle Classes*. New York: International Publication, 1982. p.167.

[3] S. N. Nadel, *Contemporary Capitalism and the Middle Classes*. New York: International Publication, 1982. p.177.

实际收入增加了31.8%。从整体上说，工人阶级的收入在20世纪40—60年代增涨幅度较大，而在20世纪60年代中叶以后，这种增长逐渐减缓。1960年至1970年，雇佣工人的收入增加了13.2%，但从1970年到1980年，雇佣工人的实际收入减少了7%。[①]

1949年，美国中等水平的手艺工人的年收入为3125美元，1969年为8176美元，1978年为13583美元。工厂工人的年收入在1949年为2671美元，1960年为7059美元，1978年为11780美元。非农业粗工的年收入在1949年为1961美元，1969年为4614美元，1978年为4476美元。非家内服务人员的年收入1949年为2195美元，1969年为5086美元，1978年为5505美元。1949年农业工人的年收入为863美元，1969年为2513美元，1978年为2744美元。1949年农场主的年收入为1455美元，1969年为4869美元，1978年为7535美元。1949年属于白领工人阶层的销售人员的年收入为3028美元，1969年为8447美元，1978年为13061美元。1949年办公室职员的年收入为3010美元，1969年为7259美元，1978年为11909美元。[②]

20世纪70至90年代，西方工业化国家的非熟练工人的处境仍然非常艰难。美国各阶层的收入差距日益拉大，出现了数百万有工作的穷人。从1973到1993年，没有中学文凭的美国工人的实际工资从11.85美元降到8.64美元。20世纪70年代初，收入较高的5%的家庭的收入比收入最低的家庭的收入高10倍，收入差距呈现越来越大的趋势。在英国，甚至在最讲公平的瑞士也存在类似的趋势。

---

① Albert Szymanski, *Class Structure: A Critical Perspective*. New York: Praeger, 1983. p. 260. Table 7.9.

② Albert Szymanski, *Class Structure: A Critical Perspective*. New York: Praeger, 1983. p. 260. Table 7.9.

制造业就业机会的减少使工人受到更大的压力。从1978年到1990年，美国制造业的就业人员减少140万人。失去工作的一般都是非熟练工人，而当他们找到新工作时，收入通常低于原来的工资。中层管理人员也面临这种情况。一些大公司大量裁员，工业部门不能创造新的就业机会是造成工人困境的主要原因。在西欧，高失业率引发人们广泛关注。1969年到1973年，法国平均失业率为2.6%，如今失业率已接近10%。比利时的失业率20年来上升了三倍。德国目前有400万失业人口，达到该国30年代初以来最高的失业人数。①

一般说来，在欧美各国工人阶级中，妇女和移民的境遇是最差的，他们从属于不需要什么技术的行业或部门，就像在工业革命完成时期人们所熟知的、那些到英国充当无技术的基本劳动力的爱尔兰移民一样。在当代社会中，妇女劳动力从乡村流入城市的比例超过了男子。在比利时，20万妇女劳动力流入城市。在意大利，从1961年到1967年有73万妇女劳动力流入城市。在法国，从1954年到1969年有80万妇女劳动力流入城市。在欧美各国妇女几乎总是流向技术要求较低的工作岗位。

表16 1962—1975年法国非熟练工人在工人中的构成（%）

| | 1962年 | 1968年 | 1975年 |
|---|---|---|---|
| 法国人 | | | |
| 男 | 62.4 | 60.7 | 54.8 |
| 女 | 26.3 | 24.2 | 28.2 |
| 外国人 | 11.3 | 15.1 | 17 |

引自［法］弗朗索瓦·德克洛译：《多多益善——法国社会生活内幕》中译本，第289页。

---

① ［美］伊桑·卡普斯坦：《工人与世界经济》，载于《参考消息》，1996年6月23日。

移民工人也面临类似的问题。在法国，1967年和1968年移民工人为1254460人，占全部劳动力的6.3%。根据1968年的统计资料，移民在各个职业群体中所占的比例如下：在领班中为4.03%，在熟练工人中为8.67%，在半熟练工人中为10.36%，在非熟练工人中为21.62%。在联邦德国，1967年至1968年移民工人为1501409人，占全部劳动力的7%。在鲁尔区、黑森、巴登和符腾堡地区都有大量的移民。在法兰克福、慕尼黑、斯图加特城，移民占人口的17%。在法国，移民主要集中在巴黎地区、北方区、摩泽尔、罗纳——阿尔卑斯地区，尤其是里昂与南部地区，大约2/3的移民聚集在这里。[1]作为一个特别的工资劳动者阶层，妇女和移民工人能得到的通常是付薪较少和劳动条件较差的工作，由于进入劳动市场太迟，他们只能填补传统劳动力遗留下来的空隙。两位作者概括说，法国、德国、瑞士和英国的移民工人一般受雇于那些当地劳动力拒绝的工作岗位。在充分就业的条件下，本国人有机会找到薪水较高和条件较好的工作……移民只能找那些其他工人不愿干的工作。1968年，工资在贫困线以下的法国工人中，妇女占75%。1964年英国男工与女工的工资比率约为2：1[2]。韦斯特加德和雷斯勒在研究当代英国时指出，两性劳动力收入的差距在扩大，女性体力劳动者挣的钱比男性劳动者工资的一半稍多一点。职业金字塔最下层极端严重的不平等，加剧了阶级和职业的不平等。[3]

---

① Colin Crouch and Alessandro Pizzorno, eds., *The Resurgence of Class Conflict in Western Europe Since 1968*. Vol.2. London: Macmillan, 1978. p.74.

② Colin Crouch and Alessandro Pizzorno, eds., *The Resurgence of Class Conflict in Western Europe Since 1968*. Vol.2. London: Macmillan, 1978. p.91.

③ John Westergaard and Resler Henrietta, *Class in a Capitalist Society: A Study of Contemporary Britain.* London: Routledge, 1975. pp.101—106.

在美国，由黑人工人、波多黎各工人和墨西哥工人构成的低工资工人，以及没有参加工会组织的服务业工人，构成了工人的最下层。这些工人相对来说较晚才涌入城市，他们周期性的失业率相当高，被称为"底层阶级"。这类工人不仅出现在美国，在出现在其他发达资本主义国家中。例如，在英属西印度群岛的亚洲移民和在法属的阿尔及利亚移民均属这一类。吉登斯认为，"底层阶级"的出现与经济学家所说的双重劳动力市场有关，初级劳动力市场主要向白人工人提供高级的、具有稳定性的、收入较高、较为安全的、有流动机会和发展前途的职业；而二级劳动市场则缺少上述工作前景，只能提供收入较低的、工作条件差、发展前景较差的职业。而底层阶级只能流入二级劳动市场。①一些研究当代工人阶级的学者极其关注"底层阶级"的作用。美国学者约翰·莱格特对底特律的工人进行研究后指出，移民工人在那里表现出高度的"富于战斗性的平等主义"精神和"富于战斗性的激进主义"精神。②克劳齐和皮佐罗指出，过去15年的经济发展把一些新的工人群体整合进劳动力大军中，这就是青年、妇女、移民和来自乡村的工人。例如，法国工业化的发展集中在巴黎以外的地区；比利时的工业活动集中在佛兰德尔地区，而不是讲法语的南部；意大利南部的工业也有突出的发展。这些地区出现新的工人群体。在法国，发展起来的激进工人运动形式与工会传统并没有直接联系，罢工常常在小城镇周围位于乡村的小工厂中发生，一般而言，工会运动在这些地方不是很强大，

---

① Anthony Giddens, *The Class Structure of the Advanced Societies.* New York: Harper&Row, 1975. pp.217—220.

② Anthony Giddens, *The Class Structure of the Advanced Societies.* New York: Harper&Row, 1975. p.218.

1968年以后罢工常常采取强硬的方式。在这些工厂中，有相当数量的女工、移民工人、青年工人或非熟练工人，即在劳动力没有长期历史的地方，斗争的激烈程度往往超过其他地方。在意大利，情况与法国累似，激进的工人运动形式出现在那些没有较早为工业同化的工人如非熟练工人、青年工人、从南部来的移民工人以及没有参加工会的工人中。在比利时和西德，移民工人的活动也很引人注目，他们采取激烈的斗争行动，甚至等不及工会组织的批准。[①]

在研究当代西方资本主义社会中的工人阶级时，人们最关心的莫过于工人阶级中各个组成部分的政治态度的差异，以及富于斗争性的工人运动在不同历史时期中的起伏趋势。

利普塞特曾对工人阶级各个群体的政治态度进行过一个分析。他指出，在工人阶级各个职业群体中，渔民、矿工和伐木工人的收入最没有保障。在议会政党政治中，这些群体把多数选票投给左派。在全国或在国际市场上出售鱼类的渔民在世界各地均投票支持左派。挪威第一个工党议员便是由渔民区选出的，冰岛的渔民支持共产党。1913年在法国西部的投票中，渔民构成了强大的左翼群体，英国的渔民区是工党的据点。

在工人阶级各群体中，矿工是最容易失业的。在世界上任何地方，矿工都是左派的强大支持者。在英国1950年的选举中，全国矿工联合会支持的37名工党候选人均当选。在加拿大东部地区，唯一的一个社会主义者是由位于新斯科舍半岛的一个煤矿区选出的。在法国，煤矿井下工人80%的选票支持共产党控制的总工会，这一比例高于铁

---

① Colin Crouch and Alessandro Pizzorno, eds., *The Resurgence of Class Conflict in Western Europe Since 1968.* Vol.2. London: Macmillan, 1978. pp.18—19.

路、快运、公用事业、造船及汽车等部门的工人。在德国1933年的选举中和1950年劳资协议会的选举中，矿区给予共产党以强大的支持。

伐木工人的收入常受到周期性经济波动的巨大影响。瑞典的伐木区投票支持共产党的比例高于其他大工业中心。在奥地利1952年的省级选举中，85%的林业工人投票支持社会党。美国加利福尼亚和密执安州的投票表明，伐木区对左派候选人的支持高于其他地区。剪毛工与伐木工相仿，属于经济上无保障、社会上被隔离的职业群体。澳大利亚许多养羊的大牧场通常远离居民中心，剪毛工每年在牧场住一段时间，从事剪羊毛工作，他们具有流动性，从这个牧场流动到那个牧场。他们有强烈的群体意识，非常团结，政治态度激进，富于斗争性。

一般说来，经济不景气和失业率上升会使西方社会中像工党一类的左翼政党的选票增加。在英国，失业率愈高的地区，工党的得票率也愈高。甚至在以后很长一段时期内，失业率的高低都会对投票产生持续影响。1951年至1954年，芬兰失业率最高的地区共产党的得票率也最高。在德国，由于失业率的增加，1932年选举时共产党的得票率也有所上升。1956年法国的一项民意调查表明，共产党领导下的法国总工会的成员中，62%曾在过去某个时期失业过，而社会党工会中只有43%的会员在过去某个时期失业过，而天主教工人联合会的相应比例为33%。[①]一些学者还指出，对于工作条件的不满意也是促使工人斗争性加强的一个因素。工人在分工很细的大工厂中受到专横的纪律约束和控制，工作内容又是固定不变的，工人很少有机会产生工作

---

① ［美］利普塞特：《政治人，政治的社会基础》，刘钢敏、聂蓉译，商务印书馆1993年版，第184—186页。

兴趣和发挥创造能力。所以，管理愈专横、工作愈单调，工人就愈加不满。材料表明，工厂规模愈大（通常分工也愈细），工人就愈加左倾。1933年以前对德国大城市的投票研究发现，大工厂工人的比例越高，共产党的得票率也愈高。对美国印刷业的研究也发现，政治倾向与工厂大小之间有关系。一般说来，体力劳动者的技术愈高愈保守。[①]

关于到20世纪70年代为止欧美各国工人阶级反抗斗争的发展和变化趋势，有一些学者如阿兰、克劳齐和皮佪罗等，曾进行过一些综合性的研究。这里把他们拟出的两张表格摘录如下。

### 表17　1911—1965年英国各业工人罢工统计表

| 年份 | 当年开始的罢工次数 | 直接或间接介入罢工人数（千） | 损失劳动日合计（千） |
|---|---|---|---|
| 1911 | 872 | 950 | 10126 |
| 1912 | 834 | 1462 | 38225 |
| 1913 | 1459 | 664 | 10239 |
| 1914 | 972 | 447 | 9362 |
| 1915 | 672 | 448 | 2953 |
| 1916 | 532 | 276 | 2367 |
| 1917 | 730 | 872 | 5865 |
| 1918 | 1165 | 1116 | 5892 |
| 1919 | 1352 | 2591 | 34330 |
| 1920 | 1607 | 1932 | 28858 |
| 1921 | 736 | 1801 | 82269 |
| 1922 | 576 | 552 | 19850 |

---

① ［美］利普塞特：《政治人，政治的社会基础》，刘钢敏、聂蓉译，商务印书馆1993年版，第187页。

| 年份 | 当年开始的罢工次数 | 直接或间接介入罢工人数（千） | 损失劳动日合计（千） |
|---|---|---|---|
| 1923 | 628 | 405 | 10949 |
| 1924 | 710 | 613 | 8361 |
| 1925 | 603 | 441 | 8907 |
| 1926 | 322 | 1154 | 146298 |
| 1927 | 308 | 108 | 867 |
| 1928 | 302 | 124 | 1390 |
| 1929 | 431 | 533 | 8287 |
| 1930 | 422 | 307 | 4453 |
| 1931 | 420 | 490 | 7013 |
| 1932 | 389 | 379 | 6435 |
| 1933 | 357 | 136 | 1024 |
| 1934 | 471 | 134 | 1061 |
| 1935 | 553 | 271 | 1951 |
| 1936 | 818 | 316 | 2008 |
| 1937 | 1129 | 597 | 3136 |
| 1938 | 875 | 274 | 1332 |
| 1939 | 940 | 337 | 1354 |
| 1940 | 922 | 290 | 941 |
| 1941 | 1251 | 360 | 1077 |
| 1942 | 1303 | 456 | 1530 |
| 1943 | 1785 | 557 | 1832 |
| 1944 | 2194 | 821 | 3696 |
| 1945 | 2293 | 531 | 2847 |
| 1946 | 2205 | 526 | 2182 |
| 1947 | 1721 | 623 | 2398 |

| 年份 | 当年开始的罢工次数 | 直接或间接介入罢工人数（千） | 损失劳动日合计（千） |
|------|------|------|------|
| 1948 | 1759 | 424 | 1935 |
| 1949 | 1426 | 433 | 1805 |
| 1950 | 1339 | 302 | 1375 |
| 1951 | 1719 | 379 | 1687 |
| 1952 | 1714 | 415 | 1767 |
| 1953 | 1746 | 1360 | 2157 |
| 1954 | 1989 | 448 | 2441 |
| 1955 | 2419 | 659 | 3741 |
| 1956 | 2648 | 507 | 2636 |
| 1957 | 2859 | 1356 | 8398 |
| 1958 | 2629 | 523 | 3416 |
| 1959 | 2093 | 645 | 5257 |
| 1960 | 2832 | 814 | 3001 |
| 1961 | 2686 | 771 | 2998 |
| 1962 | 2449 | 4420 | 5757 |
| 1963 | 2068 | 590 | 1731 |
| 1964 | 2524 | 872 | 2011 |
| 1965 | 2342 | 869 | 2933 |

### 表18　1927—1972年17个工业国家罢工相对强度趋势[1]

| 国别 | 等级 | 最近的高潮年代 | 先前顶点的年代 |
|------|------|------|------|
| 美国 | 1 | 1970 | 1959 |
| 意大利 | 2 | 1969 | — |

[1] Colin Crouch and Alessandro Pizzorno, eds., *The Resurgence of Class Conflict in Western Europe Since 1968.* Vol.2. London: Macmillan, 1978. p.15.

| 国别 | 等级 | 最近的高潮年代 | 先前顶点的年代 |
|---|---|---|---|
| 爱尔兰 | 3 | 1969 | 1937 |
| 加拿大 | 4 | 1969—1970 | — |
| 澳大利亚 | 5 | 1970—1971 | 1950 |
| 日本 | 6 | 1971—1972 | 1965 |
| 法国 | 7 | 1968 | — |
| 英国 | 8 | 1971—1972 | — |
| 比利时 | 9 | 1970—1971 | 1957 |
| 芬兰 | 10 | 1971 | 1950 |
| 新西兰 | 11 | 1970 | 1951 |
| 丹麦 | 12 | 1970 | 1965 |
| 挪威 | 13 | 1970 | 1963 |
| 荷兰 | 14 | 1970 | 1960 |
| 德国 | 15 | 1971 | 1930 |
| 瑞典 | 16 | 1971 | 1953 |
| 瑞士 | 17 | 1971 | 1963 |

从他们的研究来看，直到20世纪70年代西方的工人运动仍具有活力。

# 第七章
# 权力集团的社会构成

　　当代西方资本主义国家掌权集团的构成，是西方社会结构史研究的一个重要问题。

　　马克思很早就论述了掌握财产权力的人不一定就掌握政治权力。他在《道德化的批评和批评化的道德》一文中曾论述说："在我们面前有两种权力：一种是财产权力，也就是所有者的权力，另一种是政治权力，即国家的权力。'权力也统治着财产'。这就是说：财产的手中并没有政治权力，甚至政治权力还通过如任意征税、没收、特权、官僚制度加于工商业的干扰等等办法来捉弄财产。"[①]

　　马克思以后的一些社会理论家也都注意研究这个问题。1902年，考茨基曾在《社会革命》一书中评述说："资本主义阶级的统治并不是治理"，他还补充说，"它对自己控制政府感到满足"。[②]从考茨基在这里所说的资产阶级并没有在实际上统治国家这一

---

　　① 中共中央马克思、恩格斯、列宁、斯大林著作编译局编：《马克思恩格斯选集》第一卷，人民出版社1972年版，第170页。

　　② ［英］拉尔夫·密里本德：《资本主义社会的国家》，沈汉、陈祖洲、蔡玲译，商务印书馆1997年版，第59—60页。

点，多少反映了当代资本主义政治运行的特点。马克斯·维贝尔和熊彼得都试图对上述现象作出解释。维贝尔解释说，这是因为工业家没有时间也没有参与政治生活所要求的那种特别的素质。[①]熊彼得则说，"一个在事务所里可以称作天才的人，常常可能在那以外的客厅里和讲坛上被喝倒彩。他在了解这些之后便希望离开政治独处"[②]。雷蒙德·阿隆则指出这种现象具有普遍性，他说，"无论在德国还是法国，甚至在英国，实业家都没有取得统治地位。他们在对生产资料的管理和社会生活中确实起到决定性作用，但是作为一个在社会上占据统治地位的阶级，其特点在于，在大多数国家中，他们并没有发挥政治作用的欲望"[③]。以上引述的考茨基、维贝尔、熊彼得和阿隆的评述，是就当代资本主义国家掌权集团的台前人物的来源而论，而不可理解为资产阶级不再染指政治权力。从实际情况来说，其实在任何一个西方资本主义国家的掌权集团中，都可以找到若干甚至相当数量的企业界人士。但是，来自中等阶级和自由职业者集团的人越来越多地进入权力集团，他们逐渐担负起代表大资产阶级操作运转国家机器的作用。

---

① ［英］拉尔夫·密里本德：《资本主义社会的国家》，沈汉、陈祖洲、蔡玲译，商务印书馆1997年版，第60页。

② ［美］熊彼特：《资本主义、社会主义和民主》，绛枫译，商务印书馆1979年版，第138页。

③ ［英］拉尔夫·密里本德：《资本主义社会的国家》，沈汉、陈祖洲、蔡玲译，商务印书馆1997年版，第61页。

表19　美国众议院成员的职业（%）①

| 职业 | 1948 | 1952 | 1956 | 1960 | 1964 | 1968 | 1970 |
|------|------|------|------|------|------|------|------|
| 律师 | 58 | 51 | 49 | 48 | 52 | 66 | 52 |
| 企业所有者 | 13 | 22 | 21 | 23 | 20 | 12 | 16 |
| 农场主 | 5 | 7 | 9 | 3 | 6 | 2 | 4 |
| 经理 | – | 2 | 4 | – | 4 | 6 | 8 |
| 专业人员 | 16 | 13 | 13 | 26 | 10 | 10 | 14 |
| 白领 | 2 | 2 | 2 | – | 4 | 2 | 2 |
| 其他 | 5 | 2 | 2 | – | 4 | – | 4 |
| 总计 | 99 | 99 | 100 | 100 | 100 | 98 | 100 |

　　从美国联邦政府最高行政官员的来源来看，企业家为数不多。根据约翰·内格尔对美国国会众议员职业背景的研究，1948年58%的众议员为律师，13%为企业主；1952年，51%的众议员为律师，22%为企业主；1956年，49%的众议员为律师，21%为企业主；1960年，48%的众议员为律师，23%为企业主；1964年，52%的众议员为律师，20%为企业主；1968年，66%的众议员为律师，12%为企业主；1970年，52%的众议员为律师，16%为企业主。即约20%的众议员为企业主，而律师占50%左右。在美国的参议院议员中有更多的上层人士。1979年，100名参议员中至少有37位百万富翁。这一年，参议员的平均财富达到44万美元。②根据伯奇的研究，从1933年到1980年，

　　① ［美］丹尼斯·吉尔伯特、约瑟夫·A.卡尔：《美国阶级结构》，彭华民、齐善鸿等译，中国社会科学出版社1992年版，第276页。
　　② ［美］丹尼斯·吉尔伯特、约瑟夫·A.卡尔：《美国阶级结构》，彭华民、齐善鸿等译，中国社会科学出版社1992年版，第276—277页。

24%的美国内阁成员和高级外交官为律师，27%为大企业家，4%是小企业家，21%是政府官员，其他职业出身的为19%。约2/3的内阁成员和高级外交官与大公司或大家族的财富有联系，从1913年起，只有6名在内阁任职的人员同劳工运动有联系，但这些人任职时间都不长。[1]

戴伊对美国的掌权集团进行了较为广泛的研究。美国联邦政府的官僚机构由近300万人组成，由一个有权力的官员权势阶层领导和控制着，这个领导层由下述官员组成：如13个部的部长和副部长，海陆空三军同等级别的高级官员，总统行政办公室重要独立机构的行政官员（包括行政管理和预算署、国家安全委员会、经济顾问委员会），重要的管理调节委员会和局的成员。布鲁金斯学会对在罗斯福、杜鲁门、艾森豪威尔、肯尼迪和约翰逊总统任内的占据上述职位的1000多人进行了一项调查，结果表明，这些高级官员有36%来自政府部门，26%来自法律部门，24%来自企业，7%来自教育界，7%来自其他不同的部门。最上层的联邦行政官员绝大多数是职业官员，从联邦官僚机构中产生，只有少数是从企业和法律界选拔出来的。戴伊等人又对20世纪70年代在美国占据政府和军事权势集团最高职务的人士的社会来源，进行了调查和分析研究，其结果表明，政府最上层领导人主要是从从事法律等行业的人士中选拔的，这批人占56.1%，此外，16.7%的领导人一直在政府部门中工作。

美国学者马修斯对美国上层政治活动家（包括总统、副总统、部长、参议院议员、众议员议员）的职业来源进行了研究，其研究

---

[1] ［美］丹尼斯·吉尔伯特、约瑟夫·A.卡尔：《美国阶级结构》，彭华民、齐善鸿等译，中国社会科学出版社1992年版，第275页。

结果如下：1877年至1934年任总统、副总统、部长的共176人中，自由职业者占74%，其中70%为律师，4%为其他自由职业者；21%为有产者和高级总经理；5%为农场主、低级经理和工人。1949年至1951年的参议院议员共109人，其中任律师的为57%，其他自由职业者为12%，有产者和高级总经理为24%；农场主、低级经理和工人占7%。1949年至1951年的众议员共435人，其中律师占56%，其他自由职业者占12%，两项相加自由职业者共占68%；有产者和高级总经理占22%；农场主、低级经理和工人占9%。马修斯还指出，美国国家文官增补的范围非常狭窄，除极少数政治决策者之外，其他都是自由职业者、业主、官员和农场主的后代，很少一部分是工资领取者、低工资工人、农场工人和租户的儿子，政治决策人赖以补充的狭窄基础是十分清楚的。从整体上说，美国陆军和海军的高级官员始终是由中等阶级上层人士担任，而不是由更上层或下层社会的人士来担任，他们之中只有非常少的人出身于工人阶级。[①]贾诺维兹教授认为，"美国的军队领导人通常来自具有较多特权的等级"。他补充说，晚近引人注目的证据说明，"军职人员中出身较高的人士相对减少，它转到从社会学来说更为异质的群体之手"。但这个"社会学上更为异质的群体"仍然保留了出身于"实业界、自由职业者和经理"阶层的人士，他们对于那些出身于白领和工人阶级的人士具有压倒性的优势。至于美国最高法院的法官，施米德豪泽尔在《最高法院法官的群像》一文中指出，"在美国整个历史上，存在着一种压倒性的倾向，这就是总统从社会地位优越的家族中选择提名最高

---

① C.Wright Mills, *The Power Elite*. New York: Oxford University Press, 1956. p.192.

法院的法官"，"在这个法院的早期历史上，他们似乎完全来自贵族绅士阶层，而到后来一般来自中等阶级以上的自由职业阶层"。[①]

对于20世纪欧洲不同阶段主要国家行政精英的社会来源，阿姆斯特朗教授给出了一个大致的比例。根据阿姆斯特朗的研究，在法国，第一次世界大战后的工业化时期，父辈为贵族的行政精英为6%，父辈为高级官员的为21%，父辈为自由职业者的为10%，父辈为实业家和经理的为20%，父辈为下级行政官员的为20%，父辈为店主和职员的为15%，父辈为体力劳动者的为8%。到第二次世界大战以后的后工业化时期，法国行政精英中父辈为贵族的下降为5%，父辈为高级官员的为26%，父辈为自由职业者的为17%，父辈为实业家和经理的为19%，父辈为下级官员的为13%，父辈为店主和职员的为13%，父辈为体力劳动者的为7%。从这些数据来看，二战后法国的行政精英中来自自由职业者阶层的比例增加较快。

在英国，第一次世界大战后的工业化时期，行政精英中父辈为贵族的为4%，父辈为高级官员的为3%，父辈为自由职业者的为12%，父辈为实业家和经理的为25%，父辈为教师的为10%，父辈为教士的为10%，父辈为低级官员的为7%，父辈为店主和职员的为14%，父辈为体力劳动者的为15%。到二战以后的后工业化时期，行政精英中父辈为贵族的下降为2%，父辈为高级官员的为14%，父辈为自由职业者的为14%，父辈为实业家和经理的为24%，父辈为教师的占8%，父辈为教士的为4%，父辈为下级官员的为6%，父辈为店主和职员的为9%，父辈为体力劳动者的上升到19%。由此看来，二

① ［英］拉尔夫·密里本德：《资本主义社会的国家》，沈汉、陈祖洲、蔡玲译，商务印书馆1997年版，第67页。

战以后英国行政精英中出身于自由职业者和工人的比例增加了。

在德国，一战后的工业化时期，行政精英中父辈为贵族的从一战前的16%下降到5%，父辈为高级官员的占23%，父辈为自由职业者的占8%，父辈为实业家和经理的占23%，父辈为教士的占4%，父辈为下级官员的占27%，父辈为小店主和职员的占6%，父辈为体力劳动者的占4%。而到了二战后的后工业化时期，在德国的行政精英中，父辈为贵族和教士的已经消失，父辈为高级官员的为14%，父辈为自由职业者的为22%，父辈为实业家和经理的为12%，父辈为下级官员的为34%，父辈为小店主的为13%，父辈为体力劳动者的为5%。[1]

从近代到现代，法国和德国的普鲁士的行政精英来源有一个共同的特征，那就是他们中有相当多的人其父辈就是行政精英。在法国的行政精英中，父辈为行政精英的在18世纪为44%左右，19世纪初为23%，工业起飞时期为21%，第一次世界大战后的工业化时期为25%，直到后工业化时期仍保持在26%左右。在普鲁士和后来的德意志联邦共和国，18世纪时行政精英的父辈为行政精英者占33%，19世纪初这一比例为31%，工业起飞时期为26%，第一次世界大战后的工业化时期为22%，后工业化时期亦占到15%左右。[2]

达伦多夫就德国政治统治集团的现状评述说，"尽管打破了旧的垄断并使贵族的重要性降低，从1918年至今，德国精英集团（包括国家精英）在很大程度上一直持续地从中等和高等文官集团中，从中等

---

① John A. Armstrong, *The European Administrative Elite*. Princeton: Princeton University Press, 1973. p.91. Table Ⅲ.

② John A. Armstrong, *The European Administrative Elite*. Princeton: Princeton University Press, 1973. p.81. Table Ⅱ.

阶级中同时也从他们那些拥有精英地位的前任中得到补充"。研究英国政治精英的学者古兹曼也得出了类似的结论，他说："如果从选民上溯到政治等级制，我们发现在每一等级——政党的党员、政党活动分子、地方政党领袖、议员、全国性政党领袖——这些群体的社会属性有点不那么具有代表性，并且有些轻微地倾斜于和取宠于中等和上等阶级的人士。"[1]达伦多夫还对晚近欧洲社会结构的变化做了一般性的评述，他指出，从社会方面而论，在任何地方，国家制度的所有分支都具有最鲜明的上等和中等阶级的特性。在今日的欧洲，权力精英得以补充的范围比通常推断的要狭窄得多，在大多数欧洲国家，中等阶级构成了增补权力精英的主要基础。[2]

第二次世界大战结束后，一个科学技术高速度发展的时代开启了。1945年原子弹爆炸成功使物质转变为爆炸能，世界突然意识到科学的威力，人类开始积极利用核能。1946年第一台数字电子计算机——电子数字积分计算机在美国马里兰州阿伯丁的政府实验基地建造完成。接着，很快又出现了高速电子数字积分计算机。10年内计算机迅速被人们掌握，并且推广到众多应用领域。1947年，诺伯特·维纳出版了《控制论》一书，清晰地说明了自我控制机制和自我调节系统的原理。计算机和控制论相结合，开辟了一种通过控制和信息传递构成的一套技术来建立安排决策和选择整体计划。在政治经济学领域，1945年首次提出国民生产总值的概念。1950年沃西尔·里昂惕夫制成了投入—产出表，为整个经济提供了一个进行计

① William Leo Guttsman, *The British Political Elite*. London: MacGibbon&Kee, 1963. p.27.
② ［英］拉尔夫·密里本德：《资本主义社会的国家》，沈汉、陈祖洲、蔡玲译，商务印书馆1997年版，第67页。

划的坐标图。乔治·丹齐克研究出了线性规划和动态规划，对进行生产决策发挥了很大作用。技术、经济学和国家政策已密不可分地结合在一起。

在这个以科学为基础的工业大发展时期，电子、空间、导弹、科学仪器、核能和计算机技术等工业部门越来越受到各国的重视，各国纷纷出台政策优先发展，这些部门生产过程的复杂性也不断增加，因此需要大批经过科学训练的中高级技术人员。第二次世界大战以后，世界上同时发生了规模空前的高等教育民主化进程，更多的年轻人能接受较好的高等教育和高学历教育。知识分子集团中的科学家和工程师群体大幅度地迅速增长。以美国为例，公立和私立学校的教师就业人数在1954到1955学年大约为130万人，1964到1965学年大约为210万人，1970年为280万人。教师占全部专业和技术人员的25%。大约20%的教师在学院和大学中工作。工程师的人数从1950年到1960年增加了80%以上，估计从53.5万人增加到100万人。大约一半的工程师在制造业工作，另外1/4在建筑业、公用事业和工程服务行业工作。大约15万名工程师受雇于政府，其中半数受雇于联邦政府。知识分子集团中最重要的群体是科学家，这个群体的增长引人注目。科学家的人数从1930年的4.6万人上升到1964年的47.5万人，增长了930%。而同期工程师则由21.7万人上升到将近100万人，增长了370%。[①]

在科学技术发展和科技人员在国家经济生活中发挥越来越大作用的背景下，一些学者提出"科技治国论"。这一理论是美国加利

---

① ［美］丹尼尔·贝尔：《后工业社会的来临——对社会预测的一项探索》，高铦、王宏周、魏章玲译，商务印书馆1984年版，第242—243页。

福尼亚州伯克利的发明家和工程师威廉·亨利·史密斯在1919年提出的。他在1919年2月、3月和5月发表在《工业管理》杂志上的三篇文章中，使用了"科技治国论"这个词，后来这些文章重印成书。之后，"科技治国论"的概念在1933年至1934年流传开来。索克斯坦·维布伦的《工程师和价格体系》一书对传播这一概念起了重要作用。维布伦认为，新的社会应当以技术组织和工业管理为基础，他写道："18世纪的革命是军事和政治革命；相信自己正在创造历史的那些政界元老们，仍然认为在20世纪还可以用老办法发动革命或扑灭革命。但是到20世纪，任何实质性的或有效性的造反都必然是一种工业造反；同样，要反对和平息20世纪的任何革命，也只有采取工业的方式和方法。"①维布伦认为，技术人员可以取代工业家和金融家②。"科技治国论"的思想在法国比在任何其他国家流传得更广泛。1964年版的《大拉罗斯百科全书》对"科技治国论"进入了定义："在这种政治制度下，行政部门和经济部门中的技术人员发挥着决定性影响"，因此，"科技治国论"是"以其技术能力而行使权力的人"。丹尼尔·贝尔批评维布伦的理论具有"工团主义思想"，但贝尔在研究当代资本主义社会时，继续使用了这一概念。他认为，"科技治国论"不仅是靠科技方法来解决社会问题，而且是把包含在理性模式中的美学的、宗教的、和习惯的观念变成一种普遍的社会风气和一种世界观。贝尔在研究当代资本主义社会由谁掌权这一问题时，认为后工业社会与工业社会及前工业社会存在显著的差

① ［美］丹尼尔·贝尔：《后工业社会的来临——对社会预测的一项探索》，高铦、王宏周、魏章玲译，商务印书馆1984年版，第398页。

② Anthony Giddens, *The Class Structure of the Advanced Societies*. New York: Harper&Row, 1975. p.257.

别，其基本特征是科技人员执掌权力。[①]

法国学者图雷纳批评丹尼尔·贝尔的观点。他认为，随着后工业社会的到来，技术官僚成为新的统治阶级，阶级冲突并没有随着工业社会的消失而消失，但阶级冲突的根源和性质已经完全不同了。在工业社会中，阶级斗争以占有经济收入为中心，而在后工业社会中，"国家在斗争中不再纯粹为了获利者，而是为了控制作出决策、影响和操纵的权力"[②]。

---

① ［美］丹尼尔·贝尔：《后工业社会的来临——对社会预测的一项探索》，高銛、王宏周、魏章玲译，商务印书馆1984年版，第397页。

② Anthony Giddens, *The Class Structure of the Advanced Societies*. New York: Harper&Row, 1975. pp.255—257.

# 第八章
# 当代西方社会结构的谱系思考

从近代社会开始以来，就不断有学者讨论阶级的数目[①]。但是，人们在研究近代或现代西方社会结构时往往会发现，确定一个社会结构系统中存在的阶级数目是极为困难的。明确地把一部分人划入这个阶级，而把另一部分人划入另一个阶级，有的时候较为容易，有的时候却极为困难。因为一个大的阶级与另一个大的阶级之间往往存在部分重叠的群体，往往存在着性质上具有多元成分的过渡性集团。这种情况并不意味着社会基本的阶级对立消失，像资产阶级和无产阶级这样基本的阶级在社会中清晰可见，只是在描述整体的社会结构图像时，简单的方法已无济于事，而借助谱系方法（即比拟光谱的方法）来描述当代（或近代）社会结构系统，则可以在一定程度上弥补用"两阶级说"或"三阶级说"进行描述时无法解决的困难。

物理学光学演示中的三棱镜分光实验是人们所熟悉的。一束白光

---

① 澳大利亚学者R. S. 尼尔在研究1680年至1850年英国的阶级结构时提出了"五阶级模式"。（R. S. Neale, *Class in English History, 1680—1850*. Oxford: Blackwell Publishing, 1981. p.134.）

穿过三棱镜以后，便在棱镜后面的白板上形成了井然有序的七种基本色彩为主干的光谱。但这种光谱的谱系是严格递进的，它的色调分布过于整齐划一。显而易见，这种系统的某些特点不适宜用来比喻社会结构系统。但是，光谱的某些基本特征却可以用来比拟社会结构系统。例如，光谱中几种基本色彩的显现是清晰可辨的，它可以用来比喻几大基本的阶级；光谱中任何两种色彩之间的界限又是极难划定的，因为它们之间有一种过渡带。这正可以比拟社会结构中相邻两大阶级之间，有时存在着复杂的过渡型社会集团。

当代资本主义社会结构系统中，在所有者资产阶级之外，存在着经理阶层。在大资产阶级以下，还有多层次的递进的中小资产阶级。在当代资本主义社会结构体系中，工人阶级的构成也是复杂的。除了产业无产阶级性质明确外，白领工人则处于工人阶级与小资产阶级之间的过渡地位上。西方学者称为"中等阶级"的那些社会阶层，其实都属于资产阶级与无产阶级之间的过渡性层次。从当代资本主义社会结构的谱系来看，处于谱系两极的大资产阶级与无产阶级之间的贫富差距并没有缩小。只是无产阶级的生活水平比以往有所提高。但阶级对立和差异仍然存在。如果要把当代资本主义社会结构的谱系与近代资本主义社会结构的谱系作比较便可以看出，到了当代资本主义社会，位于大资产阶级和无产阶级之间的社会结构层次更复杂了。

当然，试图把自然科学方法直接用于社会研究是困难的，有局限性的，因为社会客体比起自然科学的实验对象要复杂得多。而且，社会结构是动态的，它的重叠性和复杂性绝非一种简单的自然科学方法可以比拟的。

# 附录一：
# 英国早期工人运动活动家的阶级斗争理论

在世界近代史和思想史的研究中人们会遇到一个问题，即阶级和阶级斗争理论的起源问题。马克思在1852年给魏德迈的信中，在论述马克思主义在这方面贡献的同时，提出在他之前已有法国资产阶级的历史学家阐述过阶级斗争的历史发展。以后，普列汉诺夫在1899年写的后来被称作《阶级斗争学说的最初阶段》的论文中，遵循马克思的上述论断，考察了法国复辟时期历史家的阶级斗争学说。[①]学术界在这方面已有深入的研究成果。[②]但是，在马克思主义诞生之前，除了法国资产阶级历史学家外，是否还有别人提出过阶级和阶级斗争理论，自发的工人运动活动家在这方面是否作出过理论贡献，国内却很少论及。

此文将阐明，在马克思主义诞生以前，英国早期工人运动的活动家也发现并宣传了阶级和阶级斗争的理论。而且，英国工人阶级的阶

---

① 中共中央马克思、恩格斯、列宁、斯大林著作编译局编：《马克思恩格斯选集》第四卷，人民出版社1972年版，第332—333页；另可参阅［俄］戈·瓦·普列汉诺夫：《阶级斗争学说的最初阶段》，柳明、石柱译，生活·读书·新知三联书店1965年版。

② 王觉非：《法国复辟时期资产阶级历史家的阶级斗争理论》，载《南京大学学报》，1977年第4期、1978年第1期。

级斗争理论是在不依赖法国复辟时期历史家结论的情况下，在他们先后或同时发展起来的。具体地说，是在争取政治民主化和1832年议会改革的斗争和英国早期工人阶级斗争中，与英国中等阶级的资产阶级意识同时发展起来的。这同样是阶级和阶级斗争学说最初系统的表述。在社会主义理论史上占有重要地位。

# 一、英国早期工人运动活动家关于阶级和阶级斗争的思想

一种社会理论或社会思想的产生，无不是对一定时期社会生活的概括和总结。如果说法国复辟时期历史学家是从法国历史尤其是从法国资产阶级革命史的经验材料中发现了阶级的存在、阶级存在的经济基础和阶级斗争的理论的话，那么，19世纪初期的英国工人阶级活动家也拥有提出阶级斗争学说的同样的条件。第一，他们具备了从资产阶级那里吸取来的"教育的因素"。例如19世纪三四十年代工人阶级杰出的理论家詹姆士·布朗特里·奥布莱恩（1805—1864），他是爱尔兰朗福德郡一个出售烟叶和酒类的商人后代，1822年毕业取得几种学位，后又进入伦敦格雷律师会馆研究英国法律，具有法律、政治等多种知识。[①]在他投身工人运动时，实际上是一个知识分子。另一位宣传鼓动家哈尼（1817—1879）出身于水手家庭，进过格林威治皇家

---

① Alfred Plummer, *"The Place of O'Brien in the Working Class Movement."* in *Economic History Review*. Vol. II, 1929—1930. pp. 62—63.

海军学校，以后又在出版发行《贫民卫报》的实践活动中，受到民主派宣传家赫瑟林顿和奥布莱恩的教诲指导。此外，洛维特等一批手工技工，或是通过自修或是19世纪20年代在伦敦兴办的著名的技工学院中学习过，已成为工人知识分子。这个技工学院实际上是工人阶级民主运动的摇篮。当时著名的批评资本主义的思想家霍季斯金等人常在技工学院授课，李嘉图学派的劳动价值论和空想社会主义学说及其他一些激进的政治民主思潮，通过这一讲坛对这些激进的手工技工产生很大的影响，使这些来自有产阶级后代和工人中较优越阶层的民主运动的活跃分子，成为工人运动中有影响的思想家和杰出的领导人。第二，他们积累并研究了工人阶级的阶级实际斗争的经验，这既包括英国工人阶级反对结社法斗争、争取议会改革的民主斗争和争取出版自由的政治斗争的经验，也包括欧文的空想社会主义指导下的工人经济斗争的经验和教训。此外，他们还总结了美国独立战争中下层人民的经验，法国资产阶级革命中左翼民主派罗伯斯庇尔、马拉等人和无产阶级先驱巴贝夫派的斗争经验，以及1830年法国七月革命的经验。他们从中发现并揭露了资产阶级不断背叛民主运动和工人阶级的真实面目。他们几乎和马克思、恩格斯一样，最初以极端民主派的身份投入尖锐激烈的民主政治斗争，而就在这种斗争中总结了经验，认清了资产阶级鼓吹的民主的虚伪性，他们几乎经历过和马克思、恩格斯早期相似的思想转变道路而成为工人阶级的思想家。不言而喻，他们没有也不可能达到科学共产主义奠基人那种思想水准。

值得注意的是，英国早期工人运动的思想家就其经济地位来说，并不是纯粹的工人即产业无产阶级。他们大多是手工工匠的后代，甚至早期工人运动整个领导者也大多属于上述这两类人。更多的研究结果说明，不仅在英国，而且在法国的马赛、里昂和其他各国都有这种情况，在整个19世纪早期的欧洲工人运动和民主运动中，"技工最积极地支持民主和社会主义的原则，并在政治斗争中表现得极为积极"[①]。在德国也是一批手工业者出身的工人知识分子后来成为第一批无产阶级革命活动家。正如霍布斯鲍姆所指出的，这些"技工自然而然地成为贫苦劳动者思想上和组织上的领袖，成为各次工人运动的领导者"[②]。对于早期工人运动领导集团的这种构成，过去往往简单地就其经济地位而斥责其非无产阶级或半无产阶级的性质，这种看法是不全面的。笔者认为，手工技工这一阶层涌现出大批工人阶级先进思想的体现者，已不是原来意义上的狭隘的作坊工人了。可以把他们称作早期的工人阶级知识分子。正如马克思主义发生史上一些出身于资产阶级的知识分子在创立科学的革命理论中起了特殊的杰出作用，早期工人运动思想家和领导人也有类似的属性。

在英国，随着工业革命开始后新兴的工业资产阶级和新兴的产业无产阶级的产生，在当时的出版物中已出现了"阶级"这一概念。1797年，在《月刊杂志》上发表的吉斯布撰写的题为《调查》的文章中，首先使用了"中等阶级"一词。1813年，空想社会主义者、工会运动活动家欧文在《品德的形成》一文中，首次使用了"工人阶级"一词。到1817年至1818年，欧文更频繁地使用这一词汇，他把"工人阶级"一词作为同"上等阶级""中等阶级"相对立的概念[③]。以后，

---

① Iowerth J. Prothero, *Artisan and Politics in Early Nineteenth-Century* London: *John Gast and His Times*. Folkestone: DawSon, 1979. p.3.

② Eric J. Hobsbawn, *Industry and Empire*: *From 1750 to the Present Day*. Harmondworth: Penguin Books, 1969. p.71.

③ Asa Briggs. *"The Language of 'Class' in Early 19th Century England."* in Asa Briggs and John Saville, *eds. Essays in Labour History*. Vol. I. London: Macmillian, 1960. pp. 50—52.

工人的刊物就广泛地接受了和使用了"工人阶级"一词，工人阶级的阶级斗争理论开始形成和发展。在1818年即马克思诞生的那一年，在《黑矮子》杂志上发表的由"一名纺纱织工"署名的《致曼彻斯特罢工群众的公开信》，已经把雇主和工人称作"两种性质不同的人所组成的阶级"。[1]英国工人运动的活动家最初提出阶级和阶级斗争的概念，在时间上远远早于法国复辟时期的历史家。

19世纪30年代，英国工人阶级的阶级观念更加明确了。1831年工人阶级全国联合会曾指出，"如果工人阶级不了解自己的主要利益，不在全国联合会成立一个政治联合会……他们就要再度被欺骗……而且仍要成为被压迫者，成为现在的出卖制度的牺牲者"。[2]工人阶级全国联合会在同年4月作出的另一项决议说："要使工人阶级从受屈辱的状况下站起来，只有工人阶级自己才能实现这个目的。"[3]在这时，工人们已把自己作为一个阶级来看待，认为工人阶级有着"自己的利益"。《贫民卫报》编辑部的文章曾向工人指出，压迫工人阶级的不仅有土地贵族，而且有"中等阶级"，在"贵族或中等阶级拥有阻碍你们达到目的的必要的权势时，你们是绝不可能享受自己的权利的，而且将来也享受不到"[4]。当时，根据社会分成两个对立的阶级以及他们之利益是不可调和的观点，工人运动的思想家提出了"推翻"整个资产阶级的任务[5]。

---

[1] Edward P. Thompson, *The Making of the English Working Class*. Middlesex: Penguin Books. 1968. p. 218.

[2] *Poor Man's Guardian*, Oct. 28. 1831.

[3] *Poor Man's Guardian*, April. 23, 1831.

[4] *Poor Man's Guardian*, Oct. 29. 1831.

[5] *Poor Man's Guardian*, Oct. 15. 1831.

　　1832年议会改革法案的通过，使得投身资产阶级议会改革运动的工人阶级民主派更清楚地认识了资产阶级假民主的欺骗性，使工人阶级的阶级斗争理论愈加充实。1832年改革法案通过后不久，一位文笔犀利的曼彻斯特匿名工人作者就指出，资产阶级和工人阶级的根本区别在于，他们的经济利益不同。"工厂主的利润正好像盗窃土地者的地租、盗窃十一税者的十一税以及其他一切利润，都是靠把工资降到最低水平的办法取得的……工人和榨取利润者之间是没有共同利益的。资本家取得的资本愈大，劳动阶级的贫困便愈甚。"①

　　在1834年8月30日一封致《贫民卫报》的匿名来信中，非常清晰地阐明了阶级斗争理论。它指出，工人反对资本家的斗争要靠教育劳动者提高认识，要使"工人思索和考察自己遭受痛苦的原因"，使他们看到，"英国有千千万万的工人连年为那些仅仅以维持生存的工资来换取他们不断辛苦劳动的雇主死心塌地地工作"。"这些思索的结果将使他们严正地敌视资产阶级"，"这样一种运动会使资本家惧怕屈服"。②

　　工人阶级的活动家们在承认阶级斗争和宣传对资产阶级进行斗争的同时，发现了阶级存在和阶级划分的基础（即依据）就是财产，即不同的经济地位。当时报纸的一份工人阶级《设菲尔德信使报》的文章指出："财富的效能把社会分成各种阶级，他们之间的距离很远。"③曼彻斯特出版的《人民之声报》还指出："劳动是财富的来源，工人们是中间和上等阶级的支持者，工人们是生产过程的神经和

---

　　① *Poor Man's Guardian*, April. 14, 1832.

　　② *Poor Man's Guardian*, Aug. 30, 1834.

　　③ ［德］马克斯·比尔：《英国社会主义史》上卷，何新舜译，商务印书馆1959年版，第255页。

灵魂，因而也是国家的神经和灵魂。"①工人阶级的思想家凭借初步的政治经济学知识和朴素的劳动创造世界的观点，揭露了"上等"和"中等"阶级靠剥削工人阶级劳动来维生的本质。

到了宪章运动的酝酿时期，工人阶级杰出的理论家不只是感觉到阶级的存在，他们还进一步作出了关于阶级斗争普遍存在的理论概括，这在宪章派理论家奥布莱恩的文章中表现得尤为清晰。早在1833年他就在《贫民卫报》上写道："人类的历史表明，自世界开始存在之时起，各国的富人就经常互相秘密勾结来控制各国的穷人，这是根据一个简单的原因——因为穷人的贫困对于富人的发财致富来说是必不可少的。富人不管使用什么手腕来掩饰自己的花招，也无法掩饰他们总是掠夺穷人、贬低穷人的人格和残酷虐待穷人的事实。一切罪行和人的天性中的迷信，都来自财产反对贫穷这一吃人的战争。一个人希望靠别人的劳动成果生活，这是世界的原罪。"②

在这之后，奥布莱恩在研究英国当时资产阶级和工人阶级的生活时，察觉到资产阶级是通过掠夺剥削而不是劳动获得财富。他指出："上等和中等阶级除了从工业产品中榨取扣除一部分以外，他们别无其他通过自己劳动制造的财产。这些靠从较低的社会等级中获得财产的人，常喜欢自夸他们和工人一样具有勤劳的特性，但所有这些无知的人都充分了解，他们不想工人那样获得财富，而是作为工人的雇主获利。"③

---

① ［德］马克斯·比尔：《英国社会主义史》上卷，何新舜译，商务印书馆1959年版，第255页。

② *Poor Man's Guardian*, April. 1833.

③ Alfred Plummer, *Bronterre: A Political Biography of Bronterre O'Brien, 1804—1864*. London: Allen&Unwin, 1971. p.251.

宪章运动开始后，英国工人阶级的阶级斗争理论愈益明确，他们不再使用笼统的概念如"穷人"以及把工人阶级看作诸等级合成体的复数英文名词"working classes"，而改用"working class"。左翼宪章派哈尼已经使用现代的词汇"无产阶级"来描写工人阶级。他在谈到伦敦民主协会将要成立时说："一个新的首都无产阶级的组织正在酝酿中。"[1]以后，在1849年哈尼为《民主评论》杂志撰写的题为《致无产阶级》的发刊题辞中，给"无产阶级"一词做了一个脚注，脚注说："这个词来源于'Proletarii'，原指古代罗马的贫苦劳动者。现在用它来特指那些依靠工资维生的劳动者，因此，他们完全受地主、资本家和社会上其他有害阶级的控制。"[2]在这里，哈尼的定义无论在概念还是在表达的措辞上都和马克思、恩格斯相当接近。以往其他一些工人运动活动家如奥康诺的思想中，阶级斗争的观念也很明确，奥康诺在1837年格拉斯哥纺织工人大罢工发生后说："工人们被资本家压迫着……机器生产把社会分成两个阶级——即富有的压迫者和贫穷的被压迫者。全部问题都归结为劳动和资本之间的战斗。"[3]

通过以上叙述我们可以清楚地看到，在19世纪三四十年代，英国工人阶级的先进分子和思想家已形成并明确地提出了阶级和阶级斗争的理论。他们的理论还包括了下述内容：社会不仅存在压迫者和被压迫者阶级，随着资本主义发展，社会更明确地划分为工人阶级和资

---

① J. Bennett, *"The London Democratic Association 1837—41: A Study in London Radicalism."* in *D.* Thompson and J. Epstein, eds. *The Chartist Experience*: Studies in Working-Class Radicalism and Culture, 1830—60. London: Macmillan, 1982. p.90.

② G. J. Harney, ed., *"The Democratic Review of British and Foreign Politic", History & Literature,* Vol. 1. Dedication. New York: Barnes &Noble, 1968.

③ James Epstein, *The Lion of Freedom: Feargus O'connor and the Chartist Movement, 1832—1842.* London: Breviary Stuff Publications, 1982. p. 98.

产阶级，阶级划分的基础和根据是经济的原因，即各阶级经济地位（即财产）的差别，造成资产阶级和无产阶级产生的原因是资本主义的发展。

由此我们有理由得出这样的结论：在马克思主义诞生以前，不仅法国复辟时期的资产阶级历史学家提出了阶级斗争的理论，而且英国早期工人运动的思想家不依赖于这些资产阶级学者，也独立地提出了阶级斗争的理论。阶级斗争理论早期不仅起源于资产阶级历史学家，同时也起源于工人阶级的思想家。

## 二、 英国早期工人运动活动家的国家理论

大量史料说明，工人阶级在与资产阶级展开的政治和社会斗争中，在形成阶级斗争的理论之后，他们自然而然地凭借直接的斗争经验提出了政权要求。他们在这种认识过程中往往无须经历漫长的摸索过程。尤其在英国这样一个阶级和政治斗争充分展开的国家，工人阶级在同各种资产阶级党派和政府的激烈民主斗争中，几乎在提出阶级斗争理论的同时，也提出了工人阶级的政权要求。

使得英国工人阶级在思想上产生飞跃的重大历史事件，是1832年议会改革运动。从1832年改革到宪章运动前夕，英国工人阶级关于资产阶级政权是资产阶级反对工人阶级活动的支柱的认识，以及工人阶级是为了夺取国家政权而进行阶级斗争的认识日益明朗化。1832年4月《贫民卫报》发表的一位匿名作者的文章说："政府的税收只不过

是从你们身上榨取的地租、利息和其他利润的自然结果，简单地说，这些税收只是提供给政府一大笔钱，以便借助于暴力折磨人的办法来迫使你们交纳这些地租、什一税、利息和利润，而借助于这些东西，你们被剥夺去的东西要超出这些税收总额的20倍。"①奥布莱恩1832年1月在《贫民卫报》的文章指出："政府是由猎取利润的人组成的，目的在于保护他们的租金、超额利润和加在劳动人民身上的赋税……谋取利润的人无论在什么地方都是压迫者。政府是他们的守夜更夫，劳动人民才是被压迫者。"②这里就表述了这样的观点：国家是剥削阶级用暴力榨取工人的一个工具，是阶级压迫的集中表现。对工人阶级来说，斗争不断失败、始终处于贫困状态的根本原因，正是由于"你们没有能亲自坐在那应该属于你们的议会中"③。

1832年议会改革以后的英国历史，使得奥布莱恩对于资产阶级政府的态度更加坚决。他从对资产阶级反动本质的认识出发，揭露了资产阶级政府改革的虚伪性。他指出："到现在为止，世界上一切政府都不外是富人反对穷人的密谋，换言之，是强者和奸猾之徒为了掠夺和控制弱者和没有知识的人的密谋。现代的英国政府也属于这些密谋者之列。"④奥布莱恩认为必须在压迫阶级中清除对于政府的一切幻想。"所有的被压迫者，不管是谁，都不应该相信压迫者会实行变革，如果被压迫者希望变革给他们带来好处，那么他们就应该自己来实行这种变革。"他说："让历史家试着给我们举出哪怕是这样一个例子，即在哪个时代和哪个国家里，富人们曾因为热爱正义而放弃了政

---

① *Poor Man's Guardian*, April. 1832.

② *Poor Man's Guardian*, Jan. 14. 1832.

③ *Poor Man's Guardian*, April.14.1832, Vol.II, No.161, p.358.

④ *Poor Man's Guardian*, March. 7, 1835.

权……这样的例子是不曾有过的！暴力，而始终只有暴力才能迫使他们表现出人道来。"①应该说，这和马克思主义关于剥削阶级决不会轻易放弃政权的观点已经相当接近了。

对于争取普选权这一直接目标和对争取议会多数的认识，是评价工人阶级思想家国家观的重要内容。在宪章运动开始并提出《人民宪章》六项要求后，伦敦民主协会代表的左翼宪章派在其机关刊物上发表了一篇文章，它告诫工人说，即使《人民宪章》成为国家的基本法律，也无法消除整个社会的弊端。"你们的整个社会制度要求革命，你们的商业制度要求革命。""很清楚，当他们（资产阶级——笔者注）得到所有国家权力和制度支持时，他们不会如此轻易地向这个原则让步。"文章尖锐地斥责了宪章派中一些人希望取得议会多数来实现工人阶级要求的幻想："难道你们设想，在现存制度下，你们在任何时候都能得到多数的赞成……你们难道以为一个取消个人土地财产的法律将会在下院通过，而上院也会同意？他们决不会这样做。至少要一场内战才能使这些争端平息下来。""你们只会得出一个结论，这就是最终必须求助于起义来解决。"②这表明，左翼宪章派基于对资本主义国家本质的分析，认为只有通过反对资产阶级国家的"内战"和"起义"，才能最终解决工人阶级的根本要求和阶级的利益。工人阶级明确指出，他们的目的是最终"建立生产者对于他们生产果实的支配权"③，即废除私有制，解决所有权的问题。

在这以后，左翼宪章派在和形形色色工人运动派别的争论中，一

①　*Poor Man's Guardian*, Oct.1834.

②　G.D.H. Cole and A.W. Filson, eds. *British Working Class Movement: Select Document, 1789—1875*. London: Macmillan, 1951. pp. 356—357.

③　*Poor Man's Guardian*, Oct. 19, 1833. Vol. Ⅲ, No. 124.

再强调政权对于工人阶级的重要性。1852年1月厄内斯特·琼斯在哈利法克斯同基督教社会主义者劳埃德·琼斯就宪章运动应采取的路线进行辩论时，批驳了劳埃德迷信合作社道路的错误观点，他指出："人民不事先取得政权，劳动者合作社就无法顺利实现"，"至于建立在正确基础上的合作社，它只有在事先就取得政权以后才能起到作为国民药方的效果"。"没有政权，你们将继续给主教的奴仆们补裤子，有了政权，你们就能同穷人一起来分主教的土地。"①

在19世纪三四十年代，英国工人阶级不仅认识到资产阶级国家机器压迫工人阶级的反动作用，他们还大胆地提出了工人阶级建立自己政权的设想，即"工人议会"。早在1832年议会改革前后，那位匿名作者就指出："说代议制——不论哪一种形式的——对人民有很大用处，这纯粹是胡说，除非人民有一个工人议会代表自己。"②1833年5月，工人阶级全国联合会的一项决议强调指出："只要奢侈的君主政体、懒惰的贵族和傲慢的教士们还在这个国家作祟，这种权力我们决不可能取得。我们恳请全国同胞准备召开一次全国的'人民的议会'（Convention of the People），通过这唯一的手段……把他们从不满的苛政中拯救出来。"③一些工会左翼活动家提出了具体的设想，认为应当通过工团主义的道路，以工会组织为基础，先取得各行业的管理权，最后取得全部政权④。另一些宪章派则希望通过合法的方式

---

① ［苏］维·彼·沃尔金等著：《论空想社会主义》中卷，郭一民等译，商务印书馆1980年版，第362页。

② ［德］马克斯·比尔：《英国社会主义》上卷，何新舜译，商务印书馆1959年版，第237页。

③ *Poor Man's Guardian*, April. 27, 1833. No. 29, Vol. Ⅲ. p.133.

④ *Pioneer*, May. 31, 1834.

来产生这种"人民议会"，"在下一次全国大选举中，用举手表决的方法选举一个'人民议会'"。①这说明，英国工人阶级在民主斗争中已清晰地表达了要夺取政权，建立一个工人阶级自己的政权的思想。不得不指出，当时大多数工人运动活动家，尚未把"国民大会"和"议会"两个概念从定义上加以区别，他们对于所谓"国民大会"（Convention）的性质缺乏阐述，表述也较为含混。但是，他们中先进的思想家对此已有明确的认识，如在1837年7月的《两便士快报》上，奥布莱恩已把工人群众热烈讨论的政治形式"国民大会"作为未来的工人阶级的政府来看待，他在文中写道："第一次国民大会——自治政府的萌芽"②。还有许多工人都把1839年2月召开的第一次宪章派国民大会看作是一次"人民的议会"。到了19世纪50年代，宪章派把国民大会正式易名为"工人议会"（Labour's Parliament），1854年3月6日至18日在曼彻斯召开了"工人议会"。

马克思在《给工人议会的信》中高度地评价了英国工人阶级关于"工人议会"的卓越思想，他强调英国工人阶级反对资产阶级的斗争已发展到较高的水平，并分析了达到这种水准的原因。他指出："在世界各国中，大不列颠是资本专横和劳动被奴役达到了顶点的国家"，"在大不列颠，财产与劳动已完全分离。因此在其他任何一个国家中，组成现代社会的两个阶级之间的战争没有达到这样巨大的规模，没有这样清晰可见的轮廓"。马克思尤其珍视使"工人议会"这样的政治实体"产生的那个思想"。他说："如果工人议会仍然忠于使

---

① *Southern Star*, Feb. 23. 1840, in *English History Review*, 1973. p.530.

② Alfred Plummer, *Bronterre: A political Biography of Bronterre O'Brien, 1804—1864*. London: Allen&Unwin, 1971. p.56.

它产生的那个思想，未来的历史家将这样来写：1854年英国有两个议会——伦敦议会和曼彻斯特议会，即富人的议会和穷人的议会。"[①]马克思在这里肯定地确认英国工人阶级在早期即已产生和提出了建立无产阶级政权即无产阶级国家的思想。

## 三、英国早期工人活动家的政治理论的历史地位

19世纪初期，英国工人阶级思想家的阶级斗争理论与同时期的资产阶级历史家的阶级斗争理论相比，有着自己的特征。第一，由于当时的工人运动思想家总的来说缺乏全面的资产阶级教育，他们的文化水准大多数只达到对群众进行通俗宣传的水准。除了奥布莱恩等极少数接触并研究了一些资产阶级政治、经济思想家、法学家和历史学家的著作外，绝大多数工人报纸的撰稿人由于职业、环境的限制，缺乏广泛的社会科学知识。在哲学方面，他们仅接触杰米尔·边沁和密尔的功利主义，缺乏深入的哲学修养，这严重影响了他们思想体系的发展，使他们无法对人类社会的发展作出高度的科学概括。这反映在英国工人思想家的阶级斗争理论基本还停留在零散的通俗宣传的阶段，没有形成集中的具有内在逻辑的严谨的理论体系，没有具备法国复辟

---

① 马克思：《给工人议会的信》，《马克思恩格斯选集》第二卷，中共中央马克思、恩格斯、列宁、斯大林著作编译局编，人民出版社1972年版，第76—77页。我在这里只是从宪章运动思想史的角度来引述马克思的这封信。就历史事实而论，1854年宪章派在曼彻斯特召开的"工人议会"是为支援普雷斯顿工人大罢工而发起的。"工人议会"纲领的主要内容是在全国范围内建立一种合作制度，征募资金，以帮助工人们。它不具有任何工人政权的性质。

时期历史学家的理论所拥有的那种经过提炼和概括的形式，更没有上升到稍后马克思和恩格斯达到的高度理论水平上。

第二，然而，英国工人思想家的阶级斗争理论却具有强烈的实践性和斗争性的特点。这种特征是由它赖以产生的历史环境决定的，它产生于工人阶级参加的资产阶级民主运动和改革运动、工人阶级独立的经济斗争和政治斗争过程中，它揭示了工人阶级是一个在政治上缺乏民主、没有权力，经济上遭受榨取和剥削的悲惨的社会阶级。它批判了当时的劳资关系，把工人阶级视为与资产阶级及其各政党相独立的政治集团和阶级，揭穿了资产阶级改革派假民主的本来面目，成为英国工人阶级全国性斗争的本质内容和思想基础。因此它和资产阶级思想家的阶级斗争理论对工人阶级运动具有截然不同的意义。

英国早期工人思想家的阶级斗争理论是马克思主义诞生以前各国工人阶级最高的理论成就，它远远高于当时法国里昂起义和德国西里西亚织工起义所达到的思想水准。

恩格斯和英国早期工人运动有着广泛的接触和密切的联系。从1842年11月到1844年8月，恩格斯曾到曼彻斯特并在这个工人运动的中心生活了21个月。恩格斯自述说，他"直接研究了英国的无产阶级，研究了他们的欲求、他们的痛苦和快乐，同时又以必要的可靠材料补充了自己的观察"。[①]他在回到德国以后继续研读当时英国的各种著作，写成了《英国工人阶级状况》一书，并在1845年出版。这部著作是恩格斯从一个革命民主主义者转变为共产主义者的思想演变完成的一个标志。恩格斯在撰写这部著作时利用和研究了当时关于工人

---

① ［德］恩格斯：《英国工人阶级状况》，中共中央马克思、恩格斯、列宁、斯大林著作编译局译，人民出版社1956年版，第4页。

阶级物质和社会思想状况的大量文件和著作，其中有左翼宪章运动活动家、全国宪章协会负责人詹姆士·李奇写的《一个曼彻斯特工人从工厂看到的不容歪曲的事实》（伦敦，1844年版）、激进派约翰·沃德撰写的《中等阶级和工人阶级史》（伦敦，1835年版），而且，恩格斯是宪章派机关报《北极星报》每期的读者[①]，他极其熟悉那些反映工人阶级斗争思想的材料。英国工人阶级的阶级斗争理论和现实的工人运动，影响了恩格斯世界观的转变。他在《英国工人阶级状况》一书中得出结论说，工人阶级独立的世界观和阶级斗争的理论已经形成。他说："所有的产业工人都被卷到反对资产阶级的各种斗争中去了。他们一致同意，他们是Working Men（工人），这是他们引以为自豪并且是宪章主义者各种会议上普通的称呼，他们是有自己的利益和原则，有自己世界观的独立的阶级，是和一切有产阶级相对立的阶级，同时也是国家力量所系并能推动国家向前发展的阶级。"[②]而正是那种反映工人阶级自己的利益和原则的"独立的阶级"的"世界观""工人中的无产阶级意识"，给予恩格斯以强烈的影响，使他看到了工人阶级是推动历史发展的一支重要力量。恩格斯对工业革命后果和英国工人阶级生活和思想状况的研究，使他完全独立于马克思并以和马克思不同的方式，提出了历史唯物主义的基本原理。

马克思主义经典作家对早期工人运动的理论家曾作出了肯定评

---

[①] 恩格斯在《英国工人阶级状况》一书中还这样说："如果翻阅一下报道无产阶级一切运动的唯一报纸《北极星报》全年的合订本，就可以看到，城市和农村工业区所有的工人都已结成了工会，并且常常用总罢工来表示对资产阶级统治的抗议。"（［德］恩格斯：《英国工人阶级状况》，中共中央马克思、恩格斯、列宁、斯大林著作编译局译，人民出版社1956年版，第275页。）所以，可以据此断言恩格斯是每期《北极星报》的读者。

[②] ［德］恩格斯：《英国工人阶级状况》，中共中央马克思、恩格斯、列宁、斯大林著作编译局译，人民出版社1956年版，第292页。

价。马克思熟知奥布莱恩，他在1858年1月给恩格斯的一封信中称奥布莱恩为"不论何时都是一个压抑不住的宪章派"。在奥布莱恩去世后，马克思称之为"已故的奥布莱恩学派"[①]。不仅如此，马克思主义经典作家还明确承认早期工人运动理论家是自己学说的先驱，自己在提出有关马克思主义基本原理时受到了这些先驱者的启示。海德曼曾向马克思提出这样一个问题，即"他是怎么发现社会剩余价值和作为社会基础的社会劳动价值论的"。马克思答复海德曼说，他认为，在资本主义制度中无政府主义的竞争和对抗状态下，时代的经济力量使其本身不再完全不知不觉地而是不可避免地发展到垄断和社会主义，类似于此的思想最初产生于他所研读的早期经济学家、社会主义者和宪章派的著作中。[②]我们不无理由推断，英国早期工人运动的理论成果对马克思主义的诞生曾产生过重要影响。

但是，英国早期工人运动活动家的阶级斗争理论和马克思的阶级斗争理论相比，尚有若干根本性的弱点。

首先，英国早期工人运动活动家在阐述阶级和阶级斗争思想时，虽然也触及资产阶级国家，指出那是统治阶级的工具，但对于资产阶级国家形成的过程没有认识和分析，对于各种国家机器的职能也缺乏研究分析，因而在对待资产阶级国家的态度方面缺乏清晰的说明，他们始终没能摆脱对于国家的迷信。就以奥布莱恩这位杰出的宪章运动的理论家为例，他曾在19世纪30年代初编辑《密德兰代表者报》和《贫民卫报》期间积极宣传阶级斗争理论，但奥布莱恩始终未能扬弃

---

[①] "Marx to Engles", 14th Jan. 1858, from Asa Briggs and John. Saville, eds., *Essays in Labour Histoty*. Vol . I. London: Macmillan, 1960. p.257.

[②] Hyndman, "Record", p. 275. from Alfred Plummer, *Bronterre: A Political Biography of Bonterre O'Brien, 1804—1864*. London: Allen&Unwin, 1971. pp.249—250.

对他影响极深的罗伯特·欧文、奥吉耳维和格雷等人的空想和改良的思想，到19世纪40年代后期，他沦为资产阶级国有化主张的推崇者，他宣传说，"有了宪章，把土地、通货和信贷同时收归国有，人民很快会发现集体劳动在生产、分配和交换上所达到的成就要大大超过个体劳动。从此真正的社会状态和社会主义的实际"便会"逐步得到实现"。[①]奥布莱恩参加的全国改革同盟提出了要求国家收购土地，让失业工人在那里定居，将土地、矿产、矿山、渔业以及铁路、运输、桥梁、船坞、自来水设备等公用事业收归国有的主张，希望以此来实现"社会主义"[②]。这种依靠现存资产阶级国家来实行改革的愿望，表现了对资本主义国家的崇拜和迷信。

其次，早期英国工人运动活动家对于人类社会的发展，尚缺乏科学的历史唯物主义的认识。奥布莱恩简单地把古代人身奴隶制和近代工资奴隶制相提并论，认为"今日所谓的'工人阶级'就是文明国家中的奴隶人口"，而对于榨取工人血汗的奴隶制和古代的人身奴隶制不同的经济基础却缺少分析。正由于没有看到现代无产阶级是一个伴随着新生产力而形成的阶级，这个阶级具有以往任何一个压迫阶级所未有的强大力量，所以他们在号召工人阶级展开斗争之时，在某种程度上仍把工人看作一个受苦受难的阶级，对工人阶级的力量估计不足。看来，这正是包括奥布莱恩、哈尼、奥康诺在内的宪章派领袖在宪章运动不同阶段先后主张和中等阶级激进派联合，放弃工人阶级政治独立性的一个思想原因。

---

① *National Reformer*, Jan 30, 1847.

② ［英］G.D.H.柯尔：《社会主义思想史》第一卷，何瑞丰译，商务印书馆1977年版，第155—157页。

　　在历史观方面的薄弱尤其突出地表现在宪章派广泛地承袭了"自然法"理论这个方面。宪章派在论证工人阶级的政治要求时，经常借助于"英国人与生俱来的权利"这种概念，作为自己活动合法的依据[1]，他们有时还用《圣经》和以色列古籍来证明工人阶级有武装自己的正当权利[2]。他们强调，造成和保证理想的状况，只有依靠恢复古代的宪法。在工人阶级的报纸上，"所有的人生来是平等自由的，他们具有当然的、自然的和不可割让的权利"[3]。这类语言时时可见。1839年9月宪章派国民大会曾起草了一份《英国人民宪法权利宣言》，从英国中古时期到近代的各种法律文件和编年史中收集了一批资料，以此来为宪章派的普选权、军事训练和武装集会的权利佐证[4]。在宪章运动第一次高潮失败后对宪章派的审讯中，许多被告常常援用这些法律文件和自然法理论为自己辩护。例如，洛维特在沃里克审讯的自我辩护中就指出，英国设立一支常备军是违背自然法的，而正是这支违反自然法的军队在不分青红皂白地袭击无辜的男人、妇女和儿童。他以自然法理论来为宪章派在冲突中抵抗政府军队挺身自卫的做法辩护。[5]自然法理论在思想史上曾被新兴的资产阶级思想家用以抨击封建专制暴政，它在民主运动中固然有其积极的历史作用。但是，它毕竟不是现代无产阶级的思想武器，在历史观上它不是进步

---

　　① ［英］R.G.甘米奇：《宪章运动史》，苏公隽译，商务印书馆1979年版，第143、145页。

　　② David Jones, *Chartism and the Chartists*. London: Allen Lane 1975, p.147. ［德］马克斯·比尔：《英国社会主义史》下卷，何新舜译，商务印书馆1960年版，第12页。

　　③ *Poor Man's Guardian*, Oct. 19, 1831. Vol. I. p. 145. 1843年《英格兰宪章派通报》的文章说："市民联盟至多不过是一种相互间的契约……自然权利是它的基础。"

　　④ ［德］马克斯·比尔：《英国社会主义史》下卷，何新舜译，商务印书馆1960年版，第76—77页。

　　⑤ "Trial of W. Lovett at the Warwick Summer Assizes on August 6, 1839", *Report of State Trials New series Vol.* III, 1831—1840, London, 1891. pp. 1182—1183.

的、唯物主义的，而是倒退的、唯心主义的。它毕竟太脆弱了，远不足以成为无产阶级进行阶级斗争和争取政权斗争的理论基础。这表现了早期工人思想家政治理论上的薄弱。

我们还看到一个非常引人注目的现象，即英国工人阶级活动家关于阶级斗争理论的最精彩的论述，大抵是在19世纪30年代初期到宪章运动发动时期作出的，而随着宪章运动的发展，它的理论家非但没有发展自己的思想，相反失去了早先的光彩。英国工人运动先进分子的阶级斗争理论尚没有为广大工人群众所广泛掌握，他们也没有注意将这种理论贯彻于工人运动的纲领和策略之中，所以，这种阶级斗争理论尚未真正成为广大工人群众的斗争武器，而这一点正是它和马克思主义阶级斗争理论的一个根本差别。

（原载《南京大学学报［哲学社会科学版］》，1985年第3期）

# 附录二：
# 论英国从封建主义向资本主义过渡时期阶级结构的模糊性

英国从封建主义向资本主义过渡时期的阶级结构问题是一个重要的历史论题。这一过渡时期的阶级结构既有别于封建社会的典型结构，也还没有演进为建立在资本主义生产方式基础上的雇佣工人、资本家和土地所有者三大阶级构成的营垒分明的近代社会结构。马克思曾指出："在英国，现代社会的经济结构无疑已经有了最高度、最典型的发展，但甚至在这里，这种阶级结构也还没有以纯粹的形式表现出来，在这里，还有若干中间和过渡的阶段到处使界限规定模糊起来（虽然这种情况在农村比在城市少得多）。"①马克思在这里提到的阶级界限的模韧性，正是我们理解16至18世纪英国社会阶级结构的一把钥匙；而模糊方法现今已成为现代科学所接受的一种新方法。

---

① ［英］马克思：《资本论》第三卷下册，中共中央马克思、恩格斯、列宁、斯大林著作编译局译，人民出版社1975年版，第1000页。

# 一、 社会结构的多层化和阶级分化的未完成

分析英国从封建主义向资本主义过渡时期社会的阶级结构，首先必须从马克思主义关于阶级的定义出发。列宁指出："所谓阶级，就是这样一些大的集团，这些集团在历史上一定社会生产体系中所处的地位不同，对生产资料的关系（这种关系大部分是在法律上明文规定的）不同，在社会劳动组织中所起的作用不同，因而领得自己所支配的那份社会财富的方式和多寡也不同。所谓阶级，就是这样一些集团，由于它们在一定社会经济结构中所处的地位不同，其中一个集团能够占有另一个集团的劳动。"[①]划分阶级的质的规定或标准，向来为人们所重视。当今各国学者，有的以是否占有生产资料为标准，有的以收入来源和多寡为标准，有的以掌握权力的大小为标准，有的以经济、政治、意识形态三要素为标准，等等。笔者主张把是否占有生产资料、收入的来源和方式、政治权力的掌握和是否形成阶级的意识形态四因素，作为划分阶级的标准。阶级分析还应当包括下列重要方面，即分析各阶级是否已经形成、社会的组织是否已聚合为若干列宁所说的"大的集团"。

在当时人笔下，过渡时期英国的社会具有等级和层次林立、阶级没有充分形成的概貌。最早作出描述的是埃塞克斯的教区牧师威

---

① 中共中央马克思、恩格斯、列宁、斯大林著作编译局编：《列宁选集》第四卷，人民出版社1972年版，第10页。

廉·哈里逊（1534—1593），他在1577年发表了题为《英国记实》的报告书。哈里逊把人们分为四个类别，即绅士（gentlemen）、公民和自治市民、约曼、工匠和工人。关于绅士，他说："是仅次于国王的最显赫的第一个等级，它由亲王、公爵、侯爵、伯爵、子爵和男爵，以及那些被称作上层绅士的人、勋爵和贵人（noblemen）构成，在他们以下有骑士、缙绅（esquire）和地位较低者，这些人统称绅士。"①

哈里逊写出《英国记实》20年后，托马斯·威尔逊爵士写下了《1600年英国状况》。他把英国居民划分为贵族（nobles）、市民（citizens）、约曼、工匠和乡村劳动者五个集团。他研究较多的是社会上层，他把骑士、缙绅、绅士、律师、职业人士、非国教派牧师、副监督、受俸牧师、教区牧师一律划入小贵族（nobilitas minor）之列。但在文中另一处又把各种职业人士如律师、获得学位的毕业生、中等教士统统划入乡绅（gentry）等级②。哈里逊有把贵族的范围扩大化的倾向，在他笔下，有爵位的贵族和新兴富有者的差别和界限极为模糊。17世纪90年代，格里戈里·金写下了《关于英国状况和条件的自然和政治观察》和若干笔记。他根据交纳灶税的资料，拟出一份1688年英格兰各种家庭的收支一览表。他进行了英国第一次系统的定量研究。他把社会居民按照等级（ranks）、阶层（degree）、

---

① William Harrison, *The Description of England*. edited by Georges Edelen. New York: Cornell University Press, 1968. p.94.

② Thomas Wilson, *"The State of England, 1600."* In Joan Thirsk and J.P. Cooper, eds. *17th Century Economic Documents*. Oxford: Clarendon Press, 1972. p.754. 托马斯·威尔逊爵士是一个生活优越的绅士，他的叔父在1579年以后担任过几年国务大臣。他本人曾担任外交领事、政府案卷保管人和剑桥大学一个学院的院长。他掌握的史料是不久以前曾担任女王首席国务大臣的叔父所珍藏的国务大臣和地产枢密官的多种簿册，它们精确地展示了整个王国每个贵族、骑士和绅士的各种收益情况。

头衔（title）和资格（qualification）进行分类，描述出社会居民多等级层次的特点。这些等级层次在他的表格中依次为：世俗贵族、宗教贵族、准男爵、骑士、缙绅、绅士、官吏、商人、律师、教士、自由持有农、农场主、科学和艺术界人士、店主和小商人、技工和手工工匠、海陆军军官（以上为一大类）；普通海员、劳工和户外工人、茅舍农和贫农、普通军人（以上为一类）；最后是流浪者。[①]格里戈里在表格中划出的三类或三个集团并不严谨，但他笔下的社会结构特征和哈里逊、威尔逊所说的相仿。格里戈里·金以后，约瑟夫·梅西对1759—1760年社会结构和收入拟出表格[②]，科尔基霍恩则根据1801年人口调查和1803年贫民调查的资料，制定出18世纪末19世纪初英国社会结构表[③]。但他们都没有给出任何关于社会成分已结合成若干阶级的启示，值得一提的是在科尔基霍恩的表格中列出了若干格里戈里·金那个时代未有的等级和层次。直到19世纪初，这种多层次的阶级界限不明的现象仍未消失。戴维·罗伯逊描写道："在农夫和贵族之间，一个集团和另一个集团毗邻而立，他们以令人感叹的方式在上下两个集团之间的夹缝中生存，这样便合成了一幅具有内聚力的有力而美妙的图画。"[④]

英国的贵族尽管仍居于社会上层，但已不再是严格意义上的封建

---

① Gregory King, *"A First Draft of Gregory King's 'Observations' From His Notebook, 1695, and Journal, 1696."* in Joan Thirsk and J. P. Cooper, eds., *17th Century Economic Documents*. Oxford: Clarendon Press, 1972. pp.765—770.

② Roy Porter, *English Society in the Eighteenth Century*. London: Penguin Books, 1982. pp. 386—387. Table 5.

③ Roy Porter, *English Society in the Eighteenth Century*. London: Penguin Books, 1982. pp. 388—389. Table 6.

④ Harnold Perkin, *The Origins of Modern English Society, 1780—1880*. London: Routledge&Kegan Paul, 1969. p.22.

贵族，他们在社会政治、经济中所处的地位和自身的性质都发生了变化。在都铎王朝初期，贵族的界限和规定性是所有社会组成成份中最清楚的。贵族仍享有一些特权，并承担义务和责任，但他们并不完全由于封建身份而享有特权，同时，他们承担责任也得到一定的报酬。当贵族为国家从军征战时，国家对其服役付给酬金。他们取得议会上院的议席也并不因为封建土地所有制。贵族和他们租户的封建关系，仅限于时断时续地推行绝对化的租税，如监护税。贵族经营地产的方式也开始发生变化。贵族仍然享有法律、财政和政治方面的一系列特权，这是他们有别于较低等级之处，贵族在法律上受到保护，除了犯下叛国罪、重罪、妨害治安罪外，贵族不得被逮捕，不得处以丧失公权的处罚，不能对他们颁发强制性的拘票以送交法庭，也不得强迫他们宣誓作证，他们还被免去对地方政府的义务。[1]但在英国革命前夕，贵族在国家高层政治生活中的地位已发生了一种微妙的变化。贵族仍是掌权的集团，但他们已不再独掌政治权力。他们在国家政治领域中实际上和乡绅分享权力。1547年以后，贵族实际上掌握了王宫廷臣、驻外使节、一部分军事指挥权和郡军事指挥官的职位，新兴的等级通常没有可能担任这些方面的职务（只有托马斯·克伦威尔是个别例外者）。1560年以后，宗教贵族不再盘踞上院，市俗贵族控制了上院。但是与此相反，在政府机构（如财政部、大法官和枢密院）中，贵族却没有取得任职的独占权，他们在枢密院中只取得大约半数的职位。一般说来，贵族在经济和立法事务中不再具有重要地位[2]。

---

① Lawrance Stone, *The Crisis of Aristocracy, 1558—1641*. Abridged edition. Oxford: Oxford Univeristy Press, 1967. pp.6、29. Joyce Youings, *Sixteenth Century England*. London: Penguin Books, 1984. p.112.

② Lawrance Stone, *The Crisis of Aristocracy, 1558—1641*. Abridged edition. Oxford: Oxford University Press, 1967. pp.29—30.

贵族以下是引人注目的乡绅。乡绅在当时不是一个阶级，它是若干社会等级的混合体和总称，系指自耕农场主以上、贵族以下的四个土地所有者等级，即1611年起授封的准男爵（baronets）、骑士（knights）、缙绅（esquires）和称为绅士（gentlemen）的自耕农和农场主中的显赫者①。把乡绅作为一个整体来看，其收入来源及方式各不相同。相当多的乡绅有商业和职业收入，有一部分乡绅靠地租、年金和投资的利润为主要收入，但也有一批独立的农村绅士既无官俸又无商业利润，仅以土地收入为生。一般说来，乡绅以土地收入为主，其他收入为辅，并依靠土地收入来进行投资等经济活动②。因此，乡绅的收入方式既与租地农场主有区别，也和纯粹的旧式地主有不同，既有资本主义经营方式，有的又和封建关系有一定联系，具有复杂性，没有足够的根据能把乡绅和农业资产阶级等同起来。乡绅这一异质的社会等级的集合体的存在表明，随着英国资本主义的发展，农村的阶级关系发生变化，出现了土地所有者资本主义化的倾向。但就整个乡绅范畴而论，它还不是成熟的农业资产阶级，只是未成熟的、未完全分化的诸社会等级。这种社会形态是生产关系变动和社会关系变动的一个中间产物。不妨借用马克思的用语，把乡绅视为"一方面是封建社会形式解体的产物，另一方面是16世纪以来新兴生产力的产物"③。

---

① R.H.Tawney, *"The Rise of the Gentry, 1558—1640."* in *Economic History Review.* Ⅺ（1941），p.4.

② G. E. Mingay, *English Landed Society in the Eighteenth Century.* London: Routledge&Kegan Paul, 1963. p6. G. E. Mingay, *The Gentry: The Rise and Fall of a Ruling Class.* London: Longman, 1976. pp.14, 16—17.

③ 中共中央马克思、恩格斯、列宁、斯大林著作编译局编：《马克思恩格斯选集》第二卷，人民出版社1972年版，第86页。

在乡绅以下，格里戈里·金和梅西都指出，有一个农场主（famers）等级，其数量为15万户左右。这是一个反映资本主义生产关系的等级，但当时经营规模甚小，户年收入最多不过150镑，低于最末等的乡绅（年收入约为200镑）。它在社会政治、经济生活中还远没有像乡绅那样发挥出重大作用。

再以下便是不同层次人数众多的城乡劳动者。在从封建主义向资本主义过渡时期，下层劳动群众也没有聚合成阶级。一个明证是，在格里戈里·金的表格中不是以个人而是以家庭为社会单位，他认为英国由135万个家庭组成。从金的表格第三栏即每个家庭的人数来看，越是处于社会上层，其家庭人口便愈多，包括仆役、学徒、粗工、工匠等服务人员在内，作为血缘家庭的补充成分。这也表明，一部分劳动者并没有与社会上层相分离而独立存在，这些劳动者实质上是附着于上层等级，过着寄人篱下的生活。这种贫苦劳动者的依附性，可以以1619年伦敦面包师家庭为例。一个典型的这种生活和劳动组合通常为13至14人，包括面包师夫妇、他们的三至四个子女、四个学徒期满的职工、两个学徒和两个女仆。他们劳动、进餐、住宿在同一所房屋内①。此外，是手工业工人和工匠，他们有24万，他们的工作和农业劳动密切相联。工匠中半工半农、亦工亦农的现象极其常见，因为英国社会当时基本上是一个乡村社会，有3/4的人口居住在农村，以农业为生或从事和农业直接相关的职业。因此，那些非农业劳动者实际上并没有构成一个阶级，他们更没有形成独立的阶级意识②。

---

① Peter Laslett, *The World We Have Lost*. London: Routledge, 1965. pp.1—2.

② John. F. C. Harrison, *The Common People of Britain: A History from Norman Conquest to the Present*. Bloomington: Indiara University Press, 1985. pp.117—118.

# 二、社会流动和等级界限模糊

资本主义关系的发展和社会政治、经济动荡是封建关系瓦解的原因，它造成了多层次的社会结构。在同一原因的刺激下，在过渡时期社会各层次间发生了流动。从很早起，英国社会便不是由若干彼此隔绝、排他的等级构成的。例如，英国的骑士便不像欧洲大陆国家的骑士那样构成一个独立的等级。同样，英国议会下院的参加者也不同于法国的第三等级。封建贵族的衰落和封建主义的逐步瓦解，使社会的上层等级具有开放性的特点。在1455—1485年的玫瑰战争中，兰开斯特和约克两大封建家庭相互残杀，力量几乎消耗殆尽。在随后建立的都铎王朝中，社会经济变动极大，旧贵族在价格革命中仍以传统方式经营地产，实际收入骤减，加之挥霍无度，维持很高的消费水平，因此其经济逐渐衰落。据载，一个贵族在1559年收入2000镑，到1602年仅为1630镑，考虑到价格变动的因素，其实际收入下降了26%。从1561年至1640年。英格兰七个郡的乡绅拥有的庄园数目增加了17.8%，而王室、贵族和教会的庄园所占的百分比则相对下降。从1558年至1602年，贵族占有的土地减少1/4，到1641年又减少了1/5。[①]此外，贵族还日渐丧失从军征战的能力。在16世纪40年代，每个成年贵族都可以在战时为国王服役，但到1576年，只有1/4的贵族有军事

---

[①] Lawrance Stone, *The Crisis of Aristocracy, 1558—1641.* Abridged edition. Oxford: Oxford University Press, 1967. pp.68, 71.

经验，到17世纪这个比例下降为1/5。所以，封建贵族阶级的衰落已是极为突出的社会历史事实。

在封建关系崩溃和旧贵族衰落的同时，新兴的土地所有者包括各等级的乡绅的经济实力大大增长。从都铎王朝开始，发生了社会流动现象。缺乏基础的都铎王室不仅需要经济上有实力的新兴等级的支持，王室还通过卖官鬻爵得到大量资金来弥补财政的亏空。这样，非贵族之富有者便有可能取得一种头衔，以跻身贵族之列。伊丽莎白一世在位44年，共设立878个爵士爵位；她在位后20年还大量授封骑士，共授封骑士934人。斯图亚特王朝时期，詹姆士一世由于财政窘困和镇压厄尔斯特叛乱急需资金，设立了准男爵爵位，定价出售。凡年收入1000镑以上者均有资格购买此种爵位，价格为1095镑，购得准男爵爵位者可在姓名前加上"Sir"。1611—1614年，平均每年授封31名。以后，授封的人数不断增加，爵位的价格则不断下降。1619年准男爵的售价为700镑，1622年为220镑。1615—1619平均每年授封120人。1617年达到最高点，一年授封199人。直至革命爆发前，查理一世仍在大量出售准男爵爵位。买得准男爵爵位者大抵是乡绅、商人中之富有者。[①]这一种大规模的向上的社会流动，主要发生在资产阶级革命以前。其实质在于，旧的封建统治阶级已无法单凭本阶级的力量有效地控制整个国家的社会政治、经济生活。于是，他们便诱使新兴的社会集团通过合法的方式，向封建社会上层渗透。亨利八世去世时留下一个摄政会，以其幼子爱德华三世的名义管理国事，摄政会的

---

① Lawrance Stone, *The Crisis of Aristocracy, 1558—1641.* Abridged edition. Oxford: Oxford University Press, 1967. pp.43—47.

16名成员的爵号无一早于16世纪取得①。

社会流动造成了社会等级界限的模糊。在《英国记实》一书中，哈里逊在一处说："绅士是那些有高贵血统或者说至少是德行卓著而被封为贵族者。"在另一处他则把"绅士分作两类：男爵或拥有地产的贵族（包括男爵及男爵以上者）和那些非贵族人士，如骑士、缙绅、纯粹的绅士"。他还说道，乡绅和商人之间也没有明确的界限。"商人是市民的一部分（尽管他们时常与绅士交换其等级，就像绅士时常和他们交换等级一样，常常双方互相转换）"②。哈里逊叙述时的混乱，正是这种社会流动造成的等级界限的模糊性的反映。1640年英国资产阶级革命的爆发给君主制、国教会和封建贵族以致命打击，封建的隶属关系和封建特权被实际废止，革命也中断了那种扩大贵族阶级人数的做法。在革命成果巩固时期，1719年辉格党人为了保持自己在上院的优势，在议会提出了一项《贵族法案》，意在限制贵族人数的再扩大，规定授封新的贵族不得超过六人。此外，该法案把苏格兰在上院的议席从13席扩大到25席③。这个法案虽然最后在下院遭到否决，但在随着英国资产阶级革命开始的一个历史新阶段中，贵族阶级的政治命运已成定局，其队伍再无限膨胀已不可能。1688年以后，英国社会处于相对稳定状态，社会上层不再出现大幅度的流动现象。

资产阶级革命以后，在名义上各等级之间不再有不可逾越的壁垒，人们似乎可以不受阻碍地向上或向下流动。达尼尔·笛福在描述

---

① ［英］阿·莱·莫尔顿：《人民的英国史》，谢琏造、瞿菊农、李稼年等译，生活·读书·新知三联书店1976年版，第188页。

② William Harrison, *The Description of England*. edited by Gorges Edelen, New York: Connell University Press, 1968. pp. 113, 115, 120.

③ J. H. Wiener, ed., *Great Britain, The Lion at Home, A Documentary History of Domestic Policy 1689—1973*. Vol. 1. New York: Chelsea House Publishers, 1974. pp.71—75.

革命后英国社会时说："在英国，财富使商人成为贵族，使耕耘者成为绅士"，"每日每时都有人从微贱之中发财致富"，英国人可以大胆地自称为"商人绅士""呢绒商绅士"。琼生也描写说："英国的商人现在成了新的一类绅士"，"从贫穷的境遇中逐渐集聚财富，人民可以轻易迅速地升入与之毗邻的另一个等级"[①]。在这些文人笔下，似乎在17世纪和18世纪的英国，资本主义金钱关系已在充分起作用，凭借财富人们可以在社会和政治中为所欲为了。但事实上，财产对这个阶级所起的作用还没有达到一种不受拘束的地步。这个阶级在政治上升到高层的最重要的条件并不完全是财产，贵族身份仍是必需的条件。17和18世纪英国国家机构的一个特点是，未取得爵位的乡绅、商人很难进入像内阁这样的上层统治核心。从1783年至1835年每届内阁的成员中，贵族及贵族的后代明显占多数。在官职恩赐制度下，从关税、税收到各类行政机构都被大土地所有者及其亲属所控制。在1726年，贵族中1/4最活跃分子控制了宫廷和政府的职位[②]。在稍低一些层次，社会等级的界限开始被冲破。如海军舰长考克是一个日工的儿子；农业工人的儿子亨利·思罗尔成了伦敦啤酒酿酒人并当选为下院议员；约曼的儿子威廉·华兹华斯成了著名作家，而他的两个兄弟分别成了剑桥大学三一学院的院长和船长；绸布商的儿子波特成了大主教；矿工的儿子查理·哈顿成了数学家[③]。这种由社会下层进入上层的事例并非罕见，但一般说来都是由于某种机遇才使其才能得以发挥。

---

① Roy Porter, *English Society in the Eighteenth Century*. London: Penguin Books, 1982. pp. 64—65.

② John. H. Plumb, *SirRobert Walpole: The making of a Statesman*. London: Cresset, 1956.

③ Roy Porter, *English Society in the Eighteenth Century*. London: Penguin Books, 1982. pp. 65—66.

　　乡绅这一社会集团，同时向上、下两个方向的等级渗透扩散。英国资产阶级革命后，贵族除了在名义上享有特权并有单独一院作为其势力的代表外，他们和一般土地所有者已无太大差别；而乡绅的地位则上升了，和贵族一起构成统治阶级的一部分，他们的收入方式大体相同，即主要以地产收入为主。乡绅和贵族逐渐融合。在另一个方向，由于乡绅的地产通常由长子继承，其余的子女便纷纷进入法律界、商业界；同时，乡绅子弟普遍与商人后代联姻，所以，乡绅和商人从未有过任何不和谐的关系。至于乡绅以下的自由持有农，其内部层次也很多。其中一部分自由持有农拥有的土地全供自己耕种，还常因不敷维生而再租入一些土地；第二部分即所谓在外所有者，他们自己不耕种土地而将土地租出，俨然像小地主；而另一部分较低等者则与下一个等级农场主难以区别。

　　伴随着工业革命的开展，社会分化加剧，工商业资产阶级开始从土地所有者中分离出来，阶级结构的模糊性也开始逐渐消失。庇尔家族是新兴资产阶级形成的一个范例。庇尔家族的先辈不过是一个中等的自耕农，和兰开郡丘陵地区的许多家庭并无多大差别。他们从17世纪中叶起一边务农，一边从事家庭纺织业生产。1750年，罗伯特·庇尔的父亲搬入布莱克奔镇，最后放弃了耕作，当时他有年收入2000—4000镑的地产。他受过一些教育，但无技术知识。18世纪60年代，他把这笔地产当掉，和堂兄弟哈沃斯及一个土耳其人合开了一家花布印染号。以后，他的家庭遂以这项收入的积蓄在黑牛场开起小旅店。三年以后，由于市场对印花布的需求，他把商号变成棉布工厂，每年可获利7000镑。到18世纪80年代，他已有足够的资金引进蒸汽机等先进设备。18世纪90年代，罗伯特·庇尔被封为男爵并进入议会①。庇尔是一个土地所有者转变为工业资产阶级的典范。当时有相当一批土地所有者发生了这种质变或部分的质变，其中也有些人尚未割断和地产的联系。

英国语言学上的成就是与我们对英国近代社会阶级形成的时间判断基本吻合的。在18世纪末以前，不仅在思想史上英国资产阶级（中等阶级）的意识没有完全形成，就是"阶级"的概念和术语本身也没有产生。18世纪后期，苏格兰历史学派的学者亚当姆·菲格森、大卫·休姆、詹姆斯·斯图亚特、亚当·斯密和约翰·密勒提出了"阶级"的概念，并进行了把社会划分为阶级的最初尝试。约翰·密勒指出："整个国家的财产和它所有居民的生计……有的来自土地和水面的租金；有的来自股金和资本的利润，有的来自劳动的工资，与这种划分相适应，可以把居民分为地主、资本家和工人。"乔伊斯·汉韦在1772年使用了"人民中的下等阶级"的提法。吉斯本在1794年提出了"上等和中等阶级"的概念。查尔斯·阿波特则在1801年人口调查时谈到了"农业阶级"②。"阶级"的概念在语言学中的出现，正是阶级开始在社会结构中形成的一种反映。

# 三、社会联系纽带

从封建主义向资本主义过渡时期，由于经济的不发达，资本主义

---

① Eric J. Hobsbawm, *Industry and Empire: From 1750 to the Present Day.* Harmondworth: Penguin Books, 1969. pp.62—63.

② Harold Perkin, *The Origins of Modern English Society, 1780—1880.* London: Routledge&Kegan Paul, 1969. p.27. Asa Briggs, *"The Language of 'Class' in Early 19th Century England."* in Asa Briggs and John Saville, eds., *Essays in Labour History.* Vol. I. London: Macmillan, 1960. pp.50—52.

尚处于原始积累时期，活跃的仍然是商业资本。生产力和经济生活水平的低下，致使社会交往手段落后。由于这个时期工业革命尚未开始，以铁路、火车和汽车为代表的近代国内交通手段尚未发明产生，英国全国各地区间的联络、城镇和乡村的联络都非常松散，所以，社会的闭塞性在这个时期尚未最后消除。它妨碍了在全国形成新的统一的文化形态和阶级的意识形态，更妨碍了政治生活的民众化和民主化。这个时期，英国的政治生活基本上为人数不多的上层贵族集团所控制。英国在1832年议会改革之前尚无资产阶级民主制的踪影，绝大多数人被排斥在国家政治生活之外。英国从封建主义向资本主义过渡时期社会联系的纽带，明显地具有贵族社会的旧的特征，即起主要作用的还不是以共同的市场为基础的资本主义经济关系，而主要是血缘关系、建立在政治和经济的恩赐和保护条件下存在的服从关系，以及地方性小团体的联系。近代社会两种主要的联系纽带，即资产阶级的政治思想和政治党派，在这个时期都没有发展成熟。

在17世纪资产阶级革命前的议会下院中，尽管反对斯图亚特封建王权的议员反对派力量逐渐增大，议员的活动却仍突出地表现为地方性和分散性，他们大部分时间生活于自己所在的选区，受周围小范围发生的事件的影响。在议会中，他们关心的是和自己有关的事务和利益。议员很大程度上是以个人身份在议会中活动①。议员反对派并没有形成政党。17世纪末和18世纪上半叶出现的辉格党和托利党，就其形态来说，只不过是资产阶级政党极不成熟的早期雏形，其代表的利益、社会基础以及两党相互间的差异都非常模糊。这两党主要在议会

---

① Conrad Russell, *Parliament and English Politics, 1621—1629*. Oxford: Oxford University Press, 1979. p.3.

内部活动，或围绕议会选举展开活动，都还没有持续地进行群众性活动并具有群众性的政党组织形式。参加两党的议员并不是以某个明确的纲领和某种一般的经济利益为基础而聚合到一起来，参加者和党的领袖之间常常是因为某种亲戚、朋友和利害关系而聚成一团。乔治三世的母亲曾对达廷顿说过："你们说这个党那个党，我却一直没有弄清楚究竟什么是政党，我试图弄清楚，但我除了发现德文公爵、他的儿子和老荷拉斯·沃尔波尔在一起外，没有发现其他什么联系。"[①]这段话惟妙惟肖地道出了早期英国政党的特征和上层社会联系的纽带。

这个时期资产阶级的政治思想也没有发展到成熟的地步，也没有在全国起控制作用。诚然，在英国资产阶级革命后期诞生了约翰·洛克这位杰出的资产阶级政治思想家，他提出了最初的分权理论和制约、均衡说，同时还反对世袭制，在资产阶级政治思想史上具有重要的开拓性地位。然而，在英国革命后一个多世纪里，洛克的学说却在英国后继无人，休谟等人对洛克的政治学说不感兴趣，资产阶级政治理论在这个时期几乎毫无成就[②]。在英国从封建主义向资本主义过渡时期的后一阶段，意识形态中起较大作用并初具形态的，唯有富于传统特点的辉格主义。辉格主义尊重英国旧的宪政传统，运用古代沿袭而来的宪政民主传统为辉格党人的活动辩护，充满着隐蔽、妥协的色彩，政治水准远远低于洛克的理论。论其实质，辉格主义是一种未成熟的资产阶级意识形态，它在19世纪最终为资产阶级自由主义所代替。

---

① E.N.Williams, ed. *The Eighteenth-Century Constitution, 1688—1815: Documents and Commentary*. Cambridge: Cambridge University Press 1960. p.173.

② ［英］罗素：《西方哲学史》下卷，何兆武、李约瑟译，商务印书馆1976年版，第173、175页。

在以成熟的生产关系和一般的经济利益为基础的新的阶级关系建立起来以前，血缘关系始终是英国社会一种重要的社会联系纽带。在17世纪英国资产阶级革命时期，这种家族的血缘纽带已成为英国政治生活的一个明显特征。长期议会的500多名下院议员中，只有不到1/4的议员在议会中没有亲戚。据统计，议员中有22对父子关系、22对兄弟关系、5对叔伯关系。此外，各种较远的亲戚关系更是不计其数。在这种血缘纽带的基础上，议员中形成了一些地区性集团，如北方诸郡集团、湖畔集团、北威尔士和边境地区集团等[①]。

上述例证只是对一个阶段英国议会下院的构成分析后发现的状况。如果我们俯瞰一下较长阶段的议员情况，把18世纪英国议会同19世纪相联系，就会更清晰地察觉血缘纽带的联系。佩勒姆家族便是其中一个范例。佩勒姆家族是苏塞克斯一个富有的家族，拥有320余个庄园及其他一些地产，并生产木材和生铁。他们在土地经营中不仅收地租，同时也亲自经营农场，1640年的年收入已达4000镑。担任治安法官的托马斯·佩勒姆爵士，1621年在东格林斯提德当选为下院议员，以后于1624年和1625年在苏塞克斯当选，在以后进入短期议会和长期议会，在议员中引人注目。他第三次结婚的配偶是长期议会著名议员亨利·文爵士之女。佩勒姆家族一直控制着苏塞克斯的议席。18世纪初，亨利·佩勒姆从1717年起为苏塞克斯的议员，1721年进入沃尔波尔内阁的财政委员会，后担任各种要职，1743年8月担任首席财政大臣，1746年—1754年为首相。他的长兄纽卡斯尔公爵托马斯·佩勒姆—霍利斯则是乔治二世统治时期政治舞台上举足轻重的人物，控制着9—12个衰败选区的议席，1717年当上宫内大臣，1724年—1754

---

① Mary F.Keeler, ed., *The Long Parliament, 1640—1641*. Philadelphia: the Society, 1954. pp. 29—30.

年任国务大臣长达20年之久，控制着政府的任命权，并在制订对外政策中起决定作用，和亨利·佩勒姆一起左右着政局。1754年亨利·佩勒姆去世后，纽卡斯尔公爵在1754年—1756年担任第一财政大臣，主持内阁，并在18世纪50年代末老庇特内阁中继续任职。在18世纪50—90年代议会下院中，佩勒姆家族的议员除托马斯·佩勒姆作为亨利·佩勒姆的继承人担任苏塞克斯议员外，还有他的第三个儿子——梯弗顿的议员亨利·佩勒姆，他的第二个儿子——刘易斯的议员，斯坦莫尔的议员托马斯·佩勒姆，他的第一个儿子——诺丁汉的议员斯林顿·佩勒姆等等①。

家族和血缘联系在过渡时期不仅在上层政治中起着相当的作用，而且在层次稍低的乡绅活动和地方政治中同样起着重要的作用。从宗教改革到内战时期，约克郡的乡绅正是通过他们个人的家族系统和血统联系在利益上联系起来，并通过这种联系去获得社会政治方面的利益。在肯特郡，乡绅在建立自己的声望时把血缘关系作为一种重要的条件，它使乡绅的权势大大增强了。在18世纪，一些大地主乡绅凭借拥有的广大地产和经济实力控制了一部分选区的议席，旁人不得问津。如贝德福德郡的一个议席在18世纪后期长期被贝德福德公爵占有，温多弗选区长期为维厄勋爵所控制。

恩格斯认为，"以血族团体为基础"始终是人类历史上"旧社会"的特征，它必然为新的社会关系所代替；而在新社会中，"阶级对立和阶级斗争从此自由地开展起来"②。恩格斯这里是就古代社会

---

① Sir Lewis Namier and John Brooke, eds. *The History of Parliament: The House of Commons, 1754—1790*. Vol.Ⅲ. London: Haynes Publishing, 1984. pp.256—261.

② 中共中央马克思、恩格斯、列宁、斯大林著作编译局编：《马克思恩格斯选集》第四卷，人民出版社1972年版，第9页。

而论的。然而，广义地说，家族统治却是封建时代政治的一个重要特征。而在从封建主义向资本主义过渡时期，血缘联系仍然继续在起作用，仍然作为统治集团活动的一种支柱。只是伴随着近代化，血缘关系才开始衰落，变成一种附属的、日趋衰落的、被侵蚀的、萎缩的和愈益有限的联系。

建立在政治和经济控制保护下的服从关系，是英国从封建主义向资本主义过渡时期第二种社会联系的纽带。例如，地主可以利用自己掌握的土地权来迫使租户服从他。当租户租约期满需重新订立租约时，地主可以乘机要挟其提供贡款。当然，这种服从关系还包含另一方面的内容，即处于社会上层、地位较高的土地贵族也得保护依附于自己的租户，使其能维持生存，这既是地主的职责，也是地主维持自己地位的一个条件。在这种家长制式的服从关系中，残酷的剥削和压迫关系被温情脉脉的面纱掩盖着。

再一种联系纽带是以邻里关系为基础的地方小团体的内部联系。这种地方小团体，以村庄和教区为基本单位，英国共有几千个这种不大的地方小团体。这种小团体以内在的机制自行调节以个人和家庭为中心的社会经济活动和各种社会关系，它帮助一家一户人们的生活，人们相互间开展借贷以调节暂时的困难，各户之间一般保持着友好和睦的关系。

和血缘关系一样，后两种纽带同样带有农业社会的特质。

（原载《世界历史》编辑部编:《欧美史研究》，华东师范大学出版社1989年版）

# 参考书目

## 中　文

A.古列维奇. 中世纪文化范畴. 庞玉洁，李学智，译. 杭州：浙江人民出版社，1992.

B.O.克柳切夫斯基. 俄国各阶层史. 徐昌翰，译. 北京：商务印书馆，1990.

C.莱特·米尔斯. 白领：美国的中产阶级. 周晓虹，译. 南京：南京大学出版社，2006.

G. A. 柯亨. 卡尔·马克思的历史理论——一个辩护. 岳长龄，译. 重庆：重庆出版社，1989.

N. H. 奥西诺夫斯基. 托马斯·莫尔传. 杨家荣，李兴泽，译. 北京：商务印书馆，1984.

P.布瓦松纳. 中世纪欧洲生活和劳动——五至十五世纪. 潘源来，译.北京：商务印书馆，1985.

R.H.托尼. 宗教与资本主义的兴起. 赵月瑟，夏镇平，译. 上海：上海译文出版社，1999.

阿萨·布里格斯. 英国社会史. 陈叔平，刘城，刘幼勤，等译. 北京：中国人民大学出版社，1991.

艾弗尔·詹宁斯. 英国议会. 蓬勃，译. 北京：商务印书馆，1959.

保尔·芒图. 十八世纪产业革命——英国近代大工业初期的概况. 杨人楩，陈希泰，吴绪，等译. 北京：商务印书馆，1983.

蔡少卿主编. 再现过去：社会史的理论视野. 杭州：浙江人民出版社，1988.

蔡声宁，王枚. 当代发达资本主义国家阶级问题. 石家庄：河北人民出版社，1987.

戴维·比瑟姆. 马克斯·韦伯与现代政治理论. 徐鸿宾，徐京辉，康立伟，译. 杭州：浙江人民出版社，1989.

丹尼尔·贝尔. 后工业社会的来临——对社会预测的一项探索. 高铦，王宏周，魏章玲，译. 北京：商务印书馆，1984.

丹尼尔·贝尔. 资本主义文化矛盾. 赵一凡，蒲隆，任晓晋，译. 北京：生活·读书·新知三联书店，1992.

丹尼斯·吉尔伯特，约瑟夫·A.卡尔. 美国阶级结构. 彭华民，齐善鸿，等译. 北京：中国社会科学出版社，1992.

都尔教会主教格雷戈里. 法兰克人史. 寿纪瑜，戚国淦，译. 北京：商务印书馆，1991.

厄尔奈斯特·曼德尔. 晚期资本主义. 马清文，译. 哈尔滨：黑龙江人民出版社，1983.

法学教材编辑部《外国法制史》编写组. 外国法制史资料选编：下册. 北京：北京大学出版社，1982.

菲迪南德·伦德伯格. 富豪和超级富豪——现代金钱权势的研究. 山西大学编译室，蔡受百，姚曾廙，译. 北京：商务印书馆，1993.

费尔南·布罗代尔. 15至18世纪的物质文明、经济和资本主义. 顾良，施康强，译.北京：生活·读书·新知三联书店，1993.

弗·梅林.德国社会民主党史.第一卷，青载繁，译.北京：生活·读书·新知三联书店，1973.

弗朗索瓦·德克洛泽.多多益善——法国社会生活内幕.张庚辰，译.北京：世界知识出版社，1984.

弗朗索瓦·卡龙.现代法国经济史.吴良健，方廷钰，译.北京：商务印书馆，1991.

弗里德里希·菲尔斯滕贝格.德意志联邦共和国社会结构.黄传杰，任友林，杨真，译.上海：上海译文出版社，1987.

戈·瓦·普列汉诺夫.俄国社会思想史：第一卷.孙静工，译.北京：商务印书馆，1988.

格尔哈斯·伦斯基.权力与特权：社会分层的理论.关信平，陈宗显，谢晋宇，译.杭州：浙江人民出版社，1988.

郭守田主编.世界通史资料选辑·中古部分.北京：商务印书馆，1981.

哈里·布雷弗曼.劳动与垄断资本.方生，朱基俊，吴忆萱，等译.北京：商务印书馆，1978.

汉斯·豪斯赫尔.近代经济史——从十四世纪末至十九世纪下半叶.王庆余，吴衡康，王成稼，译.北京：商务印书馆，1987.

何建章主编.当代阶级结构和社会分层问题.北京：社会科学出版社，1990.

亨利·列菲弗尔.论国家——从黑格尔到斯大林和毛泽东.李青宜，等译.重庆：重庆出版社，1989.

亨利·皮朗.中世纪欧洲经济社会史.乐文，译.上海：上海人民出版社，1964.

杰弗里·巴勒克拉夫. 当代史学主要趋势. 杨豫，译. 上海：上海译文出版社，1987.

卡尔·A.魏特夫. 东方专制主义——对于极权力量的比较研究. 徐式谷，奚瑞森，邹如山，等译. 北京：中国社会科学出版社，1989.

卡尔·艾利希·博恩等. 德意志史：第三卷. 张载扬，张才尧，郭鼎生，等译. 北京：商务印书馆，1991.

卡尔·迪特利希·埃尔德曼. 德意志史：第四卷. 高年生，等译. 北京：商务印书馆，1986.

卡洛·M.齐波拉主编. 欧洲经济史：第二卷. 贝昱，张菁，译. 北京：商务印书馆，1988.

卡洛·M.齐波拉主编. 欧洲经济史：第一卷. 徐璇，译. 北京：商务印书馆，1988.

科佩尔·S.平森. 德国近现代史. 范德一，译. 北京：商务印书馆，1987.

克拉潘. 1815—1914年法国和德国的经济发展. 傅梦弼，译. 北京：商务印书馆，1965.

拉尔夫·密里本德. 资本主义社会的国家. 沈汉，陈祖洲，蔡玲，译. 北京：商务印书馆，1997.

拉尔夫·密利本德. 英国资本主义民主制. 博铨，向东，译. 北京：商务印书馆，1988.

莱奥·巴莱特，埃·格哈德. 德国启蒙运动时期的文化. 王昭仁，曹其宁，译. 北京：商务印书馆，1990.

雷吉娜·佩尔努. 法国资产阶级史. 康新文，等译. 上海：上海译文出版社，1991.

利普塞特. 政治人，政治的社会基础. 刘钢敏，聂蓉，译. 北京：商务印书馆，1993.

梁士琴科. 苏联国民经济史：第一卷. 中国人民大学编译室，译. 北京：人民出版社，1959.

列宁. 俄国资本主义的发展. 曹葆华，译. 北京：人民出版社，1957.

卢卡奇. 历史和阶级意识. 王伟光，张峰，译. 北京：华夏出版社，1989.

鲁道夫·吕贝尔特. 工业化史. 戴鸣钟，译. 上海：上海译文出版社，1983.

路易斯·亨利·摩尔根. 古代社会. 杨东莼，马雍，马巨，译. 北京：商务印书馆，1977.

罗伯特·戈尔曼编. "新马克思主义"传记辞典. 赵培杰，译. 重庆：重庆出版社，1990.

马克·布洛赫. 法国农村史. 余中先，张朋浩，车耳，译. 北京：商务印书馆，1991.

马克思. 资本论. 中共中央马克思、恩格斯、列宁、斯大林著作编译局，译. 北京：人民出版社，1975.

马克斯·比尔. 英国社会主义史：上卷. 何新舜，译. 北京：商务印书馆，1959.

马克斯·比尔. 英国社会主义史：下卷. 何新舜，译. 北京：商务印书馆，1960.

马克垚. 西欧封建经济形态研究. 北京：人民出版社，1985.

迈克尔·曼主编.国际社会学百科全书.袁亚愚,徐小禾,沈光明,等译.成都:四川人民出版社,1989.

米歇尔·博德.资本主义史:1500—1980.吴艾美,杨慧玫,陈来胜,译.北京:东方出版社,1986.

乔纳森·H.特纳.社会学理论的结构.吴曲辉,等译.杭州:浙江人民出版社,1987.

沈汉.西方国家形态史.兰州:甘肃人民出版社,1993.

汤普逊.中世纪经济社会史:上册.耿淡如,译.北京:商务印书馆,1961.

汤普逊.中世纪经济社会史:下册.耿淡如,译.北京:商务印书馆,1963.

托马斯·戴伊.谁掌管美国——里根年代.张维,吴继淦,刘觉涛,译.北京:世界知识出版社,1985.

王觉非.欧洲史论.南京:南京大学出版社,1992.

威尔海姆·赖希.法西斯主义群众心理学.张峰,译.重庆:重庆出版社,1990.

韦伯夫妇.英国工会运动史.陈健民,译.北京:商务印书馆,1959.

维纳·洛赫.德国史.北京大学历史系世界近代现代史教研室,译.北京:生活·读书·新知三联书店,1959.

伟·桑巴特.现代资本主义:第一卷.李季,译.北京:商务印书馆,1958.

西耶斯.论特权,第三等级是什么?.冯棠,译.北京:商务印书馆,1990.

小艾尔弗雷德·D.钱德勒.看得见的手:美国企业的管理革命.重

武，译.北京：商务印书馆，1994.

熊彼特.资本主义、社会主义和民主.绛枫，译.北京：商务印书馆，1979.

徐崇温．"西方马克思主义"．天津：天津人民出版社，1982.

雅各布·布克哈特.意大利文艺复兴时期的文化.何新，译.北京：商务印书馆，1979.

雅可夫柴夫斯基.封建农奴制时期俄国的商人资本.敖文初，译.北京：科学出版社，1956.

雅克·夏普萨尔，阿兰·朗斯洛.1940年以来的法国政治生活.全康康，译.上海：上海译文出版社，1981.

亚当·库珀，杰西卡·库珀编.社会科学百科全书.上海：上海译文出版社，1989.

伊·拉卡托斯.科学研究纲领方法论.兰征，译.上海：上海译文出版社，1986.

约翰·克拉潘.简明不列颠经济史.范定九，王祖廉，译.上海：上海译文出版社，1980.

詹姆斯·W.汤普逊.中世纪晚期欧洲经济社会史.徐家玲，译.北京：商务印书馆，1992.

中共中央马克思、恩格斯、列宁、斯大林著作编译局编.列宁选集.北京：人民出版社，1975.

中共中央马克思、恩格斯、列宁、斯大林著作编译局编.马克思恩格斯选集.北京：人民出版社，1972.

中共中央马克思、恩格斯、列宁、斯大林著作编译局译.马克思恩格斯全集.北京：人民出版社，1956—1985.

# 英　文

Anderski, Stanislav, Military Organization and Society. Berkeley: California University Press, 1968.

Armstrong, John A., The European Administrative Elite. Princeton: Princeton University Press, 1973.

Aston, T. H., and Philpin, C. H. E., eds., The Brenner Debate: Agrarian Class Structure and Economic Development in Pre-Industrial Europe. New York: Cambridge University Press, 1987.

Aylmer, G. E., The State's Servants: The Civil Service of the English Republic, 1649—1660. London: Routledge & Kegan Paul, 1973.

Berle, Adolf A., and Means, Gardiner C., The Modern Corporation and Private Property. New York: Macmillian, 1944.

Bloch, Marc, Feudal Society. London: Routledge, 1962.

Blum, Jerome, Lord and Peasant in Russia: From the Nineth to the Nineteenth Century. Princeton: Princeton University press, 1961.

Blum, Jerome, The End of the Old Order in Rural Europe. Princeton: Princeton University Press, 1978.

Briggs, Asa, and Saville, John, eds., Essays in Labour History. London: Macmillan, 1960.

Briggs, Asa, A social History of England. London: Penguin Books, 1987.

Bush, M. L., The European Nobility. Vol. I: Noble Privilege. Manchester: Manchester University press, 1983; Vol. Ⅱ: Rich Noble, Poor Noble. Manchester: Manchester University Press, 1988.

Cannon, John, Aristocracy Society: The Peerage of Eighteenth Century England. Cambridge: Cambridge University Press, 1984.

Carter, Bob, Capitalism, Class Conflict and the New Middle Class. London: Routledge & Kegan Paul, 1985.

Carus-Wilson. E.M., ed., Essays on Economic History. London: Edward Arnold, 1966.

Crouch, Colin, and Pizzorno, Alessandro, eds., The Resurgence of Class Conflict in Western Europe Since 1968. London: Macmillian, 1978.

Crouch, David, The Image of Aristocracy in Britain, 1000—1300. London: Routledge, 1992.

Dahrendorf, Ralf, Class and Class Conflict in Industrial Society. Stanford: Stanford University Press. 1959.

De Roover, Raymond, Money, Banking and Credit in Medieval Bruges: Italian Merchant-bankers, Lombards and Money-Changers: A Study of the Origins of Banking. Masschusetts: Cambridge University Press, 1948.

Douglas, David, English Historical Documents. London: Eyre & Spottis Woode, 1956.

Duby, Georges, The Chivalrous Society, translated by Cynthia Postan, London: California University Press, 1977.

Finley, Moses I., The Ancient Economy, Berkeley: California University Press, 1985.

Ford, Franklin L., Robe and Sword: The Regrouping of the French Aristocracy after Louis XIV. Cambridge: Harvard University Press, 1953.

Gomme, George Laurence, London in the Reign of Victoria (1837—1897). London: Blackie&Son, 1898.

Gay, Peter, The Dilemma of Democratic Socialism, New York: Columbia University Press, 1962.

Giddens, Anthony, The Class Structure of the Advanced Societies. New York: Harper & Row, 1975.

Goodwin, Albert, The European Nobility in the Eighteenth Century: Studies of the Nobilities of the Major European State in the Pre-Reform Era. London: Adam&Charles Black, 1953.

Gueneé, Bernard, States and Rulers in Later Medieval Europe. New York: Basil Blackwell, 1985.

Guttsman, William Leo, The British Political Elite. London: MacGibbon & Kee, 1963.

Hamburg, G. M., Politics of the Russian Nobility, 1881—1905. New Jersey: Rutgers Univerisity Press, 1984.

Harrison, William, The Description of England. edited by Georges Edelen. New York: Connell University Press, 1968.

Hilton, Rodney Howard, The Decline of Serfdom in Medieval England. London: Macmillan, 1969.

Hobsbawm, Eric J., Industry and Empire: From 1750 to the Present Day. Harmondworth: Penguin Books, 1969.

Hosking, Geoffrey A., The Russian Constitutional Experiment:

Government and Duma 1907—1914. Cambridge: Cambridge Universtiy Press, 1973.

Hovell, Mark, Chartism. Manchester: Manchester University Press, 1925.

Jones, David, Chartism and the Chartists, London: Allen Lane, 1975.

Judd, Gerrit P., Members of Parliament, 1734—1832. Connecticut: Akon, 1972.

Keeler, Mary F., ed. The Long Parliament, 1640—1641. Philadelphia: the Society, 1954.

Kocka, Jürgen, and Mitchell, Allen, eds., Bourgeois Society in Nineteenth Century Europe. Oxford: Berg. 1993.

Kolko, Gabriel, Wealth and Power in America: An Analysis of Social Class and Income Distribution. New York: Frederick A. Praeger, 1962.

Kosminsky, E.A., Studies in the Agrarian History of England in the Thirteenth Century, Oxford: Blackwell, 1956.

Kriedte, Peter, and Medick, Hans, Industrialization Before Industrialization: Rural Industry in the Genesis of Capitalism, New York: Cambridge University Press, 1981.

Kriedte, Peter, Peasants, Landlords and Merchant Capitalists. Leamington Spa: Berg Publishers Ltd., 1980.

Lipson, Ephraim, An Introduction to the Economic History of England. London: A & C Black Ltd., 1931.

Lockwood, David, The Blackcoated Worker: A Study in Class Consciousness Oxford: Clarendon Press, 1989.

Lovett, William, The Life and Struggles of William Lovett: In His

Pursuit of Bread, Knowledge and Freedom. London: Allen&Unwin, 1967.

Maitland, Frederic William. The Constitutional History of England. Cambridge: Cambridge University Press, 1908.

McFarlane, K. B., The Nobility of Later Medieval England. New York: Oxford University Press, 1973.

Michels, Robert, Political Parties: A Sociological Study of the Oligarchical Tendencies of Modern Democracy. New York: Hearst's International Library Co., 1915.

Miliband, Ralph, Divided Societies: Class Struggle in Contemporary Capitalism. Oxford: Clarendon Press, 1989.

Miliband, Ralph, The State in Capitalist Society. New York: Basic Books, 1969.

Miller, Helen, Henry Ⅷ and the English Nobility. Oxford: Oxford University Press, 1986.

Mills, C. Wright, Power, Politics and People: The Collected Essays of C.Wright Mills. New York: Oxford University Press, 1963.

Mills, C. Wright, The Power Elite. New York: Oxford University Press, 1956.

Mills, C. Wright, White Collar: The American Middle Class. New York: Oxford University Press, 1951.

Mingay, G. E., English Landed Society in the Eighteenth Century. London: Routledge & Kegan Paul, 1963.

Mingay, G. E., The Gentry: The Rise and Fall of a Ruling Class. London: Longman, 1976.

Mitchell, Brian R., ed., Abstract of British Historical Statistics. Cambridge: Cambridge University Press, 1962.

Morley, John, Life of Richard Cobden. London: T. Fisher Unwin,1908.

Morris, Max, From Cobbett to the Chartists: Nineteenth Century. Vol. I. 1815—1848. London: Lawrence & Wishart, 1951.

Mousnier, Roland, Social Hierarchies: 1450 to the Present. London: Croom&Helm, 1973.

Mousnier, Roland, The Institutions of France Under the Absolute Monarchy, 1598—1789. Vol. I. Society and the State. London: Chicago University Press, 1979.

Muncy, Lysbeth. W., The Junker in the Prussian Administration under William II, 1888—1914. New York: Brown University Press. 1970.

Nadel, S. N., Contemporary Capitalism and the Middle Classes. New York: International Publication, 1982.

Neale, R. S., Class in English History, 1680—1850. Oxford: Blackwell Publishing, 1981.

Oestreich, Gerhard, Neostoicism and the Early Modern State. Cambridge: Cambridge University Press, 1982.

Ossowski, Stanislaw, Class Structure in the Social Consciousness. London: Routledge & Kegan Paul, 1963.

Pelenski, Jaroslaw, ed., State and Society in Europe from the Fifteenth to the Eighteenth Century. Warsaw: Warsaw University Press, 1985.

Pennington, Donald, and Thomas, Keith, eds., Puritans and Revolutionaries: Essays on Seventeenth-Century History Presented to

Christopher Hill. Oxford: Clarendon Press. 1978.

Perkin, Harold, The Origins of Modern English Society, 1780—1880. London: Routledge & Kegan Paul, 1969.

Perroy, Edouard, "Social Mobility Among the French Noblesse in the Later Middle Ages." in Past and Present, No. 21. April, 1962.

Plessis, Alain, The Rise and Fall of the Second Empire, 1852—1871. Cambridge: Cambridge University Press, 1987.

Plummer, Alfred, Bronterre: A Political Biography of Bronterre O'B rien, 1804—1864. London: Allen&Unwin, 1971.

Porter, Roy, English Society in the Eighteenth Century. London: Penguin Books, 1982.

Poulantzas, Nicos, Classes in Contemporary Capitalism. London: New Left Books, 1975.

Prothero, I.J., Artisans and Politics in Early Nineteenth-Century London: John Gast and His Times. Folkestone; Dawson, 1979.

Raeff, Marc, Well-Ordered Police State: Social and Institutional Change Through Law in the Germanies and Russia, 1600—1800. London: Yale University Press, 1983.

Reuter, Timothy, The Medieval Nobility: Studies on the Ruling Classes of France and Germany from the Sixth to the Twelfth Century. Amsterdam: North-Holland Publishing Company. 1979.

Routh, Guy, Occupation and Pay in Great Britain, 1801—1981. London: Macmillan, 1987.

Royle, Edward, Modern Britain: A Social History, 1750—1985.

London: Edward Arnold, 1987.

Runciman, Walter Garrison, A Treatise on Social Theory. Vol. Ⅱ. Substantive Social Theory. Cambridge: Cambridge University Press, 1989.

Scase, Richard, ed., Readings in the Swedish Class Structure. Oxford: Pergamon Press, 1976.

Schnapp, Alain and Vidal-Naquet, Pierre, The French Student Uprising, November 1967-June 1968: An Analytical Record. Boston: Beacon Press, 1971.

Schoyne, A. R., The Chartist Challenge: A Portrait of George Julian Harney. London: Heinemann, 1958.

Schumpeter, Joseph A., Capitalism, Socialism and Democracy: With a New Introduction by Tom Bottmore. New York: Harper & Row, 1950.

Segarra, Eda, A Social History of Germany, 1648—1914. London: Methuen, 1977.

Slicher Van Bath, B.H., The Agrarian History of Western Europe: A.D.500—1850. London: Arnold, 1963.

Stearns, Peter N., European Society in Upheaval: Social History Since 1800. London-New York: Macmillan, 1967.

Stenton, Frank M., Anglo-Saxon England. Oxford: Oxford University Press, 1970.

Stewart, Rosemary, Managers and Their Jobs. London: Pan Books, 1967.

Stone, Lawrence, ed., Social Change and Revolution in England, 1540—1640. London: Longman, 1966.

Stone, Lawrence, The Crisis of Aristocracy, 1558—1641. Abridged edition. Oxford: Oxford University Press, 1967.

Szymanski, Albert, Class Structure: A Critical Perspective. New York: Praeger, 1983.

Tawney, R. H., The Agrarian problem in the Sixteenth Century. London: Longman-Green Ltd., 1912.

Thirsk, Joan and Cooper, J.P., eds., 17th Century Economic Documents. Oxford: Clarendon Press, 1972.

Thirsk, Joan, ed., The Agrarian History of England and Wales. London: Cambridge University Press, 1967.

Thirsk, Joan, The Rural Economy of England: Collected Essays. London: The Hambledon Press, 1984.

Thompson, Edward P., The Making of the English Working Class. Middlesex: Penguin Books, 1968.

Thompson, F. M. L., English Landed Society in the Nineteenth Century. London: Routledge, 1963.

Veall, Donald, The Popular Movement for Law Reform, 1640—1660. New York: Oxford University Press, 1970.

Wallerstein, Immanuel, The Modern World-System: Capitalist Agriculture and the Origins of the European World-Economy in the Sixteenth Century. New York: Academic Press, 1974.

Westergaard, John, and Henrietta, Resler, Class in a Capitalist Society: A Study of Contemporary Britain. London: Routledge, 1975.

Wright, Erik Olin, Class, Crisis and the State. London: Verso Editions, 1979.